U0915414

2010

北京地税年鉴

BEIJING LOCAL TAXATION YEARBOOK

北京市地方税务局 编

CTP 中国税务出版社

图书在版编目（CIP）数据

北京地税年鉴. 2010 / 北京市地方税务局 编.
--北京：中国税务出版社，2014.5
ISBN 978-7-5678-0039-7

Ⅰ.①北… Ⅱ.①北… Ⅲ.①地方税收-税收管理-北京市-2010-年鉴
Ⅳ.①F812.714.2-54

中国版本图书馆CIP数据核字（2014）第009432号

书　　名：北京地税年鉴（2010）
作　　者：北京市地方税务局 编
责任编辑：陈金艳
责任校对：于 玲
技术设计：刘冬珂
封面设计：王凌波
出版发行：中国税务出版社
北京市西城区木樨地北里甲 11 号（国宏大厦 B 座）
邮编：100038
http: //www.taxation.cn
E-mail: swcb@taxation.cn
发行中心电话：（010）63908889/90/91
邮购直销电话：（010）63908837 传真：（010）63908835
经　　销：各地新华书店
印　　刷：北京联兴盛业印刷股份有限公司
规　　格：889×1194 毫米 1/16
印　　张：29.75 彩插：1.25
字　　数：510000 字
版　　次：2014 年 5 月第 1 版 2014 年 5 月第 1 次印刷
书　　号：ISBN 978-7-5678-0039-7
定　　价：200.00 元

《北京地税年鉴（2010）》编辑委员会

《北京地税年鉴（2010）》通讯员名单

（按姓氏笔画排序）

王　迪	王　雨	王　磊	王国红	王桂芹
王澜静	毛　杰	邓晓燕	冯翔宇	史迎凤
田鸿雁	白建平	白晓凤	刘建华	吕建光
孙丽莉	齐　振	闫志红	吴　凡	吴　澄
吴冬梅	岑　明	张　卉	张　伟	张　红
张　波	张　寒	张丽莉	张智慧	张朝晖
李　一	李春霞	杨惠新	沈文涛	苏补亮
陈　颖	陈月明	周非平	周惠平	房　洁
侯燕伶	胡　月	胡　然	胡岚峰	赵小军
赵为真	赵凤江	唐乃清	徐　锍	高文学
崔　犇	曹　佳	黄明清	黄斌生	韩庆玲
靳　辉	潘国强	黎　阳	魏　欣	

《北京地税年鉴（2010）》编辑部

主　任　杨文俊

副主任　王文杰

编　辑　高海娜　王式苓

2009年1月12日，中共中央政治局委员、市委书记刘淇（前右一）参加北京市“两会”咨询活动并对北京市地方税务局工作作指示

2009年3月6日，北京市委常委、常务副市长吉林出席北京市地方税务局“加强领导干部作风建设，推进优化地税发展环境，确保税收增长年活动”动员大会并作指示

2009年10月20日，国家税务总局总经济师张志勇到北京市地方税务局考察工作

2009年7月31日，北京市地方税务局局长王晓明在2009年半年工作会议上作报告

2009年12月23日，北京市地方税务局副局长沈汝冰（左二）到东城区地方税务局交道口税务所慰问一线税务干部

2009年8月15日，北京市地方税务局副局长郝硕博（右二）到丰台区地方税务局调研

2009年6月2日，北京市地方税务局副局长王京华（左二）到宣武区地方税务局天桥税务所视察新址办公情况

2009年12月30日，北京市地方税务局副局长任军（左四）到海淀区地方税务局第二税务所视察二手房交易办税工作

2009年9月27日，北京市地方税务局党组成员、纪检组长吴鼎（左二）参观通州区地方税务局思想教育基地

2009年12月25日，北京市地方税务局副局长吕兴渭（前右二）到朝阳区地方税务局第二税务所调研二手房交易办税工作

2009年6月2日，北京市地方税务局总经济师卜祥来（右二）到平谷区地方税务局检查指导组织收入工作

2009年12月24日，北京市地方税务局副巡视员刘宝忠（中）到怀柔区地方税务局慰问基层税务所干部

2009年1月16日，北京市政府召开2009年北京市地方税务工作会议

2009年3月6日，北京市地方税务局召开“加强领导干部作风建设　推进优化地税发展环境　确保税收增长年活动”动员大会

2009年7月31日，北京市地方税务局召开2009年半年工作会议

2009年12月3日，北京市地方税务局召开2010年工作务虚会

2009年4月7日，北京市地方税务局、北京市国家税务局联合举办纳税信用A级企业授牌大会

2009年4月28日，北京市地方税务局、北京市国家税务局、北京市公安局等单位联合组织召开北京市打击发票违法犯罪活动新闻发布会

2009年2月16日—17日，北京市地方税务局召开2009年度纳税评估工作会议

2009年3月12日，北京市地方税务局召开2009年营业税工作会暨业务培训会

2009年3月25日，北京市地方税务局召开贯彻北京市委、市政府帮扶企业应对国际金融危机工作措施动员会

2009年6月26日，北京市地方税务局、北京市残联举行北京市2009年残疾人就业保障金征缴工作启动仪式

2009年4月21日，北京市地方税务局帮扶企业协调联系办公室到北京京仪集团有限责任公司调研

2009年4月24日，北京市地方税务局与国家体育总局训练局携手开展“弘扬北京奥运精神　促进体育产业发展”税法宣传活动

2009年10月21日，北京工业职业技术学院与北京市石景山区地方税务局举行产学合作签约暨揭牌仪式

2009年4月1日，北京市朝阳区地方税务局与北京交通广播电台联合举办“税收伴您行”税法宣传节目

2009年6月23日，北京市顺义区地方税务局将自行设计印制的《办税员手册》及相关帮扶政策为企业送上门

2009年8月11日，北京市海淀区地方税务局在各基层服务大厅设立共产党员服务窗口

2009年8月14日，北京市地方税务局局长王晓明（左二）在建局15周年之际，慰问密云县地方税务局并考察纳税服务移动车

2009年1月16日，北京市地税系统举行第七届文艺汇演优秀节目汇报演出

2009年2月18日，北京市地方税务局组织干部参观国家税务总局廉政文化建设成果展

编 辑 说 明

《北京地税年鉴》是记述北京市地方税收工作的资料性工具书。1996年创刊，按年编纂，逐年反映上一年度的情况。分篇目、分目、条目三个层次，条目为基本单元和表现形式，反映基本的工作信息。

《北京地税年鉴（2010）》记述北京市地方税务2009年的工作情况和税收数据，设综合、领导讲话、税收政策、征收管理、税收法治、纳税服务、纳税评估、税务检查、信息化建设、队伍建设、行政管理、后勤工作、基层工作、社会团体、大事记和统计资料16个篇目，篇目下设分目，分别反映各个方面的工作。

本年鉴稿件由北京市地方税务局各处室、直属单位，各区县地方税务局、各地方税务分局提供。编纂工作得到了各方面的大力支持，在此表示衷心感谢。

《北京地税年鉴》编辑部

目 录

综合

2009 年北京市地方税收工作要点 3

2009 年北京市地方税收工作完成情况和 2010 年工作安排 12

2009 年北京市地方税收完成情况 18

领导讲话

在 2009 年北京市地方税务工作会议上的讲话提纲 29

优化环境　科学发展
推进北京地税事业再上新台阶
——在 2009 年北京市地方税务工作会议上的讲话 33

在“加强领导干部作风建设　推进优化地税发展环境　确保税收增长年”活动动员大会上的讲话 49

再接再厉　真抓实干
全力完成全年各项工作任务
——在北京市地方税务局 2009 年半年工作会议上的讲话 57

在全市地税系统正处级领导干部会议上的讲话
——介绍处级干部集中调整工作情况 71

北京市地税系统 2009 年党风廉政建设工作会议报告 76

税收政策

计会统计 87

- 综述 87
- 加强部门协调 87
- 加强制度建设 88
- 加强收入分析 88
- 加强党风廉政建设 88
- 做好重点税源管理工作 89
- 夯实基础工作 89
- 强化制度建设 90
- 税收票证及税款缴库工作检查 90

营业税、资源税、城市维护建设税、教育费附加、文化事业建设费管理 90

- 综述 90
- 开展货运代理业营业税情况调研 92
- 开展试点物流企业营业税情况调研 92
- 开展进一步完善营业税分析方法和内容的调研 92
- 税收调查工作 93
- 2009 年度货物运输业营业税自开票纳税人年审工作 93
- 明确非居民企业船舶航空运输收入计算征税问题 93
- 公布废止营业税规范性文件目录 94
- 明确政府收回土地使用权及拆迁补偿费有关营业税问题 94
- 公布废止税收征管营业税规范性文件目录 95
- 明确代理高速公路通行费预收业务税收问题 95
- 明确个人住房转让营业税政策 95
- 公布废止和失效的营业税规范性文件 96
- 明确个人金融商品买卖等营业税若干免税政策 97
- 明确中小企业信用担保机构免征营业税有关问题 97
- 城市维护建设税综述 97
- 开展城市维护建设税教育费附加有关情况的调研 98
- 教育费附加综述 98
- 文化事业建设费综述 98
- 资源税综述 98

企业所得税管理 99

- 综述 99
- 贯彻落实企业资产损失所得税税前扣除管理办法 101
- 明确房地产开发经营业务企业所得税处理办法 101
- 贯彻落实企业所得税征管范围调整政策 102
- 制定非居民企业所得税源泉扣缴操作规程 102
- 贯彻落实企业固定资产加速折旧所得税处理政策 102

制定企业所得税减免税管理规定 102
明确动漫企业认定管理办法及实施方案 102
明确技术先进型服务企业认定管理办法 103
明确下岗再就业减免税审批规定 103
加强企业所得税预缴工作 103
贯彻落实企业所得税汇算清缴管理办法 103
制定帮扶企业应对国际金融危机工作实施方案 103
开展企业所得税税源分类管理情况的调查 104
开展企业所得税减免税管理执行情况的调查 104
开展信息化建设在企业所得税管理中的应用的调研 104
个人所得税管理 105
综述 105
完善组织收入机制强化税源管理 106
调整个人独资合伙企业投资者核定征收个人所得税办法 107
研究和完善中关村示范区股权激励个人所得税政策 107
完成年所得12万元以上个人自行纳税申报工作 108
规范和完善完税证明开具工作 108
开展银行业发生促销活动涉及个人所得税问题的调研 109
规范中国外籍人个人所得税优惠政策 109
加强北京市劳务报酬个人所得税征管问题的研究 109
股权激励涉及个人所得税问题的调研 110
对民办教育从业人员个人所得税征管问题进行调研 110
完成关于在征管法中增加适用于个人所得税纳税人条款的研究报告 110
开展通信业发生促销活动涉及个人所得税问题的调研 111
土地增值税、城镇土地使用税、房产税、车船税、印花税、契税、耕地占用税、固定资产投资方向调节税、外商投资企业土地使用费管理 111
综述 111
税政管理工作 112
明确企业集团内部使用凭证缴纳印花税问题 112
贯彻落实取消城市房地产税的政策 112
贯彻落实供暖企业的税收优惠政策 112
经营性文化事业单位转制为企业的税收优惠政策 112
明确房产税和城镇土地使用税的有关税收政策问题 113
贯彻落实股改及合资铁路运输企业房产税和城镇土地使用税有关政策 113
全面贯彻中央调控房地产市场的税收政策 113
利用条形码技术采集契税申报信息 113
进一步优化契税纳税服务工作 113
加强房屋交易契税管理工作 113
加强房地产开发项目土地增值税管理 114
加强存量房交易的土地增值税审核把关 114
修订土地增值税核定扣除项目金额标准 114
开展保险机构代收代缴个人机动车车船税工作 114
规范耕地占用税征收管理 114
加强与土地管理部门的协调配合工作 114
稳步推进房地产税模拟评税试点工作 114
残疾人就业保障金管理 115
综述 115
创新宣传方式 115
强化代征监控管理 116
评比表彰2008年度残保金征缴先进单位和个人 116
夯实征缴基础 116
进一步规范残保金退款工作 116
完成残保金代征系统升级改造的各项准备工作 116
奥运税收管理 117
综述 117
加强奥运税收征管 117
落实奥运税收政策服务措施 117
加强后奥运税收管理 118
开展调研工作 118
明确第29届奥运会服务赞助有关营业税问题 118
国际税收 119
综述 119
加强国际税收管理工作的指导 119
开展国际税务综合协调工作 119

征收管理

征管工作 123

综述 123
明确本市个人非住房出租相关税收政策 123
开展欠税管理模块操作培训 123
联合召开2009年征管系统工作会 123
明确税收优先权有关问题 124
召开税收管理员平台专题会议 124
对强化征管工作提出具体要求 124
试行取消纸质申报资料 124
明确税务登记有关问题 124
印发委托代征个体工商户应缴纳的地方各税框架协议 124
组织召开双项分类工作法制度研讨会 125
召开个体定额系统需求研讨会 125
国家税务总局召开征管业务座谈会 125
召开专题新闻发布会 125
四部门组织召开征管工作专题会 125
召开欠税管理专职岗位试点工作座谈会 125
与中国人民银行营业管理部签署信息共享框架协议 125
明确有关未申报税款的追征期限 126
对强化相关税种征管提出明确要求 126
提出加强税收征管工作7项措施 126
确定“地税—银行”报表比对试点工作单位 126
四部门联合召开征管工作座谈会 126
清理简化税收业务类评比表彰项目 126
提出以强化征管、优化服务为重点的“五双”工程建设工作目标 127
深化税银合作机制 127
国地税召开专题联席会 127
成立优化业务流程精简涉税资料工作领导小组 127
再次公告35户欠税企业 127
2009年全市地税系统按季度发布4期欠税公告 127
2009年审批延期缴纳税款27户次 128
发票管理 128
综述 128
深入推广应用国标税控收款机 128
推行发票管理新措施 129
建立印务工作长效管理机制 129
做好普通发票印制销售工作 129
开展发票安全大检查工作 130
实行新的有奖发票布奖方案
提升有奖发票管理手段 130
兑奖经费管理绩效考核获得好评 130
印制和调拨出租汽车燃油附加费专用发票 130
印制发送2008年度个人所得税完税证明 131
业务档案管理 131
综述 131
全系统成功运行税务档案扫描管理模式 131
全面开展税务档案鉴定销毁工作 132
研究制定电子档案管理办法 132
顺利完成税务档案接收入库和整理工作 132
开展档案利用工作 133
税务博物馆筹备 133
综述 133
圆满完成税务博物馆搬迁工作 133
普渡寺交接工作顺利完成 133
公告编辑发行 134
综述 134
《公告》的编辑 134
《公告》的出版与赠阅 134

税收法治

税收法治工作 137
综述 137
优化执法环境 137
提供法律支持和法律服务 138
开展规范性文件合法性审查和备案审查工作 138
税收规范性文件清理工作 138
开展税收执法检查工作 138
落实过错责任追究 138
依法开展行政复议和应诉工作 138
建立税务行政复议和解调解制度 139
加强行政复议应诉管理工作 139
法规服务工作 139
落实调研工作 139

纳税服务

概况 143
网站建设情况 143
综述 143
北京地税网站在网站评估中名列前茅 144
北京地税网站运转情况 144

开展网络互动 144
纳税咨询转办件办理情况 144
组织在线答疑 145
强化网站监管职能 145
做好国家税务总局互联网站地方频道内容保障工作 145
做好国庆期间网站安全保障工作 145
12366 服务热线情况 146
综述 146
坚持电话回拨制度 146
落实信息反馈工作制度 146
热线全年人工受理情况 146
热线系统全年自动处理运行情况 147
其他纳税服务工作情况 147
制定优化服务环境落实方案 147
结合“帮扶工作”落实走访服务制度 147
贯彻落实《纳税人涉税保密信息管理暂行办法》 148
继续执行座谈会制度 148
开展 2009 年度纳税人综合满意度调查 148
成立纳税服务处 149
应急处理二手房新旧政策衔接工作 149

纳税评估

纳税评估工作 153
综述 153
进一步实现对重点税种的日常监控 153
深化重点行业的专项纳税评估 153
开展重点税源专项评估工作 153
开展对零申报纳税人的纳税评估 154
建立监督考核机制 154
督导总局定点联系企业税收自查工作 154
试点审计抽样评估工作 154
联合评定北京市纳税信用 A 级企业 154
推进“惩防”体系建设“做国家利益的忠诚卫士”活动 155
有效开展专项评估调研 155

税务检查

税务检查工作 159
综述 159
重大税收违法案件查处工作 160
税务专项检查 160
大型企业集团自查 160
打击发票违法犯罪活动工作 161
稽查制度建设 162
税务违法案件举报工作 162
案件协查工作 163
国际税收情报交换及反避税 163
稽查人才库工作 163
稽查业务培训 164
案例举要 164
某投资公司涉税案 164
北京市地方税务局检查情况表 173
税务稽查机构查处税收违法案件情况统计表（2009 年）（表一） 173
税务稽查机构查处税收违法案件情况统计表（2009 年）（表二） 174
税务稽查机构行政强制措施及移送司法机关案件情况统计表（2009 年） 175

信息化建设

概况 179
综述 179
完善管理机制　提供体制保障 179
加强队伍建设　提供人员保障 179
持续优化整合　提供技术保障 180
提高服务水平　支持业务创新 180
数据交换与共享 180
加强运维管理　保障系统运行 180
加强安全保障　保证系统安全 180
信息化管理系统建设和应用情况 181
部署运行核心征管系统告知功能 181
契税条码扫描系统顺利上线运行 181
客户服务总线成功上线运行 182
提前完成存储平台升级改造 182
完成车船税保险代收代缴系统 183
部分实现纳税申报无纸化 183
编写纳税人网上办税简明操作手册 183
完成中长期信息化战略规划编制 183
完善技术标准和规范 184
推进科技控权 184
信息系统运营维护及安全保障情况 185
综述 185
做好系统维护管理 185
落实信息安全管理措施 186
清查系统用户权限与密码 187

开展电子政务运维自查 187
加强国庆平安行动系统安全保障 187
强化 IT 基础设备和网络安全监控管理 187
加强容灾中心运维管理 188
做好容灾中心运维管理 188

队伍建设

加强领导干部作风建设 推进优化地税发展环境 确保税收增长年活动 191
综述 191
加大组织收入力度 全力以赴完成全年税收任务 191
优化纳税服务 营造良好税收环境 192
发挥税收职能作用 服务首都经济发展大局 193
推进依法行政 提升依法治税水平 193
规范信息化建设 提升科学管理水平 193
开展廉政建设 加强干部队伍管理 194
优化行政管理环境 提升行政效能 194
扎实开展作风建设 努力提高干部队伍综合素质 195
党团建设 基层建设 195
综述 195
组织开展学习实践科学发展观和整改落实“回头看”活动 196
突出地税特色开展“三进两促”活动 196
积极开展建党 88 周年纪念活动 196
做好党员发展、服务、管理工作 196
开展“迎国庆讲文明树新风”活动和团员教育活动 196
做好党费收缴、使用与管理工作 197
廉政建设 197
综述 197
党风廉政建设责任制进一步落实 198
厉行节约效果明显 198
深入开展“小金库”专项治理 198
深入开展廉政风险防范管理工作 198
领导干部廉洁自律工作取得新进展 199
“两权”运行进一步规范 199
反腐廉政教育扎实推进 199
廉政文化丰富多彩 200
执法监察和效能监察有效开展 200
案件查办力度不断加大 200
政风行风进一步好转 200
审计处筹备工作情况 200
干部管理 201
领导班子建设 201
干部人事制度改革 201
考核奖励 202
公务员录用 202
干部任免 202
离退休干部管理 207
综述 207
做好“责任制”落实工作 207
“颂祖国”主题活动 208
促发展 倡和谐 208
“乐晚年”系列活动 208
干部教育 208
综述 208
分类落实教育培训任务 209
局级干部培训 209
处级干部培训 209
初任培训 209
四个专项考试任务 209
学历教育 209
各处室专项业务培训 209
各区县培训 210
巡视工作 210
巡视一组 210
综述 210
专门巡视 210
专项巡视 211
随机巡视 211
学习实践科学发展观活动 211
领导班子测评工作 211
巡视二组 211
综述 211
组织政治理论和巡视业务学习 211
抓好组织建设 212
完善巡视管理 212
落实巡视工作 212
推进行风建设 212
其他工作 212
撤销巡视组 213
工会活动 213
综述 213
组织举办地税系统第六届运动会 213

举办“迎国庆、颂祖国”歌咏活动 213
组织合唱团排演活动 214
开展系列教育活动 214
举办“喜迎建国六十载，祖国花朵在成长”图片展 214
开展奥林匹克森林公园健步走活动 214
组织干部职工暑期疗（休）养活动 214
在职职工互助保障工作 215
经常性的送温暖活动 215
加强工会组织建设 215
坚持工会主席联席会制度 215
在评优创先活动中树立典型 215
开展和谐机关建设课题调研 216
集体、公务员考核评比表彰 216
北京市地税系统2009年度立功受奖人员名单 216

行政管理

公文管理 257
综述 257
公文运转 257
收文管理 257
公文阅处 257
会议管理 258
综述 258
重要会议活动管理 258
重大会议活动组织 258
信息工作 259
综述 259
服务领导决策 260
协调工作开展 260
反馈基层心声 260
信息员队伍建设 261
信息考核评优管理 261
政府信息公开工作 261
综述 261
组织机构逐步健全 262
制度体系日趋完备 262
公开渠道不断拓宽 262
服务功能日益增强 262
交流培训广泛开展 263
主动公开信息情况 263
依申请公开情况 264
综合文秘工作 264
综述 264
文字材料撰写 264
督查工作 265
落实市政府六大折子工程 265
办理市人大代表建议和政协委员提案 265
落实市政府查办件 266
完成市级国家行政机关绩效管理考评 266
办公自动化建设 266
综述 266
内网功能 266
内网信息 267
验收工作 267
新旧系统处理 267
日常运行维护 267
税收宣传 268
综述 268
加强全局重点工作的宣传报道 268
税收宣传月主题活动 269
税收法律法规政策宣传 270
甲流防控宣传教育 270
调研工作 271
综述 271
领导重视干部参与的调研氛围逐步形成 271
修订完善调研制度 271
完成一批较高质量的调研成果 272
调研机制逐步形成 273
外事工作 274
综述 274
全面落实2009年度系统外事工作计划 274
完成外宾来访接待工作 274
开展制止公款出国（境）旅游专项工作 274
加强外事管理和报备工作 274
2009年信息调研评选结果 275
北京市地税系统2009年度调研工作评优结果 275
北京市地税系统2009年度信息工作评优结果 282

后勤工作

财务管理 287
综述 287
梳理完善财务制度 287
预算执行情况 288

预算项目评审 288
财政绩效考评项目 288
基建管理 288
政府采购 289
资产管理 289
会计核算 289
“小金库”专项治理 290
税务服装项目招标 290
后勤管理 291
综述 291
提高“学习实践科学发展观”活动的质量 291
扎实开展“做国家利益的忠诚卫士”教育 291
安全工作 291
饮食保障 292
医疗防疫 292
车辆保障 292
优化环境 293
资产管理 293
机关节能减排 293
综合工作 293
安全保卫 294
综述 294
落实安全责任 294
优化安全管理环境 294
推广典型经验 295
开展“国庆平安行动” 295
防控“甲型H1N1流感” 295
昌平干部培训中心 296
综述 296
开展灵活的营销策略 296
提高服务接待能力 297
加强安全保障 297
规范采购和财务管理 297
细化人事管理 298
执行“四险一金”政策 298
加强制度建设 298
队伍建设 298
工会活动 298
领导班子成员 299
老干部活动中心 299
综述 299
加强队伍建设 299
落实党风廉政建设责任制 299
加强思想政治工作 299
加强制度建设 300
加强岗位技能培训 300
做好安全保卫工作 300
领导班子成员 300

基层工作

东城区地方税务局 303
概况 303
超额完成税收收入任务 303
形成全局统一的组织收入格局 303
深入开展组织收入工作“四个分析” 304
税法及税收政策宣传工作有序进行 304
做客Tax861网站为纳税人答疑 304
举办“税企携手共建东城美好明天”宣传活动 304
推进纳税评估试点工作 304
帮扶企业应对金融危机工作取得新进展 305
打造全方位税收管理员平台 305
实现数据的增值利用 305
征管工作指标有效落实 305
税收法制化建设水平稳步提升 305
纳税评估覆盖层面进一步扩大 306
稽查检查震慑力度增强 306
开展打击发票违法犯罪专项行动 306
城乡共建步伐不断加快 306
圆满完成国庆60周年服务保障工作 306
开展三大主题思想教育活动 306
抓好干部队伍综合素质培养 306
全面加强惩防体系建设 307
先进集体 307
领导班子成员 307
西城区地方税务局 307
概况 307
组织收入 308
税收分析 308
分税种管理 309
评估工作 309
帮扶企业 309
信息化支持 309
个人所得税管理 310

稽查检查 310
纳税服务 310
税收协作 310
队伍建设 311
党风廉政 311
安全保卫 311
领导班子成员 312
崇文区地方税务局（涉外分局） 312
概况 312
税收收入完成情况 312
税收征管 312
纳税服务 313
纳税评估和稽查 313
执法检查 313
帮扶企业 313
信息化建设 314
学习实践科学发展观活动 314
行政后勤建设 314
干部队伍建设 315
党风廉政建设 315
精神文明建设 315
涉外税收 315
领导班子成员 316
宣武区地方税务局 316
概况 316
税收征管 317
纳税服务工作 317
迎接国庆 317
优良环境实践活动 318
企业所得税汇算清缴工作 318
贯彻落实营业税新条例、新细则 318
稽查评估工作 318
党风廉政建设 318
干部队伍建设 318
领导班子成员 319
朝阳区地方税务局 319
概况 319
组织收入 320
税收分析制度 320
纳税服务 320
落实“两个减负” 320
帮扶工作 320
税政工作 320
税法宣传 321
征收管理 321
纳税评估 321
二手房征收 321
信息化建设 321
税务稽查 321
主题教育活动 321
五型机关建设 322
领导班子成员 323
海淀区地方税务局 323
概况 323
税收收入完成情况 324
加强组织收入工作 324
开展清理陈欠工作 324
强化税政管理 324
实现税源动态监控 324
开展专业化评估 325
加大稽查工作力度 325
优化纳税服务 325
开展税收宣传 326
开展“优化地税发展环境年”活动 326
创新内部管理体制 326
廉政工作常抓不懈 326
推进干部队伍建设 327
所获荣誉 327
领导班子成员 327
丰台区地方税务局 327
概况 327
税收收入稳步增长 328
深入开展主题教育活动 329
加强重点税源监控 329
强化税种监管 329
落实走访制度 330
深化评估稽查 330
进一步优化纳税服务 330
领导班子建设进一步加强 331
教育培训工作有效开展 331
党风廉政建设深入推进 331
党建工作成效显著 331
行政效能切实提高 332
争先创优 332

领导班子成员 332
石景山区地方税务局 332
概况 332
税收收入 333
精细化税源管理 333
纳税服务 334
帮助企业 334
税收征管 334
税收宣传 334
发挥税政职能作用 334
纳税评估 335
强化税务稽查执法 335
依法行政 335
党建工作 335
干部队伍建设 336
党风廉政建设 336
表彰奖励 336
领导班子成员 336
门头沟区地方税务局 337
概况 337
税收任务完成情况 338
征收管理 338
清欠工作 338
档案管理 338
纳税服务 338
税收宣传 338
税政工作 339
依法治税 339
纳税评估 339
税务稽查 339
领导班子建设 339
队伍建设 339
党风廉政 340
效能建设 340
后勤保障 340
先进表彰 340
领导班子成员 340
通州区地方税务局 340
概况 340
税收完成情况 341
税收“双项分类工作法”试点工作 341
个人出租房屋管理系统 341
二手房交易新旧政策衔接 342
纳税服务形式创新 342
税收宣传注重实效 342
加强个体工商户管理 343
纳税评估工作扎实开展 343
稽查检查成效显著 343
召开通州局首次行政处罚听证会 343
队伍建设不断深化 344
党风廉政和精神文明建设 344
建成启用通州局思想教育基地 344
开展建局15周年走访慰问活动 345
圆满完成国庆安保工作 345
先进表彰 345
领导班子成员 345
顺义区地方税务局 345
概况 345
税收收入任务完成情况 346
深入学习实践科学发展观 346
税源监控体系不断完善 347
宣传工作取得实效 347
征收管理工作稳步推进 347
税政管理职能作用突出 347
纳税评估工作进展顺利 348
稽查检查震慑作用效果明显 348
法制监督工作保障有力 348
干部队伍建设全面推进 348
党团组织建设逐步加强 349
廉政风险防范体系更加完善 349
安全稳定工作扎实有效 349
其他工作 349
先进表彰 349
领导班子成员 350
怀柔区地方税务局 350
概况 350
税收收入完成情况 350
建立扁平化管理机制 351
加强税收征管 351
丰富纳税服务形式 351
加大稽查执法力度 352
深入开展纳税评估 352
强化税政管理 352
加强税收法制化建设 352
推进税务信息化建设 352

深入学习实践科学发展观 353
开展主题教育活动 353
开展纪念建局 15 周年活动 353
党团建设 353
安保工作 353
党风廉政建设 354
干部队伍建设 354
精神文明建设 354
后勤保障工作 354
先进表彰 354
领导班子成员 354
平谷区地方税务局 355
概况 355
组织收入工作 355
征管工作 356
评估稽查 356
税收法制 356
纳税服务 356
税收宣传 357
税政管理 357
主题教育活动 357
党建工作 357
干部队伍建设 358
党风廉政建设 358
行政管理 358
先进表彰 358
领导班子成员 359
房山区地方税务局 359
概况 359
税收收入完成情况 359
落实税收政策帮扶企业 360
开展青年志愿者政策宣传活动 360
规范集体约谈提纲 361
研究制定新检查底稿 361
开展作风环境保增长主题活动 361
开展“三个一”法制教育活动 362
举行首次模拟行政复议听证会 362
为纳税人办好五件新实事 362
依托科技和信息化建设提高行政效率 363
强化执业资格培训工作 363
领导班子成员 363
昌平区地方税务局 364
概况 364
税收收入完成情况 364
深化税收征管工作 364
深入开展纳税评估工作 365
推进税务稽查工作 365
深化帮扶工作力度 365
开展“四项教育活动” 365
注重干部队伍建设 365
加强防腐倡廉工作 366
先进表彰 366
领导班子成员 366
大兴区地方税务局 366
概况 366
税收完成情况 367
税政管理 367
纳税评估 368
征收管理 368
纳税服务 368
信息化管理 368
档案管理 369
党风廉政建设 369
规范执法行为 369
税收稽查检查 369
推进作风环境保增长活动 370
党建工作 370
文体活动 370
领导班子成员 370
密云县地方税务局 371
概况 371
税收收入 371
协助管户 372
分类管理 372
综合治税 372
税费管理 372
纳税评估 372
税务稽查 372
依法行政 372
帮扶工作 372
应急服务 373
税收宣传 373
学习实践科学发展观 373
党风廉政建设 373
主题教育周活动 373
干部管理 373

文体活动 374
信息化管理 374
内部管理 374
安全维稳 374
先进表彰 374
领导班子成员 374
延庆县地方税务局 375
概况 375
税收任务完成情况 376
多项措施保收入 376
引资清欠见成效 376
税收宣传突出区域特色 376
征管基础管理 376
税政管理 377
提升纳税服务水平 377
有效规范执法行为 377
评估稽查 378
内部行政管理 378
开展主题活动 378
廉政建设 379
领导班子建设 379
全面落实帮扶走访工作 379
打造学习型组织 380
精神文明建设 380
领导班子成员 380
北京市地方税务局燕山分局 380
概况 380
税收收入大幅增长 381
有序开展组织收入工作 381
推进征管工作 381
开展评估稽查 382
加强法制建设 382
信息化管理 382
完善纳税服务体系 382
建立健全税政管理机制 382
全面加强干部队伍建设 383
不断推进党风廉政建设 383
领导班子成员 384
北京市地方税务局北京西站分局 384
概况 384
税收收入完成情况 385
深化税收征管工作 385
提高税政工作水平 385
加强税务检查管理 385
提高纳税服务水平 386
税收宣传 386
信息系统安全 386
队伍建设 386
党风廉政建设 387
先进表彰 387
领导班子成员 387
北京市地方税务局开发区分局 387
概况 387
税收收入完成情况 388
组织收入工作 388
税收征管 388
发票管理 389
税务稽查 389
纳税评估 389
依法行政 389
纳税服务 389
帮扶企业 390
税收宣传活动 390
干部队伍建设 390
廉政建设 391
开展系列活动 391
党团工会工作 392
领导班子成员 392
北京市地方税务局第一稽查局 392
概况 392
稽查工作 393
案件管理 393
税政法制工作 393
制度建设 393
安保工作 393
主题教育活动 394
干部管理 394
党风廉政建设 394
业务培训 394
文体活动 394
领导班子成员 394
北京市地方税务局第二稽查局 395
概况 395
开展作风建设优化发展环境 395
稽查办案 395
重大案件查处 396

专项检查 396
举报案件管理 396
发挥“三会”职能 396
案件审理 396
清欠工作 396
曝光违法行为 396
政策宣传 396
规范化建设 396
依法治税 397
数字化稽查 397
稽查服务 397
领导班子建设 397
思想政治教育 398
干部队伍建设 398
文化活动 398
党风廉政建设 398
行政管理 398
领导班子成员 399

社会团体

北京市国际税收研究会 403
概况 403
理论调研 403
办好《国际税收参考》 404
国内外学术交流 404
税法宣传、培训 404
组织会员界别组开展的业务培训活动 405
党建工作和队伍建设 405
换届选举工作 405
领导班子成员 405
北京市地方税务学会 406
概况 406
纳税服务网上咨询工作 406
市内外学会（研究会）交流合作 407
学会调研工作 407
开展会员培训交流活动 407
“小金库”专项整治 407
行业税法知识辅导丛书及会刊 407
学会的年检审查 407
领导班子成员 407

大事记

北京市地方税务局大事记（2009 年） 411

统计资料

北京市地方税务局各项税费收入完成情况表（2009 年） 449
北京市地方税务局税费收入分单位完成情况表（2009 年） 450
北京市地方税务局税务登记户数（2009 年） 451
北京市地方税务局局领导名单 454
北京市地方税务局各处室、直属事业单位、区县局、分局、社会团体、群众团体主要负责人名单 455
北京市地方税务局机构、人员统计情况 458

综　合

2009年北京市地方税收工作要点

根据中央精神和北京市委、市政府、国家税务总局的工作要求，结合地税工作实际，北京市地税局党组研究确定2009年为“优化地税发展环境年”。

2009年全市地税工作的指导思想和主要任务是：在北京市委、市政府和国家税务总局的领导下，以科学发展观为统领，深入贯彻落实党的十七大、十七届三中全会、中央经济工作会议、市委十届五次全会和全国税务工作会议精神，紧紧围绕“保增长、扩内需、调结构”和建设“人文北京、科技北京、绿色北京”的要求，以组织收入为中心，创新思路，健全机制，强化管理，转变作风，全面优化地税发展环境，全力服务首都经济社会发展大局，全心服务纳税人，推动全市地税工作科学发展再上新台阶。

总体要求是：以优化地税发展环境为主题，围绕两条主线，构建一个保障，建设五型机关，实现三个满意。即以服务首都经济社会发展大局和服务纳税人为主线，以干部队伍的理想信念和机关建设为保障，着力建设学习型、服务型、效能型、法治型和廉洁型机关，牢固树立五种意识，以最好的精神状态，最高的工作标准，努力做到上级机关满意、纳税人满意、税务工作者满意。

主要工作目标是：

——全面开展“优化地税发展环境年”活动。有力保障首都经济社会发展和税收收入平稳较快增长，在依法治税、纳税服务、税政管理、队伍建设、机关建设等方面取得实质性进展。

——确保实现地方税收收入增长10%以上。全系统各项税费收入计划安排1735亿元，比2008年增收157亿元。各项税费收入中，安排地方一般预算收入1330亿元，同比增收123.1亿元，增长10.2%。

——大幅提升依法治税水平。规范性文件合法性程度提高，税收执法规范化程度增强，税收法制宣传教育强化。文件审查合法率、行政诉讼胜诉率达到90%以上，执法检查有问题率低于20%。

——显著提高纳税服务质量。进一步增强服务意识，初步建立多层次、全方位的纳税服务体系。纳税人综合满意度达到历史最好水平，市纠风办行风评议排名稳中有升，纳税服务投诉下降20%。

——积极完善税政管理体系。以税收要素为核心，以税源管理、制度管理、政策管理、措施管理为主体内容，建立健全规范化、标准化、效能化的税政管理体系。

——切实加强队伍和机关建设。建立起与征管改革和推进信息化要求相适应的行为规范、廉洁高效的干部队伍和运转协调、公正透明的地税机关行政管理机制。实现信息化建设投入稳步增长，行政一般性支出零增长。

一、以深入学习实践科学发展观活动为动力，积极开展“优化地税发展环境年”活动

（一）全面开展深入学习实践科学发展观活动。按照中央和北京市委的统一部署，进一步开展深入学习实践科学发展观活动。北京市地税局和第一批开展学习实践活动的区县局、分局要进一步巩固前两个阶段的活动成果，提出并坚决贯彻落实好整改措施，圆满完成整改阶段各项工作目标。第二批开展学习实践活动的区县局、分局要紧紧围绕党员干部受教育、科学发展上水平、人民群众得实惠的总要求，对照北京市地税局领导班子分析检查报告中明确的贯彻落实科学发展观的主要方向、总体思路、工作要求和主要举措，结合本单位实际，因地制宜地开展好学习实践活动，努力做到学习实践活动和地税中心工作两手抓、两不误、两促进。全系统要进一步深刻领会科学发展观的科学内涵和精神实质，以科学发展观统领地税各项工作。要着力加强各级领导班子特别是局处级班子对科学发展观的系统学习并形成长效机制，研究制定体现科学发展观要求的领导班子和班子成员综合考核评价办法，关心、关注广大纳税人和税务干部的切身利益，畅通利益表达渠道，引导和保护群众参与学习实践活动的积极性、主动性和创造性，不断提高领导班子科学决策，统筹协调和正确处理各方面利益关系的能力。

（二）统一思想，提高对优化地税发展环境的认识。优化地税发展环境是优化首都发展环境的重要组成部分，是北京地税牢固树立和坚持科学发展观，积极践行“人文北京、科技北京、绿色北京”三大理念的首要任务，是切实履行组织收入、调节经济、改善民生的自身职能，更好服务于首都经济社会发展大局和广大纳税人的重要载体，是应对新形势，把握新机遇、迎接新挑战的必然选择。

（三）深刻领会优化地税发展环境的原则和内涵。优化地税发展环境的原则是法治公平、文明和谐、规范高效、勤政廉洁。优化地税发展环境的内涵是对依法治税、纳税服务、税收政策、队伍建设、机关作风等领域中所有与地税发展有关的硬环境和软环境实现持续优化改善。一是坚持法治公平原则，优化地税执法环境。按照法定权限和程序行使权力，努力学法、坚决守法、正确用法。全面落实税收执法责任制，大力开展执法检查和执法监督，提高执法水平。二是坚持文明和谐原则，优化地税服务环境。树立大服务观念，尊重纳税人、方便纳税人、提高纳税人税法遵从度，抓好、抓实纳税服务。三是坚持规范高效原则，优化地税政策环境。完善征管措施，简化办税流程，减轻纳税人负担，用准用足用好税收优惠政策。四是坚持勤政廉洁原则，优化机关工作环境。加强干部队伍建设和机关建设，实行机关服务承诺制，持续改善干部的精神面貌和机关作风。

（四）全力以赴、扎实推进“优化地税发展环境年”各项工作。各有关部门要对与地税发展环境有关的环节、细节和节点进行梳理，查找影响发展环境的难点和疑点，分阶段、分步骤地切实加以解决。2月底形成优化地税发展环境活动总体方案，列出优化地税发展环境任务表，进行部署动员，3月份制定具体整改措施。年中评估工作进度，年底检查落实情况。

二、以依法征收、应收尽收为原则，全面加强组织收入工作

（一）强化收入任务目标责任制。加强收入任务目标的细化分解，增强全系统在高基数上实现税收收入平稳较块增长的责任感，进一步完善“一把手”负总责，市、区、所三级收入任务目标责任制，形成任务明确、责任明确、领导到位、保障到位的收入任务管理格局。

（二）提高收入分析预测水平，完善收入分析预测制度。充分发挥核心征管系统、万户多维分析系统和SPSS分析软件等科技手段支撑作用，提高分析预测工作的科学性、准确性和预见性。坚持宏观分析与微观分析方法相结合，全面开展税源分析、税收结构分析、税收预测预警分析、税收管理风险分析和政策效应分析。深入研究宏观经济下行期首都经济发展与税收变化趋势，强化对重点税源、首都特色行业和重点企业分析，定期形成报告，为政府当好参谋。找准组织收入工作的切入点，牢牢把握组织收入工作的主动性和规律性。

（三）构建协调高效的组织收入联动机制。明确征管评查在组织收入工作中的具体职责，建立健全税收分析、税源监控、纳税评估和稽查检查良性互动工作机制，切实提高各部门组织收入的能动性和协调性，充分发挥整体合力。强化会计、统计、票证管理等方面的制度建设和落实工作，加强对税款缴库工作的日常监督和检查，加强对完税证结报缴销的检查。建立健全财税库行联网后的数据管理制度和应急机制。进一步规范税收指标和数据口径，确保各项税收数据真实、准确、及时、完整。加强重点税源户管理，努力挖掘新的税收增长点。加强收入质量和税源管理考核，研究建立收入质量考核指标体系，完善收入质量考核工作机制。

三、推进科学化、专业化、精细化管理，提升征管评查整体水平

（一）加强征管基础工作。强化登记管理，规范国、地税联合办理税务登记的制度建设，进一步加强与其他部门之间的横向协调，努力实现登记管理信息的资源共享。加大登记率、申报率、入库率、欠税率的考核力度。完善无税申报制度，制定全市统一的无税申报确认管理办法。依法实施减免缓退审批管理，杜绝违规越权减免缓退。加强欠税管理，总结欠税管理专职岗位试点工作经验，适时在全系统逐步推广。稳步推进房地产税收一体化工作，开发、运行个人出租房屋管理系统和房地产交易窗口征收系统。加强个体税收管理，开发应用计算机定额系统。探索实践税源户双项分类管理。完善税收管理员工作平台，提高征管质量。加强发票管理，遏制发票违法行为，开发网上报送发票明细数据和税控装置授权系统，努力解决国标税控收款机存在的问题。加强档案管理，全面实施纸质档案扫描管理模式，将电子文件纳入档案管理范畴。

（二）做好纳税评估工作。加大引入审计工作规范的力度，建立健全有效的内控管理制度。依托日常评估软件，优化纳税评估指标，提升日常评估工作效能。进一步开展以行业评估为主的数学模型的探索工作，加大试点力度。深入开展重点行业和重点税种评估。加大对零申报纳税人的评估。深化以信用A级纳税人管理为抓手的纳税信用体系建设，加强对纳税人信用记录的部门交换和综合利用。加强评估与征管、稽查和税政部门的沟通协调，提高涉税信息利用水平。

（三）推进稽查检查工作。以整顿和规范税收秩序为重点，以查处税收违法案件为中心，深入开展营利性医疗及教育培训机构、建筑安装企业、拍卖企业、中介服务业、三年以上未实施稽查的重点税源企业的税收专项检查。继续严厉打击制售假发票和非法代开发票税收专项整治活动。加强对重大违法案件的查办工作，做好案件协查、税收情报核查和反避税调查工作。完善税务稽查案件管理系统。

四、以有效落实税收政策为基础，充分发挥税政职能作用

（一）落实税制改革和结构性减税政策。综合运用调节房地产行业的税收政策，支持和引导房地产市场健康发展。认真执行各项税收优惠政策，支持高新技术、节能环保、文化创意、现代服务业等产业发展。落实“三农”、再就业和奥运税收政策，做好残保金的代征工作。做好税制改革相关的营业税、企业所得税、耕地占用税、土地使用税、车船税、统一内外房地产税等新旧政策衔接和落实。开展物业税、资源税、城市维护建设税、环保税调查研究，做好相关准备工作。

（二）强化税源分类管理。加强政府部门之间协调配合，创造综合治税社会环境，充分运用社会各方面力量，有效提高征管质量和效率。做好12万元以上个人所得税自行申报工作。全面开展保险机构代收代缴个人车船税工作，实现房地产、车辆等第三方税源控管机制。全面核实企业所得税税源户数。完善企业所得税、营业税、个人所得税申报系统，深化地方税税源管理平台的推广和应用。积极探索建立以各税种税收要素为指标，能够体现行业经营发展状况的政策影响分析模式，力求适应首都经济发展走势和可能出现的变化，及时采取相关措施。

（三）增强实效切实减负。深入探索政策宣传辅导有效方式，提供以纳税人需求为导向的分税种、分行业、分事项的多角度税收政策咨询服务。进一步优化办税程序，实现企业所得税减免税管理从审批向备案过渡。在全市房地产交易征收窗口使用条形码技术采集纳税人申报信息，实现契税征收双减负。加强对后奥运时期税收政策的研究请示和后续管理与服务工作。积极建立完整、长效、动态管理的按税收要素分类，分税种、分行业税收政策查询系统，提高为纳税人和税务干部政策服务水平。

（四）加强税政管理制度建设。进一步明确税政综合工作职责，建立健全各项税政管理制度，巩固税政联席会议工作成果。探索建立税源管理办法，建立健全税收政策执行效果反馈机制。规范税收政策的宣传、执行、调研、反馈，对贯彻落实政策全过程实施制度化管理。

（五）建立税政管理绩效评价机制。在各税政管理部门建立科学的职责岗位规范和协调机制，并实施考核，形成高效运转模式。建立客观公正的社会评价机制，通过各种渠道准确了解和掌握纳税人合理诉求，科学反映政策执行效果，及时加以改进提高，积极构建和谐的税收环境。

五、优化纳税服务，打造北京地税服务品牌

（一）进一步树立为纳税人服务的思想。切实以纳税人为本，把始于纳税人需求，终于纳税人满意作为纳税服务的出发点和落脚点，将尊重纳税人、服务纳税人、方便纳税人、提高纳税人的税法遵从度作为现代税收服务的重要内容，建立平等、诚信、和谐的新型征纳关系。要切实改善服务态度，扩大服务范围，优化服务方式和手段，提高服务质量和水平，满足不同纳税人对纳税服务的合理需求。

（二）总结推广纳税服务工作成果。深入分析纳税人满意度调查结果，认真查找问题，及时总结经验，适时召开全系统纳税服务经验交流会，推广纳税服务工作成果，不断提升纳税服务工作水平。

（三）加强纳税服务制度建设。修订纳税服务工作规范、纳税服务承诺。制定办税服务厅考核评价办法，推动办税服务厅规范化建设。推广实施走访服务制度，为解决纳税人实际问题提供快捷通道。实施分类服务制度。

（四）创新纳税服务手段。推进“网上地税局”建设，进一步拓展网上办税功能，强化落实网站更新责任制，加强网上政务公开，推广网上行政审批，加强网上互动交流。推进12366纳税服务系统建设，完善制度，加强培训，强化管理，提高热线和远程坐席接通率和回复准确率。开展CA用户试点取消纸质申报工作，进一步落实“两个减负”。完成《纳税申报分类手册》的编写和印发。

（五）维护纳税人合法权益。认真开展纳税人满意度调查。加强和规范纳税人法律援助、救济服务，完善纳税人诉求日常办理机制，明确分工，整合流程，强化监督，确保纳税人合理合法诉求的及时落实，形成解决纳税人问题的长效机制。加大政府信息公开力度，进一步发挥政府信息服务纳税人和经济社会发展的作用。贯彻执行国家税务总局关于纳税人涉税保密信息管理办法，完善纳税人涉税信息内部管理和外部查询管理工作。

六、加强资源整合，全面提升信息化应用水平

（一）加强对信息化工作的统一领导和统筹规划。坚持项目立项程序，完善决策机制。理顺市区两级机制，明确各部门职责分工，形成归口管理、分工协作、密切配合、高效运行的工作格局。提高各级领导和地税干部对信息化工作的驾驭能力和应用水平。

（二）提高信息化服务水平。建设北京地税客户服务总线。实现各应用系统间的资源共享和通信畅通，提高信息系统弹性和整体效能。修订核心征管系统业务连续性计划，升级存储平台和备份平台。做好内网应用推广工作。编写简明操作手册，引导纳税人网上办税。规划建设个性化、互动式和多途径的纳税人信息服务平台和移动税务平台。改善基层网络环境，开展应用整合，减轻基层负担。以技术手段固化工作制度，促进工作规范化。做好数据回放服务，优化完善相关报表和查询。加强政府部门数据交换服务，推动市级数据交换平台应用和相关政府部门动态数据共享。不断提高信息技术为纳税人、为领导、为基层、为税务干部服务的水平。

（三）加强信息系统安全保障和运行维护工作。健全信息系统安全运行维护管理规范，完善信息安全管理体系。开展信息系统安全风险评估和等级保护工作，规避系统风险。完成信息系统安全升级改造项目后续工作。逐步实施内外网系统改造。

七、规范执法行为，提高税收执法水平

（一）进一步加强税收法制建设。深入贯彻落实市政府和总局依法行政的实施意见，为税收工作提供及时有效的法律保障和支持。以规范性文件合法性审查为基础，规范抽象行政行为；以执法监督为手段，规范具体行政行为。继续做好规范性文件清理工作，出台废止文件目录。落实行政复议工作制度，规范全系统复议应诉工作程序，积极受理、公正审理行政复议案件，依法妥善化解涉税争议，促进和谐征纳关系建设。

（二）进一步完善税收执法责任制。巩固前期工作成果，认真组织学习和落实《北京市关于行政执法协调工作的若干规定》等六项行政执法责任制配套制度，更新维护对外公布的执法主体和执法依据。完善税收执法过错责任追究制度，加强税收执法监督，降低税收执法风险。

（三）积极开展执法检查。进一步完善执法检查程序，规范执法检查文书，创新检查方法，努力提高执法检查的针对性和有效性，全面规范税收执法行为。

（四）营造法治诚信纳税环境。坚持秉公执法，排除各种干扰税法公正执行的因素，用法制手段确保税权的独立行使和税法的公正执行。创造一切有利条件，提供一切可能手段，确保纳税人遵从税法，诚信纳税。

八、做好税收宣传工作，提高税法遵从度

（一）拓宽宣传载体。继续利用各大报刊、杂志、电视、广播、网络做好税收宣传工作。特别是充分发挥Tax861网站、电视栏目《税务周刊》、广播栏目《财税周刊》《我们的家园》期刊的税收宣传阵地作用。进一步扩大“开放日”活动的影响。积极改进落实新闻发布会制度。做好《北京地方税务公告》免费发放和电子版网络发布工作。

（二）丰富宣传内容。以税法宣传和政策宣传为重点，开展企业法人代表和新办企业办税人员的税法培训。开展“百场万人”税法宣讲活动。以优化地税发展环境为主题，开展好第18个税收宣传月活动。发挥税务博物馆的宣传阵地作用，适度进行税收工作宣传和队伍形象宣传，宣传税收思想和地税文化。加强对新办企业、零申报企业和申报不规范企业的宣传工作。突出对纳税人最关心、最现实、最直接的涉税问题的宣传。大力表彰先进纳税人，及时曝光违法纳税人和典型案例。加大宣传力度，增强税收工作透明度，让全社会和广大纳税人关心理解和支持税收，提高认同度。

九、打造运转顺畅、廉洁高效的内部运行机制，努力构建五型机关

（一）规范业务流程。以规范和优化前台办税服务厅和后台税源管理的各项业务流程为重点，完善税收征管各项业务流程。精简合并涉税审批环节，下放行政审批权限，减少纳税人重复报送的涉税资料，简化办税手续，优化办税流程。

（二）优化机构设置。根据北京市机构改革要求和国家税务总局机构改革实践，按照精简、统一、效能的原则和决策权、执行权、监督权既相互制约又相互协调的要求，规范处室设置，健全岗责体系和职位管理。研究完善稽查管理体制。统筹考虑首都区域功能定位，按照国家宏观经济调控要求、行业、经营规模、纳税人类别，优化基层税务所设置。本着“方便纳税人”的原则，设置以纳税综合服务为主的专业税务所；按经济区划设置以税源管理为主的地区税务所；按经营规模、所有制形式为特定的纳税人群体设置VIP税务所；按国家宏观经济调控形势设置行业税务所；为远郊区县偏远地区设置方便纳税人办税的流动税务所。

（三）提高办公效率。提高办文、办会、办事效率，做到提速、提质、提效。开展“三服务、三满意”优质服务活动。减少多头管理，重复报送。完善税政联席会议制度、基层与北京市地税局的工作反馈制度、周重点工作告之制度等。

（四）加强沟通协调。完善综合协调机制，强化北京市地税局与其他部门之间、北京市地税局与基层之间、机关内部各部门之间的沟通协调。搭建与其他政府职能部门的信息交换平台，完善与北京市建委、国土局、交管局、保监局信息共享平台建设，进一步加大从第三方获取最权威信息的力度。完善社会综合协税护税网络，提高信息共享程度，充分利用社会资源，形成整体合力。

（五）努力建设节约型机关。认真落实中央经济工作会议精神，牢固树立过紧日子的思想，实施节能减排。进一步明确包干费用及专项经费的使用范围，完善经费管理办法，提高资金使用效率，严格控制一般性支出，确保公务购车用车、会议经费、公务接待经费以及出国经费实现零增长。完善预算管理评审机制，加强预算执行监督，加强内部审计，杜绝随意追加预算。

（六）强化后勤保障。提升后勤管理水平，推进物业管理社会化进程。积极帮助干部职工解决实际困难。加强昌平培训中心和老干部活动中心建设，服务税收中心工作。

（七）进一步加强安全保卫工作。落实安全工作责任制，实行安全工作一票否决，加强对重点要害部位和重点人的安全管理，完善安防硬件设施，夯实工作基础，强化检查监督，确保全系统无重特大事故发生。

（八）加强机关作风建设。引导求真务实，真抓实干的工作作风，强化沟通、注重协调的团队精神。局级领导要有联系所，处级干部每年要有一周以上的时间到联系所了解情况。发扬艰苦朴素、勤俭节约的优良传统，提倡开拓进取、勇于创新的时代精神。弘扬理论联系实际的学风，切实改进会风文风。加大督查力度，强化有效执行。大兴调查研究之风，领导带头搞调研，把调查研究作为了解实情、联系群众、汲取智慧、推动工作的基本途径，多出精品，促进调研成果转化应用。重点加强对税收政策的可行性、前瞻性和执行情况的调研，对纳税人和基层意见建议的调研。

十、全面加强队伍建设，推进北京地税事业全面协调可持续发展

（一）加强各级领导班子建设。研究制定领导班子和班子成员学习的综合考核评价办法，形成系统学习的长效机制。坚持党组中心组集体学习制度，重点加强领导能力和决策能力的培养。完善党组议事规则和组织决策程序，推进重大事项决策的科学化、民主化、法治化。坚持民主生活会制度，积极开展批评与自我批评。及时调整充实后备干部库，加强后备干部的培养。加强巡视工作，全面反映情况。推动班子建设。开展“如何当好‘一把手’”和“副职如何当好助手”大讨论活动。

（二）健全干部管理机制。坚持“德才兼备，以德为先，视才用人，干事识人”的原则，健全完善领导干部选拔任用制度和后备制度。按照“四化”标准，把真干事、能干事、干成事的干部用到重要岗位，给素质好、能力强、觉悟高的同志以干事的舞台，给贡献大、工龄长、年龄大的同志以利益保障的平台。健全干部管理全程监督制度和责任追究制度。有计划、有重点地开展干部交流和竞争上岗工作，适时组织实施副处级职务竞争上岗，为各区县局、分局领导班子配备一名优秀青年干部。积极推进由职务管理向职责管理的转变。深化干部人事制度改革，研究完善系统处级、科级非领导职务管理办法，保证事业的平稳运行和干部队伍的稳定，发挥人力资源对税收中心工作的服务、支撑和保障作用。

（三）加强基层建设。研究压缩区县局机关编制，充实税务所人员。新录用人员和军转干部首先满足基层岗位的需要，按计划分步骤安排北京市地税局、区县局、分局机关没有基层工作经历的干部到一线锻炼。研究完善在当前形势和条件下的考核评价和激励机制。研究制定中长期基层建设纲要和税务所建设规范。加大对基层的人、财、物的投入，加强基层税务所办公环境建设。减轻基层工作负担，切实关心干部职工的成长需要和生活困难，使广大干部职工放心、安心、舒心地生活工作在地税大家庭中。

（四）强化教育培训。坚持依法培训，保障干部教育培训权利。以培训需求为导向，将税收事业对不同岗位人员素质能力的不同要求和干部全面成长的个性化学习需求有机结合起来。建立健全干部教育考核、监督、检查、评估制度，每年抽查率不低于20%，探索研究不同岗位履职必备知识体系建设。改革培训方式，由按级别设置为主向按类别设置为主转变，由一般性轮训为主向专题培训为主转变，由中长期学制为主向短期学制为主转变。推进全员培训、专业职称、岗位能手、注师培养等教育培训工作。做好基层培训辅导员的选拔、培训、使用工作，组建北京地税培训辅导员队伍。广泛开展岗位大练兵活动，组织好赴境外人员培训，注重培训质量和效益。利用北京地区的教学资源优势和网上管理学院在线学习的优势，使实地培训和网上培训有机结合，将网院学习作为处以下干部培训的重要手段。突出能力培养，建立学时学分制。

（五）推进党团建设。坚持以人为本的思想政治工作思路，适时召开全系统思想政治工作会，认真落实党组抓党建工作责任制以及党员联系和服务群众、党员党性定期分析等制度。充分发挥各级党组织的战斗堡垒作用和广大党员的先锋模范作用。强化基层党建工作。加强对青年的理想信念教育，结合庆祝新中国成立60周年和纪念“五四”运动90周年，开展主题教育活动。

（六）抓好廉政建设。深刻认识党风廉政建设和反腐败工作的重要性，实行党风廉政建设与税收中心工作同时计划、同时布置、同时检查、同时考核，落实好“一岗双责”。围绕中央《建立健全惩治和预防腐败体系2008—2012年工作规划》和北京市、国家税务总局《实施办法》，坚持“标本兼治、综合治理、惩防并举、注重预防”的方针，按照“为民、务实、清廉”的要求，着力构建教育、制度、监督并重的惩治和预防腐败体系。建设好教育、自律、监督、惩处“四道防线”。完善教育防范、组织防范、制度防范、权力防范、内外监督五个监督机制。进一步推进科技控权和制度控权，加强两权监督。强化执法和廉政纪律的监督检查，抓好源头预防职务犯罪工作。充分发挥特约监察员的作用，自觉接受社会各界监督。积极参加地方政府组织的政风行风评议活动，抓规范，促管理，推进北京地税系统政风行风再上新台阶。

（七）推动文化建设。坚持社会主义核心价值体系，培养文明道德风尚。深入开展精神文明创建活动，进一步巩固和扩大首都文明行业创建活动的成果，形成保持首都文明行业的长效机制。加强基层精神文明建设，树立创建典型，加强经验交流。履行工会的教育、维护、参与、建设的职能，发挥凝聚队伍、活跃机关、人文关怀和心理疏导的作用。举办第六届系统运动会，办好北京地税艺术团、北京地税论坛和税务博物馆。认真做好老干部工作和妇女工作。充分发挥国际税收研究会和地方税务学会的作用。

2009年北京市地方税收工作完成情况和2010年工作安排

一、2009年工作完成情况

2009年，在北京市委、市政府和国家税务总局的正确领导下，在各有关部门的大力支持下，全市地税系统深入学习实践科学发展观，坚决贯彻执行中央应对国际金融危机一揽子政策措施，勇于担当，真抓实干，圆满完成全年各项工作任务。

（一）齐心协力，迎难而上，地方税收平稳较快增长

面对前所未有的增收压力，全系统不为艰难所困，全力以赴抓收入，聚精会神谋发展，确保了收入任务顺利完成。

加强领导，积极应对。北京市地税局党组根据组织收入工作不同阶段的特点，研判形势，制定对策。下发《关于当前加强综合税收分析和强化组织收入措施的意见》和《关于采取更为有力措施，确保2009年财政收入增长10%的通知》。坚持“一把手”负总责，建立北京市地税局、区县（分）局、税务所三级责任制。建立完善组织收入联席会议、综合税收分析和走访联系企业等制度。

齐抓共管，狠抓落实。各级党组身体力行，深入基层，带动机关干部深入一线，一线干部深入企业。各区县地税（分）局严格落实“抓大、管中、不放小”的要求，层层分解收入任务，做到组织收入措施横向到边，纵向到底，任务到所，责任到人。在纳税人的积极配合下，地税系统与各级政府、兄弟单位密切合作，开创了前所未有的组织收入工作新局面：广大干部一笔一笔去征，一户一户去收，一关一关去闯，顶住了一季度经济下滑的巨大压力；承受了二季度时间过半、任务过半的艰巨考验；经受了三季度各项举措毫不松劲的艰辛磨炼；战胜了四季度新增任务的严峻挑战，圆满完成了全年收入任务。

（二）依法治税，强化管理，征管评查全面推进

征管基础不断夯实。加强与财政、国税、工商等部门涉税信息交流，全面掌握企业登记、注销和迁出情况。截至2009年年底，全市地方税源户达85.6万户，同比增加8.3万户，增长10.8%。强化无税申报和非正常户管理。全市税务登记率达99.63%，纳税申报率达99.71%，税款入库率达99.78%，税款欠税率降低至0.11%。个人所得税全员全额扣缴明细申报率达98.9%，全市年所得12万元以上个人自行纳税申报达42.1万人，增长23.5%。大力清理欠税，入库6.6亿元。健全重点税源监控网络。完善税收管理员平台。

发票管理成效明显。开展严厉打击制售假发票和非法代开发票专项整治活动，配合公安部门，捣毁17个贩卖假发票窝点，打掉35个贩卖假发票团伙，检查各类票据66万份，收缴假发票47万份。推出服务业、建筑业1万、10万元限额版发票，有效遏制虚开、代开发票违法行为。加强国标税控收款机推广应用工作，12.9万户纳税人共购置14.3万台。

纳税评估深入开展。完善评估指标体系，探索审计抽样评估，开展无税申报企业评估，推进重点行业、重点税源户专项评估。评估10.8万户，入库12.9亿元，同比增长34%。督导、复核11家集团所属502

户企业自查纳税，入库5.2亿元。

税务稽查作用突出。建立评估、稽查协作机制。推广分级分类稽查。围绕组织收入目标，深入开展重点行业、企业税收专项检查，加大重大案件查办力度。检查5739户，查补收入47.6亿元，同比增长4.5倍。

法制工作有效开展。落实国务院《全面推进依法行政实施纲要》，规范执法行为。制定《税务行政处罚自由裁量权实施办法》。完成规范性文件清理和公布。开展日常执法检查355项，专项税收执法检查21项。检查各类执法文书及案卷1.8万份（卷），发现问题2355次，整改率达93%。严格落实责任追究。审理复议案件10起。应诉行政诉讼案件9起。

信息化建设逐步规范。加强统筹规划，完善技术标准，严格立项程序，强化归口管理。制定《2009—2013年信息化建设战略规划》。信息服务总线成功上线。建成服务于税收业务的信息平台，加强政府部门数据交换共享。完善内网功能。加强系统安全维护。

（三）完善制度，优化服务，纳税服务工作扎实开展

服务制度逐步完善。按照国家税务总局《纳税咨询热点问题收集公布制度》《纳税人涉税保密信息管理暂行办法》《办税服务厅管理办法（试行）》，结合实际，制定相应实施规范。推行走访服务制度。

平台建设扎实推进。拓展办税服务场所、地税网站和12366热线电话服务平台功能。对办税服务场所实行分类管理，统一服务厅标识。12366热线共处理话务111万件，同比增长7.8%。地税网站访问量近9000万人次。

税收宣传广泛深入。以“税收·发展·民生”为主题开展税收宣传月活动，举办税法讲座241场，辅导纳税人3万余人次，举办网上在线答疑活动12期。印制28.8万册《北京地方税务公告》和96万册纳税申报辅导手册，免费赠送纳税人。

“两个减负”有效落实。以上门走访、座谈会、调查问卷等方式，广泛了解纳税人办税需求，减轻办税负担。试行数字证书CA用户取消纸质申报，降低税收成本。推进税务档案扫描管理，提高工作效率。优化简并考核项目，减轻基层负担。

（四）服务大局，促进发展，税政职能作用充分发挥

帮扶工作全面推进。按照市政府帮扶工作要求，定制度、定措施、定任务、定责任，积极解决企业在执行税收政策、申报缴纳税款等方面的困难。参与制定“保增长、保民生、保稳定”措施。编写帮扶企业税收政策和征管措施汇编130条。走访困难企业4210户，解决涉税问题1478个，编发宣传材料10万册。积极做好创业板上市帮扶工作。

税费管理不断加强。发挥税政联席会作用，形成整体合力。建立分税种跟踪问效工作规范。加强货运业税收管理。推进房地产税收一体化管理，制定房地产企

业所得税管理办法，配合有关部门制定房屋租赁市场管理规定。对200余个房地产项目开展土地增值税清算，入库税款17亿元，增长1.5倍。代征残保金13.8亿元。加强奥运税收政策后续管理。研究提出中关村国家自主创新示范区税收政策建议，支持首都优势产业发展。

（五）健全制度，完善管理，队伍建设有力推进

领导班子建设不断完善。制定《落实“三重一大”决策制度实施办法（试行）》《关于加强领导干部作风建设，进一步做好调查研究工作的指导意见》和《党组工作规则》。任用、交流、调整63名处级干部，考察测评23个处级领导班子。按照“德才兼备、以德为先”标准和“民主、公开、竞争、择优”原则，开展局、处、科级后备干部推荐、选拔、调整工作，为干部管理科学化、民主化、规范化打下坚实基础。

组织机构建设逐步健全。按照北京市政府要求，在认真调研基础上，编制北京地税系统三定方案，获得市编委批准，在全系统正式启动实施，并对照方案要求，及时梳理处室职责。

党风廉政建设深入开展。积极开展深入学习实践科学发展观“回头看”活动和第二批学习实践活动。贯彻《建立健全惩治和预防腐败体系2008—2012年工作规划》，制定实施细则。编印《税务干部廉洁从政手册》。开展党风廉政责任制检查。制定推进廉政风险防范管理工作实施方案和项目化管理工作，查找廉政风险点。严肃查处违纪违法案件。深入开展执法监察、效能监察和政风行风督察。开展“做国家利益的忠诚卫士”主题教育周活动，教育和引导广大干部职工爱岗敬业、忠于职守、廉洁奉公、顾全大局，取得明显成效。

干部教育培训扎实开展。组织开展局、处级干部上级部门调训和在线学习。加强岗位技能培训，强化学历教育和更新知识培训。组织参加稽查业务、执法资格和电子政务培训考试。全系统开展各类培训320期，累计培训2.4万人次。

（六）规范运行，强化保障，行政管理水平显著提升

机关效能稳步提高。切实加强和改进基层工作，在组织收入和主题活动年的关键时期，各级领导班子深入基层，深入一线，广泛收集意见建议，着力解决实际问题。全系统大兴调查研究之风，实现成果转化192项。北京国际税收研究会和地方税务学会作用突出。加强政府信息公开，提高行政透明度。强化督查督办，认真办理上级转办件和人大代表建议、政协委员提案。规范文件，精简会议，减少迎来送往。优化财务管理，强化内部审计。加大基础设施投入，完成36个税务所修缮工作。压缩行政经费，减少行政开支。全面清理“小金库”。加强后勤管理。

安全维稳扎实有效。严密组织、积极参与国庆庆典系列活动及外围保障、治安

维护工作。落实“国庆平安行动”，确保人、财、物和信息系统安全。严密防控甲型H1N1流感。

地税文化丰富多彩。各级领导班子关心干部职工，慰问老干部，落实待遇保障，走访税务所，体现人文关怀。发挥工会桥梁纽带作用，组织全系统第六届运动会、庆祝新中国成立60周年联欢会等系列文体活动。

二、2010年工作安排

2010年是实施“十一五”规划的最后一年。做好全市地方税务工作，要认清形势，提高认识。北京市地税局党组在深入学习党的十七届四中全会精神的基础上，从实际出发，确定2010年工作总体思路为：以党的十七大、十七届四中全会精神为指引，在市委、市政府和国家税务总局的领导下，深入贯彻落实科学发展观，以依法治税、组织收入为中心，抓源头，抓根本，抓基础，强化征管，优化服务，以五个着力为支撑，牢固树立五种意识，继续推进五型机关建设，打造一支爱岗敬业、忠于职守的税务干部队伍，圆满完成全年各项工作任务，努力做到让上级机关满意、纳税人满意、税务工作者满意，为建设“人文北京、科技北京、绿色北京”贡献力量。

2010年，要努力在以下六方面取得新的进展：

（一）强化组织收入工作措施，确保完成全年收入任务

2010年全市地方一般预算收入计划1520亿元，同比增收125.3亿元，增长9%。国家税务总局口径收入计划1743.5亿元，同比增收151.8亿元，增长9.5%。上述任务目标充分考虑了首都经济发展和地方税收增长潜力，通过努力是可以实现的。

建立长效机制。建立市地税局、区县地税（分）局两级组织收入长效机制领导小组，健全三级组织收入目标责任制，抓紧建立长效机制和与之配套的一揽子工作制度，完善责任体系。研究建立计划编制基础数据库。充分发挥征管综合、税政指导、法制监督、科技支撑、收入考核的作用，逐步构建纵向顺畅运转、横向协调联动的组织收入格局。

加强税源管理。强化综合税收分析，切实掌握税源、税基和税收动态。探索税源动态管理和分级分类管理。推进社会协税护税网络建设，积极争取有关部门支持，加强第三方信息采集，逐步构建全方位税源监控网络。

（二）积极实施信息管税，稳步推进征管改革

完善分类管理。推进征管流程梳理、优化和机制创新。推行双四位一体的四级纵向和横向互动的工作机制。完善双项分类管理。制定纳税人税收流失风险等级分类办法，形成分行业风险指标体系。分不同征管对象实施相应的征管、服务手段，促进管理科学化、精细化。

实施信息管税。加强内外部双类涉税信息采集、分析和应用。规范采集需求、标准和流程。努力获取第三方信息，整合资

源，加强共享。完善基础数据分析、比对和应用。全面应用税收管理员工作平台2.1版，研究开发“一户式”存储信息系统。

夯实征管基础。加强登记管理，遏制引税行为。建立严厉打击发票违法犯罪长效机制。继续推广国标税控收款机。完善欠税管理办法。规范税务档案管理。

强化评估稽查。制定日常检查工作办法和无税申报企业纳税评估管理办法。健全日常评估指标体系和专项评估行业模型。加强分级分类评估管理，逐步推广审计抽样评估。完善稽查管理制度。推广分级分类稽查。大力开展专项检查，加大重大案件查办力度，规范涉税举报，实现以查促管。

（三）全面优化纳税服务，构建和谐征纳关系

健全纳税服务制度。贯彻国家税务总局《2010—2012年纳税服务工作规划》。建立纳税人需求的收集、分析制度，探索纳税人权益保护的快速反应机制。建设业务支持系统，统一热点问题咨询解答口径。修订服务承诺，强化办税公开，规范投诉管理，开展分类辅导。

完善双渠道办税服务。落实国家税务总局办税服务厅管理办法，建设简洁实用、功能完善、布局合理、规范统一的办税服务厅。扩大区域通办，加强国、地税联办。推进地税网站和12366热线建设。不断提升网上办税功能，扩大网上变更、查询、受理的服务范围。完善热线远程坐席的管理。

统筹内、外部双评价体系。将纳税人满意度调查、征集建议、投诉、举报、走访、座谈等外部评价信息，与征管质量考核、落实限时办理制度和服务规范等内部评价信息有机结合，完善服务评价体系，改进政风行风。

加强税收宣传。从纳税人需求出发，对纳税人关心的热点、难点问题进行分类宣传，重点介绍税收新政策和服务新举措，提高纳税人满意度。加大重大涉税违法案件曝光力度，提高税法遵从度。深入开展第19个全国税收宣传月活动。

（四）积极发挥税政职能作用，优化首都税收环境

抓好政策落实。有效运用税收政策，支持高新技术、文化创意、低碳经济等新兴战略产业发展。落实好中关村国家自主创新示范区税收政策。完善帮扶企业长效机制。落实好公共租赁住房、非营利组织、就业和再就业、残疾人等税收优惠政策，促进北京市社会公益事业发展。

强化税费管理。建立健全税政管理制度与机制。加强涉外税收综合协调，强化非居民税收管理。推行营业税建筑业、房地产业项目管理办法。加强企业所得税汇算清缴工作。强化对重点行业和高收入人员的个人所得税管理。加强土地增值税清算管理。扩大保险机构车船税代收代缴范围。加强印花税监督代售管理。推进财产行为税税源平台应用。做好残保金代征工作。

落实税改要求。积极配合国家税务总局做好企业所得税配套政策出台，车船

税、耕地占用税立法，城市维护建设税与印花税联动改革，教育费附加、资源税改革调研和测算工作。做好营业税、个人所得税及相关地方税种政策改革的后续落实工作。深化房地产税收一体化管理。运用评税技术，调整、完善二手房交易价格核定体系。推进物业税改革试点工作。

（五）扎实推进依法行政，进一步提高税收执法水平

完善税收法制建设。深入贯彻国务院《全面推进依法行政实施纲要》，在执法、服务、管理等方面严格落实依法行政各项要求。制定推进依法行政工作五年规划。研究建立重大案件审理工作制度。完善税收执法责任制。

规范税收执法行为。按照国家税务总局即将出台的《规范性文件管理办法》，进一步做好税收规范性文件管理工作，做好规范性文件的合法性审查和备案，组织开展对税收规范性文件备案工作的检查。加强规范性文件清理。修订税务行政许可程序性规范。依法开展行政复议、应诉工作。

（六）稳步推进信息化建设，进一步发挥信息化支撑作用

加强系统建设。按照金税三期规划要求，坚持统一领导、归口管理、统筹规划和资源整合原则，建立完整、严密、有效的信息化全流程管理制度体系。将信息化建设贯穿征管全过程，在信息化建设的规划、立项、招标、开发、验收、运行、维护和安全管理各环节，做到科学规范、安全可行。

强化安全维护。深化数据应用，加强跨部门信息共享与业务协同，编制信息系统业务数据字典，做好与国家税务总局统一推广软件的衔接。规范信息系统业务流程和操作权限。健全运维管理体系，完善灾备系统，及时更新设备，强化安全检查，提高系统安全性和稳定性。

2009年北京市地方税收完成情况

一、税收发展总体概况及特点

（一）税收总量和增量规模居全国前列

2009年，全国税务系统完成税收收入63103.7亿元，同比增收5241.4亿元，增长9.1%；其中全国地税系统完成税收20636.5亿元，同比增收2335.2亿元，增长12.8%。北京市地税局完成国家税务总局口径税收收入1591.7亿元，同比增收157亿元，增长

10.9%，占全国地税税收的比重为7.7%，居全国第五位；占增收额的比重为6.7%，居全国第三位，较2008年提前了两位。北京市地税局税收增幅低于全国地税平均增幅1.9个百分点，在收入规模前六位的省市中，高于上海（4.2%）、浙江（6.9%）、广东（6.9%），低于江苏（16.2%）和山东（11.6%）。

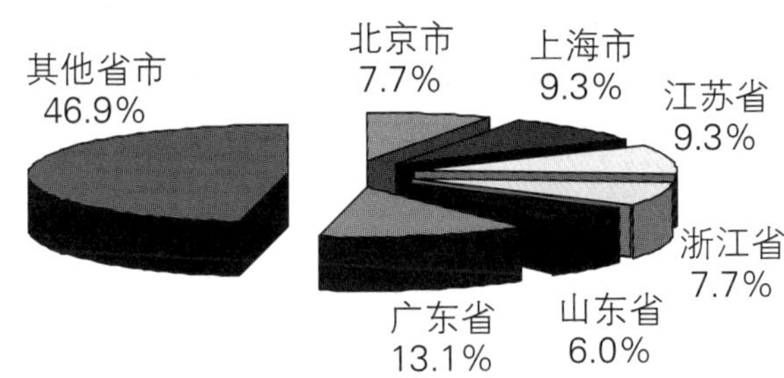

2009年全国地税收入分地区比重图

（二）超额完成地方一般预算收入，确保全市财政收入增长10%

2009年，北京市地税局累计完成地方一般预算收入1394.7亿元，同比增收187.9亿元，增长15.6%，完成了北京市政府年初要求增长10%，地方一般预算收入1330亿元任务的104.9%，超收64.7亿元，对全市财政收入的贡献率达68.8%，为地方经济和社会发展提供了财力支撑；累计完成各项税费收入1771.9亿元，同比增收193.9亿元，增长12.3%，圆满完成全年各项收入任务。

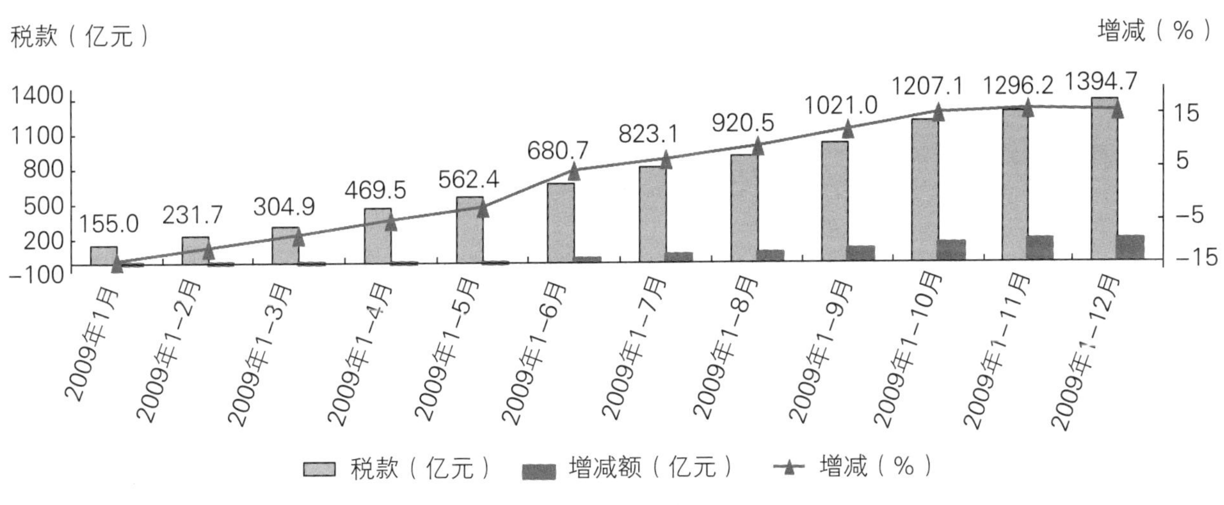

2009年地方一般预算收入完成情况

（三）税源平稳发展，税基得到稳固和壮大

截至2009年年底，北京市税源户规模达到85.6万户，较年初的77.3万户增加了8.3万户，增长10.7%，月均增加近7000户。海淀区、石景山区、门头沟区、昌平区、通州区、顺义区、大兴区、房山区和怀柔区地税局净增长率高于全市平均水平，其中昌平区、大兴区和通州区地税局税源户净增长率居全市前三位，分别达到24.6%、19.9%和19.3%。

重点税源持续较快发展，2009年纳

税亿元以上企业达到184户，同比增加34户，增长了22.7%；共入库税收415.2亿元，比上年增收62.3亿元，增长17.7%；占整体收入的比重为23.4%，比重比上年提高了1.1个百分点。全年纳税百万元以上税源户达到15678户，同比增加了984户，增长6.7%；全年共入库税收1429.2亿元，同比增收152.8亿元，增长12%；占整体收入的比重为80.7%。

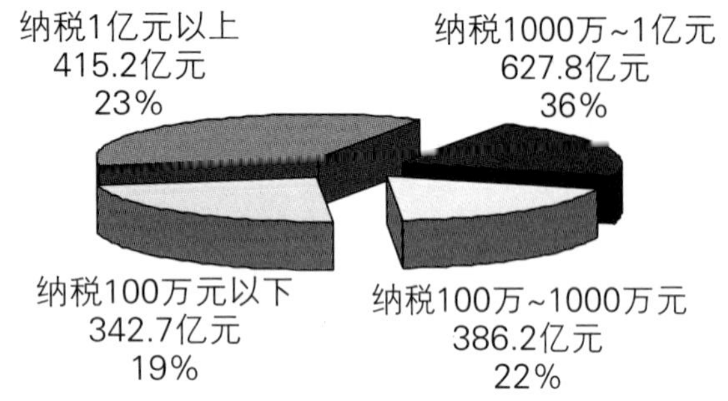

2009年各项税费收入分级距入库及比重图

（四）全系统凝心聚力，切实实现保增长

从各区县局、分局全年收入增减幅情况看，北京市共有17个地税局地方一般预算收入实现正增长，其中西城区、崇文区、朝阳区、燕山区、昌平区、通州区、大兴区、房山区、平谷区和开发区地税分局增幅高于全市15.6%的平均增幅。从收入规模看，地方一般预算收入规模居全市前六位的是朝阳区、海淀区、西城区、东城区、宣武区和顺义区地税局，分别完成304.5亿元、254.1亿元、199.5亿元、132.3亿元、64.8亿元和63.4亿元，占全局地方一般预算收入的比重分别为21.8%、18.2%、14.3%、9.5%、4.6%和4.5%，同比分别增长19.1%、14.9%、18%、7.2%、12.3%和13.6%。

（五）高端产业区继续保持快速增长

北京市各高端产业区充分发挥了带头作用，全年完成税收376.2亿元，同比增收58.8亿元，增长18.5%，增幅高于全市平均增幅6.2个百分点；高端产业区税收占全市收入的比重为21.2%，增收贡献率达到30.3%。其中，CBD中央商务区完成税收89.1亿元，同比增长15.6%；金融街功能街区完成税收59.7亿元，同比增长36.4%；顺义临空经济功能区完成税收47.1亿元，同比增长4.8%；中关村园区完成税收180.3亿元，同比增长18.9%。

2009年高端产业区税收完成情况

单位：万元

名称	户数	本期	同期	增减额	增减（%）
合计	40935	3762307	3174293	588015	18.5
CBD 中央商务区	6388	890873	770605	120268	15.6
金融街功能街区	601	596989	437834	159155	36.4
顺义临空经济功能区	3362	471010	449500	21510	4.8
中关村园区	30584	1803436	1516354	287082	18.9

二、影响税收收入的主要增减因素

（一）主体行业保持稳步发展趋势

2009年，在北京市委、市政府保增长措施的带动下，全市各行业税收全面回暖。全年三次产业分别完成税收2.6亿元、209.9亿元和1559.4亿元，占整体收入的比重分别为0.1%、11.9%和88%，第一、三产业分别同比增长25.4%和14.7%，第二产业同比下降2.8%。

从主体行业看，房地产业2009年实现快速增长，全年完成税收371.3亿元，同比增收89亿元，增长31.5%，占整体收入的比重由2008年的17.9%升至21%，增收贡献率达到45.9%，再次成为最大的增收行业。其他各主体行业中，金融业完成税收228.6亿元，同比增收17.4亿元，增长8.3%。租赁和商务服务业、居民服务和其他服务业分别完成税收170.6亿元和214.9亿元，同比分别增收13.4亿元和37.5亿元，分别增长8.6%和21.2%。建筑业税收增幅较低，全年完成98.6亿元，同比增长1.5%。

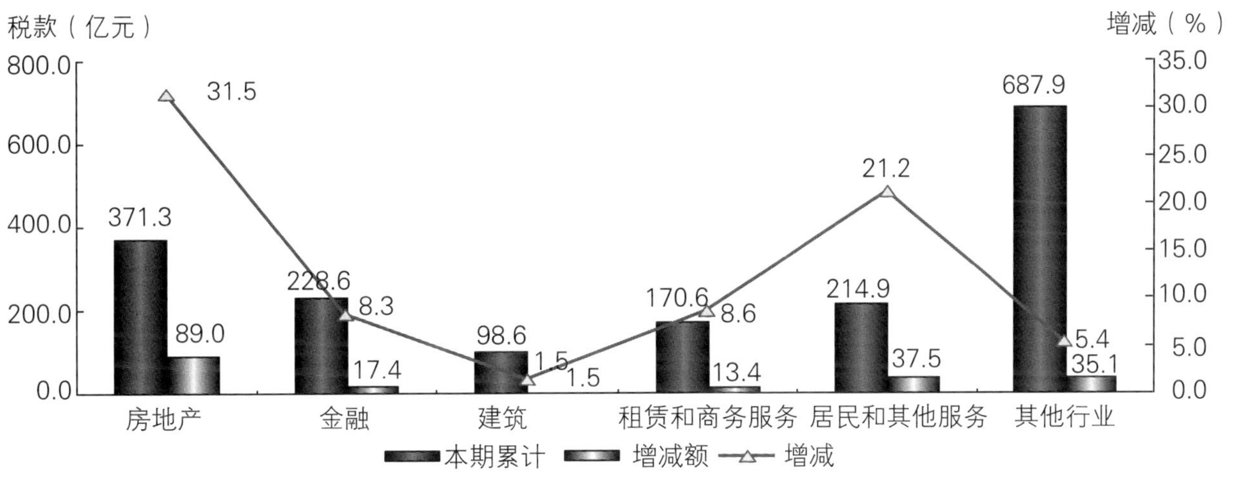

2009年主体行业税收完成情况图

（二）各税普遍呈现回升态势

营业税规模和增量居各税种之首，全年完成749.9亿元，同比增收98.1亿元，增长15.1%，其中8—12月单月增幅均在20%以上；营业税占全局收入的比重为42.3%，增收贡献率达到50.6%。耕地占用税、土地增值税和契税在北京市土地和商品房交易活跃的带动下实现快速增长，全年分别完成11.4亿元、54.2亿元和103.2亿元，同比分别增长7.4倍、56.2%和24.3%；三个税种占整体收入的比重为9.5%，而增收额比重则达到25.6%。个人所得税保持稳定增长，全年完成436.5亿元，同比增收26.9亿元，增长6.6%；利息、股息、红利所得增收形势最好，全年完成个人所得税23.7亿元，同比增长32.6%。企业所得税降幅逐步收窄，截至一、二、三季度末降幅分别为22.5%、23.3%和16.4%，全年完成142.2亿元，同比下降11.7%。

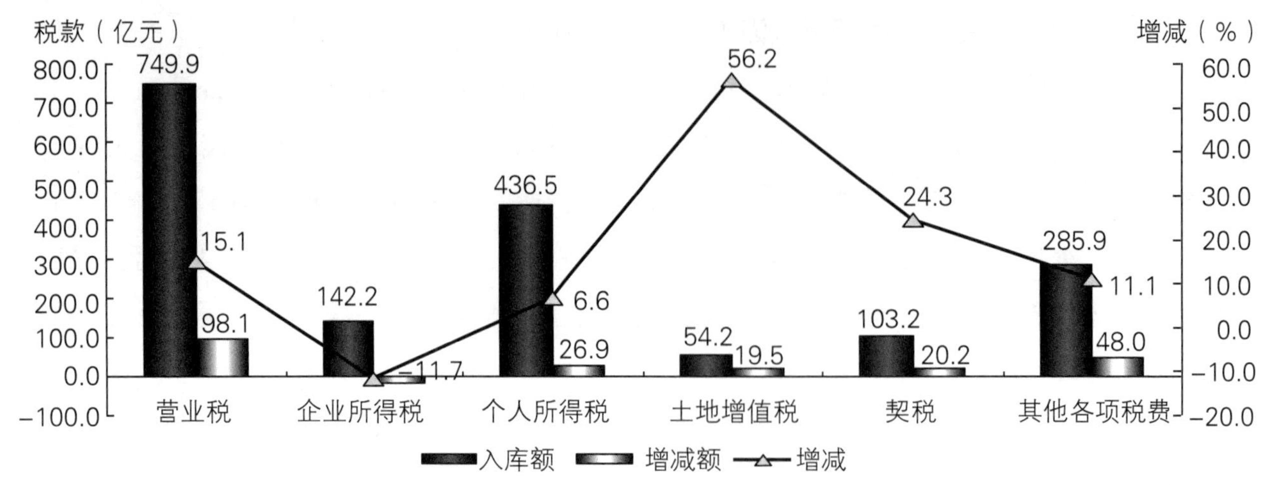

2009年主体税种完成情况对比图

（三）各项组织收入措施带动增收84.2亿元

自年初开始，北京市地税局党组始终将组织收入工作作为各项工作的重中之重，根据组织收入工作不同阶段的特点，研判形势，制定对策，及时下发了《关于当前加强综合税收分析和强化组织收入措施的意见》（京地税计〔2009〕104号）和《关于采取更为有力措施，确保2009年财政收入增长10%的通知》（京地税计〔2009〕163号），建立了组织收入领导小组和"一把手"负总责，北京市地税局、区县（分）局、税务所三级组织收入工作目标责任制。各区县、分局严格落实"抓大、管中、不放小"的要求，层层分解收入任务，做到组织收入措施横向到边、纵向到底，任务到所，责任到人。2009年，共检查5739户，入库税款、滞纳金及罚款47.6亿元；评估10.9万户企业（有问题率为44%），入库税款、滞纳金及罚款12.9亿元；清理欠税入库税款6.7亿元；完成200余个项目的土地增值税清算，入库税款17亿元。各项措施共带动本期增收84.2亿元，带动增长5.3个百分点。

（四）结构性减税共影响税收收入82.8亿元

2009年，结构性减税共涉及北京市地税局征收的营业税、城市维护建设税、教育费附加、个人所得税、企业所得税、契税和印花税7项税费。全年，结构性减税共影响各项税费收入82.8亿元，占整体收入的比重为4.7%，影响增幅5.2个百分点。

1. 新《中华人民共和国企业所得税法》从2008年1月1日起正式实施，企业所得税税率由33%降至25%。根据2008年企业所得税汇算数据测算，一系列政策变化共影响企业所得税32.8亿元，其中税率调低影响减收11.5亿元，企业发生的合理的工资薪金支出准予全额扣除影响减收12亿元，高新技术企业政策减免4.4亿元，其他各项优惠政策共减免4.9亿元。

2.《国家税务总局关于个人所得税工

资薪金所得减除费用标准政策衔接问题的通知》（国税发〔2008〕20号）规定，自2008年3月1日开始，个人工资薪金所得费用扣除标准从1600元调整到2000元，根据2008年个人所得税明细申报系统测算，影响2009年1—2月6亿元。

3. 经与北京市国税局沟通，初步测算因增值税转型影响增值税36亿—37亿元，影响北京市地税局附征的城市维护建设税2.5亿元，影响教育费附加1.1亿元。

4. 执行《财政部、国家税务总局关于个人住房转让营业税政策的通知》（财税〔2008〕174号）规定，对2009年1月1日至12月31日个人将购买超过2年（含2年）的非普通住房或者不足2年的普通住房对外销售的，按照其销售收入减去购买房屋的价款后的差额征收营业税；个人将购买超过2年（含2年）的普通住房对外销售的，免征营业税。根据区县报送数据汇总，全年共影响营业税31.6亿元、城市维护建设税2.2亿元、教育费附加0.9亿元。

5.《财政部、国家税务总局关于调整房地产交易环节税收政策的通知》（财税〔2008〕137号）规定，"对个人首次购买90平方米及以下普通住房的，契税税率暂统一下调到1%""对个人销售或购买住房暂免征收印花税"，根据区县报送数据和系统报表测算，全年共影响契税3.5亿元，影响印花税2.2亿元。

三、2009年组织收入工作开展情况

2009年收入任务的圆满完成，是北京市委、市政府领导全市各条战线坚决贯彻中央"保增长、扩内需、调结构、促民生"的精神，实现首都经济又好又快发展的结果，是全市各级政府部门通力合作，创造了良好的外部组织收入环境的结果，更是全体地税干部职工凝心聚力、勇于担当的充分体现。

（一）依法治税，强化管理，征管评查全面推进

全面加强与财政、国税、工商等部门涉税信息交流，不断夯实征管基础，全面掌握企业登记、注销和迁出情况，强化无税申报和非正常户管理。全市2009年税务登记率达99.63%，纳税申报率达99.71%，税款入库率达99.78%。个人所得税全员全额扣缴明细申报率达98.9%。大力开展税务稽查，建立评估、稽查协作机制，推广分级分类稽查，加大重大案件查办力度，深入开展纳税评估，完善评估指标体系，探索审计抽样评估。

（二）完善制度，优化服务，纳税服务工作扎实开展

按照国家税务总局《纳税咨询热点问题收集公布制度》《纳税人涉税保密信息管理暂行办法》《办税服务厅管理办法（试行）》的规定，结合实际，制定相应实施规范并逐步完善。12366热线共处理话务111万件，同比增长7.8%；举办税法讲座241场，辅导纳税人3万余人次；举办网上在线答疑活动12期；印制28.8万册《北京地方税务公告》和96万册纳税申报

辅导手册，免费赠送纳税人。有效落实“两个减负”，通过上门走访、座谈会、调查问卷等方式，广泛了解纳税人办税需求，减轻办税负担。

（三）服务大局，促进发展，税政职能作用充分发挥

按照北京市政府帮扶工作要求，定制度、定措施、定任务、定责任，积极解决企业在执行税收政策、申报缴纳税款等方面的困难。参与制定“保增长、保民生、保稳定”措施。编写帮扶企业税收政策和征管措施汇编130条。走访困难企业4210户，解决涉税问题1478个，编发宣传材料10万册。加强货运业税收管理。推进房地产税收一体化管理，制定房地产企业所得税管理办法，配合有关部门制定房屋租赁市场管理规定。

四、做好2010年各项组织收入工作

2010年是实施“十一五”规划的收官之年，1月7日召开了2010年北京市地方税务工作会议，确定2010年工作总体思路为：以党的十七大、十七届四中全会精神为指引，在北京市委、市政府和国家税务总局的领导下，深入贯彻落实科学发展观，以依法治税、组织收入为中心，抓源头，抓根本，抓基础，强化征管，优化服务，以五个着力为支撑，牢固树立五种意识，继续推进五型机关建设，打造一支爱岗敬业、忠于职守的税务干部队伍，圆满完成全年各项工作任务，努力做到让上级机关满意、纳税人满意、税务工作者满意，为建设“人文北京、科技北京、绿色北京”贡献力量。1月8日又召开了北京市地方税务局2010年税收计划分配会，将2010年地方一般预算收入增长9%，1520亿元的收入任务分税种分解到各区县局、分局。

（一）统一思想，努力完成全年收入任务

2010年北京市地区生产总值计划增长9%，地方财政收入计划增长9%。全系统要切实把思想统一到中央精神和北京市委、市政府、国家税务总局决策部署上来，统一到北京市地税局党组确定的2010年总体工作思路上来，进一步树立大局意识、责任意识、忧患意识、服务意识和发展创新意识。坚持依法征收、应收尽收的原则，强化组织收入工作措施，努力完成全年地方一般预算收入计划1520亿元的任务。

（二）要抓牢基础，切实完善组织收入工作长效机制

建立北京市地税局、区县（分）局两级组织收入长效机制领导小组，充分发挥税收分析、征管综合、税政指导、法制监督、科技支撑、收入考核的作用，逐步构建纵向顺畅运转、横向协调联动的组织收入格局。确保征管、税政、稽查、评估等工作的规范有效。抓牢组织收入工作的基础制度、基础保障和基础流程，达到最大效能与合力，促进组织收入工作协调稳步的开展。

（三）要抓住根本，深化组织收入工

作长效机制

要确保税收任务分解落实，做到任务到所，责任到人；要坚持北京市地税局、区县（分）局、税务所三级组织收入工作目标责任制；要充分调动干部工作主动性和积极性，提高工作执行力。

（四）要抓准源头，进行税源全过程监控

进一步完善市级、区级、所级三级税源管理，在税源静态分析的基础上，建立税源动态管理。要根据各部门监控的实际需要，搭建跨部门的税源基础数据平台，实现现有数据资源的共享，加强内部的横向沟通，了解税源，掌握税基，分析形势。

2010年，北京市地税局将在市委、市政府和国家税务总局的领导下，认真学习贯彻党的十七大和十七届四中全会、中央经济工作会议、市委十届七次全会精神，全面总结2009年的各项税收工作，坚持“依法征收、应收尽收、坚决不收过头税、坚决防止和制止越权减免税”的原则，建立健全组织收入工作长效机制，切实加强征管和服务两大核心工作，牢牢把握组织收入工作主动权，奋发进取、迎难而上，努力完成好2010年的各项工作任务。

领导讲话

在2009年北京市地方税务工作会议上的讲话提纲

北京市常务副市长 吉林

（2009年1月16日）

同志们：

中午好，刚才晓明同志作了一个非常好的报告，和当前正在召开的市人代会的精神，和会上人民代表的呼声和要求是一致的。人代会明天结束，在这个时候抓紧召开工作会是十分必要的。今年形势不同往年，任务艰巨，完成任务需要付出艰苦的努力，各项工作尤其要早计划、早安排、早部署、早抓落实。结合市委、市政府的要求和正在召开的人代会上代表的意见，我就2009年的工作，在晓明同志工作会报告的基础上，主要讲三点意见。

一、2008年首都经济发展态势

2008年，在成功举办了一届有特色、高水平的奥运会、残奥会的同时，继续保持了首都经济又好又快的发展态势，意义十分重大。又好又快主要体现在速度快，结构好，效益高，民生改善，确保了奥运会、残奥会的顺利圆满举办。

速度快主要体现在全年地区生产总值增长9%以上，突破1万亿元，人均地区生产总值超过8000美元，提前完成本世纪头十年的发展目标。

结构好主要体现在第三产业增加值所占比重达到73%左右，这个比重增长很快。2007年党代会提出今后五年完成第三产业占72%的比重，我们用了一年多的时间就实现了这个目标。

效益高，宏观效益主要看财政税收，全市地方财政收入1837.3亿元，增长了23.1%，是北京市财政收入第14年实现20%以上增长。微观效益主要看企业，有的企业效益高，有的差些，但总体上效益都在提高。

民生进一步改善，在经济发展的同时，注重制度建设。率先在全国实现养老、医疗制度上全覆盖，注重民生工作和社会保障制度之间的衔接，进一步推进城乡统筹，城镇居民人均可支配收入实际增长7%；农村居民人均纯收入实际增长6%以上。

在总结经济工作的时候，可以进一步拓宽思路，更新观念。奥运会、残奥会的顺利举办与经济平稳较快发展表面上看是两件事，但实际可以作为一件事情总结。奥运会、残奥会的筹办，对经济发展起到了巨大的促进作用，经济平稳较快发展确保了奥运会、残奥会顺利圆满的举办。

在看到2008年工作成绩的同时，要保持清醒的头脑，要认真分析形势，认识到存在的问题。

二、当前的形势和任务

受金融危机、国家宏观政策的调整和举办奥运会城市管理的严格限制等因素影响，我市经济增长出现下行压力。2007年年底GDP增长12.3%，2008年一季度降为11.3%，上半年11%，前三季度9.1%，2008年全年9%，是一条下行曲线。造成下行原因多种多样，主要是几个领域、产业的增速出现较大幅度下降。工业从年初出现下行苗头，全年的数字还未统计出，但预计最好增3%。房地产投资下降，成交量下降较大。投资增速在比较好的情况下，可以与2007年持平。这几个领域的下降，整体带动经济下行。工业受国际市场影响，由次贷危机到金融危机，市场需求下降，订单减少，特别是电子类产业。房地产主要是前一阶段，国家对房地产的宏观调控，紧缩信贷闸门，紧缩土地闸门，一系列的政策效果在2008年集中显现。投资的问题主要是奥运会期间采取严格的环保、交通和治安管理措施，每年第三季度是投资的重点时期，但2008年出现例外。

要把经济平稳较快发展作为当前经济工作的首要任务。宏观调控出现很大变化，去年年初主要是“两防”，防经济过热、防通胀；年中主要是“一保一控”，保经济增长，控制物价过快上涨；年底是确保经济平稳较快发展。在举办奥运会、残奥会之后，保持经济平稳较快发展对北京有特殊意义，因为北京是首都，并且进入新的发展阶段，对此要给予清醒认识和高度重视。今年市委、市政府的任务和指标是：全年地区生产总值力争实现9%的增长，这个指标北京市人代会经过讨论后给予肯定。各单位都要认识到这个目标是积极的，也是要付出极大努力的。财政收入增长10%以上，这是必须完成的，但难度也是比较大的。固定资产投资增加15%以上，达到4600亿元；消费增长13%以上，达到5000亿元；居民收入增加6%以上，物价涨幅控制在3.5%以内，登记失业率控制在2.5%以内。

确保经济平稳较快发展，关键点一是在工业，2009年地区生产总值增长约1200亿元，工业要增长220亿元。二是在投资，2009年投资4600亿元，平均每天13亿元，市政府安排投资305亿元，是这些年来市政府安排投资最多的一年，为了调动社会积极性和民间投资热情。三是在房地产，房地产的投资占一半，消费占1/3，企业所得税占1/5~1/4。四是消费，一直以来，对扩大投资有经验，对扩大消费的措施不足，北京市消费结构中，1/3是房地产，1/4是汽车消费，1/10是集团消费。要分析消费结构，研究促进消费的措施。

三、对税收工作的要求

（一）全力确保税收收入任务完成

今年地税系统收入计划安排1735亿元，比2008年增收157亿元，增长10%。其中，安排地方一般预算收入1330亿元，同比增收123.1亿元，增长10.2%。财政收入确保10%以上的增长，是实打实的，是比较低的。没有这10%，我们的日子将过不下去。但实现10%的增长，需要付出极大的努力，要采取积极的态度，不能等经济危机见底再采取措施，要增强信心，努力工作，增强主观能动性，使危机的影响减到最小。

地税局在保障首都经济平稳较快增长中要主动担当，发挥作用，全力确保税收收入实现10%以上增长。2009年对财政需求很大，要增强信心，落实责任制。各区县、分局要按照市局确定的任务去执行，要保证市局的任务的完成。一方面是税收收入减少，另一方面是扩大投资，市政府安排投资305亿元还有140亿元的缺口，市区两级政府明后年还有1200亿~1500亿元的投资，拉动社会投资1万亿元。在税收工作中，要严格征管，应收尽收，不收过头税，不越权减免税。

（二）落实结构性减税和各项税收优惠政策

实施积极的财政政策主要内容是减少赤字和结构性减税，中央可以替地方发债，促进经济增长。为帮助企业渡过难关，国家制定的减税和优惠政策要不折不扣地落实，据初步统计，全国要减税5400亿元。

要深化税制改革各项措施，按照首都经济结构特点，实施支持“三农”、节能减排、自主创新、区域协调发展等税收政策调整，引导生产要素向资源消耗低、科技含量高、经济效益好的优势企业集中，有力推进首都经济结构调整，区域协调发展，促进资源节约型和环境友好型首善之区的建设。

要充分发挥税收调节收入分配关系、规范分配秩序的作用，加大对高收入群体的个人所得税依法征收力度。落实好国家解决下岗失业人员再就业、促进残疾人就业等方面的税收优惠政策，更好地扶持社会弱势群体。

（三）提高服务水平，优化发展环境

“提高服务水平，优化发展环境”年年提，在收入形势好的时候提，是锦上添花。今年经济出现困难，在任务重、要求高的形势下，提高服务水平，优化发展环境，就是考验。要从思想认识上、从工作方式方法上认真研究，要落实宏观调控政

策，实施结构性减税，又要完成任务；要严格征管，又要做好服务。

（四）加强队伍建设

一是要加强领导班子建设。做好工作要靠优秀的队伍，带好队伍要靠优秀的班子。各级领导班子要抓思想、抓学习、抓能力、抓作风，努力建设成为坚定贯彻党的理论和方针政策，善于领导科学发展的坚强集体。

二是要加强信息系统建设，通过科技手段的运用，提高工作效率，降低征管和纳税成本，减少执法和纳税风险，减轻基层和纳税人负担。

三是要加强干部队伍建设。税务干部与纳税人直接打交道，权力大，责任重，风险高，是政府的“门面和窗口”，直接关系到党和政府在人民心目中的形象。要提高税务干部依法治税的意识和能力，公平执法，廉洁征税，维护国家财政利益，保护纳税人合法权益，爱护家庭和自身利益。对干部既要严格要求，又要关心爱护，解决实际问题，各级领导班子对队伍中的工作生活各方面问题要关心，我也责成市里相关部门进行研究。

完成好今年的各项工作，地税部门任务艰巨，责任重大，使命光荣。全市地税系统在首都经济社会发展中作用重大，要主动担当，要按照建设“人文北京、科技北京、绿色北京”的要求，全力以赴，以优异的成绩迎接新中国成立60周年，为首都经济社会发展大局作出新的更大的贡献。

（根据录音整理，未经本人审阅）

优化环境　科学发展
推进北京地税事业再上新台阶

——在2009年北京市地方税务工作会议上的讲话

北京市地方税务局局长　王晓明

（2009年1月16日）

同志们：

今天召开2009年北京市地方税务工作会议，主要任务是：认真贯彻落实党的十七大、十七届三中全会、中央经济工作会议、中共北京市委十届五次全会和全国税务工作会议精神，总结2008年全系统工作情况，部署2009年工作任务。下面，我讲三点意见，供大家讨论。

一、2008年工作回顾

2008年，在北京市委、市政府和国家税务总局的正确领导下，在各有关部门的大力支持下，全市地税系统深入学习实践科学发展观，坚决贯彻执行中央和上级机关的重大决策部署，克服困难，团结奋进，较好地完成了全年各项工作任务。

——地方税收收入好中有快，为首都经济社会发展提供了坚实的财力保障。2008年全市地税系统共完成各项税费收入1578亿元，比2007年增收211.9亿元，增长15.5%，完成年初计划1525亿元的103.5%。其中，完成地方一般预算收入1206.9亿元，比2007年增收139.7亿元，增长13.1%，均高于同期全市GDP增长速度。收入规模创历史最好水平，稳居全国第五位。

——产业税收结构和税种结构更趋合理。产业税收结构更加优化，第三产业实现税收1360亿元，同比增收179.3亿元，增长15.2%，占税收总额的比重为86.2%。税种结构更加优化，营业税实现651.8亿元，同比增收50.7亿元，增长8.4%，占税收总额的比重为41.3%；个人所得税实现409.6亿元，同比增收101.4亿元，增长32.9%，占税收总额的比重为26%。

2008年，主要从六个方面推进了工作：

（一）增强大局意识，积极服务奥运会、残奥会

全力做好奥运税务服务工作。发挥服务奥运“四机制一平台”作用，完善奥运税务服务10项举措和应急服务机制，为全市涉奥纳税人设置专门窗口和快速通道，对奥组委、BOB公司实现奥运期间24小时不间断办理涉税事宜；主动申请和认真落实奥运税收优惠政策，累计减免税收10.6亿元；简便涉奥售付汇凭证开具，审核付汇金额12亿元；确保奥运专用发票和税控装置及时供应，开具奥运门票定额专用发票66.5万张；奥运税收宣传丰富多彩；全市涉奥纳税人满意度达100%，奥税办被评为“北京奥运会、残奥会先进集体”。

全心做好平安奥运和志愿服务。深入开展平安奥运专项行动，构筑人防、物防、技防相结合的安防体系，落实奥运期间税收征管保障、信息系统安全、媒体应对和安全保卫等应急机制，实施奥运信息系统安全专项整改，坚持全天24小时安全值守，确保平安奥运；大力支持“绿色奥运”，封存停驶千余辆公车；圆满完成奥运服务一线、赛会志愿者、城市志愿者、社会志愿者、奥运拉拉队等各项奥运志愿服务工作。全系统共43个集体和89名个人获得了省部级以上的涉奥表彰。

（二）强化工作措施，全面完成组织收入任务

坚持“依法征收、应收尽收、坚决不收过头税和越权减免税”的组织收入原则，克服经济增长趋缓和政策性减收因素影响，采取有力措施，确保了地方税收收入的平稳较快发展。

完善组织收入工作责任制，增强组织收入工作紧迫性。调整分解全年收入目标任务，层层建立“一把手”负总责的收入任务目标责任制，加强组织收入信息沟通反馈，确保领导到位、责任到位、工作到位。

加强税收分析预测，掌握组织收入工作主动性。着重分析国家宏观经济形势、区域和产业政策、金融、房地产等税收支柱行业发展态势以及税制改革和税收优惠政策对地方税收的影响。健全分析预测制度，开发万户多维分析系统，科学预测全市税收发展趋势，及时提出组织收入措施和建议。

加大重点税源监控力度，提高组织收入工作针对性。强化市、区、所三级重点税源户管理，落实重点税源转移通报制度。部分区县局初步形成局长走访重点税源户和所长带户工作新机制，朝阳区、海淀区、东城区、西城区等局突出重点税源户管理，积极实践税源分类管理模式，密云县局、西站分局建立全员管户工作机

制，取得显著成效。

全力以赴，通力合作，强化组织收入工作联动性。各区县局、分局以及计会、征管、评估、稽查、税政等部门共同努力，切实加强组织收入工作力度，提高征管质量。加强综合协税护税体系建设，积极与财政、国税、统计、发改委等部门沟通协调，增强组织收入工作的外部联动性，确保了全年收入任务的完成。

（三）创新工作方式，着力强化税收征管

征管基础进一步加强。税务登记管理进一步规范，简化税源户迁转流程，依法裁定税收管辖权。截至2008年年底，税源户达77.3万户，比2008年年初增加13.3万户，增长20.8%。完善纳税申报管理，修订申报征收管理办法，编印纳税申报分类辅导手册，无税申报管理初显成效，年所得12万元以上个人自行纳税申报人数达34万，同比增长30.1%，居各省市前列。欠税管理取得成效，共清缴欠税入库14.3亿元，截至2008年年底，欠税余额18.9亿元，同比减少35.3%。加强行业分类管理，进一步规范对个体户、货物运输业、二手房交易的税收管理，稳步推进房地产税收一体化管理。税务档案管理和应用水平提升，纸质档案扫描归档试点工作顺利开展。西城局启用身份信息比对系统、崇文局整合优化117项征管业务流程效果明显。

发票管理力度进一步加大。大力开展发票打假税收专项整治行动，捣毁38个贩卖假发票窝点和28个特大贩卖假发票团伙，收缴发票115万份，有力地整顿了税收秩序，得到总局肖捷局长的表扬。宣武局、东城局在此次行动中成绩显著。继续推广国标税控收款机，积极开展金融税控收款机试点，截至2008年年底，全市纳税人共使用国标税控机10万台，同比增长113%。

纳税评估工作进一步深化。完善评估制度，修订三项评估核实办法。健全分级分类评估体系，强化市、区、所三级评估部门分工协作，提高评估效率。积极开展评估质量体系认证和审计规范试点，提升评估质量。拓展评估职能，为全市34.1万户纳税人发送《企业缴税情况通知书》。大力开展专项评估和日常评估，对12万户纳税人实施评估，共补税9.6亿元。

稽查作用进一步发挥。推广使用税务稽查案件管理系统，全面实施电子稽查，强化数字化支撑作用，提高办案效率。查处上级交办各类重大案件21件，受理群众举报案件7967件。稽查一局、二局“6·07”专案组被北京市纪委和市监察局授予集体三等功。重点开展对房地产业、建筑安装业、烟草业和3户大型汇缴企业的指令性税收专项检查，深入开展对房地产经纪业、餐饮娱乐业、证券业的指导性专项检查。全年共立案稽查案件3959件，查补入库8.2亿元。

税政管理进一步强化。整合税政资源，充分发挥税政联席会议作用。全面落实新《企业所得税法》，大力开展宣传培训，实现了新旧政策的平稳过渡。落实不动产、建筑业营业税管理办法，规范网络游戏业务等营业税政策。落实工薪所得费用扣除标准提高的新政策，惠及670万纳税人，减轻税负30亿元，其中60万人不需再纳个税。降低出租司机个人所得税定额标准，惠及9万名出租车司机。修订《土地增值税清算管理办法》。实行保险机构代收代缴个人机动车车船税。对个人拆迁购买住房减免契税实行即时审核，方便纳税人。海淀局和朝阳局深入开展地方税税源监控平台试点。深化物业税改革试点，服务总局决策。落实新的《耕地占用税条例》，促进耕地保护。加强残保金代征，共入库12.5亿元，同比增长6.7%，促进了首都残疾人事业的发展。

（四）坚持依法治税，持续优化首都税收环境

加强法制建设。全面落实国务院依法行政实施纲要，推进依法行政，规范执法行为。加强规范性文件审查、备案和清理工作，取消部分税务行政许可事项，强化后续管理。开展日常执法检查396项次，专项检查16项，检查各类执法文书及案卷2万余份，获得全市行政处罚案卷评查并列第一。对56名税务人员进行执法过错责任追究。2008年全系统审理行政复议20起，应诉行政诉讼15起。怀柔局实施执法过错责任追究跟踪复查新办法。大兴局组建法律支持服务核心小组，有效化解执法风险。

认真落实各项税收优惠政策。在抗震救灾中积极宣传和认真落实鼓励捐赠的税收优惠政策；严格落实奥运期间停驶车辆减征车船税政策；及时落实房地产交易环节税收政策调整。用足用好各项税收优惠政策，促进首都现代农业、高科技产业、文化创意产业和环保产业的发展。石景山局和市局有关处室积极配合，大力支持首钢主辅分离改制，惠及2万名职工重新上岗，维护了社会稳定。

广泛开展税收法制宣传。紧紧围绕“税收 · 发展 · 民生”的主题深入开展第17个税收宣传月，举办北京地税开放日等活动，提高了地税工作透明度。共组织大型宣传活动50余项，发表稿件2600余篇，制作税法专题宣传片8部、公益广告3部。成功发行第四套印花税票和大全册。大兴局“走进历史，传承文明”、密云局“少年税校”、通州局“大学生村官税务志愿者”等活动成效明显。

（五）完善服务体系，全面提升纳税服务水平

充分发挥市、区、所三级纳税服务体系155个服务场所作用，坚持以纳税人需求为导向，以纳税人满意为标准，优化纳税服务。

完善热线和网站服务体系。2008年“12366”热线处理话务94万件，其中，热线中心接听处理30.9万件，远程坐席接听处理25.4万件。确保热线接通率，制定

并严格执行《回拨制度》，回拨电话5.9万件。出版《12366北京地税热线问答》。及时向有关部门反馈信息，定期会商业务，为政策执行提供保障。2008年共1474万人次访问北京地税网站，月均访问量120多万人次。加强与纳税人网络互动，结合税收热点，及时组织在线答疑。北京地税网站在全国省级税务机关评比中名列第一，并被评为北京市优秀政务网站。

加强纳税服务制度建设。拓宽与纳税人沟通渠道，建立走访服务制度，定期召开纳税人座谈会。落实“两个减负”工作要求，加强办税服务厅规范化建设，统一办税服务厅标识。组织纳税人满意度调查，完善外部监督机制。开发区分局积极落实纳税服务承诺制，石景山局建立实施税务指导制，通州局在办税窗口配置即时评价及短信报警系统。顺义、平谷、房山、延庆等局积极探索涉农纳税服务新方式。门头沟局深入开展“我当一天纳税人”和“我为纳税人办实事”活动，燕山局定期走访办税困难企业。

提高信息化技术支持水平。信息化成果惠及更多纳税人，42万户纳税人通过联网方式缴税1381.2亿元，占全部税款总额的87.7%，占全国联网缴税总额的近一半。系统整合初见成效，成功实施系统整合一期工程，优化信息化基础设施架构，实施交易、查询和统计分析彻底分离，上线运行单点登录系统，提高核心征管系统运行效率。全面建成和启用功能较为强大的内网。加强信息系统安全运行维护，积极开展风险评估、安全整改和应急演练，安全等级达到保护三级，系统安全性进一步提高。

（六）立足科学发展，大力推进队伍和机关建设

学习实践科学发展观活动取得阶段性成果。在北京市委学习实践活动第七指导组的帮助下，紧紧围绕党员干部受教育、科学发展上水平、人民群众得实惠的总要求，认真组织学习培训，深入调查研究，积极开展解放思想讨论，充分发扬民主，广泛征求意见，提出不适应、不符合科学发展的全局性问题。召开市局领导班子专题民主生活会，深入查找班子和个人在贯彻落实科学发展观方面存在的突出问题，分析主客观原因，提出今后贯彻落实科学发展观的主要方向、总体思路、工作要求和具体措施。召开分析检查报告评议座谈会，得到与会各界的高度好评。

领导班子建设不断加强。深入开展局级学习型领导班子建设试点工作，加强领导班子政治业务学习和领导能力的培养。组织处级干部学习贯彻十七大精神和学习实践科学发展观培训，班子的思想水平、执政能力和工作作风得到提高。优化处级班子，选拔任用30名处级干部，确定218名处级后备干部。加强巡视工作，深入基层调查研究，掌握班子建设情况。

党风廉政建设和党建工作成效显著。深入开展反腐倡廉宣传教育活动，认真贯

彻落实党风廉政建设责任制。加强“两权”监督，探索“科技控权”廉政风险管理新途径。建立税检联席会议制度和税检双方工作协调机制。严肃查处失职、渎职和职务犯罪等各类违法违纪案件。各单位加强廉政风险点的研究，强化廉政风险管理。中纪委、市纪委专门到崇文局调研，央视新闻频道播出其经验做法。延庆局、平谷局亲情助廉成效明显。党的组织建设不断加强，2008年全系统发展党员160名。完善党建制度，保持党员先进性长效机制进一步健全。各级党组织和广大党员在抗震救灾和支持奥运中发挥了战斗堡垒和先锋模范作用。全系统向灾区捐款403.5万元，其中特殊党费237.3万元。以党建带团建，青年活动丰富多彩。加大精神文明创建力度，树立北京地税良好形象，2008年全系统新获得68项省部级以上荣誉称号，其中10个国家级先进集体和2个国家级先进个人。

组织机构建设进一步加强。为适应全系统宣传和教育培训的需要，新组建了宣教处。为理顺信息化部门的关系和职责，组建了科技信息处。按照压缩科的设置、增加所的数量、控制所的规模、适当建立专业税务所、提高所的质量的要求，以负责专门税种、特定行业、特殊区域的征收服务为主要职能，新成立了21个税务所。为加强数据采集和运用，提高征管水平，在两个区县局试点成立数据管理科。

干部管理和教育培训力度加大。贯彻落实公务员法，科学定编定岗定责。进一步完善干部评价、选拔、任用、管理、考核、监督、奖惩等各个环节的制度体系。开展绩效考核机制调研。部分区县局、分局因地制宜，在创新绩效考核机制上进行了有益探索。制定建设学习型北京地税指导意见。加强后备干部培养，组织青年干部赴境外培训，定期举办地税论坛。加强岗位技能培训，强化学历教育、注师培训和更新知识培训。2008年全系统共举办各类业务培训班405期，参训2.6万人次，有效提升了干部队伍的整体素质。

机关行政管理水平显著提升。全面加强政府信息公开，信息公开量居北京市前列。加强督查督办，认真办理市委、市政府转办件，按时办复人大代表建议和政协委员提案，满意率100%。全系统大兴调查研究之风，共实现成果转化325项。编印《领导决策参考》，为科学决策提供支持。优化财务管理，严格预算执行，规范政府采购，强化内部审计，财务管理信息系统全面升级运行。加大基础设施投入，完成36个税务所的修缮。加强固定资产管理，截至2008年年底，全系统固定资产规模达32亿元。加强后勤管理，完成多项节水节电设备更新改造。强化安全保卫，加强安全教育和监督预防，提高应对突发事件的能力，加强食品卫生、办公场所和车辆安全管理，全系统无重大事故发生。公报编辑部、昌平培训中心、老干部活动中心、国际税收研究会和地方税务学会服务税收中心工作的职能作用充分发挥。

地税文化建设丰富多彩。通过学习型组织建设，集中了广大干部的智慧，形成了北京地税核心价值观和共同愿景。全系统广泛开展丰富多彩的文体活动，举办“清风颂、地税情”系列廉政文化宣传教育活动，组织全系统歌咏比赛和文艺汇演。发挥工会桥梁纽带作用，关心爱护干部职工。服务老干部，完善待遇保障，体现人文关怀。发挥博物馆传承地税文化的阵地作用。

同志们，14年来，北京地税事业经历了跨越式的发展历程，几届领导班子带领全体干部职工励精图治、艰苦奋斗，税收收入高速增长，征管质量不断优化，组织机构日趋完善，队伍素质显著提高，为首都经济社会发展作出了重要贡献。在此，我代表市局（指北京市地方税务局，下同）党组，向市委、市政府和国家税务总局，向长期以来关心支持地税工作的各级领导、各界人士和广大纳税人，向全系统广大干部职工致以衷心的感谢和崇高的敬意！站在新的起点上，我们要团结一致，奋勇拼搏，推进北京地税事业再上新台阶！

回顾2008年的工作，我们深刻体会到：深入学习实践科学发展观是我们事业发展的根本前提；上级领导的关心支持是我们事业进步的重要支撑；地税系统全体同志的团结奋斗是我们事业推进的基本保障；改革创新是我们事业开拓的重要动力。

在看到成绩的同时，我们也必须清醒地认识到存在的问题和不足：一是税收服务于首都经济社会发展的主动性有待进一步提高；二是地税征管质量有待进一步提升；三是为纳税人服务的细节有待进一步完善；四是税收征管的技术手段有待进一步加强；五是干部激励机制有待进一步创新；六是行政执法风险意识亟待加强。对于这些问题，我们必须高度重视，采取有力措施，切实加以解决。

二、认清形势，坚定信心

（一）科学把握形势和任务

正确认识形势，树立坚定信心。当前国际金融危机尚未见底，对实体经济的影响日趋增大，首都经济税收发展面临严峻挑战，但也蕴含着重大机遇。一是中央的英明决策和改革开放的辉煌成果是我们应对挑战的强大动力和坚实基础。面对严峻的国际国内经济形势，中央经济工作会议作出了“四个没有改变”、我国发展的重要战略机遇期仍然存在的重要判断，决定实施积极的财政政策和适度宽松的货币政策，出台一系列保增长、扩内需、调结构的有力措施。改革开放30年取得的物质、技术和体制成就，奠定了应对挑战的坚实基础。二是首都经济的巨大潜力是我们应对挑战的重要支撑。首都具有以服务业为主的产业结构所形成的平稳发展能力，具有依靠科技创新推动高端经济发展所形成的创造能力，具有通过举办奥运会所形成的国际影响力和竞争力，具有各种资源和人才优势。三是地税干部的激情干劲是我们应对挑战的基本保证。经过14年的发展，特别是经过奥运会的考验和抗震救灾的洗礼，广大地税干部爱岗敬业、甘于奉献、吃苦耐劳的精神得以进一步弘扬。总体而言，北京市地方税收工作机遇与挑战并存，机遇大于挑战。

明确中心任务，发挥职能作用。中央经济工作会议对发挥税收职能作用提出了新的更高的要求。一是实行结构性减税促发展。用减税、退税或抵免等方式减轻税收负担，促进企业投资和居民消费，增强微观经济主体活力，促进经济平稳较快发展。二是深化税制改革调结构。推进增值税、成品油消费税等税制改革，实施支持“三农”、节能减排、自主创新、区域协调发展等方面的税收政策调整，加快发展方式转变和经济结构战略性调整。三是加强征管保收入。依法加强税收征管，做到应收尽收，确保税收收入平稳较快增长，为经济社会发展提供必要的财力保证。我们要认真研究经济下行期税收变化趋势，落实责任，变压力为动力，化挑战为机遇，积极有效地落实税制改革和税收政策调整，努力保持地税收入同步或略快于北京GDP增长，避免收入的大起大落。

（二）自觉强化五种意识

1. 大局意识

保持经济平稳较快发展，是当前党和国家工作的大局。北京市提出了要着力抓好的六项工作，国家税务总局提出了“四个牢牢把握”，北京地税局也制定了六个方面的措施来落实中央经济工作会议精神。地方税收工作是财政收入的主要来源和实施宏观调控的重要杠杆，在保持经济平稳较快发展中责任重大、使命光荣。我们要增强大局意识，充分发挥税收职能作用，在保增长、扩内需、调结构、促发展上有所作为。要在认清大形势的前提下，自觉地把地税工作和地税事业的发展融入全市经济社会发展的大局之中，找准位置，围绕中心，立足本职，服务大局。

2. 发展意识

发展是第一要务，发展是永恒主题，发展是解决一切问题的关键。振奋精神，加快发展，是时代赋予我们的神圣使命。我们要进一步树立发展的意识，增强发展的紧迫感与责任感，营造一个盼发展、谋发展、促发展的良好氛围，以昂扬的斗志和崭新的精神面貌全力推进各项地税工作。我们要切实转变发展理念，总结发展规律，完善发展思路，创新发展举措，破解发展难题，争做锐意改革的先锋，加快形成有利于科学发展的体制机制和发展方式。在促进经济平稳较快发展的同时，实现地税事业的全面、协调、可持续发展。

3. 忧患意识

改革没有止境，发展没有坦途。第一，我们要意识到复杂严峻的国内外经济形势带来的压力和挑战；第二，要意识到我们应对金融危机和经济下滑的措施和经验不足；第三，要意识到面对14年的地税发展成果仍需强调反骄破满；第四，要意识到一些影响地税事业科学发展的问题正在显现，一些制约地税事业科学发展的矛盾开始暴露，这些问题和矛盾已经成为地税事业发展进步的严重阻碍。我们要把忧患意识贯穿到各项地税工作中，把思想和行动统一到市委、市政府的各项决策上来，增强责任感和使命感，深刻认识做好地税工作的重要性和紧迫性，切实增强工作的原则性、系统性和预见性。

4. 服务意识

服务意识是我们立党为公、执政为民的本质体现。我们要进一步增强服务意识，在思想上尊重群众，感情上贴近群众，生活上关心群众，行动上深入群众，工作上依靠群众。我们要高度重视纳税服务工作，始终把实现好、维护好、发展好广大纳税人的根本利益作为开展各项工作的根本出发点和落脚点，始终把纳税人的心声作为工作的第一信号，始终把纳税人的满意作为工作的第一标准和根本要求，抓作风转变，抓服务细节，急纳税人之所急，想纳税人之所想，从观念上实现根本性转变，在感情和思想上形成“纳税人至上”的意识，丰富服务内容，改进服务方式，提升服务质量，提高服务效率，减轻纳税人负担，让发展成果惠及广大纳税人。我们要增强机关服务基层、领导服务群众的主动性和自觉性，切实从思想上树立全心全意为税收一线服务的意识，关心爱护广大地税干部职工，共建和谐的地税发展环境。

5. 创新意识

发展源于改革，进步源于创新。改革创新是推动地税事业科学发展的不竭动力。我们要解放思想、实事求是、与时俱进、开拓创新，要勇于面对新形势、正视新情况、解决新问题、提出新举措，以创新的思维建立全市地税工作科学发展、共建和谐的长效机制。要深入调查研究，借鉴国内外先进的税收管理经验，完善地方税收工作管理和征管措施。要理论联系实际，提高改革决策的科学性，增强改革措施的协调性。要强化科技创新意识，以理念创新为先导，以资源整合为途径，以功能完善为目标，构建应用灵活、操作便捷、支撑地税征管服务和科学管理的信息化技术体系。要积极探索工作方式方法创新，求智于民，问计于民，激发干部职工的积极性、主动性和创造性。

（三）指导思想和目标要求

2009年将迎来新中国成立60周年，同时也是建局15周年。全市地税工作的指导思想和主要任务是：在市委、市政府和国家税务总局的领导下，以科学发展观为统领，深入贯彻落实党的十七大、十七届三中全会、中央经济工作会议、中共北京市委十届五次全会和全国税务工作会议精神，紧紧围绕“保增长、扩内需、调结构”和建设“人文北京、科技北京、绿色北京”的要求，以组织收入为中心，创新思路，健全机制，强化管理，转变作风，全面优化地税发展环境，全力服务首都经济社会发展大局，全心服务纳税人，推动全市地税工作科学发展再上新台阶。

总体要求是：以优化地税发展环境为主题，围绕两条主线，构建一个保障，建设五型机关，实现三个满意。要以服务首都经济社会发展大局和服务纳税人为主线，以干部队伍的理想信念和机关建设为保障，建设学习型、服务型、效能型、法治型和廉洁型机关，以最好的精神状态，最高的工作标准，牢固树立五种意识，努力做到上级机关满意、纳税人满意、税务工作者满意。

基于以上指导思想、主要任务和总体要求，市局党组研究决定2009年为“优化地税发展环境年”。

主要工作目标是：

——全面开展“优化地税发展环境”活动。有力保障首都经济社会发展和税收收入平稳较快增长，在依法治税、纳税服务、税政管理、队伍建设、机关建设等方面取得实质性进展。

——确保实现地方税收收入增长10%以上。全系统各项税费收入计划安排1735亿元，比2008年增收157亿元。各项税费收入中，安排地方一般预算收入1330亿元，同比增收123.1亿元，增长10.2%。

——大幅提升依法治税水平。规范性文件合法性程度提高，税收执法规范化程度增强，税收法制宣传教育强化。文件审查合法率、行政诉讼胜诉率达到90%以上，执法检查有问题率低于20%。

——显著提高纳税服务质量。进一步增强服务意识，初步建立多层次、全方位的纳税服务体系。纳税人综合满意度达到历史最好水平，市纠风办行风评议排名稳中有升，纳税服务投诉下降20%。

——积极完善税政管理体系。以税收要素为核心，以税源管理、制度管理、政策管理、措施管理为主体内容，建立健全规范化、标准化、效能化的税政管理体系。

——切实加强队伍和机关建设。建立起与征管改革和推进信息化要求相适应的行为规范、廉洁高效的干部队伍和运转协调、公正透明的地税机关行政管理机制。实现信息化建设投入稳步增长，行政一般性支出零增长。

三、2009年主要工作安排

（一）以深入学习实践科学发展观活动为动力，扎实开展优化地税发展环境活动

1. 深刻认识开展优化地税发展环境活动的重要性和必要性。北京市委提出了建设“人文北京、科技北京、绿色北京”的要求和“优化首都发展环境”的目标。第一，优化地税发展环境是落实三大理念的客观需要和重要举措，是优化首都发展环境在地税部门的具体体现。第二，优化地税发展环境是贯彻落实科学发展观的根本要求，也是推动全市地税事业实现科学发展的重要组成部分。第三，优化地税发展环境是在新形势下保增长、扩内需、调结构、促发展的基础和前提。第四，优化地税发展环境是进入新的发展阶段，地方税收工作的自我调整和完善，也是应对新形势的挑战，化压力为动力的必然选择。

2. 结合学习实践科学发展观活动，对影响地税发展环境的问题进行全面整改。按照中央和北京市委的统一部署，紧紧围绕服务科学发展、共建和谐税收，进一步解放思想、改革创新，着力转变不适应、不符合科学发展要求的思想观念，着力解决影响和制约地税发展环境的突出问题以及党员干部党性党风党纪方面群众反映强烈的突出问题，着力完善有利于科学发展的地方税收环境。

3. 全面领会优化地税发展环境的原则和内涵。优化地税发展环境的原则是法治公平、文明和谐、规范高效、勤政廉洁。优化地税发展环境的内涵是对依法治税、纳税服务、税政管理、队伍建设、机关作风等领域中所有与地税发展有关的硬环境和软环境实现持续优化改善。坚持法治公平原则，优化地税执法环境。按照法定权限和程序行使权力，努力学法、坚决守法、正确用法。全面落实税收执法责任制，大力开展执法检查和执法监督，提高执法水平。坚持文明和谐原则，优化地税服务环境。树立大服务观念，尊重纳税人、方便纳税人、提高纳税人税法遵从度，抓好、抓实纳税服务。坚持规范高效原则，优化地税政策环境。完善征管措施，简化办税流程，减轻纳税人负担，用准用足用好税收优惠政策。坚持勤政廉洁原则，优化机关工作环境。加强干部队伍建设和机关建设，实行机关服务承诺制，持续改善干部的精神面貌和机关作风。

4. 扎实推进优化地税发展环境各项活动。各有关部门对与地税发展环境有关的环节、细节和节点进行梳理，查找影响发展环境的难点和疑点，分阶段、分步骤逐一消除和解决。2月底列出优化地税发展环境任务表，形成活动总体方案，进行部署动员。3月份制定具体整改措施，年中评估工作进度，年底检查落实情况。

（二）以依法征收、应收尽收为原则，全面加强组织收入工作

1. 继续强化地税收入任务目标责任制。增强全系统在高基数上实现税收收入平稳较快增长的责任感，进一步完善“一把手”负总责，市、区、所三级收入任务目标责任制，形成任务明确、责任明确、领导到位、保障到位的收入任务管理格局。研究建立收入质量考核指标体系，完善收入质量考核机制。

2. 构建科学高效的组织收入联动机制。明确征管评查在组织收入工作中的具体职责，切实发挥各部门组织收入的能动性和协调性，充分发挥整体合力，使组织收入更多地依靠税源质量的提高、征管措施的加强、税收政策的完善和主观能动性的发挥。

3. 提高收入预测分析水平。深入研究税收发展规律和经济下行期税收变化趋势。充分发挥万户多维分析系统作用。全面开展税源、税收结构、税收预测预警、税收管理风险和税收政策效应分析，强化重点税源、首都特色行业和重点企业的分

析，定期形成报告,为政府当好参谋。

4. 做好征管工作。从强化登记管理入手，进一步加强横向协作，做好国、地税联合办理税务登记后的制度建设。加强欠税管理，总结欠税管理专职岗位试点经验，适时在全系统逐步推广。稳步推进房地产税收一体化工作。开发运行个人出租房屋管理系统和房地产交易窗口征收系统。加强个体税收管理，开发应用计算机定额系统。探索实践税源户双项分类管理。完善税收管理员工作平台。加大登记率、申报率、入库率、欠税率的考核力度，提高征管质量。

5. 加强发票和档案管理。进一步加强发票管理，遏制发票违法行为。开发网上报送发票明细数据和税控装置授权系统，尽力解决国标税控收款机存在的问题。调整有奖发票布奖方案。加强税务档案管理，全面实施纸质档案扫描管理模式，将电子文件纳入档案管理。

6. 做好纳税评估工作。加大引入审计工作规范的力度，建立健全有效的内控管理制度。依托日常评估软件，优化纳税评估指标，提高日常评估工作水平。充分利用数学模型，探索行业评估试点。深入开展重点行业和重点税种评估。加大对零申报纳税人的评估。深化以信用A级纳税人管理为抓手的纳税信用体系建设，加强信用记录的部门交换和综合利用。

7. 做好稽查检查工作。以整顿和规范税收秩序为重点，以查处税收违法案件为中心，深入开展重点行业和重点税源企业的税收专项检查。继续严厉打击制售假发票和非法代开发票税收专项整治活动。加强对重大违法案件的查办工作。做好案件协查、税收情报核查和反避税调查。完善税务稽查案件管理系统。

（三）以有效落实税收政策为基础，充分发挥税政职能作用

1. 围绕宏观调控，支持首都经济发展。贯彻结构性减税政策，支持高新技术、节能环保、文化创意、现代服务业等产业发展。运用房地产税收政策，支持和引导房地产市场健康稳定发展。落实“三农”、再就业和奥运税收政策，做好残保金的代征工作。做好税制改革有关税种的新旧政策衔接。开展物业税、资源税、城市维护建设税、环保税调查研究，做好相关准备工作。

2. 围绕组织收入，强化税源分类管理。加强政府部门之间协调配合，创造综合治税社会环境，充分运用社会各方面力量，有效提高征管质量和效率。完善企业所得税、营业税、个人所得税申报系统，深化地方税税源管理平台的推广和应用。探索建立以各税种税收要素为指标，体现行业经营发展状况的税政分析模式，积极适应首都经济发展走势和可能出现的变化，及时采取相关措施。

3. 围绕减负实效，提升政策服务水平。深入探索政策宣传辅导有效方式，提供以纳税人需求为导向的分税种、分行业、分事项的多角度税收政策咨询服务。进一步优化办税程序，实现企业所得税减免税管理从审批向备案过渡。做好12万元

以上个人所得税自行申报工作。积极建立内容完整、动态管理的按税收要素分类，分税种、分行业的税收政策查询系统，提升为纳税人和税务干部的政策服务水平。

4. 围绕制度建设，强化税政工作合力。进一步明确税政综合工作职责，建立健全各项税政管理制度，巩固税政联席会议工作成果。探索建立税源管理办法，建立健全税收政策执行效果反馈机制，规范税收政策的宣传、执行、调研、反馈，全面提高政策管理能力。

5. 围绕机制完善，发挥税政职能作用。对内在各税政管理部门建立职责合理、分工明确、流程科学、运转高效的协调配合机制。对外建立客观公正的社会评价机制，通过各种渠道准确了解和掌握纳税人合理诉求，科学反映政策执行效果，及时加以改进提高，积极构建和谐的税收环境。

（四）以提高纳税服务水平为核心，构建和谐征纳关系

1. 总结推广纳税服务工作成果。深入分析纳税人满意度调查结果，认真查找问题，及时总结经验，适时召开全系统纳税服务经验交流会，推广纳税服务工作成果。

2. 加强纳税服务制度建设。进一步修订纳税服务工作规范、纳税服务承诺。制定办税服务厅考核评价办法，推动办税服务厅规范化建设。推广实施走访服务制度，为解决纳税人实际问题提供快捷通道。应用纳税遵从理论，实施分类服务制度。

3. 创新纳税服务手段。推进“网上地税局”建设，进一步拓展网上办税功能，强化落实网站更新责任制，提高网上政务公开水平，推广网上行政审批，加强网上互动交流。推进“12366”纳税服务系统建设，完善制度，加强培训，强化管理，提高热线和远程坐席接通率和回复准确率。开展CA用户试点，取消纸质申报，进一步落实“两个减负”。编印《纳税申报分类手册》。

4. 维护纳税人合法权益。加强和规范纳税人法律援助、救济服务，完善纳税人诉求日常办理机制，明确分工，整合流程，强化监督，确保纳税人合理合法诉求的及时落实，形成解决纳税人问题的长效机制。贯彻执行国家税务总局关于纳税人涉税保密信息管理办法，完善纳税人涉税信息内部管理和外部查询管理。继续开展满意度调查，强化外部监督。

（五）以信息化建设为手段，全面提高服务水平和征收效率

1. 加强对信息化工作的统一领导和统筹规划。坚持项目立项程序，完善决策机制。明确各部门职责分工，形成归口管理、分工协作、密切配合、高效运行的工作格局。理顺市、区两级信息化建设的职责分工，充分发挥合力。提高各级领导和地税干部对信息化工作的驾驭能力和应用水平。

2. 提高信息化服务水平。编写简明操作手册，多种方式引导纳税人网上办税。规划建设个性化、互动式和多途径的纳税人信息服务平台，优化移动办税平台。改善基层网络环境，开展系统资源和应用功能的整合，减轻基层负担。以技术

手段规范操作流程和落实管理制度。做好数据回放服务，优化完善相关报表和查询。进一步做好为市领导决策提供信息的服务和政府部门数据交换服务，推动市级数据交换平台应用和相关政府部门动态数据共享。建设北京地税客户服务总线，实现各应用系统间的资源共享和通信畅通，提高信息系统应用的灵活性和整体效能。完善核心征管系统，升级存储平台和备份平台。进一步加强内网系统的推广应用。

3. 加强信息系统安全保障和运行维护工作。健全信息系统安全运行维护管理规范，完善信息安全管理体系。开展信息系统安全风险评估和等级保护工作，规避系统风险。完成信息系统安全升级改造项目后续工作。逐步实施内外网系统改造。

（六）以加强队伍建设为保障，全面推进五型机关建设

1. 全面推进学习型机关建设

推进深入学习实践科学发展观活动。以科学发展观统领地税工作，坚定地税部门推动科学发展的决心，制定促进科学发展的政策措施，全心服务纳税人，全面提高征管质量，有效提升干部队伍素质。按照“两手抓、两不误、两促进”的要求，继续深入推进第一批学习实践科学发展观活动，巩固成果。扎实开展第二批学习实践活动的各项工作，确保取得实效。

加强各级领导班子建设。研究制定领导班子和班子成员学习的综合考核评价办法，形成系统学习的长效机制。坚持党组中心组集体学习制度，重点加强领导能力和决策能力的培养。完善党组议事规则和组织决策程序，推进重大事项决策的科学化、民主化、法治化。坚持民主生活会制度，积极开展批评与自我批评。加强巡视工作，全面反映情况，推动班子建设。

创新干部管理体制。完善领导干部选拔制度和后备干部管理制度，按照“四化”标准，把真干事、能干事、干成事的干部用到重要岗位，提高选人用人公信度。研究制定系统处级非领导职务管理办法。健全干部管理全程监督制度和责任追究制度。落实处科级干部管理制度，有计划、有重点地开展干部交流和竞争上岗，优化班子结构，积极推进由职务管理向职责管理的转变。

加强干部教育培训工作。建立健全干部教育考核、监督、检查评估制度，保障干部教育培训权利，每年抽查率不低于20%。探索不同岗位履职必备的知识体系建设，突出能力培养，实施在线学习和学时学分制。推进全员培训，做好基层培训辅导员的选拔、培训、使用工作。广泛开展岗位大练兵活动，强化专业职称、岗位能手、注师培养工作。组织好赴境外人员培训。

2. 全面推进服务型机关建设

发挥税收职能作用，为首都经济社会发展大局服务。地税工作要在服务首都经济社会发展大局中找准定位，积极作为，要探索规律，提高能力，增强服务大局的自觉性、针对性、预见性和实效性，定期向上级党委政府汇报工作，求得支持和帮助。

地税工作措施要惠及纳税人，为纳

税人服务。要牢固树立为纳税人服务的思想，切实以纳税人为本，将始于纳税人需求、终于纳税人满意作为纳税服务的愿景。改善服务态度，扩大服务范围，优化服务方式和手段，提高服务质量和水平，满足不同纳税人对纳税服务的合理需求。

上级机关要为基层服务，为税务干部服务。干部管理考核向基层倾斜。支持和鼓励市局、区县局、分局机关没有基层工作经历的干部到一线锻炼。加大对基层的人财物投入，减轻基层工作负担。切实关心干部职工的成长需要和生活困难。

3. 全面推进效能型机关建设

进一步规范业务流程。以规范和优化前台办税服务厅和后台税源管理业务流程为重点，完善税收征管各项业务流程。精简合并涉税审批环节，下放行政审批权限，减少纳税人重复报送的涉税资料，简化办税手续，优化办税流程。

进一步优化组织机构。根据北京市机构改革要求和总局机构改革实践，遵循精简、效能、统一、服务的原则，按照征管评查流程顺畅的要求，在深入调研的基础上，抓好体制机制改革创新，规范处室设置，健全岗责体系和职位管理，研究完善稽查管理体制。统筹考虑首都区域功能定位，按照国家宏观经济调控的需要，按照行业、经营规模、纳税人类别，优化基层税务所设置。

进一步加强制度建设。建立健全跨部门工作沟通协调制度、局级重点工作通报制度、全局性大事要事通报制度、基层与市局的工作沟通反馈制度。研究在当前形势和条件下对地税干部进行考核评价及有效激励的制度。

进一步加强基层建设。研究制定中长期基层建设纲要和税务所建设规范。适时召开全系统思想政治工作会，加强基层党建工作。进一步巩固和扩大首都文明行业创建活动的成果，形成保持首都文明行业的长效机制，加强基层精神文明建设。推进工会、共青团、妇女和老干部工作，搭建经验交流的平台。

进一步加强安全保卫工作。落实安全工作责任制，实行安全工作一票否决，加强对重点要害部位和重点人的安全管理，完善安防硬件设施，夯实工作基础，确保全系统无重特大事故发生。

4. 全面推进法治型机关建设

严格规范税收执法行为。深入贯彻国务院全面推进依法行政实施纲要，严格按照法定权限和程序行使权力、履行职责。进一步规范执法行为，提高执法水平。贯彻落实执法责任制，加强税收执法监督，防范和化解执法风险。

大力开展税收法制宣传教育。以税法宣传和政策宣传为重点，开展针对企业法人代表和新办企业办税人员的百场共万人税法宣讲活动。办好税务公告、电视、广播和内部交流刊物。以优化地税发展环境为主题，开展好第18个税收宣传月活动。发挥税务博物馆宣传阵地作用。

积极营造诚信纳税环境。要公正执法，排除各种干扰因素，确保税权的独立行使和税法的公正执行。要进一步构建政府间协税护税网络，加强信息互联互通，加大政府信息公开力度。创造一切有利条件，提供一切可能手段，确保纳税人遵从税法，诚信纳税。

5. 全面推进廉洁型机关建设

深刻认识党风廉政建设和反腐败工作的重要性。各级领导班子要把反腐败工作摆在更加突出的位置，实行党风廉政建设与税收中心工作同时计划、同时布置、同时检查、同时考核，落实好一岗双责。全体地税干部要从严要求自己，坚决守住党纪国法的底线，时时自省、自警、自励，一心为民，秉公用权。

积极构建北京地税惩治和预防腐败体系。围绕中央《建立健全惩治和预防腐败体系2008年—2012年工作规划》和北京市、国家税务总局的《实施办法》，着力构建教育、制度、监督并重的惩治和预防腐败体系。建设好教育、自律、监督、惩处“四道防线”。完善教育防范、组织防范、制度防范、权力防范、内外监督五个监督机制。进一步推进科技控权和制度控权，加强两权监督。坚持“一案双查”，强化执法和廉政纪律的监督检查，抓好源头预防职务犯罪工作。

全面加强党风、政风和行风建设。强化党建和思想政治工作，认真落实党组抓党建工作责任制以及党员联系和服务群众、党员党性定期分析等制度。充分发挥各级党组织的战斗堡垒作用和广大党员的先锋模范作用。积极参加地方政府组织的政风行风评议活动，发挥特约监察员的作用，自觉接受社会各界监督。

切实加强机关作风建设。树立过紧日子的思想，完善预算管理评审机制，加强预算执行监督，严格控制一般性支出，确保公务购车用车、会议经费、公务接待经费以及出国经费实现零增长，加强内部审计。做好后勤保障，实施节能减排。弘扬理论联系实际的学风，切实改进会风文风。大兴调查研究之风，领导带头搞调研，把调查研究作为了解实情，联系群众，汲取智慧，推动工作的基本途径，多出精品，促进调研成果转化。继续办好《领导决策参考》，服务科学决策。发挥国际税收研究会和地方税务学会的作用，支持税收中心工作。

同志们，新的形势、新的机遇和新的使命，对全市地税工作提出了更高的要求。2009年税收工作任务艰巨，责任重大。让我们在市委、市政府和国家税务总局的正确领导下，全面开展好优化地税发展环境活动，改革创新，扎实工作，努力实现依法治税、纳税服务、税政管理、队伍建设、机关建设再上新台阶，为建设更美好的地税、更美好的北京，贡献我们的力量!

在“加强领导干部作风建设 推进优化地税发展环境确保税收增长年”活动动员大会上的讲话

北京市地方税务局局长 王晓明

（2009年3月6日）

同志们：

今天的会议很重要。这次会议的主要任务是，贯彻市委关于“深入学习实践科学发展观，开展弘扬北京奥运精神、加强领导干部作风建设年活动”的要求，结合市局党组确定的2009年工作任务目标，对全系统开展“加强领导干部作风建设，推进优化地税发展环境，确保税收增长年”活动进行动员部署。刚才，硕博同志传达了刘淇书记和郭金龙市长在市委动员大会上的讲话，京华同志宣读了北京地税局开展活动的实施方案。六位同志结合实际，作了发言，听了很受启发。吉林常务副市长将作重要讲话，希望大家认真贯彻落实。下面，我就开展好这次活动讲两点意见。

一、充分认识开展“加强领导干部作风建设，推进优化地税发展环境，确保税收增长年”活动的极端重要性

我们党历来高度重视作风建设，对作风建设始终常抓不懈。前不久，胡锦涛总书记在中纪委十七届三次全会上，从党和国家事业发展全局和战略的高度，着重强调并深刻阐述了加强领导干部党性修养、树立和弘扬良好作风的重要性和紧迫性，提出要突出抓好六方面工作，一是着力增强宗旨观念，切实做到立党为公，执政为民。二是着力提高实践能力，切实用党的科学理论指导工作实践。三是着力强化责任意识，切实履行党和人民赋予的职责。四是着力树立正确政绩观，切实按照客观规律谋划发展。五是树立正确利益观，切实把人民利益放在首位。六是着力增强党的纪律观念，切实维护党的团结统一。

为了贯彻落实胡锦涛总书记关于加

强作风建设的要求，圆满完成市委十届五次全会确定的各项任务，迎接建国60周年，市委决定，在全市各级领导干部中开展“弘扬北京奥运精神、加强作风建设年”活动。2月21日，市委召开全市领导干部动员大会，对“深入学习实践科学发展观，开展弘扬北京奥运精神、加强领导干部作风建设年活动”进行了动员部署。会上，刘淇书记强调了当前加强作风建设的重点：一是要坚定发展信心，勇于应对挑战，始终保持迎难而上，奋发有为的精神状态；二是要进一步强化大局意识、责任意识、大兴求真务实之风，着力推进首都科学发展；三是要改进领导方式，转变工作作风，坚决反对形式主义和官僚主义；四是要认真践行党的宗旨，着力改善民生，进一步密切党同人民群众的联系；五是要加强党性锻炼，提高党性修养，始终保持共产党人的政治本色。市委决定在全市各级领导干部中开展“弘扬北京奥运精神、加强作风建设年”活动，是在新的历史起点上开创首都发展新局面的重要要求，是积极应对国际金融危机的挑战，实现保增长、保民生、保稳定目标的重要保障，也是巩固深入学习实践科学发展观活动成果的重要举措。

在今年的全国税务系统党风廉政建设工作会议上，肖捷局长对“切实加强税务系统领导干部党性修养，大力树立和弘扬良好作风”，提出了五个方面的要求：坚持聚财为国、执法为民，发挥税收职能作用，促进改善民生；坚持学以致用、用以促学，提升服务科学发展、共建和谐税收的能力；坚持依法履责、从严管理，完成各项税收工作任务，带好队伍；坚持求真务实、真抓实干，树立正确的政绩观，务求工作实效；坚持廉洁自律、艰苦奋斗，树立正确的利益观，营造清正廉洁的风气。

为全面贯彻市委的重大决策部署，落实税务总局的工作要求，按照税收职能要求，结合地税发展实际，市局党组研究决定，在全系统深入开展“加强领导干部作风建设，推进优化地税发展环境，确保税收增长年”活动。

各级领导班子和领导干部要充分认识到，加强领导干部作风建设是完成全年税收任务的思想基础和重要保障。推进优化地税发展环境是完成全年税收任务的实现途径和有效措施。完成好全年税收任务是开展“加强领导干部作风建设，推进优化地税发展环境，确保税收增长年”活动的最终目标。

加强领导干部作风建设是完成全年税收任务的思想基础和重要保障。

领导干部作风体现党的宗旨，关系事业兴衰，决定精神状态。加强领导干部作风建设是提高党的执政能力，保持和发展党的先进性的必然要求。是全面贯彻落实科学发展观，做好新形势下税收工作的思想基础。是带好队伍，完成全年收入任务的重要保障。

今年以来，国际国内经济形势依然严峻，首都经济增长下滑，税收收入实现持续增长的压力加大，税收征管困难多，落实结构性减税任务重，纳税服务要求高。做好今年税收工作，任务非常艰巨。因此，统一全系统干部队伍的思想十分重要。

当前，系统内在领导干部作风上存在的主要问题是：有的领导干部立党为公、执政为民的宗旨意识不强，为纳税人服务的思路不够宽，办法不够多，对干部职工的一些实际困难关心不够，还不善于凝聚人心，激发干劲。有的领导干部理论学习流于形式，业务知识不精，领导科学发展的能力不强。有的领导干部责任心和事业心还不够强，缺乏大局意识和责任意识，存在着畏难情绪和“等、靠、要”心理，缺少主动担当的勇气。个别领导干部组织观念淡薄，放松纪律约束，违反廉洁自律规定。这些问题，严重影响干部队伍的形象，也影响到工作水平的提高和各项任务的完成。

解决这些问题，首先，需要全系统各级领导干部按照市委关于“深入学习实践科学发展观，开展弘扬北京奥运精神、加强领导干部作风建设年活动”的各项要求，树立大局意识，增强责任感和紧迫感，把思想切实统一到推进优化地税发展环境，确保税收增长的各项工作上来。其次，要集中精力抓落实，定下来的事情，就必须雷厉风行地抓紧实施，部署了的工作就必须督促检查，重要环节亲自抓，一抓到底，抓出成效。以坚强的党性和优良的作风确保市委、市政府各项决策部署在全系统得到全面的贯彻落实，确保地税发展环境的不断优化和全年税收任务的圆满完成。

推进优化地税发展环境是完成全年税收任务的实现途径和有效措施。

2003年年初，胡锦涛总书记视察北京时提出“北京市在政治、经济、文化和党的建设各个领域，改革发展稳定各个方面都要努力走在全国前列”。为贯彻落实胡锦涛总书记的要求，市委结合首都的城市性质和功能定位，提出要着力优化首都发展环境，并提出要创建廉洁高效的政务环境、公开公平的法制环境、规范守信的市场环境、优质便捷的服务环境、健康向上的人文环境。近年来，北京市实现了经济又好又快发展和社会祥和稳定，成功举办了一届有特色、高水平的奥运会，这些都与首都发展环境的优化紧密相关。去年，北京市委十届五次全会提出推动“人文北京、科技北京、绿色北京”的建设，刘淇书记提出六个“着力于”的要求，其中强调的第一条，就是要着力于优化首都发展环境。

国内外经济发展的历史经验表明，发展环境的优劣越来越成为一个国家和地区能否吸引人才、技术、资本，增强综合竞争力，实现跨越式发展的主要因素。只有营造好的环境，才能为持续发展创造好的基础；才能使一切创造财富的要素活跃起来，整合起来，并聚集到发展目标上来。从这个意义上讲，优化地税发展环境能促进生产力发展。

地税发展环境是首都发展环境的有机组成部分，优化地税发展环境是优化首都发展环境的重要内容。地税部门具有筹集资金、调控经济、公平分配的职能，担负着执法、管理、服务的职责，直接与纳税人打交道，是政府面向纳税人的“窗口”。地税发展环境的好坏，决定着600多万纳税个人和70多万家纳税企业对地税机关的评价，影响着政府的形象和公信力。从这个意义上讲，优化地税发展环境能促进社会和谐。

优化地税发展环境，可以促进微观经济主体增强发展的活力，有效降低生产经营成本和风险，提高投资的收益回报，获取进一步发展壮大的动力。要素的聚集、企业的发展，带来经济税源的扩大，从而，为税收收入的增加提供稳定的基础和必要的条件。优化地税发展环境，可以提高征收效率，降低征收成本，提高纳税遵从度。从这个意义上讲，优化地税发展环境能促进经济发展。

优化地税发展环境也是地税部门应对金融危机，克服当前困难的迫切需要，是促进税收增长方式转变的客观要求，是确保完成全年税收任务的实现途径和有效措施。

完成好全年税收任务是这次活动的最终目标。

税收是财政收入的最主要来源，组织收入是地税部门最基本的职责。作为政府重要职能部门，我们的首要任务必须十分明确，就是要依法组织税收收入，为经济社会发展提供坚实财力保障。我们开展这次活动，最直接、最核心的成果也必须体现到收入任务的完成上来。只有完成好地税收入任务，政府才能有足够的财政资金投入到扩大内需，促进生产，解决就业和改善民生上来。市政府已经对全市今年的财政预算作出明确安排，要求北京地税局完成地方一般预算收入1330亿元，全年收入增长不低于10%。

2009年是进入新世纪以来，经济发展最为困难的一年。要完成全年的收入目标，任务十分艰巨。但是，我们一定要看到有国家宏观调控政策的助推，有市委、市政府的坚强领导，有首都经济发展的雄厚基础和抵御风险的能力，有地税部门积累的实践经验和全系统7000多干部职工的奉献精神和工作干劲，我们一定能克服困难。全系统，要主动化危机为机遇，加快税收工作的自我调整和完善，要善于利用危机带来的契机，实现税收事业的科学发展。全系统各级领导干部要在组织收入工作中，真抓实干不讲条件，切实把组织收入的各项工作措施落到实处。各级领导干部要深入一线，精心组织，务求实效。广大干部要责无旁贷，齐心协力，共克时艰。举全局之力，确保收入任务完成。

二、突出重点、加强领导、狠抓落实

（一）强化大局意识，促进作风转变

各级领导干部要带头服务大局，在确保税收持续稳定增长上下功夫。牢固树立大局意识和责任意识，始终服从服务于首都科学发展的大局。要把税收工作的困难估计足，又要把发展的信心树立好，始终保持迎难而上、奋发有为的精神状态。要在确保税收持续稳定增长上主动担当，有所作为，不等不靠、不推不绕，以积极主动的精神、创造性的工作和切实可行的措施，全面完成今年收入任务。

要带头加强学习，在提高服务科学发展的能力上下功夫。各级领导干部要提高理论修养，把理论知识与税收工作实际相结合。加强对形势的研究分析和动态把握，找准发挥税收职能作用的切入点，提高驾驭全局和处理复杂矛盾的能力，提高把握发展机遇和服务科学发展的能力，推进优化地税发展环境，确保税收增长任务的完成。

要带头从严管理，在带好队伍上下功夫。各级领导班子和领导干部要大力加强本单位、本部门作风建设。当前，地税机关工作作风还存在一些问题，影响了干部积极性的发挥和税收工作的有序开展。为此，各级领导干部要以身作则，带头遵守各项工作制度和纪律，严格管理，促进机关作风实现根本好转。此外，要关心爱护干部职工，切实解决他们的困难，激发他们的干劲。

要带头求真务实，在真抓实干上下功夫。各级领导干部要坚持聚精会神、真抓实干、雷厉风行的工作作风。牢牢抓住发展这个解决问题的根本，把心思、精力和功夫下到优化地税发展环境和确保税收收入增长上。要坚持“从群众中来，到群众中去”的群众路线，密切同纳税人和税务干部的联系。坚持调查研究，深入实际，了解情况，解决问题。坚持脚踏实地，埋头苦干，对部署的各项工作都要抓紧、抓实，抓出成效。

要带头厉行节约，在营造良好风气上下功夫。各级领导干部都要牢固树立过紧日子的思想，自觉抵制奢侈浪费，坚持勤俭办一切事业、办一切活动，要确保重点，压缩一般，用好资金。要推进节能减排，办事轻车简从，减少迎来送往，杜绝花钱大手大脚和铺张浪费。严禁国内外公款旅游。

（二）举全局之力，确保收入任务完成

要清醒认识到，多年来，税收收入较快增长，使我们在一定程度上对组织收入工作机制的研究还不够充分，对从经济视角研究税收不够深入，把握税收与经济发展各种指标之间的关系不够准确。对以往组织收入工作中行之有效的经验做法继承发扬不够，面对经济下行期，组织收入、挖掘潜力的经验不足。

建立切实有效的组织收入工作机制。在依法征收、应收尽收，坚决不收过头税

的基础上，坚持组织收入“一把手”负总责，实行市、区、所三级收入任务目标责任制，明确任务，责任到人，强化考核，切实做到“抓大，管中，不放小”。计会、征管、税政、评估、检查等各部门要切实发挥在组织收入中的作用，加强沟通协调，形成组织收入工作合力。

尽快将组织收入工作纳入科学可持续发展的轨道。完善税收征管各项业务流程，建立征管评查协调联动机制。进一步加强税源的科学化、专业化、精细化管理，在掌握现有税源的基础上，尽力掌握潜在税源；努力掌握税源规模、分布和重点税源的发展变化趋势，探索实施税源户双项分类管理。将完善税收管理员制度与优化业务流程相结合，确保税收管理员“管户到人，管事到位”。

要总结和继承已被实践证明是正确的工作方法，要积极学习借鉴先进的税收管理经验。要主动挖潜，寻找新的税收增长点，向加强管理要税收。要主动服务，深入纳税户，宣传税收政策，解决纳税问题，向做好服务要税收。

要加强对组织收入工作的宣传和引导。加强内部宣传，使全系统上下及时了解收入动态，关心收入形势，适时总结经验，树立工作典型。加强外部的宣传引导，营造组织收入外部环境，提高社会支持度。

（三）优化地税服务环境，构建和谐征纳关系

做好纳税服务工作是建设服务型政府的必然要求，是领导干部为民作风的根本体现。优化纳税服务环境是促进税法遵从，完成组织收入任务的有效手段。近年来，北京地税局的纳税服务工作取得了一定成绩。但是，在纳税服务环境建设上还存在着基础不够扎实、行为不够规范、措施不够到位的问题，制约了纳税服务和税收整体工作水平的进一步提升。

加强纳税服务的基础建设。继续加大对基层纳税服务场所的投入，进行规范化建设和改造，优化纳税人办税环境和基层办公环境。要扎扎实实做好纳税人真正需要的、真正使纳税人满意的环境建设工作。

加强纳税服务制度建设。进一步完善纳税服务工作规范，纳税服务承诺，办税员辅导、纳税咨询和办税公开制度，实施分类服务制度和走访服务制度。从登记、申报、咨询、辅导、宣传、稽查、复议、诉讼、援助等环节着手，努力构建双方平等互信、友好和谐的新型征纳关系和公正规范、便捷高效的纳税服务体系。

将优化执法与优化服务相结合。树立“公正执法就是对纳税人最好服务”的理念，正确处理执法与服务的关系，将依法行使职权与依法履行义务相统一，推进纳税服务向纵深发展。规范纳税服务流程，尽量由专门部门统一负责直接面向纳税人的工作，切实解决纳税人办税“多头找、多次跑”问题，从纳税人最满意的地方做

起，从纳税人最不满意的地方改起，切实减轻纳税人负担。涉及找纳税人的事项，尽量由较少部门负责，减少对纳税人正常经营活动的干扰。进一步简化涉税行政审批程序，规范税收执法行为和各类文书制作，实施税收执法服务标准化管理，提高服务效率，降低执法风险。

加强纳税服务保障建设。进一步强化对纳税服务工作的组织领导、机构队伍建设和监督考核。重视纳税服务一线人员的业务培训和身心健康。强化纳税服务的技术支撑，为纳税人提供便捷高效的统一服务平台。构建内外监督并重的纳税服务监督考核体系，推进纳税服务环境持续优化改善。

（四）优化地税政策环境，服务经济发展

税收政策是维护国家政治权力，调控国家宏观经济，促进社会稳定的重要工具和手段。当前，经济形势复杂多变，税制改革持续进行，税收政策调整变化频繁，这一切对政策执行部门提出了较高要求。

我们要结合税收管理权限与首都经济社会发展需要，研究制定促进首都科学发展的税收政策和征管措施，支持重点优势产业发展，支持改善民生和维护稳定。加大政策服务力度，积极为中央在京单位服务，为企业发展服务，为广大纳税人服务。

加强对税收政策前瞻性研究，对上级已明确但尚未出台的，主动调查研究，做好应对预案。对已经出台的税收政策措施，要确保用好，落实到位。对已经实施的政策，要及时跟踪了解政策效果，提出完善建议。

科学合理有效地配置税政资源。进一步巩固税政联席工作机制，强化税政工作合力，对税收政策的贯彻、执行、调研、反馈实行综合性制度化管理。进一步加强政府部门间的协调配合，充分运用社会各方面力量，构建综合治税社会环境。

（五）优化地税科技环境，提高服务水平

税收信息化在提高征管效率，降低征纳成本上发挥着不可替代的作用。北京地税局的科技环境近几年有很大进步，但还存在着系统开发缺乏统筹考虑，应用和管理基础不够扎实，信息系统调整不及时，平台不整合，操作繁琐，管理使用不方便的问题，影响了信息化优势的进一步发挥。

坚持全面统筹和可持续原则，强化对信息化工作的统一领导和统一规划。在现有信息系统架构下，深入开展平台整合、资源整合、应用整合和数据整合，提高共享程度。进一步改善网络环境，方便基层，方便纳税人。进一步优化信息系统安全环境，防范系统风险。

将优化科技环境与优化征管流程相结合，以税收信息资源的充分利用为重点，广泛采集和积累税收信息，迅速加工和处理税收信息，消除或减轻征纳双方的信息不对称，提高税收征管质量。将优化科技

环境与加强执法监督相结合，注重岗位“自控”，岗位“互控”和上下级纵向监控，消除执法风险隐患。

（六）优化地税廉政环境，提供纪律保障

当前，税收工作的一些领域和环节仍然存在消极腐败现象，违法违纪案件时有发生，不廉洁的现象和损害纳税人利益的问题不同程度的存在。各级领导班子和领导干部要把贯彻落实中央惩防体系工作规划和北京市委、国家税务总局《实施办法》，作为全系统反腐倡廉工作的重点和“一把手”工程抓紧抓好，为开展好“加强领导干部作风建设，推进优化地税发展环境，确保税收增长年”活动提供坚强的纪律保障。

要把加强教育与严格监督管理相结合，促进领导干部廉洁自律。在全系统深入开展党性党风党纪教育，增强组织纪律观念。认真贯彻落实领导干部廉洁自律的各项规定，促进领导干部“讲党性、重品行、作表率”。

要把惩治和预防相结合，确保“权力运行不出轨，干部队伍不出事”。去年系统内发生的几起案件，当事人都受到了严厉惩处，教训深刻。要认真总结教训，分析查找深层次的原因，利用身边的反面教材对广大干部进行警示教育，筑牢思想道德防线。

要把纠正行业不正之风与巩固文明行业创建成果相结合，自觉接受社会监督。严禁“吃、拿、卡、要、报”行为，对造成恶劣社会影响、严重损害地税机关形象的，要严肃追究当事人责任。要继续巩固首都文明行业创建活动成果，形成长效机制。

要把技术制度保障与源头上预防腐败相结合，推进廉政风险防范管理工作。充分利用科技手段，通过建立健全相关制度，最大限度地堵塞以权谋私、权钱交易的漏洞。从源头上推进反腐倡廉工作的开展。

同志们，按照市委要求，市局党组决定开展“加强领导干部作风建设，推进优化地税发展环境，确保税收增长年”活动，意义重大，是一项现实而紧迫的工作。我们要结合开展深入学习实践科学发展观活动，充分调动全系统广大干部的积极性和主动性，进一步增强做好各项工作的自觉性和坚定性。振奋精神，狠抓落实，大力加强领导干部作风建设，扎扎实实推进优化地税发展环境，苦干、实干、大干10个月，圆满完成全年税收任务，以优异的成绩向新中国成立60周年献礼！

再接再厉　真抓实干
全力完成全年各项工作任务

——在北京市地方税务局2009年半年工作会议上的讲话

北京市地方税务局局长　王晓明

（2009年7月31日）

同志们：

今天召开全系统半年工作会。会议的主题是：全面贯彻落实北京市2009年上半年经济形势分析会和国家税务总局半年工作会议精神，总结全系统上半年工作完成情况，分析当前经济税收形势，部署下半年的重点工作。开好这次会议对于我们进一步统一思想，提高认识，完成好市委、市政府交给我们的各项工作任务，具有十分重要的意义。今天的会议非常重要，也非常严肃。刚才，硕博同志和京华同志分别传达了刘淇书记和郭金龙市长在北京市2009年上半年经济形势分析会上的讲话，任军同志传达了国家税务总局半年工作会暨纳税服务工作会议精神，汝冰同志代表市局党组通报了全市上半年地方税收完成情况和下半年税收预测情况，希望同志们按照这次会议精神，认真组织学习。下面，我讲三方面内容，供同志们学习贯彻时参考。

一、充分肯定上半年的工作成绩

今年以来，在北京市委、市政府和国家税务总局的正确领导下，全系统广大干部职工振奋精神，顽强拼搏，克服了重重困难，全力组织税收收入，大幅提升依法治税水平，着力改善纳税服务，大力帮扶困难企业，切实加强队伍建设，实现了时间过半、任务过半，得到了市委、市政府领导的充分肯定。

——圆满完成上半年税收任务。全

市地税系统上半年完成各项税费收入877亿元，增收14.9亿元，增长1.7%，完成全年计划的50.5%；完成地方一般预算收入680.7亿元，同比增收28.3亿元，增长4.3%，完成全年计划的51.2%。

——税收收入企稳向好。上半年税收收入呈现出前低后高、逐步向好的趋势。一季度各项税费收入同比减收30.1亿元，下降6.9%；二季度各项税费收入同比增收45亿元，增长10.6%，增幅比一季度提高了17.5个百分点。特别是6月份完成各项税费收入145.5亿元，增长48%，完成地方一般预算收入118.3亿元，增长55.1%。

上半年，全系统在组织收入方面做了以下几项工作。

（一）围绕组织收入，加强领导，积极应对

面对今年严峻的经济形势，在1月16日召开的2009年北京市地方税务工作会议上，市局党组立足当前，着眼长远，充分研究分析面临的形势、任务和困难，做到早安排、早部署、早准备，明确提出要以加强领导干部作风建设为保障，以优化地税发展环境为途径，以组织收入为各项工作的重中之重，全力确保完成地方税收增长10%的任务目标。在工作方法上，坚持从实际出发，坚持从群众中来，到群众中去，几上几下，制定组织收入工作措施，分解任务，周密部署。及时成立组织收入工作领导小组，多次召开组织收入工作专题会议，统一了全系统对组织收入工作极端重要性和紧迫性的认识，有力地推动了组织收入工作的顺利开展。市局、区县（分）局两级领导班子统一思想，坚定信心，积极应对。班子成员身体力行，深入基层，加强对组织收入工作的具体指导和调查研究，解决组织收入工作中的问题，带动机关干部深入一线，一线干部深入企业，确保组织收入各项措施横向到边、纵向到底。

（二）围绕组织收入，机制体制不断创新

今年以来，围绕组织收入加大机制体制创新力度，推进组织收入机制更加科学、更加专业、更加规范。制定《关于当前加强综合税收分析和强化组织收入措施的意见》，制定了关于采取更为有力措施，确保2009年财政收入增长10%的措施。完善市、区、所三级重点税源户税收分析制度和走访联系制度。建立健全组织收入市、区、所三级责任制，进一步落实“一把手”负总责的组织收入工作责任制，切实做到任务到所、责任到人。建立组织收入联席会议制度，完善税收、税源、税政、税务分析制度。与此同时，在党组议事、人事管理、廉政建设、财务预算等方面研究制定出台了大量行之有效的制度措施，对稳定队伍、凝聚人心、确保税收增长发挥了重要支撑和保障作用。

各区县局、分局和基层税务所等一线单位，在深入贯彻落实市局各项要求的同时，充分发挥自身主观能动性，结合实际，创造性地开展工作，取得了显著成效。上半年，全市实现一般预算收入时间过半、任务过半的区县局有11个，占总数的50%。应该强调的是，不论是实现了任务过半的单位，还是半年收入尚有缺口的单位，市局党组认为，都尽了最大的努力，都为全市上半年税收实现正增长作出了各自的贡献。东城局建立房土交易缴纳税款函告制度，督促纳税人及时履行纳税义务；西城局实施动态项目负责制，切实提高了组织收入能力；朝阳局加大稽查力度，查补税款5.6亿元；崇文局制定41项组织收入措施，提前一个月实现任务过半；宣武局建立重点纳税大户三级管理体系；顺义局在全区25个街道乡镇建立起协税护税网络，累计代征各种零散税款2.3亿元，同比增长86%，全面落实了市局“抓大、管中、不放小”的工作要求；昌平局与各行业主管部门联合行动，加强对房地产、建筑、餐饮业等税源的征管；丰台局建立区域联动协税护税工作机制；房山局自行研发“税收管理与执法考核”软件，有效堵塞征管漏洞；平谷局狠抓个体税源和小税种管理，个体户入库税款增长近40%，房产税、印花税、契税等均有大幅提高；延庆局强化申报、入库信息的核实比对，各月申报率、登记率均实现100%；燕山局抓住成品油税费改革的有利契机，对区内石化企业进行重点监管，城市维护建设税入库2.6亿元，增幅达279%。

（三）围绕组织收入，依法治税全面推进

征管基础工作进一步加强。征收管理是税务部门的核心业务。今年以来，全系统强化无税申报和非正常户监控管理，建立分税种跟踪问效工作规范。加强部门信息横向交流，全面掌握企业登记、注销和迁出的情况。上半年，全系统税务登记率达99.89%、申报率达99.5%、入库率达99.37%。全市年所得12万元以上个人自行纳税申报人数达42.1万，增长23.5%。完善重点税源监控网络，及时了解企业生产经营动态和税收增减因素。积极清理欠税，清欠入库2.4亿元。在顺义、通州局试点税源双项分类管理，完善相应制度。税务档案扫描管理系统成功运行。国标税控收款机推广应用工作进展顺利，全市10.8万户新办税务登记纳税人购置12万台国标税控收款机，领购国标税控发票1.6亿份。

评估检查成效显著。纳税评估和稽查检查是确保纳税人依法及时足额履行纳税义务的有效手段。今年以来，全系统完善评估指标，开展对无税申报企业的评估和对重点行业的集体约谈，评估5万户，入库5.9亿元，同比增长81%。加大稽查检查工作力度，创新稽查手段，做到早安排、早检查、早结案、早入库，检查1791户，查补收入27.9亿元，同比增长645%。稽查一局、二局加大重大案件查办力度，效果明显。

税收法制建设稳步推进。依法行政、依法治税是税务机关履行职能、发挥作用的灵魂。今年以来，全系统加强执法检查，规范执法行为。对201项税收执法项目进行了日常执法检查，发现问题1216次，整改率达99.4%。大力开展严厉打击制售假发票和非法代开发票专项整治活动，捣毁3个贩卖假发票窝点，打掉34个贩卖假发票团伙，收缴假发票10.6万份，有力地整顿了税收秩序。

（四）围绕组织收入，纳税服务不断优化

纳税服务进一步完善。纳税服务是转变政府职能、建设服务型政府的应有之义，是服务科学发展、共建和谐税收的重要内容。今年以来，全系统扎实做好数字证书CA用户取消纸质申报的各项前期准备工作。制定《纳税咨询热点问题收集公布制度》《纳税人诉求管理办法》《办税服务厅评价考核办法》。推行走访服务制度。修订纳税服务工作规范。统一全市办税服务场所的标识。12366热线共处理话务61.8万件，同比增长25.7%。

税收宣传不断深入，不断符合实际。税收宣传是提高税法知晓度和纳税人税法遵从度的有效途径。以“税收·发展·民生”为主题开展税收宣传月活动，举办税法讲座241场，辅导纳税人3万余人次，举办网上在线答疑活动6期，在各大媒体发稿756篇。结合营业税新条例的实施、企业所得税汇算清缴等政策变动，印制政策辅导手册。海淀局以公交电视和楼宇电视为平台拓宽税法宣传渠道；顺义局推出八期40万张宣传卡，发放到全区各乡镇、小区和商业区；通州局建立“自助e角”，设置永久性税收宣传大街；大兴局开展“走进历史、传承文化”系列税收宣传活动。2736户纳税人被评为2009—2010年度北京市国、地税纳税信用A级企业，比上一年度增加了36%，纳税人荣誉感和遵从度进一步增强。

服务方式改进创新。崇文局通过全程服务，简化办税流程，切实为纳税人减负；丰台局编印3万多册新版《纳税人办税手册》，受到广大纳税人欢迎；东城局联合金宝街商会向企业提供个性化服务；开发区局简化代开发票手续，在工商注册环节提前告知纳税人税务登记事项；宣武局积极推进区域通办工作；怀柔局推出“三卡一牌”服务；门头沟局推广“我当一天纳税人”和“我为纳税人办实事”活动；石景山局开展“廉洁服务每一天”活动；西站分局实行分类服务；房山局开展纳税服务“五一五”建设；密云局与县国税局联合开辟青少年税收教育基地。

（五）围绕组织收入，税政帮扶成效显著

帮扶工作深入开展。帮扶企业是当前应对国际金融危机对国民经济影响的迫切需要。今年以来，全系统按照《北京市人民政府关于帮扶企业应对国际金融危机的若干措施》的要求，定制度、定措施、定任务、定责任，积极解决企业在执行税收政策、申报缴纳税款等方面的困难。制定《帮扶企业应对国际金融危机工作实施方案》，建立《帮扶企业协调联系工作规程》；编写帮扶企业税收政策和征管措施汇编，涵盖优惠政策、征管措施130条；全系统走访困难企业2307户，开展座谈和宣传活动134次，解决涉税问题1013个，发放宣传材料10万册；落实结构性减税政策，减免各项税款5亿多元。

税政管理进一步加强。税政管理是实现税收管理、取得税收政策效果的重要工作内容。今年以来，全系统充分发挥税政联席会议作用，形成税政管理整体合力。深入推进房地产税收一体化管理，制定房地产企业所得税管理办法，配合有关部门制定房屋租赁市场管理规定，及时调整二手房计税价格；排查未按规定进行土地增值税清算的房地产项目497个，入库税款31.2亿元，增长68.4%；进一步规范货运业税收管理；贯彻重组清算企业所得税等政策，制定配套征管措施；研究国家自主创新示范区税收政策建议，积极支持中关村科技园区建设发展；完善残保金代征制度。

（六）围绕组织收入，主题活动深入开展

深入贯彻落实市委关于开展弘扬奥运精神，加强作风建设年活动的决策部署，在全系统大力开展“加强领导干部作风建设，推进优化地税发展环境，确保税收增长年”活动。市局党组周密部署，扎实推进，使工作取得了显著成效。活动领导小组和八个专项工作组协同配合，深入调研，从机制体制创新入手，提出了需要解决的重点问题、解决办法和完成时限，分解落实了优化发展环境的各项任务目标，推动了全系统依法征收、应收尽收和各项工作的顺利开展。根据中央精神，按照市委统一部署，市局机关认真开展深入学习实践科学发展观“回头看”活动，已落实27项整改事项中的13项。清理、废止、修订制度18项，新建制度17项。先后出台涉及“保增长、保民生、保稳定”措施60项。第二批开展学习实践活动的单位紧密结合北京地税局主题活动的各项要求，密切联系区县实际，切实做到学习实践活动与税收中心工作两不误、两促进。

（七）围绕组织收入，内部管理逐步加强

各级领导班子建设得到加强。各项决策部署的贯彻落实，关键在领导，重点在班子。今年以来，市局党组研究制定了《落实“三重一大”决策制度实施办法（试行）》《进一步加强系统处级领导班子思想政治建设工作的意见》和《关于加强领导干部作风建设，进一步做好调查研究工作的指导意见》。市局党组坚持民主集中制原则，修改完善了《党组议事规则》，增强决策的透明度。严格执行规范的程序，提高选人用人的公信力。按照中央精神，落实市委统一要求，在全系统副处级以上领导干部范围内公开、公平、公正地开展局级后备干部和三名正处级干部人选的推荐工作，实现好中选优，进一步优化了后备干部队伍结构。

干部队伍建设深入推进。收好税、带好队是地税部门的两项基本工作内容和根本目标。今年以来，全系统进一步规范人事管理制度，关心干部成长，鼓励干事创业。完善处级非领导职务管理办法、区县局科级非领导职务晋升管理办法和处级后备干部挂职锻炼实施意见。全系统加大培训力度，组织216期培训班，参训1.5万人次。967名干部参加了全国税务稽查考试。

党风廉政建设扎实开展。坚决惩治和有效预防腐败是我们必须始终抓好的重大政治任务。今年以来，市局党组制定了《贯彻落实〈建立健全惩治和预防腐败体系2008—2012年工作规划实施细则〉》，制定了推进廉政风险防范管理工作实施方案和廉政风险防范项目化管理工作安排。严肃查处违纪违法案件，深入分析案件发生的主客观原因，以发生在身边的案例警示人、教育人，努力将以前年度发生、今年发案并正在查处的几起案件所产生的负面影响降到最低限度，维护稳定，排除干扰，调动一切积极因素，聚精会神抓收入，一心一意谋发展。深入开展政风行风督查。制定《关于认真开展厉行节约工作方案》。深入开展“小金库”专项治理工作。

安全维稳措施进一步得到落实。在全市上半年经济形势分析会上，刘淇书记强调，确保安全稳定是全市工作的重中之重。近期，在市局党组及时果断的领导和处置下，与有关部门密切配合，采取有效防范措施，成功地挫败了一起有组织、有预谋、借听证会之机干扰地税机关依法行政的群体性事件，维护了地税机关的工作秩序，保障了法定职责的顺利履行。全面落实市委、市政府关于甲型H1N1流感的各项防控措施。

回顾上半年工作，市局党组认为，有以下三个特点：

一是上半年经济税收遇到的困难前所未有。今年是国际金融危机负面影响集中释放的一年。上半年全市工业持续下滑，服务业滞后影响凸显，出口面临困难，企业效益下降，民间投资跟进不足，就业压力明显加大，财政减收增支的资金平衡难度进一步加大。经济决定税收，税收反映经济。首都经济的严峻形势在地方税收上得以显现，去年三季度至今年4月，北京地税局税收收入持续下滑。去年“前高后低”的税收特点使得今年上半年面临着较高基数。此外，上半年税收政策调整导致减收48亿元左右。多重因素使得今年的税收增长难度超乎寻常。我们一方面要千方百计地挖掘增收潜力，为政府宏观调控提供坚实的财力保障；另一方面又要不折不扣地将中央结构性减税政策落到实处，大力帮扶企业应对国际金融危机，切实减轻税收负担，增强微观经济主体活力。为实现这些目标，我们的工作难度是前所未有的。

二是全系统广大干部付出的努力前所未有。按照中央提出的“保增长、调结构、扩内需”的方针和市委提出的“保增长、保民生、保稳定”的决策部署，根据市人代会批准的2009年地方财政收入增长10%的任务，市局党组年初在系统工作会上确定的各项工作措施得到了市、区局两级党组的坚决贯彻执行。半年来的实践证明，市委、市政府的决策部署是正确的，市局党组制定的各项措施办法是符合实际、富有成效的。面对严峻的经济税收形势和15年来高增长基数下第一次出现负增长的巨大压力，全系统上下克服了没有应对经济下行期经验的困难，统一了思想，振奋了精神，同志们勇挑重担，真抓实干。在这里，特别需要强调的是，在春节之后，苏文权、许飞、朱凤珍、刘辉等案件先后发生，市局党组一方面坚决落实市委决定，团结一致，坚持原则，旗帜鲜明地配合市纪委、检察院做好案件的调查工作；另一方面，在当时的特定情况下，市局党组清醒地意识到，保持队伍稳定是头等大事，党组一班人主动向市纪委等部门汇报、沟通、协调，最大限度地关心和爱护干部职工，实事求是地看待产生问题当时的主客观原因，努力将不良影响降到最低点，真正做到稳定队伍，凝聚人心，鼓舞士气。各级领导班子排除干扰，全力以赴，身先士卒，激发干劲，调动一切可以调动的力量大力组织收入。广大干部特别是在座的各位处级领导班子成员，从大局出发，充分发挥积极性、主动性和创造性，想方设法，深挖潜力，加班加点，忘我工作，付出了辛勤的劳动。在巨大的困难和压力下实现了时间过半、任务过半，实践证明我们的各级党组织是坚强有力的，是领导有方的，地税干部队伍的主流是好的，苏文权等人的问题是个别人的问题，我们的队伍是一支能打硬仗的队伍，是一支经得起重大考验的队伍，是一支富有凝聚力和战斗力的队伍。谢谢大家对上半年工作作出的贡献，我代表市局党组感谢大家！

三是内外部配合的紧密程度前所未有。按照市委、市政府的统一部署和工作要求，上半年，全系统千方百计争取各区县、乡镇街道的广泛支持和财政、国税、工商等部门的大力配合，社会综合协税护税网络进一步完善，对完成好上半年的收入任务起到了重要的作用。计会、征管、税政、评估、检查、法制、科技等部门加大指导和服务基层力度，密切配合，形成了整体合力。纳税服务、宣教等部门加大政策宣传辅导力度，切实提高了税法遵从度。行政综合、政工后勤等部门也都全力做好本职工作，为组织收入工作提供了有力的支持保障。

总结上半年的工作，全系统广大干部职工付出了艰苦的努力，成绩来之不易。尽管取得了很大成绩，但我们还要清醒地看到存在的一些问题，需要引起各级党组织的高度重视，认真加以解决。一是有些规章制度不健全，有些规章制度执行不力，落实不到位，导致一些问题的发生。二是在队伍管理和党风廉政建设上还存在薄弱环节，确实发生了一些问题，在社会上和系统内产生了一定的不良影响，教训是深刻的，党风廉政工作亟须进一步加强。

二、下半年必须全力抓好的几项重点工作

后5个月，全系统要根据北京市上半年经济形势分析会和国家税务总局半年工作会议精神，紧密结合自身实际，以组织收入为中心，以干部队伍和五型机关建设为保障，通过抓好以下重点工作确保税收增长。

（一）进一步加大组织收入工作力度，确保完成全年任务

在全市经济形势分析会上，市委书记刘淇同志再次强调“保持首都经济平稳较快发展仍然是我们的首要任务”“上半年财政收入仍是负增长，完成全年任务十分繁重”“全年财政收入必须完成增长10%的奋斗目标”。为此，我们要坚持依法征收、应收尽收、坚决不收过头税，防止越权减免税的组织收入原则。加强税源管理，向管理、政策、服务、法治要税收。深化税源分类管理，完善重点税源监控网络和重点纳税人走访联系制度，及时掌握、分析重点税源生产经营动态和税收增减因素，重点抓好纳税亿元、千万元和百万元以上企业的税源管理工作。积极与政府相关部门沟通协作，加强信息数据交换共享，推进税源管理立体化。严格落实收入任务目标责任制。组织收入有困难的区县局、分局，要克服畏难情绪，充分看到有利条件，进一步增强信心，加大工作力度，深挖潜力，制定措施。收入形势相对较好的单位要坚持不懈、再接再厉。各级领导要深入基层，加强督察指导，推动系统工作整体协调发展，确保全年税收任务圆满完成。

全系统要全面掌握税源情况和组织收入动态，进一步强化税源分析、税收预测预警分析、税收管理风险分析和政策效应分析，及时体现当期政策、工作重点、工作特点，促进征管评查和纳税服务工作质量的提升。继续加强发票管理，遏制发票违法行为，继续深入开展严厉打击制售假发票和非法代开发票专项整治活动。加强发票信息与申报入库信息的数据分析比对，为纳税评估和税务检查提供数据支持，促进信息管税。加大清理欠税工作力度。丰富行业评估模型，规范评估数据采集口径和程序。提高日常评估和专项评估工作质量，深入开展重点行业、税种专项评估，加强无税申报评估。建立健全稽查工作内部控制制度。完善评估、稽查互动协作机制。推广分级分类稽查，加大税收专项检查和重大违法案件查办力度，强化各项考核。

（二）做好纳税服务，优化地税发展环境，把各项措施真正落到实处

在国家税务总局召开半年工作会议暨纳税服务工作会议之前，中共中央政治局

常委、国务院副总理李克强同志对税收工作特别是纳税服务工作作出了重要指示，进一步阐述了纳税服务在促进税收平稳增长，保持经济平稳较快发展、保障和改善民生、促进社会和谐发展中的重要作用，并突出强调要优化税收服务，坚持公平、公正执法，保障纳税人合法权益。这为我们进一步做好税收工作，特别是纳税服务工作指明了方向。在国家税务总局半年工作会上，总局党组提出，纳税服务是税务部门的重要职责，是服务科学发展、共建和谐税收的重要内容，与税收征管共同构成税务部门的两大核心业务。按照国家税务总局的要求，为加强对纳税服务工作的领导和组织，市局党组决定成立纳税服务工作领导小组和纳税服务处，要求各区县局、分局也要成立相应机构以加强纳税服务工作。要根据《全国2010—2012年纳税服务规划》，结合北京地税局以往好的经验做法，研究制定实施方案，明确目标任务，细化职责措施。切实推进办税服务场所、12366热线、地税网站“三位一体”的建设与管理。规范办税服务厅建设，优化自助服务功能，引导纳税人进行网上办税。提高纳税服务工作中的技术水平和科技含量，不断规范热线服务，增进网上互动。优化办税流程，明确工作目标和标准，继续推行“一站式”服务、全程服务和区域通办等服务模式。认真收集整理纳税咨询热点问题，依托有效的协调机制及时予以解决，不断提升咨询服务水平。建立解决纳税人诉求的长效工作机制，切实维护纳税人合法权益。严格落实纳税服务承诺制度，完善纳税服务评价机制，深入开展纳税人满意度调查。

（三）完善征管制度，充分发挥科技保障作用

按照全国税收征管科技工作会议精神，深入推进征管改革。以数据信息为基础、以风险管理为导向，稳步建立税源管理统筹协调、税源信息全面准确、申报征收简洁规范、监控网络层次清晰、征管方式科学高效、征管成本控制合理、科技手段支持有力、综合治税体系健全、征纳双方关系和谐的税收征管格局。逐步构建以信息管税和风险管理为基础，以税收管理员平台应用为依托，以税收分析、纳税评估、税源监控和税务稽查“四位一体”工作机制为主要特征的税源双项分类管理体系，初步形成统筹协调、监控到位的税源管理一体化运行机制。建立和完善全面、规范的基础征管制度体系，进一步梳理和优化全系统征管业务流程。

继续加强信息系统整合应用，加速技术和业务融合。做好管理员平台2.1版本的试运行和推广工作。推进个人出租房屋系统、二手房交易系统、个体工商户定额核定系统的开发和上线运行。深入开展与工商局、人民银行的信息核实比对。加强数据管理，充分运用信息化手段加强征管质量考核。

（四）加大帮扶企业力度，促进首都经济平稳健康发展

全方位加大帮扶工作力度，着力解决好纳税地点确定、重组改制、“三高”企业退出等问题。继续实施市、区两级局长带队下户走访，深入税源大、困难多的企业，一对一地解决重点企业困难。落实鼓励企业自主创新、技术进步、节能环保等结构性减税政策，促进优化首都产业结构规划的顺利实施，依法减轻纳税人税收负担。

进一步优化纳税人办税程序与环境，实现房地产交易环节“一窗式”服务手段多样化、建筑业和房地产行业营业税流程管理精细化、企业所得税减免税报备程序化、个人所得税完税证明开具科学化、残保金代征服务工作方式更优化。及时总结，积极实践，继续加强税政综合协调管理一体化的制度和机制建设，研究探索金融保险业、房地产业、货运代理业、自然人产权交易等行业的多税种综合管理和服务方式。

（五）扎实开展主题活动，务求取得实效

各单位要进一步提高对“加强领导干部作风建设，推进优化地税发展环境，确保税收增长年”活动重要性、紧迫性、现实性的认识，真正通过活动的深入开展，牢固树立大局意识、发展意识、忧患意识、服务意识和责任意识，切实加强学习型、服务型、效能型、法治型和廉洁型的五型机关建设，努力做到上级机关满意、纳税人满意、税务工作者满意。要按照《活动实施方案》和《任务项目分解落实表》的要求，逐项加以落实。要深入查找本单位在改进作风、优化环境和确保增长中存在的突出问题，有针对性地制定措施，务求抓出实效。

市局活动领导小组和八个专项组要整合工作项目，突出重点。要以第二批学习实践科学发展观活动和“回头看”活动为契机，把学习实践科学发展观作为确保完成全年各项任务的重要思想武装过程，牢牢抓住主题，突出实践特色，解决实际问题，取得实际成效。市局要适时组织召开主题活动经验交流推广会。要加强宣传报道、信息反馈工作。要加强与市委作风建设年活动领导小组的联系，主动汇报情况，积极争取指导帮助。年底前要召开一次专题会，检查落实情况，明确问题改进的具体成果，总结经验成效。各单位要将开展活动的情况与年终评比考核紧密结合，作为评优创先的依据。

（六）全面加强队伍建设，提高内部管理水平

深化机构人事改革。按照市编办即将批准的“三定方案”，市局党组将组织实施好机构改革工作，科学地定编、定岗、定职责，合理配置人员。要调查研究全系统干部队伍建设情况，进一步完善和健全干部人事工作的各项规范制度，推进干部人事管理工作制度化、规范化、科学化。

加强能力建设。抓好分级分类教育培训，全面提升干部队伍综合素质和业务能力。以思想政治建设和岗位素质能力建设为重点，着力抓好处级后备干部、处级干

部和基层税务所长培训。上级机关要主动为基层服务，加大对基层的人财物投入，切实减轻基层工作负担。要切实关心干部职工的成长和生活。

加强党团建设。完成今年的各项任务，关键在各级党组织和广大党员。全系统各级党组织要充分发挥核心作用，在稳定队伍、凝聚人心、鼓舞士气等方面把各项工作做好，发挥战斗堡垒作用，组织广大党员干部全身心投入到保增长、保民生、保稳定的中心工作中去，使每位党员都能真正充分发挥先锋模范作用，吃苦在前，享受在后，冲锋在前。以党建带团建，充分调动广大青年干部的积极性、主动性和创造性，为他们的成长创造条件。

加强党风廉政建设。深入开展廉政风险点研究，着重做好权力运行各环节的监督和制约，研究制定廉政风险防范管理工作检查考核办法。要进一步加强党风廉政教育，认真分析总结近一个时期系统内令人深省的前车之鉴。请同志们相信，市局党组会对涉及的干部，历史地、客观地、公正地看待发生问题时的特定历史环境、历史原因，实事求是地分析处理问题，会爱护广大干部，稳定队伍。但是，该批评的批评，该教育的教育，该处理的处理，要敢于碰硬，要坚决抵制歪风邪气。严格管理是对干部最大的爱护，要从严要求，确保政令畅通，真正做到令行禁止，防微杜渐。认真核实信访举报，严肃查处违纪违法案件。坚持地税机关良好的舆论导向，教育广大干部不信谣、不传谣，保持风清气正的机关氛围。强化“一岗双责”，“一把手”切实负起责任，要两手抓，两手都要硬。要严格落实党员领导干部廉洁自律的各项规定，切实解决党性、党风、党纪方面的突出问题，为圆满完成全年各项任务提供坚强的政治和纪律保证。高度重视行风评议工作，“一把手”要亲自抓，从服务态度、服务质量等方面狠练内功，采取切实有力措施，教育好我们的一线干部，不断提高政风和行风建设水平。

扎实做好安全稳定工作。要按照市委要求，以高度的政治敏锐性去发现各种影响安全稳定的苗头问题，以高度的政治鉴别力去消除一切不稳定的因素，以高度的政治责任感去做好安全稳定的每一项工作，以高度的责任心爱护我们的干部，真正做到思想上的弦绷得紧而又紧，措施安排的细而又细，工作上的力度强而又强。要切实做好北京地税系统“国庆平安行动”的各项工作。加强国庆期间信息系统安全保障和运维管理，加强人员、车辆、办公场所的安全管理，排查内外部管理中的安全隐患，完善各项应急预案，防止突发事件和群体件事件发生，努力做到见事早、判断准、出手快、处置好。要有效防控甲型H1N1流感，落实市委、市政府和市局党组制定的各项措施。各单位要管好自己的人，看好自己的门，干好自己的事。

三、对完成好全年工作任务提几点要求

做好后5个月工作的总体要求是：继

续深入学习实践科学发展观，紧紧围绕“加强领导干部作风建设，推进优化地税发展环境，确保税收增长年”活动的各项任务，聚精会神，再接再厉，真抓实干，大干153天，以高度的责任意识和紧迫感，以最好的精神状态、最大的努力程度、最高的工作标准，确保税收收入稳定增长，确保干部队伍稳定，抓领导干部、抓领导机关、抓基础、抓基层建设，全力完成全年各项工作任务。

（一）认清形势，坚定信心

北京市上半年经济形势分析会议指出，今年以来，北京市经济增速较快下滑的势头得到有效遏制，积极因素和有利条件不断增多，经济回升趋势更加明显，保持了首都经济平稳较快发展、社会安定祥和的良好局面。但是，首都经济的外部环境仍然严峻，当前的经济企稳回升呈现出“政策性动力强于内生性动力、内需形势好于外需、资产领域好于实体领域”的特点，部分经济领域冷热不均、基础不牢、发展不平衡的问题还比较突出，不确定因素仍然较多，经济企稳回升的基础尚不稳固，下半年首都经济发展还面临着挑战和隐忧。

总局半年工作会议指出，今年可能是1994年税制改革以来组织收入工作最困难的一年。上半年，全国税收收入下降3.6%，要实现全年目标，下半年全国税收增长必须达到25%左右的水平。从北京地税局税收情况看，7月份各项税费完成183.2亿元，同比增收27.9亿元，增长18%，地方一般预算收入完成142.4亿元，同比增收22.4亿元，增长18.7%。虽然7月增幅较上半年有所提高，但是三大主体税种增幅均低于整体税收增幅，税收增长的基础还不牢固。根据北京地税局前7个月情况，要实现全年增长10%，后5个月的税收增幅必须达到20.4%，组织收入的任务非常繁重。

我们一是要充分认识到确保税收增长的极端重要性和必要性。当前全市保增长、调结构、惠民生、保稳定的中心工作需要强有力的资金保障，财政支出的刚性需求非常巨大，地税部门任务艰巨、使命光荣。二是要充分认识到实现税收增长的可能性。当前首都经济形势企稳向好，通过努力挖掘增收潜力，完成全年税收任务是有经济税源基础的，要坚定信心。三是要清醒地认识到税收增长基础的不稳定性和不确定性。首都经济正处于应对国际金融危机的关键时期，外需低迷、社会投资跟进较慢、工业生产比较困难、服务业部分行业增速放缓的问题仍很突出，同时下半年企业效益下滑、结构性减税政策等税收减收因素将进一步体现，北京地税局组织收入工作将继续面临新的压力和挑战，任务异常繁重。因此，我们绝不能有丝毫松懈，要抓紧落实总局各项加强征管、堵塞漏洞的工作部署和市委、市政府的各项工作要求，按照行动要快、力度要大、措施要实、效果要好的要求，进一步研究部署工作措施，切实抓好组织收入工作，全力确保税收任务的完成。

（二）突出重点，统筹兼顾

确保税收增长是当前工作的重中之重。我们必须深刻认识确保税收增长的重要性和艰巨性，准确分析影响收入的有利和不利因素，牢牢把握组织收入工作的主动权。要把思想和行动统一到市委、市政府的工作部署上来，全面深入地分析预测税收发展变化趋势，充分挖掘增长潜力。要保持宏观调控政策在执行中的连续性和稳定性，密切关注经济财税运行的新情况、新问题，加强和完善业已执行的、行之有效的工作机制和手段措施，巩固和发展好的税收形势。

下半年的工作千头万绪，任务繁重。各级领导班子和领导干部要坚持科学发展，统筹兼顾，切实提高驾驭复杂局面和应对困难形势的能力，在做好组织收入工作的同时，一是要优化纳税服务，大力帮扶困难企业发展，积极涵养经济税源，切实优化地税发展环境。二是要加强征管评查，强化科技手段，推行信息管税，堵塞征管漏洞。三是要狠抓内部管理，夯实基础工作，建立健全和落实好各项规章制度。

（三）改进作风，增强责任意识

新的形势、艰巨的任务，要求我们要有良好的作风来保障。要按照市局党组在年初工作会和北京地税局主题活动中的部署要求，把加强作风建设、推动科学发展作为重要内容，迎难而上，勇于担当，奋发有为，以更加昂扬的精神状态投入到各项工作中，大干、苦干、快干5个月，全力确保全年各项工作任务的圆满完成。

各级领导班子和领导干部要高度重视面临的困难和压力，要以高度的政治责任感和使命意识，在困难面前经受住考验。必须深刻认识到，越面临复杂困难的局面，就越能考验领导干部的政治素质、领导作风、执行能力和工作水平。要在保增长、保民生、保稳定的实践中锻炼我们的队伍，培养我们的干部，考验和提高干部能力，全面了解掌握干部在落实各项部署、完成重大任务、解决复杂矛盾中的现实表现、精神状态和工作实绩，为今后进一步选拔任用领导干部提供依据。要做到班子带头、领导带头，一级带一级。要加强班子的团结，团结就是力量，团结产生干劲。要坚决贯彻民主集中制，坚持科学、民主、依法决策，决策前深入调查研究，充分发扬民主，决策后要不折不扣地加以贯彻落实。要将各项制度、办法和措施体现在办实事、出实招、见实效上，不搞形式主义，不做表面文章。要自觉增强五种意识，充分发挥自身的主观能动性和创造性，不畏艰难，扎实开展工作。各级领导班子要增加工作的透明度，公开、公正、透明地办事。要加强部门间的沟通、协调和配合，调动各方面的积极性，形成地税工作的整体合力。市局党组相信，只要我们共同努力，就没有克服不了的困难。

（四）加强指导，督促检查

对市局党组确定的各项目标任务，各单位、各部门要定期研究具体的落实办法，确保各项任务有布置、有督促、有检查。市局、区县（分）局和处室、科所三级领导班子和领导干部要加强对贯彻落实上级部署的指导和监督检查，确保各项任务的有效落实，确保做到政令畅通、令行禁止。要根据党政干部问责暂行规定，建立工作责任制，明确责任、明确任务、明确要求、明确时限，对工作落实好的，要进行表彰；对工作不负责任、作风浮夸、得过且过、敷衍应付的干部要批评教育；对贻误工作、造成重大损失和不良影响的必须严格问责、严肃追究。各级领导班子要注重工作的方式方法，关心和爱护广大干部职工，切实解决干部的工作和生活困难，进一步增强干部队伍的凝聚力和战斗力。

同志们，市局党组坚信，只要我们坚定信心，再接再厉，以最好的精神状态，最高的工作标准，团结、激发、凝聚广大干部的智慧，真正把7500人的作用充分发挥出来，扎实开展工作，就一定没有克服不了的困难，就一定会圆满完成市委、市政府交给我们的任务，就一定能为促进首都经济平稳较快发展和社会和谐稳定作出我们应有的贡献。

在全市地税系统正处级领导干部会议上的讲话

——介绍处级干部集中调整工作情况

北京市地方税务局副局长 沈汝冰

（2009年10月11日）

同志们：

“国庆节”过后，继6月19日以来启动后备干部民主推荐、民主测评、面试等工作基础上，市局党组研究了9名处级领导干部改任非领导职务和33名处级干部岗位交流变动、工作调整的意见，最终按照民主集中制原则形成了决定，现将有关调整工作情况向同志们通报如下：

一、这次处级干部集中调整工作是落实市局党组半年工作会上提出的“抓领导干部、抓领导机关、抓基础工作、抓制度建设、抓基层税务所”要求的具体措施

首先，延续北京市地税系统近年来的做法，也是许多委办局、区县的工作方式，市局机关和系统一些女领导干部年满53岁以上、男领导干部年满57岁以上的同志需退出领导岗位。同时，《中国共产党巡视工作条例》出台后，加上市局机构编制、干部职数按新“三定”方案批复，需理顺、规范、新建一些处室机构，市局机关需要补充一批处级领导干部。

其次，市局机关处级干部在年龄、学历、岗位经历、任职经历等方面需要优化，形成科学合理的结构，担负起承上启下的岗位职责，高效、务实，充分展示出北京市政府综合职能部门干部队伍的良好精神风貌。通过交流调整，在管理层次、工作层次、能力层次、形象层次上有所提高。

再次，结合这次后备干部人选推荐选拔工作，要坚持树立选人用人的正确导向，把民主推荐、民主测评中德才兼备、表现好、有培养潜力的干部用在更加适合其特点的岗位，采取对有培养潜力的轮岗平调，表现突出符合晋升条件的提起来使用。

所以，这次调整工作既要组建新处室又要撤并理顺机构，要加强业务处室和综合处室的建设。新建处室首先要搭建处级班子基本工作框架，先配备主要处级干部。撤并机构要根据工作，统筹安排好干部转岗使用，以发挥好他们的作用。

这次调整着重加强市局机关处级领导班子干部队伍结构的优化和改善，在保证组织收入工作，保持大多数区县局领导班子和主要领导稳定下，加大从区县局、分局选拔符合条件的干部到机关工作，同时继续推进局级后备干部轮岗交流，加大表现好、反映好、年富力强的机关内部处级干部交流，为处级干部成长创造条件。这次集中调整的33人中，市局机关处室之间交流的14人，从区县局、分局选拔交流到市局机关、直属单位的11人。调整后，市局机关处级领导班子、领导干部年龄、学历、任职经历、岗位经历结构得到了优化改善。机关处级领导干部的平均年龄由46.8岁下降到45.5岁，前学历为全日制大学以上学历的由10人增加到18人，其中，博士学历的2人，女处级领导干部由17人增加到21人。

二、这次处级干部集中调整工作充分运用了后备干部人选选拔的工作基础，严格工作程序，坚持扩大民主，坚持公开透明，坚持党组充分酝酿，集体研究决定

自6月19日以来，市局党组完成了正局级后备干部人选意见研究工作，启动开展了副局级、正处级、副处级后备干部人选的民主推荐、民主测评、面试、笔试和工作价值观、综合素质、心理压力测试。

市、区县局、分局两级党组共组织1980多人参加民主推荐工作，占系统干部总数的26.4%，有60名处、科级干部自荐，有1028名同志或个人或联合举荐了162名正副处职后备干部推荐人选，一部分同志已经过民主推荐列入了正处职、副处职后备干部推荐人选名单，目前，副处级后备干部推荐人选工作正在进行中。

处级干部是地税系统干部队伍的骨干，为了全面了解全系统325名副处职级干部情况和体现民主、公平，市局党组先后组织进行了三次民主推荐、两次民主测评，两次近期、中期、远期使用意见推荐，特别也注意全面了解50岁以上副处级干部的综合情况以及使用意见，主要工作是：

组织2000年以来市局机关离退局、处级干部对325名副处级干部民主推荐、民主测评和征求听取对近期、中期、远期使用的意见。

组织205名副处长以上干部对219名50岁以下副处职级干部民主推荐，推荐出了80名处级正职后备干部推荐人选。

组织59名正处长以上干部对106名50

岁以上副处级干部民主推荐、民主测评和提出近期、中期、远期使用意见。组织59名正处长以上干部对219名中被推荐出的80名处级正职后备干部人选民主测评，提出近期、中期、远期使用意见。组织了对80名正处级后备干部人选进行面试，平均成绩为74.3分。

按照公开、公正、公平的原则，将219名50岁以下副处级干部中被推荐出的80名处级后备干部人选和106名50岁以上副处级干部，按照六项指标，即：民主推荐率40%以上、测评优秀率40%以上、近期推荐使用率40%以上、局领导推荐半数以上、离退休干部推荐40%以上、面试成绩65分以上，如一人有任意两项指标符合条件可列入名单的标准，汇总成65人名单。其中50岁以下副处级干部54人，50岁以上副处级干部11人，形成了这次集中调整工作中研究选拔干部的初始提名。这次集中交流调整的33名干部中，有14名是轮岗交流，19名是从65人名单中选拔的。其中，副处级领导干部50岁以下的16人，50岁以上的3人，占这次集中调整的57.5%。这19名干部中大部分干部的六项指标都超过50%以上，参加面试的16名同志中除个别成绩在平均分74.3分下一分左右，其他都达到了75.5分以上。这次民主推荐、民主测评等工作为地税系统处级干部交流调整打下了良好的基础，储备了一批骨干人才。

在这次干部集中调整工作中，注意了50岁以上副处级干部和50岁以下副处级干部的统筹使用，注意调动了不同年龄段干部的积极性。加强了对《党政领导干部选拔任用工作条例》的学习宣传，严格执行干部选拔任用工作程序，扩大了系统广大干部参与、了解、监督的民主权利。又适时将各阶段工作情况和工作进展安排分别在副处长以上领导干部会议上、在正处长以上领导干部会议上、在80名正处级后备干部推荐人选测评动员会议上、在237名副处级后备干部推荐人选测评动员会议上、在全系统的人事干部中都作了阶段性通报介绍，增加了工作透明度，接受全系统干部职工的监督。

在这次干部集中调整工作中，特别是中央十七届四中全会召开后，局党组认真学习、领会，认真贯彻执行。坚持抓好处级干部基础情况分析，通过谈话沟通，查阅档案，纪检监察廉政会审了解干部情况。坚持研究干部时，领导成员个别充分酝酿，充分发表意见，提出人选。决定任用干部时，坚持集体研究决定。特别是局党组团结协调，坚持集体研究确定各阶段工作，集体参加面试考评，集体研究确定了干部集中调整意见，形成了今天的决定。这项工作体现了党组坚持标准，坚持德才兼备、以德选人的导向和民主、公开、竞争、择优选人的原则，体现了党组集体领导力量和领导权威。

为推进干部人事制度改革，为调动干部积极性，为继续做好集中调整工作，党组决定：

为保证工作衔接，这次集中调整工作涉及的处级干部先到位工作，都免去现职，一部分需要明确的，明确主持和平调。近期首先要结合正处职后备干部考察人选进行考察，符合晋升条件的再晋升任职。

由于职数限制和保留骨干等原因，机关还有一批表现好的同志，也要结合正处职后备干部考察人选进行考察，符合晋升条件的晋升任职。

根据区县局、直属分局还有一批表现好的同志的情况，结合地税系统实际，保证区县局领导班子稳定，建立区县局、直属分局配备党组副书记制度。根据干部任职情况、表现情况，结合这次正处职后备干部考察人选的考察情况，逐步配备党组副书记，符合晋升条件的晋升任职。

三、这次集中调整工作是一次非常重要的调整，要做好相关思想政治工作，特别是做好全系统干部队伍的稳定工作

这次调整撤销机构3个，直接涉及机关处室和直属单位21个，区县局4个，共涉及干部42人。为了保证集中调整工作兼顾当前与长远结合、整体考虑、统筹研究，发挥其对系统和机关建设以及工作推进的正面促进、激励稳定作用，保持今年税收工作任务完成和明年工作开局，努力做到工作过程、选拔过程、决策过程公开，用制度和机制制约选人用人不规范的“潜规则”，事前虽未征求本人意见，事先也未征求调整干部所在单位领导班子和主要领导意见，但是宣布之前与涉及调整的正职领导和部分岗位变化大的干部进行了谈话。民主推荐、民主测评、提名过程、酝酿过程、决定过程都严格执行了规定和工作程序，完全符合党管干部和民主集中制的原则。

在坚持工作需要、组织需要，干部合理配置、统筹配置情况下，党组注意了工作调整、岗位变动会给部分区县局领导班子暂时带来一些工作压力，也注意到了可能会给个别干部带来工作生活不便等问题。但是考虑到这次集中调整工作是有利于地税系统干部队伍整体建设的需要，考虑到后续还有正、副处级后备干部人选考察、选拔、建设工作，还有区县局、市局机关空缺职位人选的配备工作。希望同志们讲党性、讲纪律、讲大局，服从组织安排和调动，克服眼下困难，尽快熟悉情况，进入新的工作岗位角色，适应新的岗位要求。希望各单位领导班子，特别是“一把手”，要全力理解和支持，帮助他们衔接好工作，做好干部的思想政治工作和各方面的稳定工作，一会儿纪检组长吴鼎同志对集中交流调整的33名同志还要进行廉政谈话，晓明局长还要提要求。

四、这次集中调整工作后，还需要推进的有关工作

这次干部集中调整工作是市局党组提出“抓领导干部、抓领导机关、抓基础工作、抓制度建设、抓基层税务所”的要求开展的初步工作。昨天党组会上，晓明局长又提出“要总结好这次干部集中调整工作的做法，建立起长效机制”。在这次后备干部民主推荐和干部集中调整工作过程中，总结地税组建15年干部人事管理工作，进行了地税系统干部队伍建设情况分析，进行了干部人事工作问卷调查，组织了集中调整工作中是否有拉票情况的调查。地税系统干部人事工作如何适应地税发展的新情况、新问题、新要求，对此还有很多方面需改进完善、需改革创新，特别是按照中央十七届四中全会关于加强党的建设的要求，地税系统干部人事管理工作在制度、机制建设上，在管理理念、方式上，在工作程序中，在基础工作、程序规范上，还需要市、区县局、分局两级党组共同研究改进。近期，我们要按照中央十七届四中全会要求，研究提出贯彻意见。从近期工作安排，要组织完成正处级后备干部考察人选的考察，首先考察此次到任的一批人选，同时，各区县局党组也要配合组织完成副处级后备干部人选的考察工作。市局机关内部要按照市局机构编制新“三定”方案批复，加强征管业务流程、处室职责工作流程、机关党的建设等工作。希望新到岗的同志们要尽快熟悉岗位职责，尤其是到机关处室工作的同志，涉及变动的区县局、分局党组和主要领导要按照市局党组集中调整工作的部署，做好人员变动后的工作到岗、工作衔接，保证今年后3个月的各项工作完成。

谢谢大家！

北京市地税系统2009年党风廉政建设工作会议报告

（2009年2月19日）

这次会议的主要任务是：以邓小平理论和“三个代表”重要思想为指导，深入贯彻落实科学发展观，认真学习贯彻十七届中央纪委三次全会、北京市和国家税务总局党风廉政建设工作会议精神，总结一年来党风廉政建设和反腐败工作，研究部署2009年的工作任务。

一、一年来主要工作回顾

2008年，在北京市委、市政府、国家税务总局和北京市纪委的领导下，北京地税系统坚持以科学发展观统领反腐倡廉建设，紧紧围绕税收中心工作，全面推进“惩防”体系建设，积极探索廉政风险防范管理长效机制，不断加大预防和治理腐败的工作力度，在强化领导干部廉洁自律、案件查处、行风建设、开展廉政文化活动、贯彻落实党风廉政建设责任制等方面做了大量扎实有效的工作，党风廉政建设和反腐败工作取得新的成效，为税收事业的科学发展提供了有力的政治和纪律保障。

（一）党风廉政建设责任制进一步落实

一年来，市局党组始终坚持“两手抓，两手都要硬”的方针，把党风廉政建设与税收工作同部署、同落实、同检查，切实形成了抓党风廉政建设和反腐败工作的整体合力，形成了“横向到边，纵向到底”的责任网络，实现了一级抓一级、层层抓落实，强化了“一岗双责”意识，充分调动了各级领导抓党风廉政建设的积极性，促进了党风廉政建设责任制各项规定的有效落实。

按照“一岗双责”“一把手”负总责，“谁主管，谁负责”的原则，制定下发了《2008年党风廉政建设和反腐败工作主要任务及分工》，将党风廉政建设任务细化为17大项、65项具体工作，并逐项分解，责任到人。市、区县局两级认真开展了监督检查和责任考核，确保反腐倡廉工作取得实效。认真落实党风廉政建设责任制重大事项报告、年度工作报告制度和

《北京地税局领导班子和领导干部违反党风廉政建设责任制追究实施办法（试行）》，对违反责任制规定的行为严格实施责任追究，实行“一票否决”制，切实维护了党风廉政建设责任制的严肃性。

（二）探索科技控权，惩防体系建设进一步推进

充分发挥信息化建设的优势，以“科技控权”为突破口，开发与税收业务工作软件相互衔接的网上监控软件，实现对税收执法权和行政管理权过程监督，减少了执法的随意性，提高了工作效率。房山区地税局开发涵盖税收执法权、行政管理权的信息化监控系统，体现了风险管理、流程管理、绩效管理的先进理念。第一稽查局、第二稽查局结合专业特点，将“局级执法”“阳光稽查”的理念和信息化相结合，依托信息系统打造数字化稽查模式，借助信息系统，纪检监察部门可以随时调取任何案件，检查任何案件细节，翻阅案件资料，实现了纪检监察与稽查业务的有机结合，为廉政工作提供了技术支撑和工作切入点。把信息化建设和廉政风险防范管理工作与“惩防”体系建设相结合，强化了“科技控权”的广度和深度，加大了治本力度，优化了党风廉政建设工作格局，带来了“以廉促政”的联动效应。

（三）廉政风险防范管理工作深入开展

北京地税局作为北京市纪委确定的廉政风险防范管理试点单位之一，市局党组高度重视，把开展廉政风险防范管理工作纳入了全系统党风廉政建设的重点内容，切实加强廉政风险防范管理工作的组织领导，制定下发了《廉政风险防范管理工作实施意见》和《实施方案》，召开了廉政风险防范管理工作现场会，确定6个单位进行试点，组织全系统各单位积极探索实践。动员组织广大税务干部按照税源监控、纳税服务、税务稽查、人事管理、财务管理、行政管理等岗位普遍参与了查找风险点的工作，并依据征管流程和具体工作环节，明确廉政和执法风险内容。针对风险点和内容，以防范、监控和处置为主，制定落实了风险管理措施。崇文局积极探索廉政风险防范管理机制，受到了中央纪委、北京市委、市纪委领导的高度称赞。北京地税局在国家税务总局的党风廉政建设大会上作了典型发言，受到与会者的一致好评。

（四）领导干部廉洁自律工作取得新进展

不断加强对领导班子成员的监督管理，严格执行领导干部个人重大事项的报告、民主生活会、诫勉谈话、民主评议、述职述廉和函询等制度，发挥监督制度的整体效能，强化对领导班子特别是“一把手”的监督。

（五）案件查办力度不断加大

进一步畅通了信访举报渠道，认真处理信访举报反映的突出问题。市局全年共受理各类信访举报98件，已办结89件。

坚持依纪依法办案，加大了案件查处力度。积极协助纪检监察机关和司法机关查处了一批违纪违法案件。通过严肃查办案件，加大惩处力度，广大干部从中受到了深刻警示教育，发挥了查办案件的治本功能。

加强与司法机关的合作，建立完善了税检联席会议制度。北京地税局和北京市检察院签署了《关于加强协调配合共同开展渎职侵权犯罪查办和预防工作的意见》，市局与区县分局分别同相应的检察院建立了联席会议制度。通过联席会议，税检双方“明确一个责任”，形成了五项工作机制，对促进全系统依法行政和预防职务犯罪发挥了积极作用。

（六）政风行风进一步好转

认真纠正个别单位、个别岗位的少数人员在税收征管和服务中存在的工作方法简单、效率低下、不负责任问题。对纳税人满意度不高，纳税服务方面投诉、举报数量多且情况属实的单位限期整改，追究责任。开展“深化和拓展服务内容，做优服务奥运工作”的专项检查，为奥运期间服务工作提供了强有力的支持和保障。

进一步完善和落实服务承诺制度、首问负责制、全程代办制等，进一步简化工作程序，提高工作效率，不断推进纳税服务工作的规范化、科学化和精细化管理。进一步完善纳税人对纳税服务质量的评价机制，形成了以纳税人意见需求为依据的纳税服务改进机制。

认真开展执法检查和执法监察，全年开展日常执法检查396项次，专项检查16项，检查各类扰法文书及案卷2万余份，对56名税务人员进行执法过错责任追究。

自觉接受人大、政协以及新闻媒体的监督。按规定，北京地税局原聘任的特约监察员已经届满，经北京市委统战部推荐，北京市政府办公厅批准，市局重新聘请了12名特约监察员，充分发挥了特约监察员的桥梁纽带作用。

2008年全系统新获得68项省部级以上荣誉称号，其中10个国家级先进集体和2个国家级先进个人，政风行风进一步好转。

（七）廉政文化活动丰富多彩，反腐倡廉教育进一步深入

充分发挥教育在“惩防”体系建设中的基础性作用，通过搭建一系列反腐倡廉教育平台，先后利用地税论坛、处级干部培训班、各单位落实市局党风廉政大会等时机，邀请了北京市检察院、北京市纪委、监察局的领导为税务干部进行廉政专题授课，培养干部职工的思想政治素质和较强的组织纪律观念，提高依法行政水平和廉洁自律的意识。

在全系统深入开展了“清风颂、地税情”系列廉政文化活动，该活动全系统共收到书画、摄影、征文、演讲、廉政小报、动漫屏保、文艺演出等作品744件，择优进行出版、巡展，优秀廉政文艺节目在全国税务系统党风廉政建设工作会上进

行了汇报演出。认真开展了“讲党性、重品行、作表率”主题教育活动。

一年来，我们在抓党风廉政建设和反腐败工作中，做了大量的工作，也取得了一定的成效，但存在的问题也不容忽视，反腐形势依然严峻。信访举报居高不下，不廉洁现象和损害纳税人利益的不正之风还不同程度地存在；对“两权”的监督特别是对领导干部和重要岗位的监督还有薄弱环节，违规违纪违法问题时有发生，索贿受贿和滥用职权问题比较突出，严重影响了地税队伍的整体形象。

通过对上述违法犯罪案件的分析，首先在于少数税务干部法律意识淡薄，责任心不强，人生观、价值观、权力观发生了严重扭曲，拜金主义严重，经受不住极少数不法纳税人的各种诱惑。出现上述问题除干部自身主观方面的是案发主要原因外，监督制约机制不完善、制度和管理措施落实不到位也是一个不容忽视的原因。对于这些问题，我们要高度重视，采取有效措施，认真加以解决。

二、2009年主要工作任务

今年是建国60周年，是深入学习实践科学发展观的重要一年。我们要深入贯彻落实科学发展观，以完善惩治和预防腐败体系为重点，整体推进教育、制度、监督、改革、纠风、惩治等各项工作，不断取得反腐倡廉建设的新成效，为完成“优化地税发展环境年”的各项工作提供坚强保证。

（一）以科学发展观为指导，不断完善惩治和预防腐败体系建设

反腐倡廉建设是税收工作的重要组成部分，要始终坚持以科学发展观为统领，牢牢把握正确的政治方向。要始终围绕坚持科学发展，服务优化环境的主题来开展反腐倡廉工作。要始终贯彻统筹兼顾和全面、协调、可持续的要求，坚持用改革创新精神推动税务系统反腐倡廉工作实践，做到治标和治本并重，惩治和预防并举，纠风治理和政风行风建设相结合，行使权力和落实责任相对应，教育引导、制度保障和监督检查相衔接，真正实现税收工作和反腐倡廉建设两手抓、两手都要硬。

要进一步抓好中央《建立健全惩治和预防腐败体系2008—2012年工作规划》和北京市、全国税务系统《贯彻落实中共中央〈建立健全惩治和预防腐败体系2008—2012年工作规划〉实施办法》的宣传培训，尽快制定下发北京地税系统的《2008—2012工作规划及任务分工》，各单位、各部门要根据规划与分工，制定措施、明确责任、强化监督、狠抓落实。要把贯彻落实惩治和预防腐败体系《工作规划》、扎实推进惩防体系建设，作为学习实践科学发展观的重要内容。要在功能定位上把握惩防体系的基本特征，要在总体格局上认真落实惩防体系的基本要求，要从工作方式上明确贯彻落实的抓手。要逐步建立对落实《工作规划》和《实施办法》的考核标准和评价机制，形成齐抓共

管惩防体系建设的良好局面。

（二）以深化党风廉政建设责任制为抓手，进一步提高北京地税党风廉政建设水平

进一步发挥党组负总责、部门各负其责、纪检监察组织协调、广大干部群众积极参与的工作机制，按照"一岗双责"和"谁主管、谁负责"的要求，紧紧围绕责任分解、责任考核、责任追究三个关键环节，细化工作责任，落实责任主体，把反腐倡廉各项工作任务合理分解到每一个领导班子成员和相关职能部门；完善责任制实施办法，认真组织责任考核，将考核结果与领导班子业绩评定、奖励惩处、选拔任用直接挂钩；加大责任追究力度，综合运用纪律处分和组织处理两种手段严肃责任追究，确保党风廉政建设责任制落到实处。今年要不断强化党风廉政建设责任制的检查考核，认真听取区县局班子每位成员落实"一岗双责"情况的汇报。

（三）以抓好作风建设为切入点，深入促进领导干部廉洁从政

要把加强领导干部党性修养、树立和弘扬优良作风作为重大政治任务抓紧抓好，把加强领导干部党性修养作为重要内容纳入深入学习实践科学发展观活动。要突出培养领导干部增强宗旨观念、提高实践能力、强化责任意识，树立正确政绩观、利益观，增强党的纪律观念，大力发扬艰苦奋斗精神，牢固树立过紧日子的观念，勤俭办一切事业，求真务实、真抓实干。切实增强为纳税人服务、为基层税务干部职工服务的观念，进一步减轻纳税人的办税负担和基层税务机关不必要的工作负担。严禁用公款大吃大喝和高消费娱乐活动，严禁借培训、考察之机公款旅游，坚决纠正和防止讲排场、比阔气、奢侈浪费等不良风气。

进一步抓好领导干部廉洁自律各项规定的贯彻落实，严禁领导干部利用职务上的便利谋取不正当利益。（1）严禁领导干部违反规定收送现金、有价证券和支付凭证，收受干股等问题。（2）落实领导干部配偶和子女从业、投资入股、因私出国（境）、到国外定居等有关事项报告登记制度。加强对领导干部配偶、子女经商办企业情况的监督检查，严禁发生与公共利益冲突的行为。（3）治理违规组织集资合作建房、超标准建房、在风景名胜或公园区建房等问题；纠正领导干部多占住房、以明显低于市场价格购置住房或以劣换优、以借为名占用他人住房等问题。（4）严禁利用和操纵招商引资项目，为本人或特定关系人谋取私利，认真解决领导干部招商引资中违规违纪的问题。（5）严禁领导干部相互请托，违反规定为对方特定关系人在就业、投资入股、经商办企业等方面提供便利，谋取不正当利益。

进一步强化对领导干部特别是各级班子主要领导的监督。加强对领导干部廉洁自律和作风状况的监督检查，及时发现

和解决苗头性、倾向性问题；加强对民主集中制执行情况的监督，加强上级党组和纪检组对下级党组及成员的监督；健全上级党组对下级党组成员经常性考察考核机制，认真落实上级纪检组长同下级税务机关主要负责人廉政谈话制度；加强党组内部监督和群众监督，加强对民主生活会、述职述廉、报告个人有关事项、诫勉谈话和函询等制度执行情况的监督检查；进一步加强对主要领导不直接分管人事、财务和基建工作，其他班子成员不得同时分管征收管理、税务稽查工作，党组会议和局长办公会议集体讨论、决定重大事项主要负责人末位发言等制度规定落实情况的监督检查，进一步规范领导干部从政行为。

（四）以推进廉政风险管理工作为契机，扎实开展“两权”监督工作

系统各单位要把廉政风险防范管理工作作为“一把手”工程，按照北京市的要求，在普遍发动、学习培训、查找风险点、制定风险方法措施的基础上，按照突出重点、分步实施、扎实推进、务求实效的总体要求，在重点领域、重点部门和重点岗位，有计划地推行廉政风险防范管理，重点是探索监督检查、考核评估、纠错整改、责任追究等运行和监督制约机制，把廉政风险防范管理工作推向深入。要充分利用“数据大集中”管理信息系统，不断完善“科技控权”机制，逐步在稽查系统推广第一、二稽查局的电子查账，不断推进反腐倡廉工作的深入开展。建立健全领导干部廉政风险评价体系，加强领导干部内部监督和制约机制，通过制度建设保证领导干部管好权、用好权，防止权力的滥用。

要围绕税额核定、发票管理、税务稽查、行政处罚、减免缓退、所得税税前列支环节，加强监督制约。抓好对干部选拔任用工作中酝酿提名、竞争上岗以及人员录用、调配等重点环节的监督，进一步加强对预算编制和预算执行、经费使用审批、基建项目审批及工程管理、固定资产管理、政府采购等行政管理重点环节的监督。充分发挥廉政监察、执法监察、效能监察等行政监察职能，依托税收征管信息系统、税收执法检查信息系统，提高执法监察工作效率。

要不断加强和改进党内监督，切实保障党员批评、建议、检举等权利；要自觉接受各级党委、人大、政府、政协、纪委、公检法、审计等相关部门以及新闻媒体的监督，发挥特邀监察员和其他社会监督力量的作用；纪检监察、督察内审、人事等部门要各负其责、认真行使监督职能，建立统一协调、衔接顺畅、主动配合的监督工作机制，形成监督合力。

（五）以查办职务犯罪为重点，严肃查处违纪违法案件

以查办发生在领导机关和领导干部中以及“两权”运行关键环节、重点岗位的案件为重点，严肃查处贪污贿赂、腐化

堕落、滥用职权、失职渎职的案件，官商勾结、权钱交易的案件，干预招标投标获取非法利益的案件；严肃查处税务人员利用税收执法、行政审批索贿受贿、徇私舞弊、不征少征税款、越权减免缓征税款等案件，严重损害纳税人利益的不正之风案件；严肃查处违反政治纪律的案件，机构改革中违反组织人事纪律和廉政纪律的案件。

加强信访举报统计分析，掌握动态情况，及时提供决策参考。加强对信访举报中的案件线索的筛选、排查和管理，找准查办信访案件的着力点和突破口，有效发挥信访举报的案源主渠道作用。

要认真研究新形势下税务系统腐败现象滋生演变的特点和规律，完善符合税务系统实际的预防预警工作机制，拓宽预防预警信息共享渠道，建立税收执法和行政管理部门向纪检监察部门提供相关信息制度，加强预警信息分析和运用；依托税收信息化建设，改进预防预警的方式方法，提高预防预警工作效率。

深入贯彻国家税务总局“一案双查”的规定，对涉税重大案件，相关部门要建立联合工作机制，制定操作规程，既要外查纳税人偷骗税的问题，还要内查征管漏洞，追究相关税务人员的责任。发挥查办案件的治本功能，坚持“一案双报告”制度，剖析案发原因，研究案发规律，发挥查办案件的综合效应。综合运用纪律处分、组织处理、责任追究等手段，严肃处理一般性违规违纪问题。继续推进税检联席会制度，不断深化五项机制，增强办案合力。

（六）以优化纳税服务为核心，促进政风行风进一步好转

按照北京市地税系统工作会的整体要求，增强服务意识，初步建立多层次、全方位的纳税服务体系，使纳税人综合满意度、市纠风办行风评议进一步提高，纳税服务投诉率进一步下降。

坚决纠正损害纳税人利益的不正之风。查处和纠正在税收管理关键环节损害纳税人合法权益的现象，坚决治理向纳税人“乱摊派、拉赞助、推销商品”“吃、拿、卡、要、报”以及不作为、乱作为等不正之风。加强对税务中介行业的行政监管，严肃查处税务干部在税务师事务所兼职取酬、强迫纳税人接受税务代理收受好处等行为。继续清理和规范评比达标表彰庆典活动。深入排查化解由损害纳税人利益引发的矛盾纠纷，对在纠风工作中有令不行、有禁不止，甚至顶风违纪的，要严肃查处，绝不姑息。对造成恶劣社会影响、损害税务机关形象的，要坚决追究有关领导和责任人的责任。

建立健全畅通意见建议反馈机制。要始终把纳税人的呼声作为工作的第一信号，始终把纳税人的满意作为工作的第一标准和根本要求，畅通意见建议反馈渠道，收集和了解纳税人的服务需求，建立健全纳税人对税务机关的评议和监督机

制。充分发挥特约监察员的作用，组织开展明察暗访活动；积极参加地方组织的政风行风评议，规范税收执法，优化纳税服务，树立群众更加满意的税务部门形象。

（七）以领导干部为重点，深入推进反腐倡廉教育

要把反腐倡廉宣传教育纳入税收宣传教育总体部署，建立反腐倡廉教育联席会议制度，完善反腐倡廉宣传教育工作格局。进一步落实系统《反腐倡廉宣传教育工作实施办法》《教学大纲》。要构建反腐倡廉网络宣传教育体系，充分利用内、外网等信息载体抓好税务反腐倡廉网络文化建设。

要坚持以领导干部为重点，切实加强对党员干部的理想信念教育、廉洁从政、思想道德教育、党的纪律教育、党的优良传统和作风教育。贯彻落实中央《关于加强领导干部反腐倡廉教育的意见》。完善各级党组理论学习中心组学习制度，制定年度学习计划，定期组织反腐倡廉理论学习。各级党组主要负责人每年要讲一次廉政党课，纪检组长每年作一次反腐倡廉形势报告。

系统违法犯罪案件的爆发，说明我们这支队伍的一些人平时不注重学习，纪律观念松弛，自律意识淡薄，无视党纪国法，给个人、家庭、单位造成了不可挽回的损失。我们要引以为戒，在全局范围内开展一次以“慎用手中权力、依法履行职权”为主题的反腐倡廉教育活动，使广大干部树立正确的人生观、世界观，做到严于律己、廉洁从政，真正全心全意为纳税人服务。

要开展丰富多彩的廉政文化创建活动，推进廉政文化进机关、进基层、进家庭。研究制定北京地税系统加强廉政文化建设的实施意见，建立完善廉政文化建设的长效机制。实施“税务廉政文化精品工程”，打造税务廉政文化品牌。推动税务廉政文化内容形式和传播手段创新，突出廉政文化时代特征，展示和推广税务廉政文化成果，发挥税务廉政文化的作用，形成以廉为荣、以贪为耻的良好风尚。

（八）以提高干部素质为目标，全面加强纪检监察干部队伍自身建设

要进一步深化纪检监察体制改革，不断优化纪检监察干部队伍结构，配齐配强纪检监察干部，进一步加大纪检监察干部交流力度。联合人事部门制定纪检监察干部调入、任职、交流的有关规定，逐步实现纪检监察干部管理的规范化。继续探索纪检监察系统的再派驻工作，完善基层纪检组织，逐步配齐各区县局、分局纪检组副组长。

要把“做党的忠诚卫士，当群众的贴心人”主题实践活动与学习实践科学发展观活动紧密结合起来，更加自觉地把纪检监察工作纳入税收工作大局中去思考和处理，提高在党组统一领导下的组织协调能力，取得各方面的理解、配合和支持，做到科学安排、协调一致、齐抓共管。

要按照分级分类、突出重点开展纪检监察干部学习和培训，不断改善知识结构，拓宽工作视野，提高工作水平。

各级党组要加强对纪检监察工作的领导和支持。支持他们履行职责，帮助他们解决工作中的实际困难，为他们充分发挥作用创造条件，注重纪检监察干部的培养使用，对那些踏实工作、有所作为干部，要积极推荐提拔使用；对具有发展潜力的干部，要创造条件加大培养力度，激发广大纪检监察干部的积极性、主动性和创造性。

今年的反腐倡廉建设任务光荣而艰巨，让我们按照市委、市政府和国家税务总局的部署和要求，在市局党组的坚强领导下，以更加坚决的态度、更加有力的措施、更加扎实的工作，进一步推进反腐倡廉建设，为优化地税发展环境、推动北京地税科学发展作出新的贡献。

税收政策

计 会 统 计

【综述】 2009年，收入规划核算处按照北京市地税局党组2009年关于“加强领导干部作风建设，优化地税发展环境，确保税收增长”的整体工作要求，以及2009年本处工作整体安排，进一步健全和完善组织收入工作机制，以信息化建设为支撑，全力提升经济税收分析水平，为领导决策提供更好的支持服务，促进收入规划核算各项工作管理水平的提高和整体工作的全面协调发展，较好地完成了2009年各项工作任务。2009年，北京市地方税务局完成各项税费收入1771.9亿元，同比增收193.9亿元，增长12.3%；完成地方一般预算收入1394.7亿元，同比增收187.9亿元，增长15.6%；完成国家税务总局口径税收收入1591.7亿元，同比增收157亿元，增长10.9%，占全国地税税收的比重为7.7%，居全国第五位；占增收额的比重为6.7%，居全国第三位，较2008年提前了两位。

（白晓凤）

【加强部门协调】 一是确定工作目标，制定工作方案。加强收入任务目标的细化分解，增强全系统在高基数上实现税收收入平稳较快增长的责任感，进一步完善“一把手”负总责，市、区、所三级收入任务目标责任制，形成任务明确，责任明确、领导到位、保障到位的收入任务管理格局。二是全面加强税源管理，深入挖掘税源潜力。一方面每月分别组织召开区县局（分）局组织收入工作汇报会全面及时掌握了区域税源情况；另一方面主管领导带领相关处室走访15个区县局，与93个税务所进行了座谈，了解大量的基层一线的组织收入措施和存在的问题，进一步掌握了税基。同时召开组织收入工作经验交流会暨落实“两个减负”工作布置会，贯彻北京市委书记刘淇对地税工作的重要批示和北京市地税局党组精神。三是举行收入分析联席会。6月初，北京市财政、国税、地税、工商四部门召开确保财政收入增长10%的会议，北京市地税局组织收入组成员处室积极行动，每月举行工作例会，共同分析收入形势，共同研究组织收入措施。在税源管理、税收政策执行、税务检查和纳税评估等方面采取了更为有力的措施，促进税收增长。据统计，组织收入组共举行收入分析联席会10次，工作讨论会10次，从税收、税源、税政、税务等角度制定了多项组织收入措施，并已下发区县局、分局执行。

（白晓凤）

【加强制度建设】 一是建立健全相关制度。针对2009年组织收入工作面临的新形势和新特点，总结了历年组织收入工作经验，听取北京市地税局业务处室和区县局、分局的建议，下发《关于当前加强综合税收分析和强化组织收入措施的意见》和《关于采取更为有力措施，确保2009年财政收入增长10%的通知》，作为全年组织收入工作的重要文件，对全系统的组织收入工作起到很好的指导作用。二是健全完善综合收入分析体系。不断完善系统内部的“横到边、纵到底”的沟通协调机制，定期向北京市地税局党组汇报收入完成情况，为领导决策提供全面、准确、及时的组织收入进度、税收执行、征管措施等情况。建立内部、外部联系制度，加强各部门的沟通与协作，形成底数清、数据准、情况明、措施强的组织收入联动机制。

（白晓凤）

【加强收入分析】 一是充分发挥各个部门的业务优势，着力开展税收、税源、税政、税务分析。一方面着力开展税收、税源、税政、税务分析，从各自工作职责的角度，及时全面地反映全局税收收入完成情况和组织收入工作情况；另一方面及时反映组织收入过程中发现的问题，为提高征管质量提出建议和措施，加强内部沟通配合，构建以组织收入为核心的全方位、多角度的综合分析体系。二是转变分析思路，提高分析水平。按旬在内网发布税收动态数据。及时与各区县局、分局、市局各处室沟通情况，认真分析影响税收发展的各项因素，及时向北京市委、市政府、市人大财经委、北京市地税局领导汇报，向有关部门通报收入进展情况及经济动态趋势。截至12月底，共报出各类分析报告260余篇。

（白晓凤）

【加强党风廉政建设】 结合开展“做国家利益的忠诚卫士”主题教育周活动，加强党风廉政建设，增强反腐倡廉意识。一是在活动中全处同志通过认真学习、查摆问题、分析原因、落实整改等环节，树立“国家利益高于一切”的公仆意识，慎用手中权力，依法履行职责，自觉抵制各种诱惑，做一名过的硬的国家利益忠诚卫士。二是按照北京市地税局廉政风险防范管理工作的有关规定，全面梳理业务流程，查找廉政风险点，建立健全规章制度，稳步推进廉政风险防范工作开展。结合各岗位工作特点，多角度查找制度风险、业务流程风险、外部环境风险，完成了制定方案阶段 、贯彻执行阶段、 检查考核阶段、调整修正阶段各阶段工作，共计查找风险点33个。其中，思想道德风险8个；岗位职责风险14个；业务流程风险

1个，制度机制风险1个；外部环境风险9个。制定防控措施32条；完善业务流程1项；编制业务流程图2份，有效地提高了党员干部的拒腐防变能力。

（白晓凤）

【做好重点税源管理工作】按照国家税务总局2009年度重点税源监控工作要求，一是向各区县局、分局下达2009年重点税源监控报表填报要求和全年微观税收分析工作安排，完成市级重点税源的认定、任务发布、数据催报和审核等工作，按时向国家税务总局报送1—3月重点税源监控报表。2009年共确定市级重点税源企业1456户，比2008年增加45户，同比增长3.2%。二是完成国家税务总局布置的2008年度中国纳税排行榜统计评选工作的数据填报、整理、审核和上报任务，共上报核实纳税500强企业76户，集团企业36户，百强县2户。三是做好2008年重点税源年报的编报和审核工作，参与国家税务总局规划核算司宏观处2008年度重点税源发展报告的撰写工作。四是组织各区县局、分局开展上半年微观税收分析工作，并进行了优秀分析报告的评选。五是重点税源报送监控户数、比重、上报时间、数据质量、数据应用分析、税源预警分析等方面的工作均得到了国家税务总局的通报表扬《国家税务总局关于2009年一季度重点税源监控情况的通报》（国税函〔2009〕318号）。

（白晓凤）

【夯实基础工作】一是按照国家税务总局会统报表制度及审核要求，及时调整会统报表系统的取数、平衡及审核程序，以保证会统报表及时满足并反映税种业务的新变化。2009年，区县编报的税收会计、统计报表26种，其中，会计报表12种，统计报表14种。税收票证报表2种。北京市地税局编报的2009年总局会计、统计月报表共29种（年报表共30种），其中，会计报表12种，统计月报表15种。编报的2009年税收票证年报表2种。共建立平衡审核公式1.3万多条。完成报送统计局的新中国成立60周年北京市历年私营个体税收资料编报工作。二是按照北京市地税局信息化“深入开展平台整合、资源整合、应用整合和数据整合，提高共享程度”的要求，将收入规划核算部门报表用户进行了疏理，进一步理顺各处室与收入规划核算处报表用户权限，加强权限管理，更好地做好报表数据服务。三是做好核心征管系统收入规划核算基础数据项目维护，进一步促进财税库行横向联网的完善和发展。一方面加强入库数据与国库对账审核，提高区县对账效率，准确反映实际组织收入成果，为提高区县对账效率；另一方面以会计统计报表为突破，发现、核实并解决数据差异，不断改进、提高系统数据质量。收入规划核算处2008年报送国家税务总局的税收快报、旬报、收入分析报告档案、税收预测、会统月报、会统年报、年报会审、重点税源报表8项工作不仅在税收数据质量、数据质量管理机制、数据逻辑审核方面，还是在各类会计统计报表和信息资料数据完整、准确、统一和按时报送方面均做到优质快报。在国家税务总局税收会计统计报表和信息资料编报质量综合考核成绩为优秀，得到国家税务总局的通报表扬（国税函〔2009〕12号）。

（白晓凤）

【强化制度建设】一方面强化会计监督，制定税务代保管资金账户管理办法，规范和加强全系统税务代保管资金管理。对6个区县局清理出的以前年度收取的纳税保证金和发票保证金余额114万元，涉及551户纳税人，及时纳入账户核算管理；另一方面加强缴库监督，通过预算科目调整落实车船税入库新政策，从源头堵塞税款征收漏洞。同时，修改完善代扣代收税款凭证和车船税完税证等相关管理制度。

（白晓凤）

【税收票证及税款缴库工作检查】按照年初工作安排，2009年第三季度，北京市地税局成立税收票证检查组分别对海淀区、密云县、通州区地方税务局以及开发区分局税收票证管理及税款缴库情况进行抽查。检查组成员由市局、区县局税收票证管理员组成，抽查面涉及4个局机关、11个税务所和24代征代售单位。从抽查结果看，各级税收票证使用单位对税收票证管理工作高度重视，有专人负责，有专用的库房及安全设施，各种税收重控票证的保管和存放均符合票证管理的要求；已填开的票证存根联、报查联等能够按规定的要求装订并妥善保管，能够做到账实相符，登账及时，没有发现重控票证丢失的情况。能够按照报表制度的要求，按时编报、及时归档和本地硬盘备份；能够按照会计制度及时开具跨区更正、预算更正；抽查中未发现混库、错入库级次问题；税款退库手续齐全，台账清晰，总体抽查情况良好。

（白晓凤）

营业税、资源税、城市维护建设税、教育费附加、文化事业建设费管理

【综述】2009年北京市共组织营业税收入749.9亿元，完成年度计划任务101.3%，同比增收98.13亿元，增长15.1%。一是加强党建工作，落实“五个

着力”，不断加强党风廉政建设，努力提高干部队伍综合素质；配合“加强领导干部作风建设，推进优化地税发展环境，确保税收增长年”活动的深入和开展“做国家利益的忠诚卫士”主题教育周活动，梳理业务流程，深入剖析管理漏洞，查找税收执法廉政风险点，努力完善税收制度建设。二是面对全球性的金融危机和北京市经济发展形势，坚持认真落实营业税新修订的条例细则、帮扶企业共度金融危机、促组织收入、保增长为指导，为服务首都社会经济发展大局起到应有的作用。三是配合税改，完善机制，加强税收政策研究。结合北京多年来税收政策执行情况，配合总局多次开展政策研究、培训教材编写；探索并建立政策跟踪反馈机制；清理1994—2008年近500个文件，确定娱乐业适用税率、明确电影事业发展专项资金缴纳营业税问题、监控“二手房”优惠政策落实情况，全年对销售购买2年以上的普通住房免征营业税41.05亿元；先后办理财政部、国家税务总局等上级来文73件次，并荣获2009年度全国营业税工作先进单位和先进个人的荣誉称号。四是积极开展税收专项调研工作，先后开展货运代理业营业税问题的调研、试点物流企业营业税纳税情况的调研，进一步完善分析方法和内容调研；同时圆满完成2009年全国税收调查工作，荣获2008年全国税收调查工作地税系统先进单位称号。五是面对前所未有的组织收入压力，全力以赴抓收入。先后采取计划收入任务分解、查找政策增减因素，完善政策反馈机制，加强收入分析，在全年减免营业税51.43亿元的同时，完成超过年度计划增长13.6%目标1.47个百分点的营业税收入任务，为首都经济建设提供了财力保障。六是发挥税政效能，为促进首都经济社会和谐发展提供政策支持。完成国庆60周年阅兵服务保障指挥部涉税问题、新农村建设折子工程、团中央中青印刷厂享受污染扰民企业外迁相关优惠政策问题、新国展项目流转税费减免问题和中国兽医药品检察所为兽医行业提供的涉农产品给予免税或享受低税优惠待遇等市政府折子工程和市领导批办事项。七是发挥税政效能，落实营业税新修订的条例细则。编辑印制宣传材料20万册，开展每周200名税务干部新政策专项培训，组织20余次2000余人纳税人培训，为北京市属委办局等单位提供政策反馈95件次，为北京市地税局相关处室提供500余件政策反馈意见，解答12366热点政策咨询91件，人大政协房地产、后奥运产业、养老、大学生就业等提案建议17件。八是加强征管，提升税政管理水平。通过加强货运发票管理、完善货运税收征管办法、完善纳税申报、税收调查网上直报业务需求编写，列入市级2010年信息化建设项目，还按照国家税务总局关于不动产、建筑业营业税项目管理信息化建设的工作要求，完成业务需求编写并着手申报市级2010年信息化建设项目筹备工作。另外，还完成“安置残疾人就业减免税模块”业务需求、软件开发和测试运行工作。

（赵为真）

【开展货运代理业营业税情况调研】针对货运代理业日常营业税税收征管中，多级货运代理业务的营业税税负在政策执行中难以解释、营业税新条例颁布实施后货运代理业与运输业分运业务的界限划分等问题，北京市地税局组织开展此项工作的调研。调研中通过到基层座谈听取反馈意见和走访纳税户了解实际业务情况，就所涉及的收入确认问题、以票控税形势较为严峻问题、多级代理业务税负问题、新旧政策衔接问题等进行梳理分析，提出以下解决问题的具体建议：（1）加强政策宣传与辅导，进一步规范纳税行为；（2）积极推进营业税纳税人纳税申报制度，努力实现“以票控税、网络比对、税源监控、综合管理”的十六字治税方针；（3）实践科学发展，进一步推进依法治税，公平税负，营造良好税收环境；（4）针对货运自开票和非货运自开票纳税人新旧政策衔接问题，请示国家税务总局拟对货运自开票纳税人按营业税“交通运输业——分运业务”税目征税；对非货运自开票纳税人按营业税“服务业——代理业”税目征税。

（赵为真）

【开展试点物流企业营业税情况调研】2009年国务院常务会议审议并原则通过物流业调整和振兴规划，物流业成为国家十大产业振兴规划之一，是十大产业振兴规划中唯一一个服务领域的产业规划。物流业是融合运输、仓储、货运代理和信息等行业的复合型服务产业，涉及领域广，吸纳就业人数多，促进生产、拉动消费作用大。通过对北京市物流业整体情况和现行试点物流企业税收政策及执行情况的调研，发现试点物流企业目前存在的问题：（1）物流行业集约化与税收政策精细化的矛盾；（2）可享受税收优惠企业的界定不够明确；（3）差额纳税未覆盖物流全部环节，物流业税负偏重。针对调研反映出的问题，建议：（1）研究使用全国统一的物流业专用发票；（2）明确“纳入试点名单的物流企业及所属企业”，大力普及税收优惠政策；（3）加强对物流企业的经营支持和税收管理的指导；（4）相关部门通力合作，联手推动物流业发展。

（赵为真）

【开展进一步完善营业税分析方法和内容的调研】税收收入分析是税收管理的重要环节。税政管理部门通过合理、科学的分析方法，对发展趋势进行预测，及时发现征管中的薄弱环节和存在的问题，完善征管，提高征管质量和效率，推进营业税科学化、精细化管理进程，发挥着极其重要的作用。营业税是地方税收中的第一大税种，涉及第二产业中的建筑业和第三产业中的大部分，做好营业税分析工作是十分必要的。2009年，营业税管理处通过税收分析在税收征管中的作用、分析方法和分析内容、分析指标与营业税关系等方面的研究探讨，对分析工作中存在的内容空洞、计算机利用水平不高、分析方法缺乏创新、分析方法单一等问题，提出拓宽营业税分析思路，从加强营业税月份、累计收入分析入手，进一步完善分析方法，丰富分析内容，提高营业税分析水平的建议，使营业税收入分析不拘于定式，充分体现宏观与微观分析相结合，有理、有据，分析透彻，加大分析工作的创新力度，从而不断提升营业税分析人员的综合素质和分析水平。

（赵为真）

【税收调查工作】 按照《财政部、国家税务总局关于做好2009年全国税收调查工作的通知》（财税〔2009〕53号）和财政部、国家税务总局2009年3月在浙江省杭州市联合召开的全国税收调查工作会议精神，结合北京实际情况，下发《北京市地方税务局关于做好2009年北京市税收调查工作的通知》(京地税营〔2009〕145号)，于4月在全市范围内开展2009年税收调查工作，经过各级地税部门的共同努力和被调查企业的积极配合，2009年7月完成10742户企业调查数据的采集、汇总、审核工作，并顺利通过财政部、国家税务总局在甘肃省兰州市召开的全国调查数据的汇审，10月底前将工作总结和数据分析报告以《北京市地方税务局关于2009年税收调查工作的总结报告》（京地税营〔2009〕273号）形式上报财政部、国家税务总局，荣获2008年全国税收调查工作地税系统先进单位称号。

（邢志红）

【2009年度货物运输业营业税自开票纳税人年审工作】 按照《国家税务总局关于加强货物运输业税收征收管理的通知》（国税发〔2003〕121号）、《北京市地方税务局关于印发北京市地方税务局公路、内河货物运输业税收管理操作规程的通知》（京地税营〔2006〕41号）等文件规定，各级地税机关于2009年11月1日—12月31日期间，开展2009年度货运业自开票纳税人年审工作。截至2009年12月31日，除当年新认定的自开票纳税人260户外，应参加年审1861户，实际参加年审为1849户，占应参加户数的99.4%。年审结果：合格1490户，合格率80.6%；进入整改241户；通过货运业日常征管审验工作发现并取消资格为123户（包括未参加年审的5户），还有7户未参加年审，准备取消其自开票纳税人资格。

（邢志红）

【明确非居民企业船舶航空运输收入计算征税问题】 1月，国家税务总局发出《国家税务总局关于非居民企业船舶、航空运输收入计算征收企业所得税有关问题的通知》（国税函〔2009〕952号），明确对非居民企业在中国从事船舶、航空运输取得国际运输收入计算征收企业所得税问题：非居民企业在中国境内从事船舶、航空等国际运输业务的，以其在中国境内起运客货收入总额的5%为应纳税所得额。纳税人的应纳税额，按照每次从中国境内起运旅客、货物出境取得的收入总额，依照1.25%的计征率计算征收企业所得税。调整后的综合计征率为4.25%，其中营业税为3%，企业所得税为1.25%。同时，北京市地税局发出《北京市地方税务局转发国家税务总局关于非居民企业船舶、航空运输收入计算征收企业所得税有关问题的通知》（京地税营〔2009〕35号），补充明确：非居民企业在中国境内从事船舶、航空等国际运输收入业务的，从中国境内取得的所得按照两国协定规定在中国不予征税的，应按照协定规定办理。

（邢志红）

【公布废止营业税规范性文件目录】新修订的《中华人民共和国营业税暂行条例》（中华人民共和国国务院令第540号）和《中华人民共和国营业税暂行条例实施细则》（中华人民共和国财政部　国家税务总局令第52号）已经公布，并于2009年1月1日起施行。为保证条例细则的顺利实施，国家税务总局对现行营业税规范性文件进行了清理，2009年3月发出《国家税务总局关于公布废止的营业税规范性文件目录的通知》（国税发〔2009〕29号），明确：自2009年1月1日起，对《国家税务总局关于金融企业往来业务计税依据问题的通知》（国税发〔1994〕087号）等34个文件全文废止；对《海洋石油税务管理局关于地方劳务公司为外国石油公司提供劳务服务税收征收管理问题的批复》（国税油函〔1994〕008号）第一条等19个文件废止部分条款；同年7月，北京市地方税务局发出《转发国家税务总局关于公布废止营业税规范性文件目录的通知》（京地税营〔2009〕204号），将近期市局相关文件的清理结果公布明确：（1）自2009年1月1日起，《转发国家税务总局关于商品检验鉴定收费是否征收营业税问题的复函的通知》（京地税营〔1995〕395号）等14个文件全文废止；（2）《转发国家税务总局关于香港公司包机运输税收问题的通知》（京地税营〔1995〕389号）第一、二条等7个文件部分条款废止。

（邢志红）

【明确政府收回土地使用权及拆迁补偿费有关营业税问题】9月，国家税务总局发出《国家税务总局关于政府收回土地使用权及纳税人代垫拆迁补偿费有关营业税问题的通知》（国税函〔2009〕520号），明确了政府收回土地使用权的正式文件如何掌握以及纳税人进行拆除建筑物、平整土地并代垫拆迁补偿费的行为如何征收营业税问题。同年10月，北京市地方税务局发出《转发国家税务总局关于政府收回土地使用权及纳税人代垫拆迁补偿费有关营业税问题的通知》（京地税营〔2009〕271号），并补充明确：（1）纳税人受托进行建筑物拆除、平整土地并代委托方向原土地使用权人支付拆迁补偿费的过程中，如其实际并未提供建筑物拆除、平整土地劳务，而将建筑物拆除、平整土地劳务转由其他单位或个人完成的，则对其按照“服务业”税目中“代理业”子目计算缴纳营业税；（2）纳税人受托进行建筑物拆除、平整土地并代委托方向原土地使用权人支付拆迁补偿费的过程中，如纳税人提供了建筑物拆除、平整土地劳务，则应分别正确核算收入；未分别正确核算或核算不清的，应一律按照“服务业”税目中“代理业”子目计算缴纳营业税；（3）纳税人非受托进行建筑物拆除、平整土地并向原土地使用权人支付拆迁补偿费的，应以其取得的全部收入按照“服务业”税目中“其他服务业”子目计算缴纳营业税。

（邢志红）

【公布废止税收征管营业税规范性文件目录】依据2009年1月1日起施行的《中华人民共和国营业税暂行条例》《中华人民共和国营业税暂行条例实施细则》，北京市地税局对营业税规范性文件进行了清理，并发出《北京市地方税务局关于公布废止营业税规范性文件目录的通知》（京地税营〔2009〕219号）明确：自2009年1月1日起，《北京市地方税务局转发国家税务总局涉外税务管理司关于下发〈外国企业常驻代表机构税收征管情况汇报会纪要〉的通知》（京地税营〔1996〕357号）等8个文件停止执行。

（邢志红）

【明确代理高速公路通行费预收业务税收问题】为积极配合大力推广北京市高速公路不停车电子收费业务，市局于2009年12月发出《关于代理高速公路通行费预收业务有关税收问题的通知》（京地税营〔2009〕320号），对受托代办高速公路通行费预收业务的有关营业税及发票使用问题进行明确：对受托代办高速公路通行费预收业务，并与委托方结算“代收通行费”的纳税人，以其实际取得的手续费收入按照“服务业—代理业”税目征收营业税；并在收取上述预收费用时，可在主管税务机关购领并使用《北京市服务业、娱乐业、文化体育业专用发票》。

（邢志红）

【明确个人住房转让营业税政策】为贯彻落实《国务院办公厅关于促进房地产市场健康发展的若干意见》（国办发〔2008〕131号），鼓励普通商品住房消费，促进房地产市场健康发展，2008年底财政部、国家税务总局发出《关于个人住房转让营业税政策的通知》（财税〔2008〕174号），对个人住房转让的营业税政策进行明确：自2009年1月1日—12月31日，个人将购买不足2年的非普通住房对外销售的，全额征收营业税；个人将购买超过2年（含2年）的非普通住房或者不足2年的普通住房对外销售的，按照其销售收入减去购买房屋的价款后的差额征收营业税；个人将购买超过2年（含2年）的普通住房对外销售的，免征营业税。

同时明确了普通住房和非普通住房标准、办理免税具体程序、购买房屋时间、开具发票、差额征税扣除凭证、非购买形式取得住房行为及其他相关税收管理规定。同时废止《财政部、国家税务总局关于调整房地产营业税有关政策的通知》（财税〔2006〕75号）。2009年1月，北京市财政局和北京市地方税务局以京财税〔2009〕44号文件补充规定：（1）本市普通住房和非普通住房标准、办理免税的具体程序、购买房屋的时间、开具发票、差额扣除凭证、非购买形式取得住房行为及其他相关税收规定，按照《北京市地方税务局、北京市财政局、北京市建设委员会转发国家税务总局、财政部、建设部关于加强房地产税收管理的通知》（京地税营〔2005〕279号）、《北京市地方税务局转发国家税务总局关于房地产税收政策执行中的几个具体问题的通知》（京地税营〔2005〕582号）、《北京市地方税务局、北京市财政局、北京市建设委员会关于个人销售已购住房有关税收征管问题的补充通知》（京地税营〔2005〕345号）、《北京市地方税务局关于个人销售已购住房有关税收问题的通知》（京地税营〔2008〕164号）、《北京市建设委员会关于公布北京市享受优惠政策住房平均交易价格的通知》（京建办〔2008〕732号）的有关规定执行。（2）自2009年1月1日，《北京市财政局、北京市地方税务局转发财政部、国家税务总局关于调整房地产营业税有关政策的通知》（京财税〔2006〕1484号）废止。

（邢志红）

【公布废止和失效的营业税规范性文件】 根据新修订的《中华人民共和国营业税暂行条例》（国务院令第540号）和《中华人民共和国营业税暂行条例实施细则》（财政部、国家税务总局令第52号），财政部和国家税务总局对1994年以来联合发布的营业税规范性文件进行清理，2009年5月发出《关于公布若干废止和失效的营业税规范性文件的通知》（财税〔2009〕61号），公布了财政部、国家税务总局关于对中国人民保险公司办理的出口信用保险业务不征营业税的通知（财税字〔1994〕015号）等18个全文废止或失效的文件目录，以及财政部、国家税务总局关于增值税、营业税若干政策规定的通知（财税字〔1994〕026号）第四条第二项、第十一条等12个部分废止或失效的文件目录。10月份，北京市财政局和北京市国家税务局发出《北京市财政局、北京市国家税务局 北京市地方税务局转发财政部、国家税务总局关于公布若干废止和失效的营业税规范性文件的通知》（京财税〔2009〕1253号），补充明确：（1）自2009年1月1日起，北京市财政局、北京市地方税务局转发财政部、国家税务总局关于对机动车驾驶员培训业务征收营业税问题的通知（京财税〔1995〕2282号）等16个全文废止文件目录。（2）北京市财政局、北京市地方税务局转发财政部、国家税务总局关于金融业征收营业税有关问题的通知（京财税〔1995〕2281号）第二条等13个部分废止文件目录。（3）本市娱乐业经营项目营业税税率仍暂按原规定执行。（4）对营利性医疗机构自2009年1月1日起取得的医疗服务收入已缴纳的营业税予以退税。

（邢志红）

【明确个人金融商品买卖等营业税若干免税政策】 9月，财政部和国家税务总局发出《财政部、国家税务总局关于个人金融商品买卖等营业税若干免税政策的通知》（财税〔2009〕111号），对个人从事外汇、有价证券、非货物期货和其他金融商品买卖业务取得的收入等有关营业税优惠政策进行了明确，同时废止《国家税务局关于经援项目税收问题的函》（国税函发〔1990〕884号）有关营业税部分等13个文件。11月份，北京市财政局和北京市地方税务局发出《转发财政部、国家税务总局关于个人金融商品买卖等营业税若干免税政策的通知》（京财税〔2009〕2515号），补充规定：（1）税务机关为个人无偿赠与不动产、土地使用权行为办理涉税事宜时，应以核定的营业额为其开具发票，对于各项税费的征收按现行政策规定执行。（2）北京市财政局、北京市地方税务局关于转发财政部、国家税务总局财税字〔1997〕5号、财税字〔1997〕117号文件的通知（京财税〔1999〕45号）等11个文件自2009年1月1日起，全文废止。

（邢志红）

【明确中小企业信用担保机构免征营业税有关问题】 为更好地应对国际金融危机，支持和引导中小企业信用担保机构为中小企业特别是小企业提供贷款担保和融资服务，努力缓解中小企业贷款难融资难问题，2009年3月，工业和信息化部、国家税务总局发出《工业和信息化部、国家税务总局关于中小企业信用担保机构免征营业税有关问题的通知》（工信部联企业〔2009〕114号），明确了信用担保机构免税条件、免税程序、免税政策期限等继续做好中小企业信用担保机构免征营业税工作的有关问题。5月，北京市发展和改革委员会、北京市地方税务局发出《转发工业和信息化部、国家税务总局关于中小企业信用担保机构免征营业税有关问题通知文件的通知》（京发改〔2009〕1100号），补充规定：各区县地方税务局应在收到工业和信息化部和国家税务总局下发的免税名单后，依据《北京市地方税务局关于印发〈北京市地方税务局税收减免管理实施办法（试行）〉的通知》（京地税征〔2006〕287号）对名单之列的中小企业信用担保机构审核批准并办理免税手续。并明确了市发展改革委中小企业处和市地税局营业税处的联系人及电话。

（邢志红）

【城市维护建设税综述】 2009北京市共组织入库城市维护建设税755711万元，同比增加116241万元，增长18.18%。一是继续做好城市维护建设税统计报表的汇总分析工作；二是加强城市维护建设税税源监控，做好税收政策的贯彻落实工作；三是配合财政部和国家税务总局开展税制改革工作，进行城市维护建设税有关情况调研，提供改革测算方案和相关测算数据；四是利用国家税务总局“增值税、消费税”回放数据信息，协调完成城市维护建设税的比对评估工作。

（邢志红）

【开展城市维护建设税教育费附加有关情况的调研】 上半年，按照财政部和国家税务总局开展城市维护建设税、教育费附加和印花税联动改革工作部署，北京市地税局营业税管理处、地方税处和北京市财政局税政处，对北京市范围内城城市维护建设税、教育费附加和印花税的税费负担等情况开展了一系列调研；并先后向国家税务总局上报《北京市财政局、北京市地方税务局关于城市维护建设税、教育费附加有关调研情况的报告》《北京市关于城建税改革测算方案及相关表格的意见》、试点测算数据和有关情况说明以及《北京市关于开展城建税印花税调研的报告》。反映北京地区办事处内纳税单位适用税率、城建税纳税义务人所在地的判定标准、取消教育事业费附加的后续征管以及城建税税率设置偏低等问题，并提出统一内外资税制、简并城建税税率、城建税实行幅度税率等改革建议，为财政部和国家税务总局开展改革提供基础论证资料。

（邢志红）

【教育费附加综述】 2009年教育费附加共组织入库353625万元，同比增加59863万元，同比增长20.38%。一是继续做好教育费附加统计报表的汇总工作；二是加强教育费附加税源监控，做好税收收入分析和预测；三是配合财政部和国家税务总局开展税制改革工作，进行教育费附加有关情况调研，提供测算数据；四是利用国家税务总局“增值税、消费税”回放数据信息，协调完成教育费附加的比对评估工作。

（邢志红）

【文化事业建设费综述】 2009年度，北京市文化事业建设费共入库149364万元，同比减收6927万元，下降4.43%，完成年度计划任务175000万元的85.4%。其中中央级入库70764万元，占全市文化事业建设费入库额的47.38%，比去年同期的76315万元同比减收5551万元，下降7.3%，地方级入库78600万元，占全市文化事业建设费入库额的52.62%，同比减收1376万元，下降1.72%。减收的主要原因是受全球金融危机影响，企业减少对广告资金的投入，使大部分媒体的广告收入减少。

（邢志红）

【资源税综述】 2009年北京市共征收资源税4171万元，同比增收547万元，增长15.09%。北京市地域面积较小，矿产资源贫乏。资源税在北京市收入数额不大，主要集中在煤炭、铁矿石、石灰石，兼有极少量的大理石、白云石、红砂岩等矿产品。铁矿石2009年入库资源税2629万元，占全市资源税收入的63.03%，同比减收350万元，下降11.75%；石灰石入库资源税918万元，占全市资源税的22.01%，同比增收543万元，增长144.8%；煤炭入库资源税323万元，占全市资源税的7.74%，同比增收54万元，增长20.07%。从区县收入分布情况看，北京市资源税主要分布在密云县、昌平区和房山区，三个区县分别组织入库2626万元、755万元和410万元，分别占全市资源税收入的62.96%、18.1%和9.83%，合计占全市资源税收入的90.89%。

（邢志红）

企业所得税管理

【综述】2009年，北京市地税系统组织企业所得税收入142.24亿元，完成年度计划的94.8%，同比减少188141万元，下降11.7%。其中，国有企业所得税完成12.3亿元，同比下降4%；集体企业所得税完成3.73亿元，同比下降34%；股份合作企业2.81亿元，同比下降7%；股份公司企业所得税完成97.7亿元，同比下降15%；私营企业所得税完成22.5亿元，同比增长2%；其他企业所得税完成3.08亿元，同比增加17%。开展的主要工作：（1）突出实际效果，狠抓政策落实。针对新税法实施后有关新政策、新文件数量多的情况，企业所得税管理处及时建立政策落实机制。一是基本建立政策文件转发工作流程。接到财政部、国家税务总局有关政策文件后，经与北京市财政、国税等部门联系，结合北京实际，共同协商及时研提转发意见，下达基层执行。比如2009年度重点落实的房地产企业、高新技术企业、小型微利企业、核定征收等政策落实，效果都比较好，对组织收入起了积极的作用。二是完善政策法规条文库制度，确保纳税人及时知晓政策法规。按照税收要素，将现有政策逐条分类汇总，并动态进行维护，在转发总局文件同时，将有关政策加入文件库；同时建立政策法规条文库维护工作制度，明确工作流程、责任人、工作时限等。三是健全跟踪问效机制，制订回复问题机制，及时解决政策贯彻落实中的问题。2009年，企业所得税管理处全年共收集政策、征管、系统操作等方面的问题35个，有30个征管操作方面的问题及时得到解决，并向总局反馈政策性问题约5个。

（2）围绕组织收入，强化税源管理。企业所得税管理处围绕组织收入，夯实数据基础、完善管理制度，强化税源管理。一是核定税源户，夯实数据基础。以征管范围调整为契机，与国税局共同开展对税源户重新核定工作，摸清税源底数，夯实数据基础，做到管住户、管好数，避免漏户、漏税。二是围绕政策的贯彻落实，加强重点行业和税源户管理。与市国税共同研究制定北京市房地产企业所得税管理办法，加强对房地产行业管理；把好资格认证、优惠政策备案各个环节，加强对高新技术企业税收政策管理；研究探讨国家自主创新示范区的创新创业税收政策建议，将国家给北京市国家自主创新示范区的优惠政策用实用足；做好新增户税的税款征收、非居民企业所得税源泉扣缴、清算企业所得税政策来扩大税源、增加收入。三是完善管理制度和系统建设。科学制定企业所得税减免税由审批向报备转化的工作制度，加强取消审批后续管理；制定并下发《北京市企业所得税减免税管理暂行规定》，为企业享受减免税提供流程规范；及时完善开发企业所得税季度、年度申报系统，使企业所得税网上申报率不断提高。（3）加强宣传培训，提高政策服务水平。宣传辅导和培训是贯彻好新法的基础工作，企业所得税管理处狠抓政策宣传辅导培训，提高政策服务水平。一是按照宣传材料统一、政策执行尺度统一、解释口径统一的原则，有效开展对外政策宣传和辅导。与市国税局共同研究转发有关政策文件并明确征管措施、印制宣传材料、利用税收宣传月，向纳税人进行内容丰富、形式多样、实效性强的政策宣传；召开纳税人座谈会，进行政策辅导，及时解决新法贯彻落实中的问题；深入企业主管部门和总公司进行政策讲座，与企业财务人员互动，有针对性解决企业政策落实中的困难等。二是按照分层次、分重点、分阶段的原则，对系统干部进行培训。举办涉及面广、重点突出的干部培训，实现了政策培训的广泛性。2009年，直接参训的基层干部达200人次，视频间接培训干部近2000人次；编写《北京市地方税务局强化政策落实、保障组织收入政策指引》，有效指导基层税务干部落实好政策。通过分层次、有重点的培训、政策指导，在地税系统逐步建立起高层次专家队伍、中层管理干部和基层业务骨干三级人才库，通过不同层次人才的辐射，带动全系统企业所得税干部总体业务水平的提高。（4）发挥引导作用，服务首都经济和社会发展。有效落实各项企业所得税优惠政策，发挥税政政策在服务首都经济和社会发展中的引导作用。一是做好高新技术企业优惠政策落实工作。截至2009年10月底，北京市共通过高新技术企业认证3511户，其中北京市地方税务局管户为870户，减免高新技术企业所得税4.4亿元。二是配合市财政部门，共同研究提出7条支持中关村示范区鼓励自主创新、新兴产业发展税收政策建议，得到市领导肯定，部分建议得到财政部、国家税务总局采纳。三是落实好节能减排政策。2009年有4户企业享受政策，减免税额26万元。四是落实好文化创意产业政策。积极配合市委宣传部做好经营性文化单位转制为企业的认定工作，为北京歌华有线电视网络股份有限公司等5户企业减免企业所得税近6000万元；会同市文化局、财政局、国税局研究落实《动漫企业认定管理办法（试行）》，研究制定《北京市动漫企业认定管理工作实施方案》，初审同意北京卡酷全卡通动漫文化有限公司等39家企业认定为本市第一批动漫企业；积极参与研究《北京市关于支持文化产品和服务出口的实施办法》《北京市关于支持中国动漫游戏城发展的实施办法》等多项文件的制定和完善，汇总《关于支持动漫、游戏产业发展的税收政策》《关于支持体育业发展的企业所得税优惠政策》。五是落实好涉农税收政策。规范涉农项目企业所得税减免税的类别、流程和需提交材料，方便了纳税人；对北京市农村工作委员会草拟的相关政策规定研提意见，发挥好税收的引导支持作用。（5）积极做好“帮扶企业”和“优化政策环境”牵头工作。企业所得税管理处作为帮扶企业和优化税收政策环境牵头单位，积极做好各方面工作。一是牵头做好组织协调工作。在以局长王晓明担任组长的帮扶企业应对金融危机工作领导小组领导下，组织协调相关处室，推动帮扶工作的全面开展。二是多次参加市政府帮扶办政策协调会，汇报有关情况，协调有关事宜，提供政策服务。三是牵头起草帮扶企业和优化政策环境实施方案，具体部署和安排有关事宜，提出、汇总、整理任务项目。四是牵头建立调研走访服务制度、督查督办制度和问题收集反馈制度，并推动各项工作的开展和落实。全年走访4210户困难企业，解决1478个重点涉税问题。五是做好政策宣传服务。牵头编印《帮扶企业税收政策和征管措施汇编》10余万册；组织编写《北京市地方税务局强化政策落实、保障组织收入政策指引》下发基层，开展多税种、分行业、分事项的综合税政宣传辅导培训，建立分税种政策法规条文库等。

（牛泽厚）

【贯彻落实企业资产损失所得税税前扣除管理办法】 5月，北京市地税局与市财政局、市国税局以京财税〔2009〕883号文件联合转发《财政部、国家税务总局关于企业资产损失税前扣除政策的通知》（财税〔2009〕57号），同月以京地税企〔2009〕153号文件转发《国家税务总局关于印发企业资产损失税前扣除管理办法的通知》（国税发〔2009〕88号），明确企业资产损失的范围、确定的标准、须提交的证据资料以及审批权限，贯彻落实企业资产损失所得税税前扣除管理办法。

（王素江）

【明确房地产开发经营业务企业所得税处理办法】 5月，北京市地税局与市国税局以京国税发〔2009〕92号文件联合转发《国家税务总局关于印发房地产开发经营业务企业所得税处理办法的通知》（国税发〔2009〕31号），明确房地产开发经营企业的收入、成本费用扣除、计税成本的核算、特定事项的税务处理，同时就本市房地产开发经营企业销售未完工开发产品适用的计税毛利率、征管办法及报表填报口径进行了明确。

（王素江）

【贯彻落实企业所得税征管范围调整政策】 6月，北京市地税局与市国税局以京国税发〔2009〕37号文件联合转发《国家税务总局关于调整新增企业所得税征管范围问题的通知》（国税发〔2008〕120号），明确以2008年为基年，2008年年底之前国税局、地税局各自管理的企业所得税纳税人不作调整。2009年起新增企业所得税纳税人中，应缴纳增值税的企业，其企业所得税由国家税务局管理；应缴纳营业税的企业，其企业所得税由地方税务局管理的问题。

（王素江）

【制定非居民企业所得税源泉扣缴操作规程】 为做好非居民企业所得税源泉扣缴管理工作，北京市地税局根据国家税务总局《非居民企业所得税源泉扣缴管理暂行办法》（国税发〔2009〕3号）的精神，制定北京市地方税务局《非居民企业所得税源泉扣缴操作规程》（京地税企〔2009〕132号），明确适用范围、扣缴税款登记、合同备案登记、扣缴税款申报缴纳、代扣代收税款凭证的开具、对外支付税务证明的开具、减免税和退税及信息交换和后续管理的相关要求。

（付晓彬）

【贯彻落实企业固定资产加速折旧所得税处理政策】 为做好固定资产加速折旧所得税政策的贯彻实施，北京市地税局与北京市国税局以京国税发〔2009〕101号文件转发《国家税务总局关于企业资产加速折旧所得税处理有关问题的通知》（国税发〔2009〕81号），明确加速折旧的范围、加速折旧的计算方法以及享受加速折旧政策的备案资料、备案程序、相关文书和管理台账。

（付晓彬）

【制定企业所得税减免税管理规定】 2月，北京市地税局下发《关于印发〈企业所得税减免税管理规定（试行）〉的通知》（京地税企〔2009〕50号），按照国家税务总局关于减免税管理的规定，进一步加强和规范减免税管理，明确了企业所得税减免税由审批向报备转化的工作制度，详细规定16项需要报送备案的项目，以及报备的时间、流程、后续管理等内容，简化办税流程，提高工作效率。

（毛　江）

【明确动漫企业认定管理办法及实施方案】 10月，北京市文化局、市财政局、市国税局、市地税局印发《动漫企业认定管理办法的通知》和《关于印发高新技术企业认定管理工作指引的通知》并印发《北京市高新技术企业认定管理工作实施方案的通知》（京文市发字〔2009〕717号），明确动漫企业认定管理工作机构设置、动漫企业认定标准、认定管理工作流程及时限、需由中介机构出具的材料、年审要求等项工作内容。

（毛 江）

【明确技术先进型服务企业认定管理办法】 11月，北京市科委会、市财政局、市国税局、市地税局印发《北京市技术先进型服务企业认定管理办法的通知》（京科发〔2009〕548号），明确本市技术先进型服务企业认定管理工作机构设置、技术先进型服务企业认定条件、认定管理工作流程、年审工作、提交资料等项工作内容。

（毛 江）

【明确下岗再就业减免税审批规定】 5月，为进一步做好北京市下岗再就业工作，根据《财政部、国家税务总局关于延长下岗失业人员再就业有关税收政策的通知》（财税〔2009〕23号）、《财政部、国家税务总局关于下岗失业人员再就业有关税收政策问题的通知》（财税〔2005〕186号）、《国家税务总局、劳动和社会保障部关于下岗失业人员再就业有关税收政策具体实施意见的通知》（国税发〔2006〕8号），结合本市下岗再就业管理情况，北京市国家税务局、北京市地方税务局、北京市人力资源和社会保障局联合制定《关于下岗再就业减免税审批管理有关问题的通知》（京国税发〔2009〕194号），文件对于减免税审批和管理的范围、审批时间、审批程序、审批需提交的材料、审批文书的格式、享受优惠政策期间的后续管理、政策的宣传和辅导以及各部门之间应建立信息共享机制、联合审查机制等作出了规定。

（王旭刚）

【加强企业所得税预缴工作】 3月，为进一步做好企业所得税征收管理，加强企业所得税申报预缴工作管理，北京市地税局以京地税企〔2009〕75号文件转发国家税务总局《关于加强企业所得税预缴工作的通知》（国税函〔2009〕34号），进一步明确企业所得税预缴方法，并提出加强企业所得税预缴工作的重要性，要求各级税务机关进一步加大监督管理力度。

（陈 楠）

【贯彻落实企业所得税汇算清缴管理办法】 5月，为加强企业所得税征收管理，进一步规范企业所得税汇算清缴工作，北京市地税局以京地税企〔2009〕154号文件转发《国家税务总局关于印发〈企业所得税汇算清缴管理办法〉的通知》（国税发〔2009〕79号），通知根据《中华人民共和国企业所得税法》及其实施条例重新规定了企业所得税汇算清缴的时间、申报、报送资料等内容，同时要求各级税务机关针对企业所得税汇算清缴工作做好纳税服务、审核管理等工作。

（陈 楠）

【制定帮扶企业应对国际金融危机工作实施方案】 3月，为贯彻落实市委市政府帮扶企业应对当前国际金融危机的统一部署，切实解决企业在执行税收政策、申报缴纳税款等方面面临的实际困难，根据《北京市人民政府关于帮扶企业应对国际金融危机的若干措施》，制定《北京市地方税务局帮扶企业应对国际金融危机工作实施方案》（京地税企〔2009〕85号），明确应对金融危机的指导思想、工作目标、工作方法、组织领导、工作机制、工作职责、工作任务等，对确保帮扶企业应对国际金融危机工作扎实、有效开展有重要的意义。

（牛泽厚）

【开展企业所得税税源分类管理情况的调查】 为加强新《企业所得税法》实施后企业所得税管理，2009年企业所得税管理处开展了企业所得税税源分类管理的调研，形成了《关于企业所得税税源分类管理情况的调查》的调研报告。通过对企业所得税税源分类管理情况的调查研究，介绍了分类管理的基本概念，结合北京市实际分析了分类管理的基本情况，提出了进一步完善分类管理的建议。

（牛泽厚）

【开展企业所得税减免税管理执行情况的调查】 开展企业所得税减免税管理执行情况的调查，形成《关于企业所得税减免税管理执行情况和问题的调查研究》。通过对企业所得税减免税备案情况的调查，查找和分析目前管理中存在的问题，提出开发备案系统、完善备案管理制度等解决建议，从而加强和规范减免税管理，促进税收优惠政策的落实，充分发挥好企业所得税的调控作用。

（毛　江）

【开展信息化建设在企业所得税管理中的应用的调研】 开展信息化建设在企业所得税管理中的应用的调研，形成《信息化建设在企业所得税管理中的应用与探讨》的调研报告。通过分析加强企业所得税信息化建设的必要性，回顾总结北京市地税局企业所得税信息化建设成效和现状，剖析现阶段企业所得税信息化建设存在的问题，提出完善企业所得税信息化建设发展的建议。这对推动企业所得税信息化建设工作有积极的作用。

（郭　森）

个人所得税管理

【综述】2009年，个人所得税处在北京市地税局党组的正确领导下，按照“加强领导干部作风建设，推进优化地税发展环境，确保税收增长年”要求，围绕组织收入，不断探索经济和税收发展规律，充分发挥税政职能作用，深入调查研究，强化税源分析，完善各项制度，团结奋进，攻坚克难，较好地完成各项工作任务。2009年北京市共组织个人所得税收入436.5亿元，同比增收26.9亿元，增幅6.6%。对全市地方税收的贡献率为24.6%，居全国个人所得税第二位，为首都经济发展和建设提供了强大的财力保障。在加强个人所得税征管方面，主要做了以下工作：（1）强化税源管理，完成组织收入任务。一是开展对明细申报数据比对分析，查找疑点信息，提高明细申报数据质量，为分局组织收入工作提供支持；二是深化对高收入行业和扣缴义务人的管理，开展个人所得税纳税情况自查，规范重点行业和扣缴义务人的申报纳税行为，提高遵从度；三是加强对征管组织收入工作的指导职能，发挥税政对组织收入工作的指导作用；四是加强自然人纳税申报管理，完善自行纳税申报机制，实现税源管理途径新突破。（2）强化政策落实，充分发挥税政职能作用。一是为贯彻落实财政部、国家税务总局文件精神，认真做好对上市公司高管股票期权、股票增值权及限售股等政策研究、宣传辅导工作，进一步完善明细申报系统，利用明细申报数据对新政策执行情况进行分析，查找执行中的漏洞，确保个人所得税政策落实到位；二是积极研究鼓励中关村国家自主创新示范区建设和股权投资基金在京发展的个人所得税政策，全力服务于首都经济社会发展大局；三是认真研究私营独资、私营合伙投资者核定征收调整和住房补贴、提租补贴、企业年金、补充医疗保险、解除劳动合同补偿金计税规定等个人所得税政策，通过专题调研，听取意见，及时反映和解决政策执行中难点问题，明确政策执行统一口径，提高政策实操性。（3）结合税制改革，深化调查研究。一是配合国家税务总局陆续开展“规范外籍人个人所得税优惠政策”和“完善征管法个人所得税条款”

等五项调研；二是结合工作实际，自行对民办教育、劳务报酬、股票期权税收政策执行情况进行了调研，提出完善税收征管的建议，从中掌握一手材料，把握征管漏洞，明确税源管理着力点。（4）规范和完善完税证明开具工作。一是为避免资源浪费，提高完税证明质效，根据分局提供的信息，查找以往发放中存在的问题，通过调研加以改进，提高完税证明发放的质效；二是按照国家税务总局日常印制和集中发放完税证明的统一格式，规范完税证明信息内容，取消日常开具完税证明专用章；三是继续推进个人纳税信息网上查询。全市开通个人纳税信息网上查询功能的用户累计达6374人，通过实行个人纳税信息网上查询办法，一方面减少纳税人上门申请开具完税证明的次数，方便纳税人随时随地掌握和了解自己的完税信息，另一方面逐步减少完税证明集中发放数量为发放工作的开展创造条件。（5）完善制度，强化明细申请管理工作。一是完善明细申报率通报管理办法，加大纳税人信息反馈力度，组织开展长期零申报纳税人核查工作，通过广泛宣传个人所得税政策，提高有税申报率，全市申报率已达到99.1%，较上年同期提高0.56个百分点，申报户数增加4.7万户；二是围绕“信息管税”，开展大量数据比对、分析和应用工作。通过疑点信息的核实和修改，进一步规范纳税人申报行为，提高明细申报数据质量；三是注重自行纳税申报流程的完善，方便纳税人补缴税款，加强税法宣传，提高纳税服务质效，本市12万元自行纳税申报人数达42.1万人，同比增加8万人，增幅23.5%，完成国家税务总局下达37万申报任务的114%，居全国各大城市榜首。

（王澜静）

【完善组织收入机制强化税源管理】 2009年，受国际金融危机影响，北京市个人所得税面临自1994年税制改革以来收入形势最为严峻的一年。为做好组织收入工作，个人所得税管理部门以全员全额明细申报数据为抓手，着力加强个人所得税重点行业、重点税目和重点事项的管理，提高税源管理水平。一是利用明细申报数据实现税源管理途径新突破。面对2008年四季度以来个人所得税收入增幅下滑趋势，积极探索税源管理新途径，增强对主体税源的掌控能力。2009年，利用多项指标对明细申报数据进行比对分析：同一月内多处取得收入需要合并纳税的纳税人名单。一个年度内多次申报年终一次性奖金所得纳税人。个人所得税全员全额明细申报工薪所得与企业所得税工薪支出不一致纳税人。申报股票期权所得未备案纳税人，通过开展数据比对分析，为基层税务机关提供税源管理信息，为组织收入工作提供了有效抓手；通过开展数据比对分析，加大明细申报数据应用力度，提高纳税人诚信申报意识，有效提升明细申报数据质量，为更好地开展明细申报数据应用做好了准备。通过开展数据比对分析，使强化个人所得税税源管理与提高明细申报数据质量之间形成相互促进机制，实现税源管理途径新突破。二是深化对重点行业的管理。2009年，围绕组织收入，进一步深化对金融、医疗、邮电通信、烟草、房地产、计算机、软件、商业资讯、教育、外企等高收入行业和扣缴义务人的管理。组织纳税人围绕股票期权、通信补助、技术奖酬金、转增股本、企业年金、补充医疗保险、住房公积金、科研经费、股息红利、劳务报酬及外籍人等政策进行自查，并在全市范围内集中组织部分高校开展个人所得税纳税情况自查。通过自查工作，一方面组织收入，另一方面规范重点行业和扣缴义务人的申报纳税行为，提高遵从度。三是加强自然人纳税申报管理。为做好自然人申报纳税管理，重点开展两项工作：通过明细申报信息开展多处取得收入纳税人合并纳税申报管理；从北京市工商局获取自然人股权交易信息，并对其完税信息进行核实。与市工商局合作，进一步拓宽信息共享范围，完善信息共享机制，为继续加强合作创造条件。开展自然人纳税申报管理，进一步提高对高收入个人管理水平，较好地发挥个人所得税调节职能，完善自行纳税申报机制。四是发挥税政对组织收入工作的指导作用。为发挥税政职能，做好组织收入工作，北京市地税局于年初向各局下发组织收入工作要点，陆续召开全局性组织收入工作会和组织收入经验交流会，配合年中下发的疑点信息连续下发两个组织收入指导性通知。通过上述工作，进一步丰富税政指导的内容，提高税政指导的深度，充分发挥市局对分局、税政对征管组织收入工作的指导职能。

（夏宏伟）

【调整个人独资合伙企业投资者核定征收个人所得税办法】 为进一步加强北京市个人独资企业和合伙企业投资者核定征收个人所得税征管工作，根据《财政部、国家税务总局关于印发〈关于个人独资企业和合伙企业投资者征收个人所得税的规定〉的通知》（财税〔2000〕91号）等文件规定，对采取核定征收方式的投资者个人所得税，从2010年1月1日起实行按照应税所得率确定应纳税所得额的计算方法。对实行核定征收方式的上述企业，主管税务机关应加强相关政策业务辅导，督促其建账建制，符合查账征税条件后，税务机关应及时调整征收方式。此次政策调整进一步规范北京市个人独资合伙企业投资者个人所得税征管工作。

（于　鹏）

【研究和完善中关村示范区股权激励个人所得税政策】 为贯彻落实《国务院关于同意支持中关村科技园区建设国家自主创新示范区的批复》（国函〔2009〕28号），按照北京市主管市领导的指示和有关会议精神，北京市地税局会同市财政、国税、科委、中关村管委会共同组成市级税收政策联合工作组，围绕促进企业研究开发、技术成果转化、股权激励、支持企业创业发展等方面，召开40多次税收调研会，撰写《中关村自主创新示范区税收政策研究报告》，并提出7条支持中关村示范区鼓励自主创新、股权激励、人才培养、新兴产业发展、科技成果研发及转化等支持创新创业的税收政策建议，得到市领导肯定，报送财政部、国家税务总局研究。

（于　鹏）

【完成年所得12万元以上个人自行纳税申报工作】 为认真贯彻落实《国家税务总局关于印发〈个人所得税自行纳税申报办法（试行）〉的通知》（国税发〔2006〕162号）和《国家税务总局关于做好2008年度年所得12万元以上个人所得税自行纳税申报工作的通知》（国税发〔2008〕108号）精神，积极推进2008年度年所得12万元以上个人自行纳税申报工作，2009年全市共受理年所得12万元以上个人所得税自行纳税申报42.1万人，比2008年申报人数增加8万人，增长幅度为23.5%，超过国家税务总局下达的37万自行申报任务的114%。在自行申报工作中，按照“优化地税发展环境年”的要求，紧密结合当前经济形势，牢固树立五种意识，围绕“广泛宣传、细化服务、优化申报环境”的方针，锐意进取，改革创新，采取多种措施，着力提高宣传力度和深度，着力推广个人纳税网上查询系统，着力完善自行纳税申报系统，着力落实纳税人信息保密办法，着力解决纳税人申报中遇到的难题，着力优化纳税服务，努力为纳税人创造和谐申报环境。同时明确了各级税务机关工作目标，细化工作责任，将管理和服务落实到税收管理员，并在提高申报数量的基础上，注重加强对申报资料的审核，强化重点评估，提高自行申报数据质量。

（张海川）

【规范和完善完税证明开具工作】 根据《国家税务总局关于试行税务机关向扣缴义务人实行明细申报后的纳税人开具个人所得税完税证明的通知》（国税发〔2005〕8号）规定，规范个人所得税完税证明样式及其管理方式。一是按照国家税务总局规定的完税证明样式，重新设计个人所得税完税证明样式，同时为提高完税证明的防伪能力，增加技术防伪手段，采用微缩文字、荧光油墨、温变油墨等防伪标记，并在完税证明上端套印国家税务总局票证监制章。根据北京市外籍个人较多的特点，在完税证明上标注英文，并将英文翻译文字送交中国对外翻译出版公司进行审校，确保英文意思表达准确。二是印发《北京市地方税务局关于个人所得税完税证明用章问题的通知》（京地税个〔2009〕228号），废止《北京市地方税务局关于启用个人所得税完税证明专用章若干问题的通知》（京地税个〔2004〕86号），停止使用个人所得税完税证明专用章，要求开具个人所得税完税证明时必须加盖征税专用章。三是印发《北京市地方税务局关于进一步规范个人所得税完税证明管理工作的通知》（京地税个〔2009〕229号），通知明确要求完税证明应比照《税收转账专用完税证》，按照《税收票证管理办法》（国税发〔1998〕32号）的要求进行管理，并规范窗口完税证明开具流程，要求纳税人或委托代理人申请开具完税证明时，应填写《开具个人所得税完税证明申请表》（式样见附件），并提交本人有效身份证件原件及复印件。

（张海川）

【开展银行业发生促销活动涉及个人所得税问题的调研】 2009年，国家税务总局针对各行业存在的促销活动开展专项调研，北京市地税局承担了其中银行业发生促销活动涉及个人所得税问题的调研课题。采用抽样调查的方式了解具体促销活动，为保证抽样调查结果在银行业中具有代表性，选择中国工商银行北京分行，代表规模较大的四大商业银行；华夏银行，代表规模较小的股份制银行。通过向调查对象发放调查问卷，实地座谈，获取了第一手的数据和资料。银行业主要采用的促销手段有积分兑换和抽奖中奖。对于抽奖中奖所得，税款由获奖者自行承担，大部分银行实际扣缴税款。而对于因积分反馈礼品产生的个人所得税，银行规定由客户自理，没有履行个人所得税代扣代缴义务。针对这一情况，对于税法有明确规定的中奖所得，加强对扣缴行为的严格管理。对于银行客户因积分兑换而取得的礼品及其他情况获赠的礼品，建议纳入个人所得税征税范围，同时对于单价较低的礼品予以免征，比照有奖发票的计税规定，设置起征点。

（臧　莹）

【规范中国外籍人个人所得税优惠政策】 根据国家税务总局所得税司调研工作安排，对现行外籍人员个人所得税优惠政策进行了梳理，指出外籍人优惠政策存在的问题、已经过时或失效的税收政策。在此基础上，提出完善中国外籍人个人所得税优惠政策的建议和意见：一是逐步取消无住所纳税人附加费用扣除。二是进一步明确华侨身份界定及其适用税收政策。三是发文废止部分不合时宜的优惠政策。四是逐步规范外籍人工薪所得税前扣除优惠政策。五是完善吸引国家亟须人才的优惠政策。六是用股息所得再投资退税政策代替股息所得免税政策。调研上报国家税务总局后，得到副局长王力和所得税司的肯定。

（夏宏伟）

【加强北京市劳务报酬个人所得税征管问题的研究】 为加强北京市劳务报酬个人所得税征管，对全市劳务报酬所得税源情况、税收情况及实际征管情况进行调研，查找劳务报酬所得征管中存在的政策和征管问题，并提出下一步强化税源管理的措施：一是进一步明确劳务报酬个人所得税政策。二是加强源泉扣缴与代开发票完税制度的衔接。三是利用外部信息强化税源管理。四是加强全员全额明细申报信息应用。五是加大政策宣传力度。

（夏宏伟）

【股权激励涉及个人所得税问题的调研】 2009年年底，财税〔2009〕167号文件下发，规定自2010年1月1日起，对个人转让限售股取得的所得，开始征收个人所得税。按照国家税务总局要求，全力做好各项政策规定的落实。在工作落实中，发现这一新政策本身还有待于进一步完善，以促进税收公平、发挥税收杠杆积极作用、适应实际征管工作的需要。通过深入证券营业部实地调研，听取基层局意见等，提出完善股权激励个人所得税政策的建议：一是实施递延纳税，将税款的缴纳由行权环节递延到股票转让环节，发挥个人所得税鼓励长期持股的积极作用。二是根据股票持有时间的长短给予不同税收优惠，持有时间越长，纳税越少。三是扩大股权激励优惠政策的适用范围，保证税收的横向公平。四是加强对股权激励的税务管理，保证优惠政策的合法使用。五是扩大转化职务科技成果优惠政策的适用范围，鼓励高科技人才持股。此调研报告刊登在2009年12月的《中国税务报》上，并获评市地税局调研成果一等奖。

（臧　莹）

【对民办教育从业人员个人所得税征管问题进行调研】 为加强北京市民办教育个人所得税的征管，立足于北京市民办教育事业发展现状，对本市民办教育开展专题调研，民办教育从业人员个人所得税管理中主要存在四个问题，即政策不完善，管理不到位，执行有偏差，待遇不平等，并结合个人所得税有关法律、法规、政策的实施以及相关税收征管具体措施的制定尝试性地提出解决对策，就进一步优化民办教育个人所得税税收环境，促进和规范本市民办教育发展提出一些参考和建议。

（于　鹏）

【完成关于在征管法中增加适用于个人所得税纳税人条款的研究报告】 按照国家税务总局2009年度政策研究工作安排，北京市地税局作为牵头单位，联合大连、江西和重庆地方税务局开展关于在《税收征管法》中增加适用于个人所得税纳税人条款的研究。经过研究、讨论，由北京市地税局汇总整理成为研究小组的总报告，上报总局。结合个人所得税政策规定和征管实际情况，着重研究13个问题，认为这些问题需要在征管法改革中加以关注，以保证征管法条款能够更好地适用个人所得税纳税人。如对个人所得税纳税人是否办理税务登记的研究；对完税凭证与个人所得税完税证明如何衔接的研究；对税收保全措施、强制执行措施如何适用于自然人的研究；对检查自然人存款账户的研究；对纳税人、扣缴义务人虚假纳税申报法律责任的研究；对扩大个人自行申报范围的研究等。通过对上述问题的具体分析，说明目的和理由，提出条款增设的建议，为国家税务总局征管法改革提供参考。

（臧 莹）

【开展通信业发生促销活动涉及个人所得税问题的调研】 2009年，国家税务总局针对各行业存在的促销活动开展专项调研，北京市地税局承担其中通信业发生促销活动涉及个人所得税问题的调研课题。采用抽样调查的方式了解具体促销活动，为保证抽样调查结果在银行业中具有代表性，经过比较筛选，选择中国移动通信集团北京有限公司作为调查对象，通过发放调查问卷，实地座谈，获取第一手的数据和资料。详细考察通信业促销活动的形式、类型、单件促销品的价值区间、总价值金额，通信企业对促销活动的会计处理和税务处理。通过调研发现，通信行业对除抽奖以外的其他促销形式，均没有代扣代缴个人所得税。认真分析对促销活动征收个人所得税的难点，建议区分促销活动性质判定纳税义务。对于支付消费金额相应获得的礼品，视为销售折扣，建议不征税；对未支付消费金额获得的礼品，应当视为个人取得所得，应当征税。建议将积分兑换礼品、免费获赠礼品、参加免费活动等行为取得的所得纳入个人所得税征税范围。其中考虑到积分兑换礼品的价值高、便于管理，因此在近期先对积分兑换礼品征收个人所得税。建议按照其他所得项目征税，税款由支付所得的单位代扣代缴。同时设置一个相对合理的起征点将单价较低的礼品排除在征税范围之外。

（臧 莹）

土地增值税、城镇土地使用税、房产税、车船税、印花税、契税、耕地占用税、固定资产投资方向调节税、外商投资企业土地使用费管理

【综述】 2009年，北京市地税局地方税八税一费共组织收入302.95亿元，同比增收69.3亿元，增长29.66%，高于全局收入增幅17.36个百分点。地方税收入占全局总收入的17.1%，同比提高2.29个百分点，为全局收入任务的完成作出贡献。其中，

耕地占用税同比增幅高达742.7%，为全局各税增幅之首；土地增值税、印花税增幅均超过了30%；契税收入103.15亿元，首次突破百亿元；车船税在抵减2008年奥运期间限行车辆减免税的情况下，仍然保持7.4%的增长幅度。

（王　蕾）

【税政管理工作】 积极调整完善税收政策，严抓制度落实，提升征管水平，加快信息化进程。明确企业集团内部使用凭证缴纳印花税问题及房产税、城镇土地使用税的有关税收政策问题。贯彻落实取消城市房地产税的政策，供暖企业的税收优惠政策，落实文化体制改革中经营性文化事业单位转制为企业的税收优惠政策，股改及合资铁路运输企业房产税 城镇土地使用税有关政策、中央调控房地产市场的税收政策。制定契税征管办法，实现与北京市建委信息共享，利用条形码技术采集契税申报信息，发挥部门协作优势强化房屋交易契税管理，进一步优化契税纳税服务。加强房地产开发项目土地增值税管理，修订土地增值税核定扣除项目金额标准，规范耕地占用税征收管理，加强存量房交易的土地增值税审核把关，稳步推进房地产税模拟评税试点工作，加强与土地管理部门的协调配合。开展保险机构代收代缴个人机动车车船税工作。

（王　蕾）

【明确企业集团内部使用凭证缴纳印花税问题】 下发《北京市地方税务局转发国家税务总局关于企业集团内部使用的有关凭证征收印花税问题的通知》（京地税地〔2009〕70号），对企业集团内部在经销和调拨商品物资时使用的各种形式的凭证是否缴纳印花税予以明确。

（王　蕾）

【贯彻落实取消城市房地产税的政策】 转发《国家税务总局关于做好外资企业及外籍个人房产税征管工作的通知》（国税函〔2009〕6号），制发《北京市地方税务局关于2009年度对外资企业及外籍个人征收房产税的通告》（京地税地〔2009〕81号）。明确自2009年1月1日起，外商投资企业、外国企业和组织以及外籍个人应依照《中华人民共和国房产税暂行条例》和《北京市施行〈中华人民共和国房产税暂行条例〉的细则》及其他有关文件规定缴纳房产税。

（王晓丰）

【贯彻落实供暖企业的税收优惠政策】 与北京市财政局制发《转发财政部、国家税务总局关于继续执行供热企业增值税、房产税、城镇土地使用税优惠政策的通知》（京财税〔2009〕682号），明确房产税、城镇土地使用税享受优惠政策的范围和具体的计算方法。

（王晓丰）

【经营性文化事业单位转制为企业的税收优惠政策】 与北京市财政局制发《转发财政部、国家税务总局关于文化体制改革中经营性文化事业单位转制为企业的若干税收政策问题的通知》（京财税〔2009〕1677号），转发了财政部、国家税务总局关于经营性文化事业单位转制为企业的若干税收政策。

（王晓丰）

【明确房产税和城镇土地使用税的有关税收政策问题】与北京市财政局制发《转发财政部、国家税务总局关于房产税、城镇土地使用税有关问题的通知》（京财税〔2009〕2779号）、《转发财政部、国家税务总局关于房产税、城镇土地使用税有关问题的通知》（京财税〔2009〕77号），明确房产税、城镇土地使用税的有关税收政策问题。

（王晓丰）

【贯彻落实股改及合资铁路运输企业房产税和城镇土地使用税有关政策】与北京市财政局制发《转发财政部、国家税务总局关于股改及合资铁路运输企业房产税、城镇土地使用税有关政策的通知》（京财税〔2009〕2868号），转发了财政部、国家税务总局关于股改及合资铁路运输企业房产税、城镇土地使用税的有关政策。

（王晓丰）

【全面贯彻中央调控房地产市场的税收政策】北京市地方税务局、市城乡建设委员会、市财政局等9部门联合下发《关于贯彻国办发〔2008〕131号文件精神促进本市房地产市场健康发展的实施意见》（京建办〔2009〕43号），明确对居民将经济适用住房以及按照经济适用住房管理的危改回迁房、集资建房、安居房、康居房等上市出售前后1年内该户家庭按照市场价购买住房的契税缴纳方法。北京市地税局制发了《关于对〈促进本市房地产市场健康发展实施意见〉执行中税收征管有关问题的通知》（京地税地〔2009〕38号），明确享受契税优惠政策的主体、房屋售购时间的判定、纳税申报手续及流程等。

（徐慧卿）

【利用条形码技术采集契税申报信息】实现与北京市建委房屋交易网上签约数据信息共享，完善现行契税征收系统，于4月21日，在全市上线使用运用条形码扫描技术采集房屋交易基础信息数据功能。此举提高了征管效率，保证契税申报信息的准确性。

（徐慧卿）

【进一步优化契税纳税服务工作】印发《关于进一步优化契税纳税服务工作有关问题的通知》（京地税地〔2009〕97号），对同一纳税人需要办理企业重组改制等涉及多个区县契税征免审批业务的，其减免税审核工作可由北京市地税局统一集中办理。各局根据市局对减免事项审核结果，按照纳税人提供的相关资料直接为纳税人办理契税征免手续，不再进行程序性审核。

（徐慧卿）

【加强房屋交易契税管理工作】与北京市城乡建设委员会联合下发《关于加强房屋交易税收管理工作的通知》（京地税地〔2009〕120号），进一步规范房屋契税的协税把关工作，同时制定双方数据传递工作制度。

（徐慧卿）

【加强房地产开发项目土地增值税管理】 印发《北京市地方税务局关于加强房地产开发项目土地增值税管理若干问题的通知》（京地税地〔2009〕105号），要求房地产开发企业应自取得立项批准文件之日起30日内，到房地产开发企业法人机构税务登记地主管税务机关办理土地增值税项目登记手续。同时对项目登记程序、提交资料、信息变更、项目注销、清算后继续销售的申报等事项作了规定。

（乔　游）

【加强存量房交易的土地增值税审核把关】 印发《北京市地方税务局关于加强土地增值税管理工作的通知》（京地税地〔2009〕134号），规定除特殊情况外，各局契税征管部门在办理征免契税手续时应要求纳税人提供税务机关为原产权人开具的《土地增值税涉税证明》原件，以通过房屋交易办理对土地增值税完税情况进行审核把关。

（乔　游）

【修订土地增值税核定扣除项目金额标准】 发布《北京市地方税务局关于土地增值税核定扣除项目金额标准有关问题的通知》（京地税地〔2009〕245号），对房地产开发项目清算土地增值税时扣除房地产开发成本中“前期工程费、建筑安装工程费、基础设施费、开发间接费用”的扣除标准进行了修订。

（乔　游）

【开展保险机构代收代缴个人机动车车船税工作】 北京市于2009年1月1日实施保险机构代收代缴个人机动车车船税；同时，市地税局在开发区分局成立车船税管理专业税务所，专门负责对保险机构代收代缴车船税的管理与服务。代收代缴方式极大方便私车车主缴纳税款，确保了税款的应收尽收，降低税务机关征收成本。

（张　寒）

【规范耕地占用税征收管理】 为加强耕地占用税的征收管理，明确征纳双方的法律责任，北京市地税局下发《关于耕地占用税征收管理有关问题的通知》（京地税地〔2009〕71号），对耕地占用税的申报纳税和减免税管理两个方面进行明确，并对申报资料、申报时间、申报地点、申报方式和申报办理手续作出了具体的规定。

（刘　月）

【加强与土地管理部门的协调配合工作】 为进一步规范和加强耕地占用税的管理工作，北京市地税局积极与市国土资源局协调、配合，联合下发《关于加强耕地占用税管理工作的通知》（京地税地〔2009〕69号），规范两个方面的内容：一是纳税人办理建设用地批准书审核手续时，应持完税凭证或者减免税证明；二是明确市国土资源局审核把关的具体工作。

（刘　月）

【稳步推进房地产税模拟评税试点工

作】 2009年北京市地税局将房地产模拟评税试点范围扩大到朝阳区、门头沟区。同时，积极转化试点工作成果，制定《二手房计税价格体系修订工作方案》，局长办公会原则通过。结合试点工作，还参加第五届两岸四地土地学术研讨会。

（常　新）

残疾人就业保障金管理

【综述】 2009年残疾人就业保障金（以下简称残保金）代征工作在北京市委、市政府正确领导及相关部门的大力支持下，经过全系统齐心协力，共代征残保金13.8亿元，同比增加1.3亿元，增长11%，再次刷新历史纪录，实现残保金代征收入连续4年持续增长。面对金融危机负面影响造成的社会经济效益下滑、就业安置压力大等诸多不利因素，全系统积极采取多种有效措施，进一步规范代征工作，加大宣传力度，大力倡导和继续营造依法征缴和扶残助残的社会风尚及良好氛围，圆满完成了残保金代征工作任务，为本市残疾人事业的发展提供了坚实的资金保障，为建设和谐首善之区作出了积极的贡献。

（赵鲁平）

【创新宣传方式】 面对残保金征缴强制性法规及机制尚有缺失的现状，地税部门代征残保金工作面临的压力和难度日趋加大，特别是受金融危机影响，首都经济企稳回升的基础还不稳固，导致用人单位缴费困难等不利因素，北京市地税局充分发挥地税部门职能作用，积极拓宽思路，创新方式方法，扩大宣传效果，扩大宣传覆盖面，努力在增强宣传的深度和广度上下功夫，在全社会继续广泛营造关注残疾人事业的良好氛围。2009年残保金代征工作以“关注残疾群体　依法规范征缴　促进民生和谐”为主题，全系统从征管实际出发，全方位、分层次、多角度地开展征缴宣传工作。共印制发放《北京市残疾人就业保障金缴费指南》40万册；印制发放宣传品10万份；利用网络资源，发布代征通告；拍摄残保金公益广告，征期内每天在电视台进行滚动播放；各区县局、分局在对缴费人的宣传和培训上也广开思路，因地制宜，分别以召开培训会、短信提示、电话提示、电子邮件提示等方式提醒缴费人及时参加审核和缴费，利用各种会议、地方台声讯、视频和印发宣传资料等形式宣讲地税代征残保金的相关事项，进行宣传告知，提醒缴费人及时依法办理审核、缴费手续。

（赵鲁平）

【强化代征监控管理】 考虑到金融危机的影响，为减轻用人单位负担，经北京市政府批准，2009年缴纳2008年度残保金的征缴标准仍按上年的标准执行。在此情况下，全市共代征残保金13.8亿元，同比增加1.3亿元，增长11%。全市费源登记户49.1万户，同比增长12%；缴费单位共计31.2万户缴纳残保金，同比增长12%，实现残保金代征收入连续4年持续增长。2009年残保金收入增长的主要原因：一是建立和完善代征管理工作机制，进一步规范残保金收入监控、收入分析、评价制度，试行下发《残保金收入监控管理工作意见》，为全市残保金代征工作提供组织和机制保证。二是继续加大宣传力度，采用全方位、多角度的宣传方式，营造良好的社会氛围。三是与相关部门配合，继续创新服务模式，完善服务措施，为缴费单位提供优质高效的税务服务。

（赵鲁平）

【评比表彰2008年度残保金征缴先进单位和个人】 为进一步激励广大税务干部残保金代征工作积极性，继续巩固代征工作成果，北京市地税局参加了市政府残工委组织的2008年度“北京市残疾人就业保障金审核代征管理工作评比表彰”活动。按照评选标准，对全系统96个代征先进集体及488名先进个人进行了表彰。

（赵鲁平）

【夯实征缴基础】 为进一步提升残保金代征管理工作水平，夯实征缴基础，结合几年来代征工作实际，2009年北京市地税局积极与市残联等相关部门沟通配合，对2006年代征4年来的审核未缴基础数据进行清理，取得了相关基础数据，为进一步实施代征管理奠定基础，为上级部门决策提供依据。

（赵鲁平）

【进一步规范残保金退款工作】 为进一步规范残疾人就业保障金退款工作，简化工作流程，提高服务效率和水平，北京市地税局会同市残联等相关部门，对2006年下发的退款管理办法进行了修订和完善，重新制定下发《北京市残疾人就业保障金退款申请审批办法》（京残发〔2009〕109号），就残保金退款申请手续、提交资料、办理程序等内容进行明确。

（赵鲁平）

【完成残保金代征系统升级改造的各项准备工作】 为切实提高残保金代征管理工作水平，为社会各用人单位缴纳残保金提供更加优质的服务，经过对残保金代征系统的调研和可行性分析，决定在全市推行电子缴费，实现残保金代征系统并入财税库行联网。2009年系统改进准备工作已经就绪，完成了系统需求的提出、系统的开发、预算评估及招投标工作。残保金代征系统并入财税库行联网，是服务和管理的双好工程。一是有利于实现用人单位足不出户进行残联网上审核、地税网上缴费，减少往返奔波；二是有利于提高数据的及时性、准确性，切实提高税务部门的征缴管理工作水平。

（赵鲁平）

奥运税收管理

【综述】 2009年1—9月，原奥运税务办公室从支持和服务后奥运首都经济和社会科学发展大局的高度，将后奥运税务服务与强化作风、优化地税环境、组织收入工作相结合，确保各项工作的有效落实。审计处从筹备以来，将机构设置、职责梳理与制度建设作为首要任务，广泛开展调查研究，将后奥运税务服务与审计处筹备工作统筹兼顾有序开展。

（吴冬梅）

【加强奥运税收征管】 召开后奥运税务服务工作例会和专题会，要求区县局协调小组将奥运税收政策贯彻落实到位，做好征、免、退税及收尾工作，进一步提高工作整体性与实效性；参与市局优化政策环境组研究《2009年税政管理工作总体框架和具体任务》《强化落实政策、保障组织收入政策指引》手册等工作并认真落实；将财政部、国家税务总局未给予优惠政策的亚力克等公司以及代建制单位结余资金作为组织收入工作重点，并指导、配合区县局做好缴纳税款告知工作；开展对本市旅游业、餐饮业、文化创意等相关产业奥运经济影响的税源分析，为组织收入及分析提供参考。

（吴冬梅）

【落实奥运税收政策服务措施】 继续贯彻落实现行奥运税收政策和地税系统服务奥运十项措施，营造良好的税收环境，努力解决企业实际困难。配合市局相关处室帮扶企业应对国际金融危机，开展企业化经营奥运场馆房产税、土地使用税调查，落实现行优惠政策；召开“奥运场馆运营涉税新政辅导会”，开展多项内容、多种形式的告知服务；落实“一门式”服务，及时协调相关处室研究明确解决措施；落实点对点服务措施，编制6期电子版新税收政策辅导材料；维护“服务奥运”网页及编发奥税办专刊等；继续开展系统内、外后奥运税收宣传。

（吴冬梅）

【加强后奥运税收管理】 继续做好后奥运涉奥售付汇管理、涉奥减免税报备、奥运专用发票管理等工作。受理、审核开具税务凭证3份，审核付汇金额477万元；通过网上受理、审核2008年度和2009年一季度涉奥减免税报备金额共计20.91亿元，其中2008年度减免税4.98亿元，2009年一季度减免税15.93亿元；营业税11.2亿元，企业所得税9.67亿元；北京奥组委减免税共计20.43亿元；对2003—2009年40余盒，共280余卷涉奥税务文档进行清理、归档并移交档案处；在全系统范围内收集整理362件涉奥涉税实物捐赠税收博物馆。完成涉奥企业奥运专用发票及税控机的缴销和清理移交，协调区县局共同落实结税、结票相关工作。

（吴冬梅）

【开展调研工作】 在连续第五年被评为全系统调研表彰单位的基础上，完成《奥运筹办与建设境外企业、个人其代扣代缴单位涉税情况和征管服务效果调研》。此外，完成奥税办结束，电子专刊停刊、关闭网页等8项相关工作；协调市、区两级落实后奥运服务转入常态化征管的工作衔接。

（吴冬梅）

【明确第29届奥运会服务赞助有关营业税问题】 为明确北京元培世纪翻译公司、北京爱国者理想飞扬教育科技有限公司、首都信息发展股份有限公司对第29届奥运会服务赞助的税收政策，国家税务总局分别下发《关于北京元培世纪翻译公司对第29届奥运会服务赞助有关营业税问题的批复》（国税函〔2009〕148号）、《关于北京爱国者理想飞扬教育科技有限公司对第29届奥运会服务赞助有关营业税问题的批复》（国税函〔2009〕149号）、《关于首都信息发展股份有限公司对第29届奥运会服务赞助有关营业税问题的批复》（国税函〔2009〕151号），北京市地税局以京地税函〔2009〕14号、京地税函〔2009〕15号、京地税函〔2009〕16号文件进行转发，对上述三家公司向北京奥组委提供的现金等价物赞助过程中发生的笔译和口译服务、语言培训服务及相关劳务，不征收营业税。

（吴冬梅）

国 际 税 收

【综述】2009年，北京市地税系统在国家税务总局和北京市委、市政府的正确领导下，以科学发展观为统领，按照市局以优化地税发展环境为主题，围绕两条主线，构建一个保障，建设五型机关，实现三个满意的总体要求，超额完成各项工作计划。国际税收工作同样取得可喜成绩，工作内容不断丰富。全年共组织涉外税收收入332.36亿元，比2008年增加14.43亿元，增长4.5%。其中，营业税完成139亿元，增长9.06%；个人所得税完成153.19亿元，减少2.57%；企业所得税非居民企业源泉扣缴净增0.8461亿元。

（张清松）

【加强国际税收管理工作的指导】北京市地税局认真贯彻落实国家税务总局国际税收工作相关文件，积极开展对外支付税务证明、居民身份证明和税收协定执行等管理工作，通过会议、培训、请示答复、电话等多种方式加强对区县局、分局业务指导，及时向总局反馈有关文件在执行中遇到的问题，协调处理国际税收具体事项30余件。与市国税局协调，就开具对外支付税务证明的有关具体问题积极沟通，解决基层在工作中遇到的难题。全年全系统通过开具对外支付税务证明，控管非居民税收达12.84亿元，比2008年增加7.03亿元，增幅达121.21%，为组织税收收入作出了贡献。同时，在广泛征求区县局、分局和市局业务处室意见的基础上，研究制定全系统对外支付税务证明开具工作规程。

（张清松）

【开展国际税务综合协调工作】认真办理国际税务管理的征求意见稿工作。对北京市商务委《关于鼓励跨国公司在京设立地区总部的若干规定》实施办法、国家税务总局的非居民管理文件等17件与国际税收有关的征求意见稿提出修改和完善意见。认真贯彻总局有关会议精神，协调解决台资企业涉税问题，落实对非政府组织的管理工作。参加北京市投资促进局举办的2009投资北京论坛活动并接受现场企业的咨询。向北京市口岸办签证处提供有快速办证需求的部分企业名单。与外交部、市出入境管理处就外国驻华新闻机构中外籍记者的管理问题进行了交流和探讨。

（张清松）

征收管理

征 管 工 作

【综述】2009年，征管部门在北京市地税局党组的正确领导下，在国家税务总局征管科技司及主管局长的具体指导下，紧紧围绕市局年初工作会议精神，积极落实“加强领导干部作风建设，推进优化地税发展环境，确保税收增长年”活动各项要求，齐心协力，勇于担当，开拓创新，科学发展，坚决贯彻落实“保增长、保民生、保稳定”一系列应对国际金融危机政策措施，大力构建五型机关、树立五种意识，切实采取多项有效措施全面加强征管。具体包括：以组织收入为中心，抓住登记、申报、欠税等重点环节，采取有效措施，力求组收工作实效；以优化发展为目标，全面完善制度建设，切实做好“两个减负”；以管理创新为动力，迎难而上，积极探索，不断开创征管工作新局面；以强化基础为根本，全面做好日常征管工作，圆满完成各项工作任务。截至2009年底，全市税源户达85.6万户，同比增加8.3万户，增长10%。2009年年底全市税务登记率达99.63%，纳税申报率达99.71%，税款入库率达99.78%，税款欠税率降低至0.11%。全市地税系统全年完成各项税费收入1771.9亿元，同比增收193.9亿元，增长12.3%，完成年初计划的102.1%，征管部门为此提供了坚实的保障，作出了突出贡献。

（周非平）

【明确本市个人非住房出租相关税收政策】2月16日，印发《北京市地方税务局关于个人非住房出租税收管理工作的通知》（京地税征〔2009〕37号）文件，进一步明确本市个人非住房出租的相关税收政策。

（周非平）

【开展欠税管理模块操作培训】2月18日，在昌平干部培训中心开展欠税管理模块操作培训，各区县局、分局负责欠税管理的主管科长和干部40余人参会，为进一步提升北京市地税局欠税管理工作的质量和效率打下了基础。

（周非平）

【联合召开2009年征管系统工作会】2月25—26日，北京市征管处、票证管理中心、纳税服务中心、档案处四部门在昌平培训中心联合召开2009年征管系统工作会。副局长任军、北京市地税局四部门有关人员，各区县局、分局主管局长、征管科、纳税服务网站及7个征管处联系所的有关人员参加会议。会上，四部门主要负责人分别对2008年工作进行了回顾，对2009年工作进行安排部署。副局长任军作重要讲话，充分肯定了上述四单位的工作成绩，并对如何结合当前形势，贯彻落实北京市委、市政府及国家税务总局相关工作精神，进一步做好2009年工作提出明确要求。与会人员还利用半天的时间，围绕进一步落实市局党组“优化地税发展环境年”的各项工作要求和“加强征管，保收入”这一主题开展了细致深入的讨论。

（周非平）

【明确税收优先权有关问题】 3月4日印发《北京市地方税务局转发国家税务总局关于税收优先权包括滞纳金问题批复的通知》（京地税征〔2009〕63号），进一步明确税收优先权有关问题。

（周非平）

【召开税收管理员平台专题会议】 3月25日，北京市地税局组织召开税收管理员平台专题会议，听取各单位管理员平台使用情况汇报，通报2009年1—3月各局使用平台基本情况，围绕如何发挥管理员平台在税收组收工作中的作用进行研讨。

（周非平）

【对强化征管工作提出具体要求】 5月8日，印发《北京市地方税务局转发国家税务总局关于进一步做好税收征管工作的通知》（京地税征〔2009〕122号）。转发国税发〔2009〕16号文件，要求切实抓好组织落实工作，不断提高税收征管质量和效率，确保税收收入持续增长。

（周非平）

【试行取消纸质申报资料】 5月20日，北京市地税局印发《北京市地方税务局关于使用数字证书办理纳税申报的纳税人试行取消纸质申报资料有关问题的通知》（京地税征〔2009〕135号）。自2009年7月1日起试行，使用由北京数字证书认证中心核发的合法有效的数字证书、通过网上电子申报方式办理纳税申报的纳税人（以下简称CA用户），可以自愿申请参加取消纸质申报表的试点工作。

（周非平）

【明确税务登记有关问题】 5月26日，印发《北京市地方税务局转发国家税务总局办公厅关于税务登记中企业登记注册类型有关问题的通知》（京地税征〔2009〕148号）。转发国税办函〔2009〕198号文件，明确各级税务机关在为纳税人办理税务登记时，应严格按照总局下发的《企业登记注册类型对照表》操作执行。

（周非平）

【印发委托代征个体工商户应缴纳的地方各税框架协议】 6月2日，印发《北京市地方税务局关于委托银行代征个体工商户有关税费问题的补充通知》（京地税征〔2009〕147号），下发了《关于委托代征个体工商户应缴纳的地方各税的框架协议》和《委托代征税费协议书（范本）》。

（周非平）

【组织召开双项分类工作法制度研讨会】 6月5日、19日北京市地税局两次组织召开研讨会，对双项分类法5项工作制度进行集中研讨和和修改，在此基础上，指导通州区地税局开展制度的试运行工作，编制试运行工作计划。

（周非平）

【召开个体定额系统需求研讨会】 6月5日、22日、23日组织全市21个区县、分局三次召开个体定额系统需求研讨会，详细介绍需求设计思路和主体内容，组织研讨，征求意见，听取汇报，进行下一步工作部署。

（周非平）

【国家税务总局召开征管业务座谈会】 6月11日，国家税务总局在北京市地税局召开征管业务座谈会，就欠税管理、税款征收、税源管理等工作中存在的执法依据、执法文书、执法程序等问题进行研讨。

（周非平）

【召开专题新闻发布会】 6月12日，召开关于使用数字证书办理纳税申报的纳税人试行取消纸质申报资料专题新闻发布会。对北京市地税局数字证书的使用情况、取消纸质申报资料的时间、要求等进行详细说明。

（周非平）

【四部门组织召开征管工作专题会】 6月17日，市局征管处、档案处、科技处、法制处共同召开全市征管科长专题会议。就有关取消纸质申报资料落实工作统一宣传口径，提出明确要求，一是要各单位在具体落实中做好解释宣传工作，要把为纳税人办好事、办实事的精神宣传、落实到位。二是必须在纳税人自愿的前提下，做好取消纸质申报资料工作，做好数字证书的推广使用工作，特别是对数字证书的推广使用工作情况市局无考核、无指标，要完全基于纳税人的意愿开展。三是针对上半年的纸质申报资料的归档问题进行了部署。

（周非平）

【召开欠税管理专职岗位试点工作座谈会】 6月18日，在顺义召开欠税管理专职岗位试点工作专题会，各试点局征管科长和欠税管理专职岗位干部参加会议，为进一步夯实欠税管理基础工作，继续推广“专职岗位”提供决策依据。

（周非平）

【与中国人民银行营业管理部签署信息共享框架协议】 6月30日，北京市地税局与中国人民银行营业管理部签署信息共享框架协议，率先在全国省级税务机关中与人民银行系统建立信息化合作关系。协议规定地税机关和人民银行征信系统的信息对接方式和资源共享范围，解决了税务登记管理中长期存在的纳税人银行账户信息缺失问题，帮助税务机关有效开展税收保全和强制执行措施，提高税务检查效率，同时也能为各商业银行提供更加有力的风险防范工具，实现了“互联互通、合作共赢”，并为今后双方深入合作奠定了基础。协议的签署，标志着北京税银合作有了实质性突破，进一步完善北京地税信息管税新格局。

（周非平）

【明确有关未申报税款的追征期限】 7月16日，北京市地税局转发《国家税务总局关于未申报税款追缴期限问题的批复的通知》（京地税征〔2009〕197号），进一步明确有关未申报税款的追征期限问题。

（周非平）

【对强化相关税种征管提出明确要求】 8月19日，北京市地税局转发《国家税务总局关于加强税种征管促进堵漏增收的若干意见的通知》（京地税征〔2009〕221号），对加强货物劳务税征管、所得税征管、财产税行为税征管、国际税收征管方面进一步明确与规范。

（周非平）

【提出加强税收征管工作7项措施】 8月21日，北京市地税局转发《国家税务总局关于印发〈进一步加强税收征管若干具体措施〉的通知》（京地税征〔2009〕223号）。结合总局文件提出要求一是加强户籍管理，防止漏征漏管；二是严格定期定额核定，规范个体工商户管理；三是落实欠税清理要求，规范后续管理工作；四是完善发票数据回放，服务评估检查；五是加强审核分析，完善税基管理；六是提高服务能力，加强纳税服务；七是加强信息共享，及时解决问题。

（周非平）

【确定“地税—银行”报表比对试点工作单位】 9月18日、25日同人民银行两次召开联席会议，推动信息共享工作。确定昌平区国税、地税局作为试点单位，承担昌平区纳税人的“地税—银行”双方报表的比对工作。

（周非平）

【四部门联合召开征管工作座谈会】 11月19日，市局征管处、纳税服务处、票证管理中心、纳税服务中心联合召开征管工作座谈会。会上传达了国家税务总局关于征管科技工作、纳税服务工作有关会议精神，四部门就贯彻落实总局工作精神，结合自身工作实际提出了2010年工作初步设想，在此基础上与会人员进行了广泛、深入的研讨。北京市地税局副局长吕兴渭出席会议并作重要指示，针对年底收尾工作、2010年工作准备、廉政建设问题、预防流感问题四个方面提出明确、具体要求，为进一步完成好2009年各项工作任务，规划好2010年工作打下坚实基础。

（周非平）

【清理简化税收业务类评比表彰项目】 11月26日北京市地税局印发《北京

市地方税务局关于清理简化税收业务类评比表彰项目工作情况的通报》（京地税征〔2009〕290号），将原有5个项目保留1项，简化2项，取消2项。

（周非平）

【提出以强化征管、优化服务为重点的“五双”工程建设工作目标】 在12月4日北京市地税局召开的全系统2010年工作务虚会上市局党组明确提出以强化征管、优化服务为重点的“五双”工程建设目标，即推行双渠道服务方式，“依托服务场所的有形服务和网站、电话等为载体的无形服务”、创新服务机制，提高服务质效；构建“总局—市局—区县局—税务所”纵向一体，“税收分析—税源监控—纳税评估—税务稽查”横向一体的双“四位一体”工作机制；探索纳税人按遵从风险和税收流失风险分类，税务机关按管理手段、服务措施和工作人员能级分类的双项分类工作法；实现内部和外部双渠道信息采集；健全内部和外部有机结合的双评价体系。

（周非平）

【深化税银合作机制】 12月10日，北京市地税局副局长任军、副局长吕兴渭应邀赴人民银行营业管理部恒华国际办公区参加两局信息共享工作座谈会。会议确定了“深化信息共享、建立税银风险管理机制”的总体思路，并围绕如何落实两局的信息共享框架协议进行了研究和部署。按照会议决定，双方将优化银行账号信息共享方式，深入开展税银报表比对，努力加强征管、堵塞漏洞，共同推动社会信用体系建设。

（周非平）

【国地税召开专题联席会】 12月23—24日，北京市国税、地税两局召开专题联席会议，加强联办税务登记后续管理，就现有税务登记工作深入探讨后就有关问题达成共识，并修订相关流程，形成《北京市国、地税局联合税务登记暂行管理办法》，为深化国、地税合作，加强信息共享建设奠定坚实基础。

（周非平）

【成立优化业务流程精简涉税资料工作领导小组】 12月25日，北京市地税局印发《北京市地方税务局关于成立优化业务流程精简涉税资料工作领导小组的通知》（京地税征〔2009〕294号），明确优化业务流程精简涉税资料工作领导小组组织机构和主要职责，为优化流程工作提供组织保障。

（周非平）

【再次公告35户欠税企业】 12月29日，对全市截至2009年11月30日，累计欠缴地方税收800万元以上的企业或单位26户，以及9户走逃、失踪或其他经税务机关查无下落的欠缴税款纳税人再次予以公告。

（周非平）

【2009年全市地税系统按季度发布4期欠税公告】 涉及16个区县局和直

属分局，共公告47户欠税人，较上年减少28％，其中办税服务场所公告27户，网络发布公告20户；公告欠税金额合计28808.31万元，较上年增加68％。

（周非平）

【2009年审批延期缴纳税款27户次】 涉及12个区县局、分局，税款17215.17万元。北京市地税局按照规定流程和要求对申请情况进行核查，经报请局长审批，对其中26户次、16466.41万元同意延期缴纳。

（周非平）

发 票 管 理

【综述】 2009年度，票证管理中心在市局党组和主管局长的正确领导下，紧紧围绕本局“加强领导干部作风建设，推进优化地税发展环境，确保税收增长年”活动的各项任务和实现让“上级机关满意、纳税人满意、税务工作者满意”的工作目标，真抓实干，经受挑战，进一步拓宽工作思路，完善相关管理制度措施，推进管理机制改革创新，努力提高票证管理水平，积极督促各项工作的有效落实，全力完成好全年任务。

（吴 澄）

【深入推广应用国标税控收款机】 推广应用国标税控收款机工作自2007年8月启动以来，随着各项制度措施的不断完善，此项工作进入常态阶段，工作重心逐步向精细化管理和信息系统完善方面转化。票证管理中心以完善国标税控发票管理信息系统为工作方向，按照税控机具的管理需要和国家税务总局精细化管理的要求，为方便纳税人使用国标税控收款机报数授权，减轻基层税务机关工作压力，会同相关处室、系统开发商、税控安全管理部门、基层征管部门积极研究国标税控发票明细报数方案，最终形成《国标税控收款机报送发票明细数据建设方案》报送评审，此方案在通过北京市信息办和市财政局的评审后，已经完成招投标工作。此项目上线运行后一方面可以采集使用国标税控机纳税人的发票明细数据，为加强税收征管工作提供数据支持，达到加强税源监控的工作目标；另一方面可以实现网上报数和授权，减轻纳税人和基层税务所的负担及工作压力，优化纳税服务工作。据统计，截至2009年12月31日，北京市地税局管辖的纳税户已有12.92万户购置使用14.34万台国标税控收款机，在用非国标税控收款机共计5.7万台，领购国标税控发票共2.19亿份，国标税控收款机推广应用工作进展顺利。

（云　鹏）

【推行发票管理新措施】 3月，按照《国家税务总局关于进一步加强普通发票管理工作的通知》（国税发〔2008〕80号）要求，结合北京市地税局发票管理的实际情况，印发《北京市地方税务局转发国家税务总局关于进一步加强普通发票管理工作的通知》（京地税票〔2009〕90号），在不法分子通过套购发票从事代开、虚开、倒卖发票等违法行为现象存在比较严重的《北京市服务业、娱乐业、文化体育业专用发票》和《北京市交通运输业、建筑业、销售不动产和转让无形资产专用发票》中，增设16种最高开票限额分别为1万元和10万元版的发票，以遏制通过套购发票用于倒卖或虚开发票的违法行为，减少税款损失。全年共制定及转发有关加强发票管理的文件制度共计15份，销售限额版发票2843.8万份。提升北京地税普通发票的防伪性能，采用先进的印刷技术在普通发票上增加“微缩文字、红外线温变和荧光油墨”三种发票防伪措施，提高了发票防伪的科技含量。采用新防伪措施的发票于2009年4月起在全市逐步启用。

（安宏志　马　洁）

【建立印务工作长效管理机制】 6月，重新制定《市局机关普通印刷品印务工作管理办法》，建立严格的印刷品印制价格审查机制，解决在普通印刷品印制工作中存在的“多头”管理、印制企业确定不规范、同类印刷品价格不统一的问题，达到统一管理、降低印制成本、确保使用的目的。9月、10月，在认真梳理工作流程的基础上，分别制定《北京市地方税务局票证管理中心印刷品印制计划制定管理办法》《北京市地方税务局票证管理中心印刷品印制计划分配管理办法》《北京市地方税务局票证管理中心印刷品工本费结算管理办法》以及《北京市地方税务局票证管理中心发票票样制定工作流程图》，4个管理办法涵盖印务管理的全过程，进一步规范印刷品印制计划制订、计划分配和工本费结算以及发票票样确定工作，促进了印务管理水平的提高。

（安宏志　刘　嘉　程艳琳）

【做好普通发票印制销售工作】 全年共安排印制普通发票13.3亿份，其中有奖发票印制2.29亿份，出租汽车专用发票印制5.05亿份，停车场专用发票印制2.64亿份，邮电通信业专用发票印制0.28亿份，以上4票种共安排印制10.26亿份，占总印制量的77 %。严格执行印制经费审批规定，有效地保证了票证印制经费使用安全，全年印制经费预算执行率达到99.9%。全年普通发票印制经费共支出9930.33万元，其中有奖发票1.99亿份，支出经费3783.65万元；停车场专用发票502.85万本，支出经费1106.26万元；出租汽车专用发票501.31万卷，支出经费1955.11万元。共安排印制税务登记证42.5万张，支出经费59.5万元；税收票证1196.3万份、支出经费219万元；各类申报表 2833.5万本，支出经费375.4万元；机关普通印刷品278.2万本，支出经费309万元。全年共为各区县局开具各类送票单5876份。

（安宏志 刘 嘉）

【开展发票安全大检查工作】 为迎接建国60周年大庆活动，确保发票安全，票证管理中心于7月25日—9月25日在全系统开展了以“抓制度落实，查找事故隐患”为重点的发票安全大检查工作，成立两个专项检查组，在各区县完成自查工作的基础上，分别对全系统22个区县局、分局发票库房进行实地检查，同时听取收集区县局、分局基层对发票管理方面的建议与意见。通过开展检查工作，各区县局、分局强化安全管理责任，对于检查发现的问题，及时制定整改方案，达到进一步增强安全防范意识、消除事故隐患的目的。

（吴 澄）

【实行新的有奖发票布奖方案 提升有奖发票管理手段】 本着提高布奖率、降低弃奖率、合理有效地利用兑奖资金的原则，实行新的有奖发票布奖方案：取消5元、10元、20元的奖项，即：布奖奖项为50元、100元、500元、1万元4项，将95%的布奖资金布入50元奖项。2009年全年共布入奖金8000万元，布奖个数为154.56万个，综合布奖率为0.7%，其中：布入50元奖项152.3万个，布入100元奖项2万个，布入500元奖项2500个，布入1万元奖项60个。2009年度实施新的布奖方案后兑奖率大幅提升，进一步调动消费者索要发票的积极性，收到较好的社会效果。据统计，2009年度有奖发票兑付191.58万张，兑付奖金2520.57万元（支付手续费46.16万元），其中兑付500元奖金为1.21万张、兑付1万元奖金为21张。

（程艳琳 马 洁）

【兑奖经费管理绩效考核获得好评】 2009年上半年，在北京市财政局对2008年度有奖发票兑奖经费项目进行绩效考评工作中，票证管理中心呈报的“北京市地方税务局有奖发票兑奖经费等项目绩效报告”被北京市财政考评委员会评审专家组评为优秀等级。

（程艳琳 马 洁）

【印制和调拨出租汽车燃油附加费专用发票】 北京市政府为进一步完善出租汽车租价与油价联动机制，决定自2009年11月25日起全市出租汽车将加收燃油附加费。届时驾驶员在出具《北京市出租汽车专用发票》的同时，还将出具1元的《北京市出租汽车燃油附加费专用发票》。此项工作时间紧迫、涉及面广、社会影响重大，为确保《北京市出租汽车燃油附加费专用发票》在全市范围的及时供应，票证管理中心及时与北京市发改委、市交通委反复沟通确定票样、价格、使用范围，预先制定发票印制计划、向区县局转发相关文件，在11月6日北京市政府批准正式启动此项工作后，在10天时间内完成首批7000万份《北京市出租汽车燃油附加费专用发票》的印制和调拨工作，确保发票第一时间配备到位，按照北京市交通委的要求保证此发票11月19日向全市出租汽车企业正式供应。

（安宏志）

【印制发送2008年度个人所得税完税证明】 3月30日前，组织完成全市8.17万个扣缴单位290万份个人所得税完税证明的印制任务并安全运送到指定地点。

（安宏志）

业务档案管理

【综述】 2009年档案处积极参加“加强领导干部作风建设，做国家利益的忠诚卫士”主题教育活动，有利推动各项工作开展。在全系统深入推广并成功运行税务档案扫描管理模式，继续加强税务档案工作指导力度，确保纸制税务档案从手工归档向扫描管理模式顺利转型，首次组织开展税务档案鉴定销毁工作。研究制定电子档案管理办法，提出电子原件归档管理系统需求。继续加强库房安全管理，顺利完成税务档案接收入库和整理工作。优化服务，积极开展档案利用工作。

（张　麟）

【全系统成功运行税务档案扫描管理模式】 为实现税务档案全面电子化和户籍式管理，适应档案工作发展趋势，经局长办公会研究决定，2009年在全市推广实施税务档案扫描管理模式，并将此项工作列为地税局优化发展环境项目重点工作之一。一方面，北京市地税局积极与系统开发、软硬件维护人员协调，于5月初完成区县局、分局安装设备和软硬件调试工作。在此基础上，组织完成了全系统扫描工作人员的操作培训，并根据系统运行情况和归档工作需要，不断对其进行优化和完善，有力地保证基层工作的顺利开展。另一方面，各区县局积极从制度建设、设备配置、人员场地、实际操作等方面进行落实，保证扫描工作顺利进行。截至年底，各区县局、分局共扫描税务档案

25395包，1262万余张。从运行效果看，各局普遍反映新管理模式有效简化了基层归档工作，提高工作效率，减轻基层单位归档工作负担。税务档案扫描管理模式全面平稳运行，效果良好，为纳税人档案资料一户式管理、税务档案的深度开发和提高利用效率奠定了基础，同时也为开展精简优化征管工作流程做好了充分准备。

（张　麟）

【全面开展税务档案鉴定销毁工作】 档案处按照相关法律法规规定有计划地开展了市地税系统首次税务档案鉴定销毁工作。首先，积极开展调查研究制定鉴定销毁工作方案。在全面掌握各区县局保存的已达到或超过保管期限的税务档案数量、类别等情况的基础上，在汇总各方意见并报请主管局长批准后，制定税务档案鉴定销毁工作方案，明确鉴定销毁工作流程，规范销毁工作有关资料表格。其次，以宣武、西站两局为试点，谨慎开展鉴定销毁试点工作。最后，北京市地税局在试点成功的基础上，拟制《关于2009年度各区县（分）局保存到期税务档案鉴定销毁工作的意见》，以税务档案专刊形式发给各区县局，并召开工作会布置相关工作要求，全面开展鉴定销毁工作。到12月底，各局均已完成本年度鉴定销毁工作，并将鉴定销毁资料上报市局备案。2009年全系统共鉴定税务档案12361卷，销毁税务档案5715卷。

（张　麟）

【研究制定电子档案管理办法】 根据2009年第4次局长办公会议精神，档案处结合实际情况，并征求各方意见，制定印发《北京市地方税务局关于印发〈北京市地方税务局税收征管电子档案管理办法（试行）〉的通知》（京地税档〔2009〕191号），首次明确税收征管电子档案的定义和管理原则，相关职能部门的责任，规范税收征管电子档案管理的标准，从制度标准上确保网络报送的电子签名文件的完整和安全。同时，有力支持北京市地税局开展的试行对数字证书用户取消纸质申报资料工作，从制度标准上确保网络报送的电子签名文件的完整和安全。与此同时，档案处研究提出《电子原件归档和利用管理子系统业务需求》，并积极配合有关处室在进一步完善的基础上研究确定实施方案。为切实开展电子文件的归档管理工作，确保电子档案安全、及时归档奠定了基础。

（张　麟）

【顺利完成税务档案接收入库和整理工作】 档案处开展并顺利完成对各区县局、分局2005年度非登记类档案接收入馆工作。截至10月30日共计接收档案82951卷，5832箱盒。与此同时，继续开展入库档案的整理工作，完成2005年度登记类档案撤卷、并卷、装盒、重新入库工作，共撤出 15315 卷，重新装盒1242盒。到2009年年底档案馆库藏档案库房占用率已达到

83%，接近饱和状态。档案处针对这种现状和归档模式转变的实际情况，对库房存储使用情况进行了清查，通过调研和认真研究，拟写完成《库藏税务档案移库方案》，为今后开展的档案移库工作奠定了基础。

（张　麟）

【开展档案利用工作】 根据国税发〔2008〕93号文件对涉税保密信息查询的统一规定，档案处与纳税服务中心积极协调配合，研究简化税务档案借阅程序。档案馆全年共接待上门借阅档案33批次，借阅111卷，复印2054页；电话借阅4次，借阅6卷。从总体情况看，借阅主要目的依然是发挥其查证作用，为征管、稽查和公检法调查取证工作提供了重要的凭证和依据。

（张　麟）

税务博物馆筹备

【综述】 2009年，博物馆筹备处在北京市地税局党组的亲切关怀和主管局长的直接指导下，认真贯彻落实2009年北京市地方税务工作会议精神，扎实开展学习实践科学发展观活动，根据市局党组关于开展“加强领导干部作风建设，推进优化地税发展环境，确保税收增长年”活动的要求和部署，在认真做好展览工作的同时，落实完成《优化发展环境任务项目分解落实表》内容，提高宣传水平，全心全意为纳税人服务；坚决执行局长办公会精神，安全圆满地完成了税务博物馆的搬迁工作。

（段宁轩）

【圆满完成税务博物馆搬迁工作】 北京市地税局第十三次局长办公会研究决定，税务博物馆搬迁至门头沟办公区。在北京市地税局领导和相关部门的支持帮助下，博物馆搬迁工作于9月上旬安全顺利完成。2009年9月29日北京市地税局与东城区政府正式签署提前解除《普渡寺使用协议》文件，当日发生法律效力，将普渡寺的安全和管理工作正式归还给东城区人民政府，圆满完成了市局党组交办的工作任务。

（段宁轩）

【普渡寺交接工作顺利完成】 在北京市地税局党组和局领导的支持下，在北京市地税计财务、保卫处、机关服务中心全力配合下，2009年12月 29日正式圆满完成了普渡寺的交接任务。

（段宁轩）

公告编辑发行

【综述】2009年，公报编辑部在北京市地税局党组的正确领导下，紧紧围绕实现“保增长、保民生、保稳定”的工作目标，深入开展“加强领导干部作风建设，推进优化发展环境，确保税收增长年”和“做国家利益忠诚卫士”主题活动，一切以纳税人和税务工作者满意为出发点和落脚点，深入基层调查研究，不断探索工作中好的做法，积极参与“优化服务环境，创建和谐征纳关系”的有关工作，进行在线答疑，了解纳税人和基层税务工作人员对《北京地方税务公告》（以下简称《公告》）的需求，做好《公告》的编辑、出版、免费赠阅和网络电子版的刊登等工作，发挥《公告》的税法宣传功能，收到较好的宣传效果。

（韩庆玲）

【《公告》的编辑】编辑部对北京市地税局印发的对征纳双方具有普遍约束力的规范性文件，有重点、有计划、及时地进行编辑。按文件的内容划分，将文件分为综合类文件和业务类文件，其中业务类文件再按税种进行划分，分为营业税、企业所得税、个人所得税、土地增值税、房地产税等栏目。文件的刊登，做到急件急发，注重文件的时效性；字数多、重要的文件尽量在一期内刊登，注重文件的连续性。送局领导审批之后，于每月30日之前交与印刷厂排版印刷。2009年共编辑《公告》12期，刊登规范性文件112件，累计刊登796件，年达48万字。

（韩庆玲）

【《公告》的出版与赠阅】《公告》分为电子版《公告》和纸质《公告》两种，于每月15日前出刊，每月一期，全年12期，累计出刊72期。电子版《公告》在北京地方税务局外网上刊登，纸质《公告》送到各区县局、分局，每月赠阅2.4万册，年赠阅28.8万册，同时印制合订本4000册发放到系统内干部手中。

（韩庆玲）

税收法治

税收法治工作

【综述】2009年，全市地税系统法制机构按照北京市地税局以优化地税发展环境为主题，围绕两条主线，构建一个保障，建设五型机关，实现三个满意的总体要求，深入推进依法行政，为税收工作提供及时、有效的法律服务和保障。采取有效措施，优化执法环境。注重规范执法与组织收入相结合，充分发挥法制工作机构的参谋助手和法律顾问作用，参与市局重要事项的研究，对事项涉及的法律问题提出意见，积极开展规范性文件合法性审查和备案审查工作。按照北京市政府要求，认真开展规范性文件清理工作。认真维护《北京地方税收法规》《北京市地方税务局制度汇编》和税收法规库，规范抽象行政行为。组织开展日常、专项执法检查，认真贯彻落实执法责任制工作，严格落实执法过错责任追究，依法开展行政复议、应诉工作，建立税务行政复议和解调解制度，进一步规范具体行政行为。

（王　珊）

【优化执法环境】为贯彻落实北京市地税局党组“加强领导干部作风建设，推进优化地税发展环境，确保税收增长年活动”的精神和要求，法制处作为市局“优化执法环境组”牵头单位，组织协调小组成员单位，召开工作方案讨论会，研究工作思路，并在顺义局、宣武局和丰台局召开座谈会，向各区县局、分局征求优化本市地税系统执法环境，促进税收收入增长的意见和建议共计40条。在此基础上拟定《“优化执法环境组”工作方案》，提出优化项目3项，具体措施14条。其中涉及法制工作的具体措施共9条，即制定全系统领导干部学法用法制度、行政处罚案卷评查办法、执法主体和执法依据即时更新制度、税收执法协调制度和新法宣传制度、建立税务行政复议接待室、优化税收法规库查询功能、开展2009年专项执法检查和制定本市地税系统税务行政处罚自由裁量权执行标准。法制处还多次协调北京市地税局相关处室对基层集中反映的执法问题进行沟通，提出指导意见。一年来，共指导、协调基层办理各类案件20余起。

（王　珊）

【提供法律支持和法律服务】年内，法制处共参与研究全局性问题64项，为保证决策的合法性发挥职能作用。法制处还认真做好征求意见工作，为税收政策的执行和基层执法提供法律支持和法律服务，全年共办理完成征求意见稿263件。其中国家税务总局、北京市法制办、市财政局等单位征求意见稿12件，北京市地税局处室书面征求意见稿251件。按照北京市地税局领导要求，法制处积极协助税务博物馆筹备处完成了终止普渡寺租借协议的签订工作。

（王　珊）

【开展规范性文件合法性审查和备案审查工作】2009年共对61件规范性文件进行合法性审查，会签其他文件13件。按时向国家税务总局和北京市政府法制办分别报送备案税收规范性文件各39件。还对各区县局、分局上报的6份文件进行备案登记和备案审查。规范性文件的前置审查工作和发文后的备案备查工作相互衔接，确保制定的规范性文件合法有效。

（王　珊）

【税收规范性文件清理工作】根据北京市政府文件清理工作的要求，北京市地税局对自行制定的1335件规范性文件提出明确的清理意见，向市政府报送文件清理工作报告，并先后正式下发北京市地方税务局第三批、第四批已失效或废止的税收规范性文件目录。各区县局、分局根据市局清理结果，完成了对本单位制定的相关税收规范性文件的清理工作，并对外公布失效或废止的税收规范性文件目录。

（王　珊）

【开展税收执法检查工作】为进一步加强执法监督，北京市地税局组织开展2009年度税收执法检查工作。检查形式包括日常执法检查和专项执法检查。由各区县局、分局自行组织的日常执法检查项目全年共计355项次，累计检查各类执法文书、材料13359份（卷），发现问题1846份（卷）。在各区县局、分局开展专项执法检查自查的基础上，北京市地税局检查组采取随机抽卷、集中检查的方式对全系统2008年7月1日—2009年6月30日已结案的税务稽查处罚案卷开展评查工作，同时对8个区县局的18项工作进行重点检查，共检查各类执法文书及案卷2351份（卷），发现执法问题357份（卷）。市局对有关情况进行通报。

（王　珊）

【落实过错责任追究】房山区、怀柔区地税局结合执法检查开展了执法过错责任追究工作，累计对15名干部进行了责任追究，其中科级干部2人，科级以下干部13人。

（王　珊）

【依法开展行政复议和应诉工作】年内，全系统共办理税务行政复议案件14起。其中北京市地税局7起，区县局7起。市局办理案件中，4起维持，1起驳回复议申请，1起告知复议管辖机关，1起不予受理。区县局办理案件中，朝阳区地税局3起，2起申请人撤回申请，1起不予受理；通州区地税局2起维持；大兴区地税局1起维持；海淀区地税局1起，申请人撤回申请。全系统共发生税务行政诉讼案件9起。其中，市局2起，通州区地税局6起，西城区地税局1起，均胜诉。

（王　珊）

【建立税务行政复议和解调解制度】为发挥税务行政复议解决行政争议、化解征纳矛盾的作用，北京市地税局制发《北京市地方税务局税务行政复议和解调解办法（试行）》（京地税法〔2009〕121号），明确规定和解和调解工作程序及文书，为有效利用和解、调解方式解决争议提供了制度保证。

（王　珊）

【加强行政复议应诉管理工作】为贯彻落实市政府有关工作要求，北京市地税局对近3年来的行政复议工作进行全面自查，完成了税务行政复议接待室对外挂牌、行政复议专线电话设置及网上公示、“网上递交行政复议申请”专栏设计等工作，进一步畅通了复议渠道。同时，市局在依法办理复议应诉案件和指导各区县局办理案件中，切实维护纳税人合法权益，注重沟通协调，使有关案件得到妥善处理。

（王　珊）

【法规服务工作】税收法规库全年共收录新增文件175件，做全文废止文件标识289件，部分条款废止文件标识35件。同时，对法规库网页进行改进，对“基本法规”栏目进行更新整理，提供更为方便快捷的法规服务。完成《北京地方税收法规》《北京市地方税务局制度汇编》的季度及年度维护清理工作。

（王　珊）

【落实调研工作】法制处在局领导指导下，就本市地税系统规范处罚自由裁量权问题进行研究，形成题为《关于税收行政处罚自由裁量权的思考》的调研报告。按照北京市政府和国家税务总局的要求，完成《全面推进依法行政实施纲要》五年工作情况总结，对进一步推进依法行政工作提出了建议和意见。完成《北京地税建局十五年发展历程》法制建设部分的撰写工作。

（王　珊）

纳税服务

概　况

2009年，纳税服务工作按照北京市地税局党组提出的“一二四五”工作思路，总结经验，进一步提升服务意识，创新纳税服务工作，完善纳税服务体系，优化纳税服务措施，各项工作取得了良好成绩。北京地税网站在国家税务总局组织的省级税务网站评比中连续名列前茅，在北京市政府网站评议中再次被评为优秀政府网站。北京市地方税务局被北京市非紧急救助服务中心授予“国庆60周年服务保障”优秀单位。

（蔡　莹）

网站建设情况

【综述】 北京地税网站是北京市地税局面向社会为纳税人提供服务的重要窗口，开展和加强网站建设对于推动北京市地税局电子政务的开展，提高税收征管质量和效率，降低征纳成本，保障纳税人合法权益，创建良好税收秩序，起到了十分重要的作用。2009年，北京地税局采取各项保障措施，确保60年大庆期间网站安全平稳运行，并积极创造条件，实现北京地税网站与纳税人密切沟通，协调各方，积极完善网站服务功能，为纳税人提供方便、快捷的网上服务，网站首页全年访问量达到1373万人次，各项工作得到纳税人和社会各界的广泛认可，自2002年开始北京地税网站连续被北京市政府评为优秀政府网站，2007年、2008年、2009年在全国税务系统网站评比中一直名列前茅。

（组步皋）

【北京地税网站在网站评估中名列前茅】 北京地税网站在国家税务总局组织的"省级税务网站评估"活动期间，积极开展网站自查工作，并按照总局网站评估要求对需要新增及完善的栏目与9个相关处室进行了协调，共同对北京地税网站进行了完善。据统计，自查期间北京地税网站新增、完善了重大项目、纳税指南、新闻发布会、遗失公告、人事任免、干部队伍建设、机构设置、领导讲话、领导分工、税务公告、领导介绍、计划总结、政府采购、发票销售、公务员录取、热线专栏、全局动态等20余个栏目，并对总局地税频道内所有栏目进行了更新。通过各单位的努力，北京地税网站的内容进一步完善，提供的服务进一步丰富，在国家税务总局组织的2009年度省级税务机关互联网站评估活动中，北京地税网站在69个省级税务机关网站中名列前茅。在北京市纠风办、信息办组织的2009年度北京市政府网站考评工作中，北京地税网站因工作成效显著，再次被评为优秀政府网站。

（组步皋）

【北京地税网站运转情况】 根据纳税人的需求，北京地税网站通过4次改版，形成了由北京市地税局主页和22个处室、直属单位及24个区县局、分局、1个英文版网页、1个繁体版网页构成的大型专业税务网站，主页共设置栏目80余个并按功能划分为政务公开区、办税中心区、税务查询区、专题栏目区、子网站群区、政府信息公开专栏6大区域。全局共有网站维护人员800余人，2009年，共有107307人次使用"网站维护管理信息系统"对网站进行更新维护操作，平均每个工作日297人次；各单位自行上传发布各类信息、公告共46852条，总计2721万字；各单位提出各类网站更新维护需求共2482项，其中：网页改版类74项，内容更新类1977项，增加栏目类80项，其他类361项。合计1373万人次访问北京地税网站首页。

（组步皋）

【开展网络互动】 注重加强与纳税人的日常交流互动，北京地税网站设立"网上咨询""网上投诉""网上举报""留言板""局长信箱""网上调查"等多个栏目与纳税人进行互动交流，为纳税人排忧解难。2009年，共受理纳税人来信12364件，其中回复纳税人咨询问题9822件，受理举报和投诉357件，处理网上留言1834件，局长信箱来信351件，以上来信均已按规定时限和工作流程处理、回复纳税人。

（蔡　菁　王　哲）

【纳税咨询转办件办理情况】 年内，对国家税务总局网站及北京市纠风办、信息办转发到市地税局网上纳税咨询信件，全部做到及时受理细致解答，并按规定时限回复纳税人。其中部分办理件被主管部门评为优秀办理件。全年共受理北京市纠风办、信息办政风行风评议来信144件，国家税务总局网站转办来信680件。

（薛　青）

【组织在线答疑】 举办12期网上在线答疑活动，主题分别为："打击发票违法行为　维护公平税收秩序""提升纳税服务质量　优化纳税服务环境　创建和谐征纳关系""优化宣武经济环境　方便服务纳税人""优化纳税服务环境　创建和谐征纳关系""加强税收信用体系建设　营造依法诚信纳税税收环境""坚定信心保增长，优化环境促发展，转变作风抓落实，确保完成全年各项工作任务""优化地税发展环境　帮扶企业应对国际金融危机""学习实践科学发展观　优化地税发展环境　推动丰台区域经济健康发展""迎国庆　讲文明　树新风　以科学发展观为统领　精细税源管理　优化发展环境""优化地税发展环境　促进生态涵养区经济发展""始于纳税人需求、基于纳税人满意、终于纳税人遵从——深入学习实践科学发展观　不断提升纳税服务水平""优化地税发展环境　提升纳税服务水平　努力打造纳税人满意的政府服务部门"。据统计，平均每次答疑活动网友提出问题100余个，在线浏览量达1900余人次。

（组步皋）

【强化网站监管职能】 为方便纳税人及社会各界了解相关企业情况，在北京地税网站设置欠税户查询、非正常户查询、税务登记证件失效户查询、税务登记证件违法户查询、纳税千强查询、纳税信用A级企业查询等栏目。2009年共发布4073条非正常户信息、93741条税务登记证件失效户信息、4073条税务登记证件违法户信息、4356条纳税信用A级企业信息、48条欠税户信息。

（组步皋）

【做好国家税务总局互联网站地方频道内容保障工作】 对国家税务总局网站内容保障工作高度重视，并设置专人负责对总局网站地税频道栏目内容进行更新维护，2009年共对工作动态、税收法规、行政许可、领导信息、机构设置、计划总结、数据统计7个栏目的内容进行更新，其中工作动态：更新1086条信息，共计268255字；税收法规：更新166条信息，共计384865字；计划总结：更新5条信息，共计15351字；行政许可：更新57条信息，共计5686字，7个栏目共计1314条，674157字。同时完善办税指南栏目的内容。此外北京地税网站2009年内受理总局转办咨询问题共计1242件，全部按规定时限进行回复。

（组步皋）

【做好国庆期间网站安全保障工作】 北京地税网站在国庆前夕认真总结并分析当前网络系统的安全形势以及存在的安全隐患，制定应急预案，提高工作人员安全意识，做好防范和日常检查工作；加强对网站操作人员及电子邮箱用户的安全使用教育，严格落实网站邮箱、网站后台操作管理等工作制度，并对网站后台操作权限和电子邮件系统用户进行清理，删除长期不使用的权限及用户，明确各权限管理人员及各邮箱使用人员，并一律采用实名制登陆，确保北京地税网站信息的安全发布以及电子邮箱的安全使用；国庆期间网站工作人员实行24小时值班制度，对通过网站发布信息的准确性进行监控检查，避免出现网路中断或信息发布错误等情况。国庆期间北京地税网站运行正常，未发生安全事故。

（组步皋）

12366 服务热线情况

【综述】北京地税12366热线是北京市地税局直接面向纳税人的重要窗口。2009年，纳税服务工作按照市局党组提出的“一二四五”工作思路，总结经验，进一步提升服务意识，创新纳税服务工作，完善纳税服务体系，优化纳税服务措施，各项工作取得了良好成绩，全年共处理话务1111858件。北京市地税局被北京市非紧急救助服务中心授予“国庆60周年服务保障”优秀单位。

（李京宇）

【坚持电话回拨制度】按照“打进热线三次以上未能接通的电话，每日由专人负责进行回拨”的要求，及时主动地联系、解决纳税人的困难和问题，本年度共主动回拨电话69550件，受到社会各界和国家税务总局领导的好评。

（李京宇）

【落实信息反馈工作制度】作为纳税人与税务机关之间沟通的重要桥梁和纽带，12366热线工作人员坚持“换位思考”，及时了解纳税人需求，反馈纳税人呼声，将纳税人的困难和意见、建议及时反馈到有关部门，以实际行动为纳税人提供真诚的服务，本年度共反馈纳税人意见38件。纳税人的大部分建议已经得到有效落实，促进了北京地税纳税服务工作整体水平的不断提高。

（周　聪）

【热线全年人工受理情况】年内，12366热线中心坐席工作人员接听处理336711件（含主动回拨话务69550件），远程坐席工作人员自行接听处理话务402605件。按业务类型划分：纳税咨询685344件，举报投诉5719件，所有话务均已按照规定时限、程序处理答复或转交相关部门办理。按咨询问题的内容分，申报办税类问题32%，税收政策类问题33.8%，税收法制类问题0.5%，涉及发票类问题5.4%，其他类咨询问题28.3%。按咨询问题所涉及的税种分：个人所得税23.8%，车船税31.8%，营业税12.9%，企业所得税6.2%，契税8%，印花税4.4%，房产税3%。

（李京宇）

【热线系统全年自动处理运行情况】 12366北京地税热线系统提供24小时系统自动受理服务，纳税人可以通过系统地发送传真功能和播放录音功能获取自己所需要的税收资料，通过留言和传真方式提交资料，随时查询发票真伪和个人所得税明细申报状态以及进行电话报税。2009年，热线系统自动处理话务372542件，其中包括：语音留言596个，接收传真914件，纳税人收听语音咨询43615次，索取传真2626件，受理发票查询58562次，个人所得税明细申报查询4256次，电话报税20751次。

（周　聪）

其他纳税服务工作情况

【制定优化服务环境落实方案】 全面落实“加强领导干部作风建设，推进优化地税发展环境，确保税收增长年”活动的要求，优化服务环境小组制定包含4大类24项工作任务的优化服务工作方案，建立信息反馈及监督机制，确保活动有条不紊，扎实有效地开展，并牵头组织了以优化服务环境为主题的纳税人座谈会、在线答疑及研讨会等活动，及时与纳税人和基层税务人员沟通，了解当前纳税服务当中存在的问题，有针对性地改进措施，落实“两个减负”工作要求，丰富服务内容，创新服务手段，营造和谐征纳关系，促进纳税遵从度的提高。

（蔡　莹）

【结合“帮扶工作”落实走访服务制度】 在总结部分区县的经验基础上，在全市范围内推行走访服务，通过对重点税源户及A级信誉企业、新办企业、遇有办税困难企业三类纳税群体的走访，有侧重点地掌握企业需求，提供有针对性的服务。走访工作推出以后，各局均按照文件要求制定了各自的走访计划，并结合“帮扶工作”高质量地完成全年的走访任务，走访成效显著，收集上千条纳税人意见和建议，大部分均得到了妥善解决。部分区县局还根据纳税人的建议结合本局实际，推出了一系列创新的服务措施，加大了宣传力度，有效促进了税企之间的良性互动。

（蔡　莹）

【贯彻落实《纳税人涉税保密信息管理暂行办法》】 按照国家税务总局《纳税人涉税保密信息管理暂行办法》的要求，在认真研究总局办法的基础上，多方征求意见，结合本局实际情况，纳税服务中心制定了相关的转发意见，并将保密工作列入到执法检查的重点工作项目，强化工作的监管力度，确保工作有序开展，有效落实。《办法》推行以来，各局均按照北京市地税局的工作要求，结合本辖区的情况，制定相应的涉税保密查询程序，完善内部管理，做到职责明确、责任落实到人；在外部查询管理上，做到规范填制和保管有关申请资料。此项工作开展以来，未发现一起因纳税人涉密信息的泄露而导致的税收纠纷，切实维护了纳税人的保密权。

（蔡　莹）

【继续执行座谈会制度】 按照建立纳税人座谈会制度的要求，纳税服务中心于2009年度继续开展纳税人座谈会，并结合北京市地税局“活动年”整体工作安排，召开主题为“优化服务环境　共谋和谐发展”的纳税人座谈会，对北京地税在服务态度、服务内容、服务方式和服务手段等方面征求各方意见和建议。同时，就进一步提升地税系统服务质量、促进征纳关系和谐发展等问题进行了充分的沟通和交流。各区县局、分局也开展主题多样的座谈会，2009年，全市共开展座谈会158个，为推动纳税服务工作的发展提供良好的借鉴。

（蔡　莹）

【开展2009年度纳税人综合满意度调查】 为保持纳税服务的不断深化，将满意度调查工作扩展到日常监督落实之中，按照北京市地税局“优化地税发展环境年”的工作要求，以提高纳税服务水平为核心，构建和谐征纳关系，北京市地税局继续采取公开招标的形式，委托专业调查公司开展2009年度“纳税人满意度调查暨征询纳税人意见工作”。通过对11659份有效调查问卷的统计，2009年度纳税人综合满意度达到91.98%，比2008年的91.95%略有提高。满意度调查由办税人员满意度调查、纳税人高层满意度调查和对办税场所暗访调查三部分组成，调查内容主要包括办税服务质量与效率、信息及税法宣传服务、咨询服务及首问责任制、纳税服务场所满意度等方面。同时对税务机关帮扶企业应对国际金融危机、CA用户可以自愿申请参加取消纸质申报表等北京地税2009年开展的重点工作，进行了有针对性地调查，区分政策性和人为性的因素，力求使调查结果更加全面地反映纳税人对税务机关的评价。

（杨　頔）

【成立纳税服务处】 纳税服务处于2009年10月成立。按照北京市地税局处室“三定方案”规定，纳税服务处主要职责包括：负责组织北京市地方税收纳税服务体系建设，拟订纳税服务工作规范和操作规程；组织协调、实施纳税辅导、咨询服务、税收法律救济、投诉受理、税收争议调解等纳税服务工作；负责办税服务厅、12366纳税服务热线、网站等纳税服务平台的制度建设；协调管理注册税务师事务所等中介机构；负责组织开展企业纳税信用等级评定工作及后续管理工作；负责组织地方税务信用体系建设。

（施　宏）

【应急处理二手房新旧政策衔接工作】 随着二手房优惠政策临近截止，二手房交易市场不断升温，一些办税服务厅开始出现拥堵。北京市地税局党组正确研判形势，迅速组织跨处室的协同作战和督办，并发布应急预案。纳税服务处作为牵头处室，通过积极与市建委协调，及时获取二手房交易的网签信息，提前掌握相关动态；通过对未来几个交易日的业务量进行预测，提示分局提高各项工作措施的针对性；通过调查研究，明确应急预案的启动标准，完善应急预案的各项细节；通过通报各区县的成功经验，推动相互借鉴和学习；通过建立日报告制度，及时掌握工作进展情况和业务量变动趋势。这次二手房办税高峰历时较长、情况复杂，相关业务涉及6个处室、5个副局长分管领域、17个分局（西客站分局未涉及）的近30 个办税场所。通过各相关处室和分局的共同努力，二手房新旧政策实现平稳衔接，圆满完成此项工作任务。

（施　宏）

纳税评估

纳税评估工作

【综述】 2009年，北京市评估工作以坚持科学化、精细化管理和全面提高税源管理水平为目标，不断完善纳税评估指标体系，加强对重点税种的日常监控，深化重点行业、重点税源户专项评估，评估工作取得显著成效。全年共对10.8万户纳税人履行纳税义务的情况进行了评估，入库12.92亿元，同比增长34%，督导、复核11家国家税务总局定点联系的大企业集团及其所属502户企业自查纳税情况，督导入库5.2亿元。创新“六项工作”，全面深入开展纳税评估工作，即按照北京市地税局党组对信息化工作的统一领导和统筹规划，完成纳税评估软件和税收管理员软件整合试点；开展零申报企业评估，利用纳税评估的手段切实加强税源监控力度；通过科学的考核机制和严格年度执法检查相结合的方式，建立规范有效的纳税评估工作监督考核机制；引入“项目管理”模式，有效开展专项评估调研；深化管理，开展审计抽样评估试点；贯彻党风廉政建设责任制，推进“惩防”体系建设。

（姜松霞）

【进一步实现对重点税种的日常监控】 全系统充分利用日常评估工具软件，通过流转税、所得税、财产税、规费、提请评估五大类19项指标，以税种关联性比对、税款同期比对、与税控信息比对、与财产登记信息比对、零申报提示及亏损提示等方式，进一步实现了对重点税种的日常监控。日常纳税评估生成预警总户数10.3万户，完成评估10.2万户，疑点核实率99.04%，有问题4.44 万户，有问题率43.53%，共补缴税款、滞纳金和罚款总额8.15亿元。

（王　洁）

【深化重点行业的专项纳税评估】 对房地产开发与经营、建筑、餐饮、娱乐业等12个行业以及印花税、契税等税种开展专项评估，对国家税务总局指定的25户重点税源纳税人进行专项评估工作。专项评估共计6639户，发现有问题户数3058户，有问题率达46%，补缴税款、滞纳金和罚款等共计4.77亿元。

（孙永田）

【开展重点税源专项评估工作】 落实

国家税务总局关于“开展重点税源专项评估”工作，研究评估方法和风险指标，指导区县局开展“税收政策辅导”及风险指标测算，按照总局有关要求，开展重点税源户指定评估25户，涉及“大型餐饮、娱乐、美容美发连锁经营”行业的自选评估168户。

（胥子清 张春生）

【开展对零申报纳税人的纳税评估】 为进一步规范企业申报行为，加强对零申报企业的管理，利用纳税评估的手段切实加强税源监控力度，评估处于2009年重点开展了对零申报企业的纳税评估，共组织区县局对65066户2008年度零申报企业，逐一进行核实。补缴税款和给予行政处罚的纳税人892户，涉及金额574万元。

（张冬梅）

【建立监督考核机制】 通过科学的考核机制和严格年度执法检查相结合的方式，建立规范有效的纳税评估工作监督考核机制。在全面考虑历史年度税源管理的综合情况基础上，充分征求区县局意见，根据评估补税率指标对区县局、分局2009年度工作进行考核。对东城区、朝阳区、海淀区、房山区、大兴区、丰台区地税局6个单位2008年10月1日—2009年9月30日的日常评估、专项评估疑点确定情况、疑点与核实一一对应情况、滞纳金加收情况、日常评估软件A类指标运行情况以及2009—2010年度纳税信用A级评定情况等内容进行检查。检查日常评估档案18份，检查专项评估档案23份，检查纳税信用A级评定档案19份。

（王 洁 张冬梅 贾忠华）

【督导总局定点联系企业税收自查工作】 根据《国家税务总局办公厅关于2009年度部分定点联系企业税收自查工作安排的通知》及《国家税务总局大企业税收管理司关于部分总局定点联系企业税收自查复核工作的通知》的文件精神，评估处与市国税局相关部门成立联合督导工作组，对中国石油等11家企业集团总部及其在京全部成员单位2006—2008年度履行纳税义务情况以听取汇报和实地走访等形式进行督导。督导税收自查和自查复核企业共计502户，补交税款、滞纳金5.2亿元。

（周 易）

【试点审计抽样评估工作】 9月18日，在石景山局召开审计抽样评估工作现场会，在石景山地税局率先进行审计抽样评估试点，尝试在纳税评估流程管理过程中实行标准化管理，探索解决评估过程中存在的不规范问题，以有效控制评估风险，进一步规范纳税评估工作。

（孙永田）

【联合评定北京市纳税信用A级企业】 与国税局联合评定2009—2010年度北京市纳税信用A级企业2736户，比上一个评定年度增加了36%。名单在《北京日报》《北京地方税务公告》和北京市地税局网站上向社会公布并提供查询。

（张冬梅 谷 静）

【推进“惩防”体系建设“做国家利益的忠诚卫士”活动】 根据北京市地税局党组“加强领导干部作风建设，推进优化地税发展环境，确保税收增长年”活动要求，评估处第一时间组织全处干部认真学习相关文件精神，结合工作实际认真查找廉政风险点，制定出详细活动方案，并召开“做国家利益的忠诚卫士”区县局意见征求会，对纳税评估工作中容易存在风险的环节进行梳理并提出相应控制措施，多项措施落实“做国家利益的忠诚卫士”活动。

（姜松霞）

【有效开展专项评估调研】 纳税评估调研工作是纳税评估的一项延伸工作，是提高纳税评估工作质量，提升税源管理水平的必要举措，在做好重点税源、重点税种和特殊行业专项评估基础上，按照“现代项目管理学”的要求，采取市局和区县局共同调研的方式，发挥市局整体性、全面性和区县局有针对性、重操作性的优势，统一开展专项评估调研。通过采取统一调研工作步骤，明确调研范围和内容，共同完成《关于审计抽样纳税评估法的应用研究》《如何加强零申报税源管理》和《探索纳税评估与稽查工作科学发展的新途径》，深入对重点税源行业进行调查研究，掌握其经营特点、业务流程、财务核算等情况，更加有效地加强税源管理工作和有针对性地为纳税人提供深层次的服务。

（贾忠华）

税务检查

税务检查工作

【综述】2009年，按照北京市地税局党组提出的“以科学发展观为统领，深入贯彻落实党的十七大、十七届三中全会、中央经济工作会议、中共北京市委十届五次全会和全国税务工作会议精神，紧紧围绕‘保增长、扩内需、调结构’和建设‘人文北京、科技北京、绿色北京’的要求，以组织收入为中心，创新思路，健全机制，强化管理，转变作风，全面优化地税发展环境，全力服务首都经济社会发展大局，全心服务纳税人，推动全市地税工作科学发展再上新台阶和以优化地税发展环境为主题，围绕两条主线，构建一个保障，建设五型机关，实现三个满意”的指导思想、主要任务和总体要求，在市局党组的正确领导下，在各有关部门积极支持和全力配合下，围绕组织收入中心任务，全面开展税务稽查工作，圆满地完成年度稽查工作任务。2009年查补金额、入库金额大幅上升，超额完成组织收入任务，稽查收入创历史新高。北京地税稽查系统对5739户纳税人进行稽查检查；有问题4165件，有问题率85.82%，查补千万元以上的案件13件，定性为偷税的案件49件，其中达到移送标准已移送的3件，共查补收入47.6126亿元，同比增加38.9835亿元，增加4.5倍；入库金额46.6630万元，入库率98.01%，同比增加38.4788亿元，增加4.7倍；完成全年稽查组织收入任务的2.7倍，为全局完成税收任务作出突出贡献。稽查处明确税务稽查工作指导思想、围绕组织收入中心任务，全面部署和开展税务稽查工作。全面推广分级分类稽查。突出稽查重点，实现组织收入目标，通过税务稽查的手段积极配合市局实现抓大、管中、不放小的管理思路。明确稽查任务，强化工作考核指标。建立健全完善的稽查工作内部控制制度，有效防范执法风险。创新稽查工作方法，用足用好现行税收法律法规，实现政治效果、法律效果、经济效果和社会效果的有机统一。实行阳光稽查，建立评估、稽查互动协作机制。针对行业特点，深入开展税收专项检查工作,严格按照国家税务总局部署开展指令性和指导性专项检查。严格贯彻国务院及税务总局工作部署，大力开展税收专项整治活动。积极开展涉税举报案件的管理和查办工作，以及税收协查和国际税收情报交换及反避税工作。认真开展重大税收违法案件的查处工作。

（毛　杰）

【重大税收违法案件查处工作】 北京市各级稽查局查处一批有影响的重大涉税违法案件，取得较大的工作成绩，对涉税违法行为形成了强有力的震慑作用。全市共受理上级交办及其他部门转办的重、特大涉税违法案件34件，较2008年的52件略有下降，但由于查处要求更加严格，督办案件相对集中于直属稽查局，承办全市受理案件的近40%。共受理督办中纪委、公安部、国家税务总局、北京市委、市政府等上级部门交办以及北京市公安局等兄弟单位转办的重、特大涉税违法案件34件。截至2009年年底，已查结12件，仍在查22件。

（华　方）

【税务专项检查】 按照国家税务总局明确的税收专项检查的指令性计划和指导性计划，北京市各区县局、各分局稽查局重点开展对建筑安装业、营利性医疗及教育培训机构、中介服务业、拍卖企业的税收专项检查。各区县局在确保完成全市指令性税收专项检查工作部署的基础上，结合本辖区税收征管的特点，开展对3年以上未实施稽查的重点税源企业和其他行业的税收专项检查。通过对总局、市局确定的专项检查指令性和指导性行业的征管情况的掌控，全市共安排对建筑安装业等4个行业1810户企业进行税收专项检查。制定本单位的《2009年税收专项检查工作方案》，工作方案充分体现“标本兼治、以查促管”的工作原则，为进一步规范行业纳税行为和完善行业税收征管奠定坚实的基础。为更好地开展专项检查，在北京市税务局统一指导、协调下，各稽查局结合检查行业的范围，聘请行业管理人员及相关业务处、科室对检查人员进行专业培训，了解所查行业的经营特点、财务核算方式、财务收支类别及容易出现问题的环节，为提高检查效率奠定基础，根据《国家税务总局关于2009年税收专项检查工作的补充通知》要求，为加强对股改限售股（“大小非”）和首次公开发行股票（IPO）限售股减持纳税申报情况的监管，堵塞税收征管漏洞，从2009年9月起，开展对股改限售股（“大小非”）和首次公开发行股票（IPO）限售股的持有企业的税收专项检查。检查对象为股改限售股（“大小非”）和首次公开发行股票（IPO）限售股的持有企业（简称企业持有者）。重点是检查企业持有者减持已解禁限售股取得收入的纳税申报情况。

（孟　刚）

【大型企业集团自查】 根据《国家税务总局稽查局关于召开部分大型企业集团税收自查工作税企交流会的通知》（稽便函〔2009〕29号）要求，分两批组织对中信银行等60家大型企业集团的税收自查工作，企业自查期为2005年—2007年，在组织60家大型企业集团自查中，共涉及企业集团成员单位及在京分支机构377家。为迎接建国60周年，进一步贯彻落实北京市委、市政府“保增长、扩内需、调结构”和“确保2009年财政收入增长10%”的指示精神，按照年度工作会议制定的组织收入措施，各级税务稽查部门充分发挥稽查职能作用，积极开展辖区内中央企业、大型企业集团等重点税源户的税收自查工作。为保证企业税收自查工作的顺利进行，取得成效，各级税务稽查部门主动与所在地区政府、财政部门联系沟通，寻求支持和帮助，形成组织税收收入的3家联动机制。在开展企业税收自查工作中，各级税务稽查部门积极组织开展形势宣传和税法宣讲活动，本着有利于提高纳税人纳税遵从、有利于保证纳税人合法权益、有利于保证税收中心任务的完成原则，加强与自查企业的联系，构建和谐税收。在自查过程中，各级税务稽查部门正确履行法律法规赋予税务稽查机构的职能和权限，采取了辅导自查、税务核实、项目稽查、自行补缴等多种方式，要求企业对营业税、个人所得税、土地增值税、印花税、房产税等重点地方税种进行自查，取得明显成效。共组织696户企业开展税收自查，合计组织收入217454万元（其中，查补税款212671万元、加收滞纳金4777万元、处以罚款5.18万元），已组织入库217258万元，入库率为99.9%。

（李　颖）

【打击发票违法犯罪活动工作】 为进一步贯彻落实《国务院办公厅关于印发〈全国打击发票违法犯罪活动工作方案〉的通知》（国办发〔2008〕124号）精神，根据《北京市人民政府办公厅转发市地税局、市国税局关于〈北京市打击发票违法犯罪活动工作方案〉的通知》（京政办发〔2009〕18号）和《北京市打击发票违法犯罪活动工作实施方案》要求，北京市打击发票违法犯罪活动各项工作积极、稳妥、扎实地推进并取得较为显著的成绩。全市共抽调14个委办局成立市打击发票违法犯罪活动协调领导小组，并相继成立北京市打击发票违法犯罪活动协调领导小组办公室，为做好北京市打击发票违法犯罪活动各项工作创造了条件。自开展打击发票违法犯罪活动工作以来，各部门领导高度重视、周密部署、精心组织、密切配合，主动出击、不畏艰难、多措并举。在各成员单位的共同努力下，成功捣毁一批制售假发票窝点、摧毁多个发票违法犯罪团伙、查处数起重大发票违法案件、关停一批发送出售发票违法信息的手机号码和登载发票违法信息网站、处置大量的发票违法短信息，基本实现了“挖窝点、捣团伙、破大案”的工作目标。全市共立案查处制售、非法出售、非法代开、虚开以及非法取得发票案件1328件，抓获犯罪嫌疑人476名，移送起诉案件120件，打掉作案团伙35个，捣毁窝点17个，收缴作案设备17台，缴获印章1257枚，查获各类发票47

万余份，检查互联网单位1555家，封堵治理发票违法短信息820473条，清理传播发票违法信息网站栏目15个，删除单条发票违法信息10899条，依法对发送发票违法信息存活手机号码445余个进行停机处理，宣传曝光案件3件；起诉案件229件，涉及起诉人员272人；审判案件284件，涉及人员341人，其中，管制拘役37人，判处有期徒刑304人；立案查处非法代开、虚开以及非法取得发票案件886件，实现查补收入9326万元；组织对140余户预算单位使用、取得发票情况的专项检查，共查阅（核查）发票62.5709万份，发现有问题发票（票据）1438份，涉及票面金额3927万元。

（但启明）

【稽查制度建设】 建立健全完善稽查工作内部控制制度，继续做好对上级交办案件和重大疑难案件的督查督办和协调指导工作。各稽查局在查办重大案件中，要切实贯彻上级指示精神，把依法稽查、文明执法，充分尊重和维护纳税人的合法权益和税收公平正义的法治规范理念贯彻到立案、检查、审理、执行和移送的各个环节，落实到办案权限、办案程序、证据规范、文书使用、意见交换、集体审理、处理执行、档案管理等各个方面。确保每一起案件经得起推敲、经得起复查、经得起监督，有效防范执法风险。创新稽查工作方法，用足用好现行税收法律法规。对重点税源户的检查组织收入，采取确定项目、税务核实、集体审议、责令改正、重在规范、自行补缴、突出实效，实现和谐的工作方式，以“查结事了”为主要工作目的，本着发展是第一要务、稳定是第一责任、组织税收是第一职责的工作原则，充分尊重纳税人的合法权益和正当诉求，用足用好现行税收法律法规，做到实体公正，程序合法，方法得当，实现政治效果、法律效果、经济效果和社会效果的有机统一。

（毛　杰）

【税务违法案件举报工作】 2009年举报工作以进一步强化服务意识，提高接待服务质量，引导举报人实事求是举报税收违法行为，合理行使举报权利，发挥涉税举报工作联系群众的桥梁和纽带作用，提高公民协税护税能力为工作指导思想。积极探索举报工作与稽查案源相结合的有效形式和方法，通过实施举报案件分类管理，提高案件受理、处理的质量和效率，特别是加强对历年积压的举报案件的处理，全面提高涉税举报案件的管理水平和查办工作质量。开展制定《北京市地税局举报中心工作规程》的前期调研准备工作，进一步规范受理、分办、查处、答复、奖励等工作环节，严格落实各项管理制度，加大案件查办力度。充分发挥“税务案件信息管理系统举报模块”作用，提高举报工作效率。加强领导批办案件的督查督办，缠诉案件的处理，减少举报人反复举报、向上级机关举报。各级税务违法案件举报中心共受理涉税举报案件6254件（市局受理4908件，占全市受理案件总数的79%。各区、县地税局、分局受理1346

件，占全市受理案件总数的21%）。其中：受理电话举报4312件，来信举报964件，来访举报399件，国家税务总局转来88件，其他单位转来信件491件。在这些案件中，署名举报4384件，占受理案件总数的70%；匿名举报1870件，占受理案件总数的30%。举报发票问题仍然成为广大群众反映的热点，其次是反映企事业单位或者个人不履行纳税义务，未按照规定申报纳税的案件。全市地税系统共对2508件进行立案检查、评估约谈和征管核查，检查结案2349件，结案率为94%。查补收入（滞补罚合计）增幅较大，共实现查补收入1.7285亿元，同比增长15%。

（但启明）

【案件协查工作】 全市税务协查工作按照稽查年度工作会议要求，在各级领导的高度重视、各稽查局的大力支持和努力工作下，全系统协查网络的畅通，协查工作开展顺利，协查质量上明显提高，为各级稽查机构提供快捷、准确的案源，有力地配合税务总局和公安机关专案的查办及兄弟省市涉税案件的查处工作，对协查案件的圆满结案发挥了积极的作用。全年北京市地税局共接收国家税务总局、公安机关和外省市税务机关要求开展案件协查的协查函68件，接待外省市来人调查20人次；按照来函（来人）要求组织开展了对101户纳税人、233张发票的涉税调查，完成90户并将协查结果回复来函单位；应区县局稽查局、直属稽查局要求，向外省市税务机关发出协查函30件，要求对33户企业进行协查。在开展交通运输业发票核查工作中，北京市地税局共转办15户次纳税人、208张发票的核查，完成33户并将协查结果回复来函单位；在契税调查过程中，市局接收并转区县局13件次对拆迁人出具的拆迁协议进行调查，完成10户并将协查结果回复来函单位。货运发票核查情况：共接收转办外省市国税机关发来协查函27件，对55户次纳税人、230张货运发票进行核查。契税调查情况：共组织对32户次拆迁人出具的拆迁协议进行调查，其中市局接收并转区县局320件次。

（王云芳）

【国际税收情报交换及反避税】 全年共接收国家税务总局转来专项情报核查任务5件，已查结上报3件，其余2件正在进一步核查中。查结2008年结转自发情报1份、专项情报1份、自动情报2批共计622件，查补收入合计2.97万元。应区县局要求，对外提出专项请求2份。根据国家税务总局国际司反避税处布置的2009年“对高速公路经营企业实施全国联查”工作任务，按照总局提出的反避税调查要求，在北京地税管户内进行筛选，选定被调查单位，安排有关区县局进行前期的摸底调查。

（马　昕）

【稽查人才库工作】 按照《国家税

务总局稽查局关于补充调整税务稽查人才库的通知》（稽便函〔2009〕87号）的要求，对北京市地税稽查系统人才库进行了补充、调整和完善，选拔系统内税收专业知识和业务能力强、在2009年全国税务稽查人员考试中成绩优良，并且在国家税务总局组织的重大税收违法案件中表现突出的人员共40人，归入税务稽查人才库管理，同时向国家税务总局稽查局进行推荐。

（毛　杰）

【稽查业务培训】根据《国家税务总局办公厅关于全国税务系统稽查人员业务考试的通知》（国税办发〔2008〕126号）精神，为进一步加强税务稽查专业队伍业务建设和人才队伍建设，检验税务稽查培训工作质量和效果，积极推进公务员分类管理，并作为选拔稽查人才、建立稽查等级制度的重要依据。为加强对稽查人员的培训，强化稽查队伍能力建设，北京地税稽查系统分层次、分阶段在全系统开展稽查培训辅导工作，各稽查局认真组织全员培训，把稽查人员业务培训与专家型人才培养有机结合起来，备战全国稽查人员业务考试。3月份，配合宣教处组织全系统1000余名从事稽查工作的人员参加国家税务总局统一命题的业务考试。

（毛　杰）

案　例　举　要

某投资公司涉税案

2008年3月第一稽查局对某投资公司进行立案稽查。

某投资公司曾是我国最大的综合类券商。这艘昔日证券业“航母”由于违规经营形成巨大的财务负担，导致严重资不抵债。2005年，经国务院领导批示，由中国人民银行、财政部、证监会批准某投资公司进行企业重组。重组后某投资公司，继续经营除转让外的其他业务和资产。由此检查组延伸检查某投资公司。该公司企业所得税均在国税缴纳。

一、主要案情及违法事实

1. 企业重组，得过且过滞纳税款

企业重组时，该公司以11亿元的价格出让证券经纪和投行业务及相关的证券类资产。转让资产包括：房屋、电子设备、交易席位、商誉等。某投资公司自2007年2月全额收取了款项，但直至检查进驻也未进行税务处理。

经检查，其中商誉转让价值99759900元、交易席位转让价值390400200元，共计490160100元。该公司应分别按“转让无形资产—商誉”税目和“金融业—其他”税目补缴营业税，并补缴城市维护建设税和教育费附加。

2. 金融商品，一买一卖迷雾重重

运用自有资金买卖金融商品是证券公司的主要业务之一，《营业税暂行条例》规定，“外汇、有价证券、期货买卖业务，以卖出价减去买入价后的余额为营业额”，同时国税发〔2002〕9号文件规定，这里所指的买入、卖出价是指购进原价，不得包括购进、卖出过程中支付的各种费用和税金。其费用包括证管费、经手费等，税金主要是印花税。

2006年、2007年该公司将买卖过程中支付的税金和费用4549392.29元从股票收益中扣除，造成少缴纳营业税金及附加，应按“金融业”税目补缴营业税，并补缴城市维护建设税和教育费附加。

3. 红利派息，错用概念鱼目混珠

证券公司取得的红利一般包括因长期股权投资而分得的红利和投资股票、债券等取得的红利。财税〔2003〕16号文件规定：“金融企业（包括银行和非银行金融机构）从事股票、债券买卖业务，以股票、债券的卖出价减去买入价后的余额为营业额。买入价依照财务会计制度规定，以股票、债券的购入价减去股票、债券持有期间取得的股票、债券红利收入的余额确定。”

该公司将因持有股票取得的红利派息收入单独计入“投资收益”科目，未冲减股票买入成本，造成2006年、2007年少申报股票差价收入30193226.19元，应按“金融业”税目补缴营业税，并补缴城市维护建设税和教育费附加。

4. 承销证券，分销分账暗藏玄机

证券承销是证券公司投行业务中的重要组成部分，发行人（上市公司等）委托具有证券承销资质的证券公司作为主承销商销售证券（股票、债券等），并支付证券公司承销佣金。作为主承销商的证券公司将部分份额分配给其他证券公司（即分销商）销售，支付分销佣金。现有的营业税政策没有规定此类业务可以差额纳税，并且财税〔2002〕9号文件第十五条规定：“金融经纪业务和其他金融业务（中间业务）营业额为手续费（佣金）类的全部收入包括价外收取的代垫、代收代付费用（如邮电费、工本费）加价等，从中不得作任何扣除。”可见主承销商应就取得的全部承销佣金缴纳营业税金及附加。

检查中发现，该公司将承销证券募集的全部资金计入往来科目“承销证券款”的贷方，按照与发行人签订的协议将扣除承销佣金的募集资金从该科目的“借方”支付发行人，另按照与分销商的协议从“借方”支付分销费，再以支付分销商分销费后的余额结转“承销收入”。即该公司均是以扣除了支付分销商费用后的余额确认收入并缴纳税金的。

某投资公司2006年取得证券承销收入597711093.83元，其中17001449.27元计入往来科目“承销证券款”，作为分销费直接支付给分销商，未结转收入，未申报缴纳营业税金及附加。

另外，还发现该公司少计房产原值造成少缴房产税658529.72元的问题。

二、处理意见及依据

1. 营业税

根据《中华人民共和国营业税暂行条例》第一条、第二条、第四条、第九条，财税〔2003〕16号文件第三条第八款的规定，该公司应补缴营业税27095208.39元，扣除检查纳税期间多缴营业税1694100.26元，共计应补缴25401108.13元。

2. 城市维护建设税

根据《中华人民共和国城市维护建设税暂行条例》第二条、第三条、第四条第一款、第五条的规定，该公司应补缴城市维护建设税1896664.59元，扣除检查纳税期间多缴城市维护建设税118587.02元，共计应补缴1778077.57元。

3. 教育费附加

根据《北京市人民政府转发国务院关于教育费附加征收问题的通知》（京政发〔1994〕18号）第一条的规定，该公司应补缴教育费附加812856.25元，扣除检查纳税期间多缴教育费附加50822.99元，共计应补缴762033.26元。

4. 房产税

《中华人民共和国房产税暂行条例》第一条、第二条、第三条，财税地〔1987〕3号文件第二条、国税发〔2005〕173号文件第一条的规定，该公司应补缴房产税658529.72元。

5. 滞纳金

根据《中华人民共和国税收征收管理法》第三十二条的规定，对该公司未按规定申报缴纳的营业税、城市维护建设税、房产税按日加收万分之五的滞纳金，其中营业税滞纳金4820518.69元，城市维护建设税税滞纳金337436.29元，房产税滞纳金145997.78元，共计5303952.76元。

以上税款、滞纳金合计33903701.44元。

三、检查方法

1. 熟悉核心业务是成功检查证券公司的前提和难点

近年来，随着我国资本市场的快速发展，证券公司作为沟通证券发行人与投资者的桥梁，在推动社会主义市场经济建设，发展和完善证券市场中的作用日趋显现。然而证券公司的经营内容、运作模式、产品组成、核算方法却让人觉得神秘而陌生，基本没有可供参考的案例。检查组充分认识到此次检查对研究证券业税收规律的重要性，根据以往检查证券营业部、信托公司、基金管理公司的经验，检查组认为，了解基本的金融知识，熟悉证券公司的经营内容，掌握各项业务涉及收入的性质是开展检查工作的基本前提，更是难点所在。检查人员将证券公司的业务构成和涉及营业税收入进行了归纳：

（1）证券的代理买卖，取得手续费收入

证券的代理买卖是指证券经营机构接受投资者委托代投资者买卖有价证券的行为，它是证券公司最基本的一项业务。具体是指证券公司通过其设立的证券营业部和在证券交易所的席位，接受客户委托，按照客户的要求，代理客户买卖证券。在证券经纪业务中，证券公司不向客户垫付资金，不分享客户买卖证券的差价，不承担客户的价格风险，只收取一定比例的佣金作为手续费收入。一般分为代买卖股票、债券和基金手续费收入。

（2）证券的自营买卖，形成金融商品买卖收益

证券自营业务，是指在证券交易中，证券公司以本公司的名义，自主支配的资金或证券，在证券的一级市场和二级市场上进行证券买卖并承担相应风险的证券买卖的行为。自主经营是自营业务的主要特点，证券公司在交易行为、交易方式、交易价格上都具有自主性。经营品种一般包括股票、债券、外汇和其他4大类金融商品。证券的自营买卖过程中产生的差价收入为自营业务取得的金融商品买卖收益。

（3）证券承销，取得承销佣金

证券公司需具有证监会颁布的《经营股票承销业务资格证书》方可从事股票、债券等的承销业务。承销业务资格分为承销商资格和主承销商资格。发行人（上市公司等）委托具有证券主承销资质的证券公司作为主承销商销售证券（股票、债券等），并支付证券公司承销佣金。为扩大销售渠道和分担风险，按照证监会的规定，作为主承销商的证券公司将部分份额分配给其他证券公司（即分销商）销售，并支付分销佣金（一般低于发行人付给主承销商的佣金）。证券公司承销证券，取得发行人支付的承销佣金收入；分销证券，取得主承销商支付的分销佣金收入。

（4）受托资产管理，取得管理费收入

证券公司从事客户资产管理业务，应当向中国证监会申请客户资产管理业务资格，

未取得客户资产管理业务资格的证券公司，不得从事客户资产管理业务。证券公司开办资产委托管理业务，即委托人将自己的资产交给受托人，由受托人为委托人在证券市场上从事股票、债券等有价证券的投资而提供的理财服务。证券公司可以为单一客户办理定向资产管理业务，也为多个客户办理集合资产管理业务，还为客户办理特定目的的专项资产管理业务。证券公司受托为客户提供资产管理服务，收取一定比例的管理费。

（5）证券投资咨询，收取咨询服务费

证券投资咨询是指证券公司为投资者提供与证券交易、证券投资活动有关的咨询服务，以财务顾问为主，一般是证券公司在发行人股票上市、债券发行前，为发行人提供的财务咨询服务。一些证券公司将这部分财务顾问费计入“证券承销”收入中，归属为投行即证券承销部门的收入。证券公司从事证券投资咨询，收取咨询服务费。

（6）证券投资者保护基金，应税收入的扣减项目

证券投资者保护基金是证券公司业务核算中一项特殊的内容，即证券公司从经营收入中按比例提取后交由中国投资者保护基金有限责任公司管理的资金，在证券公司、证券经纪机构出现支付危机、面临破产或倒闭清算时，由证券投资者保护基金直接向危机或破产机构的相关投资者赔偿部分或全部损失的保障机制，类似于存款保证金。根据财税〔2006〕172号文件规定，准许证券公司上缴的证券投资者保护基金从其营业税计税营业额中扣除。

（7）证券交易席位，取得租赁或转让收入

交易席位是证券公司的一项特有资产，原指交易所交易大厅中的座位，经纪人通过通讯设备传递交易与成交信息。券商参与证券交易，必须预先购买席位。拥有交易席位，就拥有了在交易大厅内进行证券交易的资格。席位购买后只能转让，不能撤销。交易席位属于证券公司的市场资源性资产，为证券公司经营必须的资产。随着信息化的发展，席位实际上更多是交易所为券商提供的与撮合主机联网用的通信端口，不再具有席位的原始形式。根据相关会计制度规定可将交易席位单独记账或记入“无形资产”科目。一般情况下证券公司的各营业部至少拥有1—2个席位。交易席位往往会出租给基金管理公司，取得租赁收入；证券公司部分资产转让时会取得交易席位转让收入。

2. 全面掌握证券业的税收政策是成功检查证券公司的关键环节

在熟悉证券公司核心业务的同时能否结合证券业税收政策，继而发现涉税问题是成功检查证券公司的关键环节。尤其是关于金融商品应纳税收入的计算，涉及比较专业的财务、税务和金融知识，检查人员必须准确把握税收政策，才能够找准问题。本案检查人员将涉及证券业的税收政策归纳如下：

（1）关于金融商品买卖应税收入的税收政策

差额纳税的基本规定：纳税人的营业额为纳税人提供应税劳务、转让无形资产或者销售不动产收取的全部价款和价外费用。但是，下列情形除外：外汇、有价证券、期货等金融商品买卖业务，以卖出价减去买入价后的余额为营业额(《中华人民共和国营业税暂行条例》)。

红利冲减买入成本的规定：金融企业（包括银行和非银行金融机构，下同）从事股票、债券买卖业务，以股票、债券的卖出价减去买入价后的余额为营业额。买入价依照财务会计制度规定，以股票、债券的购入价减去股票、债券持有期间取得的股票、债券红利收入的余额确定（财税〔2003〕16号）。

分别计税，盈亏不互抵及正负差如何处理的规定：金融商品转让业务，按股票、债券、外汇、其他4大类来划分。同一大类不同品种金融商品买卖出现的正负差，在同一个纳税期内可以相抵，相抵后仍出现负差的，可结转下一个纳税期相抵，但年末时仍出现负差的，不得转入下一个会计年度（国税发〔2002〕9号）。

各种费用税金不计入买入、卖出价的规定：营业额为买卖股票、债券、外汇、其他金融商品的价差收入，即营业额=卖出价－买入价。买入价是指购进原价，不得包括购进过程中支付的各种费用和税金。卖出价是指卖出原价，不得扣除卖出过程中支付的任何费用和税金（国税发〔2002〕9号）。

可以说以上税收政策的执行情况不是很理想，检查中发现的涉税问题具有一定的普遍性。

（2）关于代买卖证券手续费应税收入允许扣除项目的税收政策

准许上海、深圳证券交易所代收的证券交易监管费从其营业税计税营业额中扣除。准许证券公司代收的以下费用从其营业税计税营业额中扣除：为证券交易所代收的证券交易监管费；代理他人买卖证券代收的证券交易所经手费；为中国证券登记结算公司代收的股东账户开户费（包括A股和B股）、特别转让股票开户费、过户费、B股结算费、转托管费）（财税〔2004〕203号）。

（3）证券投资者保护基金从营业税计税营业额中扣除的税收政策

准许证券公司上缴的证券投资者保护基金从其营业税计税营业额中扣除（财税〔2006〕172号）。

3. 从账务核算中剖析计税纰漏是成功检查证券公司的证据保证

证券公司的账务核算相对比较复杂，因业务特点、内部分配机制和风险控制等原因，一般按照不同的业务部门分别设立会计账簿、分别核算、汇总报表和纳税。对于代买卖证券和自营金融商品，还必须设有独立于各账簿外的核算软件。庞大的核算系统，再加上各种合同资料，检查人员必须紧抓重点，有的放矢地查账核税。通过检查，检查人员总结了几点查账的经验和方法，仅供参考：

（1）“轻视”报表

证券公司的财务报表，对于税务检查的参考性不是很大，因账务按业务核算，但报表按收入性质登录。拿“手续费收入”栏举例，往往包含了几个账套的手续费收入，而且是手续费净收入，这就决定报表中的数据无法与应税收入直接联系。检查中，检查人员采取先分后总的方法，即先分别核查各个账簿，再汇总收入和纳税情况，最后再确认报表数字的由来，并加以说明。即使如此，由于汇率误差，报表中的个别数字与明细账还会有出入，但通过测算，可以判断是否在合理范围内。

（2）“重视”重点账簿的重点科目

检查证券公司，检查人员认为重点应核实的问题是营业额的确定。证券公司既有全额纳税项目，同时还涉及差额纳税的情况，那么各项收入营业额的确定就是检查的重点。检查人员认为，应重点查看的账簿是“自营”账簿和“投行即证券承销”账簿。

“自营”账簿是核算自营金融商品的账簿，有的证券公司还根据投资金融商品的风险性质分为：自营证券账簿和固定收益账簿。当前，证券公司主要经营的金融商品是：股票、债券、外汇及其他（基金等）。计税收入根据前面的介绍可以总结为：①营业额是卖出价减买入价即差额纳税；②各类金融商品分别计税，盈亏不互抵；③负差不可结转下一年度；④各种费用税金不计入买入、卖出价；⑤红利应冲减买入成本。

拿“红利应冲减买入成本”举例，应重点看“投资收益”科目，一些金融机构往往把因投资上市公司的股票、债券和基金取得的红利收入，混同因长期股权投资而取得的红利收入，计入“投资收益”，不缴纳营业税。

再拿“各种税金、费用不计入买入、卖出价”举例，首先应找到最终核算差价的会计科目，“证券销售”或“投资收益”。卖出股票时，“卖出价”记贷方，同时结转“买入价”记借方，贷方余额为差价收入。此时应顺藤摸瓜，调出记账凭证，查阅卖出价和买入价的组成，看各种税金、费用是单独计入手续费支出还是在买入和卖出价中，即可作出营业额计算正确与否的判断。

应注意的是这两项纳税调整必须是就检查纳税年度内已卖出的金融商品的调整。

“投行即证券承销”账簿是核算承销证券的账簿。证券公司作为主承销商为发行人承销证券，募集的所有资金贷记往来科目“证券承销款”，扣除承销费后全部划转发行人。按规定证券公司应将承销费结转“承销收入”，并全额纳税。但一些证券公司（主承销商）将支付给分销商的分销费直接从“证券承销款”借方支付分销商，仅就承销费余额结转收入，余额纳税。将“证券承销款”“承销收入”两个科目对比查看，就能够判断，企业是否按承销费全额纳税。

四、案例分析

1. “抱团取火”难保不“引火上身”

检查中，检查人员在与证券公司高层管理人员就涉税问题沟通中发现，许多财务核算方法和营业额的确定在证券行业中具有很强的普遍性，成为证券业的“通病”。如承销费不足额纳税的问题、金融商品红利不冲减买入成本的问题。各证券公司在一些涉税问题的处理上，习惯以业内共同意愿为依据，忽视法律法规的约束力，在操作中逐渐形成默契，以这种“抱团取火”的方式处理问题。这种渐渐形成的行业潜规则势必削减税法约束力和税务机关的执法效力，造成国家税款的流失，并且严重阻碍证券业的健康发展。

2. 企业税务管理模式和力量薄弱

该案涉及的两家公司各账簿分别核算税金，财务部门的专职办税人员对各账簿上报的应税收入仅作形式审核和简单统计，即申报和缴纳税金。专职办税人员对计税收入组成基本不了解，仅掌握实际已纳税金额。检查中，检查人员必须逐一与各账簿会计核对涉税收入和纳税情况，加上人员变动，检查人员要同时面对十几名会计，竟然由此承担了企业“总账会计”的工作。核对收入时还在发现了多处记账和计税的错误，如“受托投资”账簿，企业受客户委托，用客户资金购买股票出售时，会计将卖出价与赔付客户本金的差额再扣除手续费支出的余额确认为受托投资盈余分成的手续费收入，并缴纳了400余万的营业税金及附加。起初检查人员把重点放在不应差额纳税的问题上，但随着检查的深入，检查人员意识到了，B公司是由于受托投资管理的违规操作，才形成巨大财务负担，造成资不抵债后进行重组的，怎么会有这么多的因盈余分成的手续费收入呢？这引起了检查人员的注意，在逐一查看合同、凭证和与高管的沟通中，最终确认，这部分收入完全是虚增出来的，造成公司多缴纳400余万元的营业税金及附加。检查人员的细心和公正帮助企业发现了400余万元的多缴税款，为其挽回了巨额经济损失。类似的问题比比皆是，某些证券公司的核算水平无法与其“高贵的身份”相匹配。这些问题同样也给检查造成了巨大的困难，检查组对已纳税收入的确认难度非常大，致使检查长达1年的时间，严重浪费了税收成本。

3. 提高纳税意识，加强内外监管

纳税意识的淡薄和内部管理缺陷是涉案企业违法的根源所在，同时也与税务机关的日常监管不力息息相关。证券公司的健康发展有赖于市场结构的完善、融资渠道的畅通，通过制定科学的监管制度和监管模式形成一个行之有效的公司治理机制和内控制度。尤其在财务和纳税风险的控制上，应提高全员的纳税意识，应全面梳理财务核算和税务管理机制，研究一套既要适应业务需求，又能保证核算准确和依法纳税的内部管理模式，重点加强财务人员和办税人员的核税责任感和能力。

税务机关在日常的征管中应加强对金融企业的监管，加大信息采集，与证监会等职能部门建立信息传递机制，形成有效资源共享，密切与国税局之间的协作，及时掌握企业的经营动向、纳税情况。同时金融业的快速发展，也给税务人员业务能力提出了更高的要求。鉴于金融行业的复杂性、专业性等特点，应加强征管和检查人员的专业知识培训。加大对金融业的日常管理和专项检查力度，建立“以查促管、以查促查”的长效机制，规范金融业税收秩序，从而有效增强金融企业依法纳税、诚信纳税的能力。

（毛　杰）

北京市地方税务局检查情况表

税务稽查机构查处税收违法案件情况统计表（2009 年）（表一）

单位：万元

按企业类型统计	税务登记总数	检查户数	有问题户数	结案户数	被查户应纳税额	查补总额					入库总额		
						税款	滞纳金	没收违法所得	罚款	合计	合计	其中：税款	其中：以前年度查补额
	1	2	3	4	5	6	7	8	9	10	11	12	13
合　计	855850	5739	5166	4555	322327	88822	13248	0	9678	111748	102268	83535	11695
内资企业	521855	4823	4632	4135	281761	78893	10586	0	8890	98369	92131	76173	11573
港澳台商投资企业	6967	126	75	42	31204	7801	1896	0	8	9705	7543	5692	2
外商投资企业	14884	139	94	79	4125	1155	586	0	470	2211	1158	714	112
外国企业	7549	165	63	61	452	113	21	0	188	322	321	112	5
个体经营	279942	149	82	70	42	12	3	0	9	24	22	10	1
其　他	24653	337	220	168	4743	848	156	0	113	1117	1093	834	2

附 列 资 料

立案情况	件　数	综合指标	百分率	案件统计分析资料	结案户数	查补税款	项　目	件　数	备　注
上期移案	422	选案率	90.02%	100 万元以下	4436	8887	纳税人提请听证	0	
本期立案	5165	入库率	91.52%	100 万—500 万元以下	78	28862	受理行政复议	0	
本期结案	4555	处罚率	10.90%	500 万—1000 万元以下	28	18118	其中：决定撤销或变更	0	
本期存案	1032	偷税处罚率	56.67%	1000 万—5000 万元以下	12	26765	纳税人提起诉讼	0	
		查补总额 ±%	29.50%	5000 万—1 亿元以下	1	6190	其中：判决撤销或变更	0	
				1 亿元以上	0	0	国家赔偿	0	
				合　计	4555	88822	国家赔偿金额（万元）	0	上期查补总额 86291

局领导：郝硕博　稽查局长：朱兴有　复核：隋庆梅　制表：刘驹　制表日期：2010 年 1 月 5 日

税务稽查机构查处税收违法案件情况统计表（2009年）（表二）

单位：万元

按违法性质统计	户数	查补税款	滞纳金	没收违法所得	罚款	合计	实际入库额		按税种统计	查补税款	入库税款	按其他稽查成果统计	户数	税款	金额
							合计	其中：税款							
	14	15	16	17	18	19	20	21		22	23		24	25	26
合　计	4555	88822	13248	0	9678	111748	102268	83535	合　计	88822	83535				
偷　税	49	2670	1468	0	1513	5651	5511	2643	增值税	0	0	调减留抵税额	0	0	
逃避追缴欠税	0	0	0	0	0	0	0	0	消费税	0	0	不予抵扣税款	0	0	
骗取出口退税	0	0	0	0	0	0	0	0	营业税	48383	45217	不予免、抵、退税	0	0	
不进行纳税申报	11	425	55	0	256	736	628	415	其　他	25773	24168				
发票违法	351	0	0	0	75	75	67	0							
其　他	4118	85410	11645	0	7613	104668	95522	80169							

局领导：郝硕博　　稽查局长：朱兴有　　复核：隋庆梅　　制表：刘驹　　制表日期：2010年1月5日

税务稽查机构行政强制措施及移送司法机关案件情况统计表（2009年）

单位：万元

按保全措施、强制执行统计	税收保全措施		强制执行措施					其他行政措施				移送司法统计		移送司法机关案件		
	户数	金额	户数	金额合计	税款	滞纳金	罚款	户数	人数	金额	欠缴税款			件数	人数	金额
	1	2	3	4	5	6	7	8	9	10	11			12	13	14
合　　计	1	159	10	2483	1679	804	0	0	0	0	0	本期移送司法机关处理案件		3		
冻结存款	0	0										其中：不予立案退回案件		0		
扣押查封财产	1	159										公安机关提前介入及联合办理案件		0		
扣缴税款			10	2483	1679	804	0					免予起诉或予以驳回案件		0		
依法拍卖或变卖			0	0	0	0	0					已判决案件		0	0	
责成提供纳税担保	0	0										判决情况	管　制	0	0	
暂停出口退税								0					拘　役	0	0	
收缴或停售发票								0					有期徒刑	0	0	
行使代位权、撤销权								0			0		无期徒刑	0	0	
阻止出境								0	0		0		死　刑	0	0	
提请人民法院强制执行								0		0			罚　金	0		0
													没收财产	0		0

局领导：郝硕博　　稽查局长：朱兴有　　复核：隋庆梅　　制表：刘驹　　制表日期：2010年1月5日

信息化建设

概 况

【综述】2009年，科技信息处围绕实现“保增长、保民生、保稳定”目标，围绕北京市地税局两条主线，构建一个保障，建设五型机关，实现三个满意等要求，积极落实“加强领导干部作风建设，推进优化地税发展环境，确保税收增长年”活动的任务和措施，认真开展“做国家利益的忠诚卫士”主题教育周活动，以信息化建设为手段，全面提高服务水平和征收效率，为地税信息化事业科学发展提供体制机制保障、人员保障和技术保障，全面提高为纳税人服务、为基层服务、为领导服务的水平。

（崔 犇 张 波）

【完善管理机制 提供体制保障】加强统一领导，强化归口管理。严格立项程序，完善决策机制，严格按照信息化决策程序开展工作。进一步强化信息化工作归口管理，初步扭转分散管理、多头开发维护、市区之间交叉重复现象。加强统一规划，完善标准规范。组织制订《北京市地方税务局2009—2013年信息化建设战略规划》，作为未来五年信息化建设的纲要性指南。编写9项技术标准规范，完善25个运维管理规范，促进工作规范化。完善突发事件总体应急预案和各专项应急预案，为应对突发事件奠定坚实的基础。扎实推进科技控权。配合纪检监察部门形成网上全过程监督稽查办案机制。梳理廉政风险点，研究逐步实现信息化监控的措施。拟订科技控权推进办法。

（崔 犇 张 波）

【加强队伍建设 提供人员保障】不断加强作风建设。积极投身“加强领导干部作风建设，推进优化地税发展环境，确保税收增长年”活动，认真开展“做国家利益的忠诚卫士”主题教育，不断增强五种意识，明确定位，找准差距，确定着力点，集中精力抓落实。扎实开展专业培训。开展核心征管系统数据利用和系统优化培训，提高基层利用信息化手段服务税收中心工作的能力。组织3次信息安全、运维管理培训，提高信息安全意识和专业能力；组织加强运维外包管理研讨。针对当前信息安全形势，修改完善《信息安全读本》内容。

（崔 犇 张 波）

【持续优化整合 提供技术保障】 建成客户服务总线。为应用系统之间互联互通和信息资源共享利用奠定基础，提高了信息化建设基础水平，成为面向业务功能提供服务的成功案例。改造信息化基础设施。升级数据存储平台，北京市地税局和昌平灾备系统的存储设备分别升级到原存储的近2.5倍和近4倍，预计可满足未来5年使用。更新部分区县级主干网交换机及所级UPS，提高系统安全稳定运行能力。

（崔 犇 张 波）

【提高服务水平 支持业务创新】 支撑优化服务和两个减负。完善告知与交流沟通渠道，提高税企网上交流互动能力。编写纳税人网上办税简明操作手册，帮助纳税人方便、快捷地掌握网上涉税业务办理操作。支持企业所得税申报工作，保证总局新政策的贯彻执行。配合相关处室，开展税收管理员平台2.1版的试运行和推广准备工作。研究解决传输拥堵问题，完成更换市区两级陈旧城域网交换设备和增加带宽的前期准备。东城区、朝阳区试运行税收管理员平台2.1版，为在全市推广提供借鉴经验。

（崔 犇 张 波）

【数据交换与共享】 加强政府部门数据交换和共享利用。利用北京市建委房屋交易数据，运行核心系统契税征收管理业务电子条码扫描数据采集方式；利用北京市交管局、市保险协会车辆信息的共享与交换，完成保险机构在全市范围代收代缴个人机动车车船税业务；完善与国家税务总局数据交换，加强税源监控，减轻了基层和纳税人负担。

（崔 犇 张 波）

【加强运维管理 保障系统运行】 彻底清查系统用户权限与密码，进一步加强管理。下发管理要求，加强督促检查，采取技术措施强制修改密码。规范运维管理，提高支撑服务能力。做好应用系统运行维护管理工作。排查解决应用系统故障64次，内、外部数据查询服务119次，处理反馈单2015张、受理技术热线102069个。严格后台修改数据的审批程序，规范后台修改数据流程。做好IT基础设备和机房环境监控管理。共发现和解决故障193次；聘请专业单位对北京市地税局所属机房物理环境进行全面安全检测，对发现的安全隐患采取相关措施。根据北京市经信委统一部署，积极开展电子政务运维支撑系统试点工作。

（崔 犇 张 波）

【加强安全保障 保证系统安全】 切实加强信息安全保障管理。完成了重要电子政务系统定级工作。做好全系统防火墙单点故障改造，升级7000台设备防病毒系统。加强安全检查，彻底查找安全漏洞。对市区两级局信息系统、网络与信息安全开展自查和巡检，对发现的安全隐患及时制定整改方案并组织实施。强化网络系统监控管理。充分利用网管系统对用户违规操作行为实施有效监控。全面提高本局对网络安全事件的预防和应对能力。完善容灾中心运维管理。共处理各类运维事件70起；对容灾机房内部空调等设施进行整改；设立了信息系统介质异地备份，制定介质存放管理流程。全力以赴做好国庆期间系统安全保障和运行维护管理工作。制定下发安全保障总体方案、专项应急预案，先后组织召开6次会议，下发8个相关文件；对各区县局进行安全巡检、坚持24小时值班、限制互联网访问等多项措施；放假期间发现并及时处理6项系统故障。全力以赴做好各项保障工作，确保了信息系统安全稳定运行，为广大纳税人和税务干部创造了良好的信息安全环境。

（崔　犇　张　波）

信息化管理系统建设和应用情况

【部署运行核心征管系统告知功能】 4月21日，核心征管系统告知功能的完善程序已经成功上线，将对纳税人的告知内容由350字增加到1000个汉字（2000个字节），信息容量扩大到原来的近3倍，增加了纳税人阅读情况的记录，变原来的单向告知为税企互动，增加纳税人400个汉字的反馈内容，提供对纳税人已读、未读和反馈内容的查询，并通过数据回放提供区县局、分局应用。加强与纳税人的沟通交流，推进优化地税发展的科技环境，为确保税收增长和提供纳税人的个性化服务的纳税环境。截至年末，全市累计发布告知信息18.4万户次，纳税人阅读11.8万户条，反馈信息7254条。在此基础上，积极规划建设个性化、互动式和多途径的纳税人信息服务平台，促进征纳和谐。制定《纳税人个性化信息服务平台规划（修订案）》。由于国家税务总局正在规划制定全国统一的纳税服务平台标准，此规划暂缓实施。

（崔　犇）

【契税条码扫描系统顺利上线运行】 4月，核心系统契税征收管理业务采用电子条码扫描数据采集方式正式在全市所有契税征收窗口上线使用，系统运行顺利，取得了良好的应用效果：一是与北京市建委实行房屋交易涉税数据信息共享，利用市建委的房屋交易信息，完善房地产税源数据库中的房屋交易信息，保证契税申报数据的准确性和一致性。二是利用市建委的存量房网上签约数据，为房地产税收一体化工作涉及各税种的征收工作提供基础信息，堵塞征管漏洞，强化税源监控工作。三是利用条码扫描技术采集市建委打印的带有条码的房屋交易信息表信息，通过与市建委信息共享和应用集成，实现契税征纳双方“双减负”，有效地解决纳税人和房地产开发商批量办理契税过程中存在的重复录入数据、程序复杂、等待时间长等问题。同时，减轻契税征收窗口的录入量，减少数据重复和录入错误，使窗口的办税时间平均每件减少3—4分钟，提高窗口的工作效率和数据管理质量，在一定程度上解决以往积压人员多、办税时间长等问题，极大地缓解了一线征收人员的工作压力，进一步优化了契税征收纳税环境。同时按照北京市地税局要求，各区县局不再留存房地产交易合同，节省了纳税成本。截至12月31日，全市共完成契税征收窗口扫描申报征收业务34.73万笔，共计82.08亿元。批量受理契税业务7.5万笔，共计19.48亿元。

（崔　犇）

【客户服务总线成功上线运行】 6月26日—28日，如期成功实施北京地税客户服务总线的部署工作，7月1日之前工商、统计、质监、国税等委办局和残联、车管所完成各自的应用调整。成功部署北京地税信息服务总线，建成面向业务功能提供服务的信息平台，为应用系统之间的互联互通和各系统间信息资源共享利用奠定良好基础，提高信息化建设的基础水平，率先在全国税务行业的信息化建设实践了面向业务功能提供服务的案例。北京地税客户服务总线的建设工作是北京地税综合服务管理信息系统完善优化及整合项目二期工作内容的一部分。主要目标是整合目前各个系统的数据交换以及局内外系统之间点对点的数据交换，同时为将来信息系统的门户、数据利用等方面的整合工作提供更好的扩展能力。北京地税客户服务总线的成功实施，完善了北京地税信息系统的体系架构，为信息系统的建设和对内对外的数据交换提供了更好的解决方案，不仅免除了以往数据交换采用点对点方式带来的重复建设、重复投入问题，而且降低系统之间的关联程度，降低系统管理的复杂性，提升系统的灵活性和复用性，有利于实现系统的快速集成，为应用之间的互联互通奠定了良好基础，并为将来的业务流程整合、数据整合打下良好的基础。

（崔　犇）

【提前完成存储平台升级改造】 在前期加班加点精心准备的基础上，利用5月的6天节假日，一次性顺利完成存储平台部署。本次存储升级改造工程涉及生产中心和容灾中心2个机房物理地点；覆盖核心征管、发票等7个主要应用系统和容灾系统。将北京市地税局机房和昌平灾备机房的存储设备分别升级到原存储的近2.5倍和近4倍。存储设备的更新将提高地税局信息系统存储平台的访问速度、效率，同时满足信息系统各项生产数据在未来6年存储空间要求；特别是通过本项目重新规划和优化了北京地税存储平台的设计，形成了北京地税存储平台技术规范，为北京市地税局未来的信息化建设及运维奠定基础。

（崔　犇）

【完成车船税保险代收代缴系统】 利用市交管局、市保险协会车辆信息的共享与交换，完成北京地区24家保险机构在全市范围全面实行代收代缴车船税的推广使用，以及保险机构按旬汇总缴纳系统调整，车船税预算级次调整。截至12月31日，保险代收代缴车船税共84.84万辆，计3.79亿元。保险代收代缴车船税系统的投入运行，一方面方便纳税人缴纳车船税，节约征纳双方成本；另一方面有效提高车船税税款征收率，堵塞税源征管漏洞，提高税源控管水平。

（崔　犇）

【部分实现纳税申报无纸化】 按照“两个减负”和“优化地税发展环境，保障税收增长”的要求，积极配合征管处制定《北京市地方税务局关于使用数字证书办理纳税申报的纳税人试行取消纸质申报资料有关问题的通知》，自7月1日起，凡参加试点的纳税人使用数字证书进行申报时将取消报送相应的纸质申报资料。按照2008年底纳税人的申报情况将至少惠及11万纳税人，减少180万份申报资料的报送和归档，将大大节约纳税人的报送纸质材料的时间成本和社会成本，减轻基层税务干部整理档案、归档的负担和压力。

（崔　犇）

【编写纳税人网上办税简明操作手册】 为提高纳税服务质量，加强对网上业务的宣传、辅导和培训，采取多种方式引导纳税人使用网上业务，编写《纳税人简明网上办税手册》，帮助纳税人方便、快捷地熟悉网上涉税业务的办理。《手册》的编写广泛征求业务处室和区县局的意见，是纳税人办理网上业务的简明、实用操作指南。

（崔　犇）

【完成中长期信息化战略规划编制】 按照《北京市“十一五”国民经济和社会信息化发展规划》《北京信息化基础设施提升计划（2009—2012年）》的总体部署，以《北京市信息化促进条例》《2006—2010年北京地税发展规划纲要》为依据，遵照国家税务总局已发布的技术标准和规范，在征询国家信息化专家咨询委员会专家意见的基础上，组织制订了《北京市地方税务局2009—2013年信息化建设战略规划》，作为北京市地税局未来5年信息化建设的纲要性指南，并通过市局专家组评审。专家一致认为，该《规划》目标明确，内容清晰，原则适度，实施步骤合理，符合北京地税业务信息化的发展需要，可以指导北京地税未来5年信息化建设。经局领导批准，此《规划》已报送北京市经信委备案。

（崔　犇）

【完善技术标准和规范】 年内，组织编写了《北京市地方税务局交易查询和统计分析分离规范》《北京市地税局单点登录系统技术规范》《电子档案标准和规范》《北京市地方税务局DS8100存储使用规范》，重新梳理发布了《北京市地税局组织机构代码表》，组织修订了《北京地税信息化建设业务需求编写规范》，制定《北京地税信息化建设项目验收管理办法》，组织编制《北京地税数字签名与加密应用技术规程》，制定《北京地税税库行横向联网应用规程》，这9项规范从技术、业务和项目管理角度对信息化建设开发商、业务需求提出部门以及项目管理各个环节提出更具体的标准和要求，使北京地税信息系统建设更加集约化、规范化，进一步夯实信息化管理基础，提高信息化管理水平，在总结试用情况后正式发布。

（崔　犇）

【推进科技控权】 按照《北京市地方税务局贯彻落实〈建立健全惩治和预防腐败体系2008—2012年工作规划〉实施办法》（京地税党〔2009〕18号），认真开展各项工作，及时自查，将各项任务落到实处。依照北京市地税局的统一部署，查找上报个人和部门风险点。反复修改，完善部门风险及防范措施，完成风险管理流程图的绘制。作为“科技控权”项目组的牵头单位，积极发挥职能作用，协调成员单位制定项目计划，共同落实好项目化管理工作，为建立健全惩治和预防腐败体系提供信息化手段支持。依托税务稽查案件管理平台，建立纪检监察部门网上全过程监督稽查办案机制，推进信息化手段下纪检监察部门对稽查执法情况的有效监督。对北京市地税局各处室提出的89个风险点逐一梳理分析，多次征求处室的意见，在此基础上结合综合服务管理信息系统的现有功能，研究逐步实现信息化监控的措施,提出下一步工作建议。拟订科技控权推进办法，要求各处室今后提出业务需求时必须考虑风险防范问题，并提出相应需求。明确科技控权的目标及各部门的职责分工，对科技控权项目从规划、立项到运行使用的各环节提出要求。

（崔　犇）

信息系统运营维护及安全保障情况

【综述】 2009年，信息中心在北京市地税局党组的领导下，紧紧“围绕两条主线，构建一个保障，实现三个满意，建设五型机关”的主题，按照“科学发展深化年”的要求，以保障北京市地税局信息系统安全稳定运行为目标，认真落实国家税务总局和北京市经信委的指示精神，进一步优化科技环境，开展信息安全检查，实施风险评估，完善各项保障措施，提高信息系统安全防护能力，有效规避安全风险，为广大纳税人和税务干部提供更加优质的服务，全力以赴做好市局信息系统安全保障和运行维护管理工作，较好地完成了国庆60周年安全保障等各项工作。

（张　波）

【做好系统维护管理】 以构建运行维护、安全保障体系为重点，全力以赴做好系统维护管理工作，用信息化支撑和保障地税各项工作的能力不断提高。按照北京市地税局党组对信息系统安全保障和运维工作的要求，不断规范运维服务和管理流程，及时发现问题，及时排除解决故障，提高了运维管理质量。一是做好应用系统运行维护管理工作。完成了核心征管系统、发票系统、个税系统、高端查询展示平台、技术支持呼叫中心、视频会议和后勤管理等系统的运行维护管理，共排查解决应用系统故障64次，内、外部数据查询服务119次，处理反馈单2015张，受理技术热线102069个，为广大纳税人和税务干部提供了良好的技术支持服务。二是完善信息系统运行维护管理规范。按照“重应用，重需求，重规范，重管理”的原则，结合实际工作需要对规范进行完善与更新，促进信息系统运行维护管理工作的科学化，实现信息系统运行维护管理工作的规范化、制度化、流程化。三是做好信息系统后台数据维护管理工作。多次与业务处室沟通协调，重新规范后台修改数据的工作流程。严格后台修改数据的审批程序，确保后台数据调整经过相关业务处室确认。重新制定车船税、契税重复信息的修改流程，在确保数据修改的科学严谨的同时，做好应对业务工作需要和纳税人的响应工作。四是做好信息系统移交工作。按照信息化工作“四统一”的原则，完成单点登录系统、重点税源户财务报表系统的移交工作。办理了个税系统、房地产税源户项目、建委数据交换二维码项目、车船税改造项目、纪检监察举报项目、税务档案管理系统、税务档案归档子系统等项目的移交评估。

（张　波）

【落实信息安全管理措施】 按照“积极防御、综合防范”的方针，以国标、行业等相关标准为指导，采用管理与技术相结合的方式，不断完善各项保障措施，逐步建立和完善信息安全保障体系，系统抵御风险能力不断提高。一是完善突发事件应急预案，提高应付突发事件能力。为进一步提高对信息系统突发事件的应对能力，按照“三早、三预”的原则，逐步完善总体应急预案和各专项应急预案，建立信息安全事件应急处置报告流程，做到“第一时间发现问题、第一时间报告问题、第一时间解决问题”，为应对突发事件奠定坚实的基础。二是做好重要系统定级工作。按照国家税务总局和北京市关于等级保护的要求，完成对重要电子政务系统的定级工作。2009年6月，向北京市经信委提交重要信息系统等级备案所需材料，全面完成重要信息系统等级定级工作。核心征管系统、个人所得税系统、发票税控系统、Tax861网站系统的系统安全等级定为3级，北京市地税城域骨干网定为2级。三是做好防病毒系统升级工作，切实提高系统防病毒能力。2009年防病毒系统总体情况正常。为及时预防和处理计算机病毒的入侵，提前应对隐蔽多变的新型病毒威胁，从1—5月，结合在朝阳区地税局开展的防病毒试点升级工作，制定详细的防病毒软件升级方案和安装操作手册，安排专业公司现场对各区县局办公计算机逐台升级，共现场部署升级6706台计算机及260台服务器。共处理病毒事件31起，防病毒软件运行稳定，效果良好。四是加强信息安全意识教育与培训，全力提高安全防范意识。为全面提高信息安全防范意识，将2009年9月定为“信息安全宣传月”，制作20块信息安全宣传展板，在北京市地税局机关、各区县局轮流展示进行宣传教育；分两批组织信息安全知识培训；结合当前信息安全形势，进一步修改完善《信息安全读本》内容；2009年9月25日，采取电视电话会议的形式，邀请国内知名信息安全专家对当前国际国内信息安全形势与应对进行专项培训，不断提高信息安全意识。12月9日，邀请IBM工程师组织开展“IT服务管理最佳实践研究”培训，组织开展“加强运维外包服务管理，构建高效的运维服务体系，确保系统平稳运行”研讨，进一步理清加强运维外包管理的工作思路，为规范运维流程、建立运维服务质量考核指标体现奠定基础。五是开展信息安全检查和安全巡检，全面掌握系统安全状况。

从4月开始，组织专业技术人员对北京市地税局、22个区县局的网络与信息安全管理、安全技术和国庆60周年信息安全保障准备工作等方面进行现场全面的安全检查与评估，各区县局对发现的问题进行及时整改处理。从5月开始，从信息安全体制机制、组织、制度建设、责任制落实、等级保护和应急处置等方面进行全面自查，编写《2009年北京市地方税务局信息安全自查报告》和《北京地税网络与信息安全自查报告》，上报国家税务总局和北京市经信委，对发现的安全隐患进行及时整改处理。

（张　波）

【清查系统用户权限与密码】 针对信息系统用户权限与密码管理和使用过程中发生的问题，先后召开4次专题会议，专门研究部署和研究信息系统用户权限与密码等安全管理工作；6次以通知的形式和两次以正式发文的形式强化用户权限清查与密码修改等相关管理工作的要求，同时通过近10次的整改情况通报督促落实整改，并采取技术措施强制密码修改。以此确保用户密码的修改工作，进一步加强了信息系统用户管理。

（张　波）

【开展电子政务运维自查】 为保障北京地税电子政务信息系统稳定、安全、可靠运行，全面提升电子政务应用效益，实现信息系统运维管理服务的主动式、规范化和精细化，按照市经信委对电子政务运维工作的要求，开展各项电子政务运维自查工作。按照市经信委对试点工作的统一部署，成立试点工作组织机构，信息中心成立工作实施小组，制定并提交《北京地税电子政务运维实施试点工作计划》，向市经信委提交《北京地税信息系统运维支撑服务系统立项报告》。

（张　波）

【加强国庆平安行动系统安全保障】 国庆前夕，按照上级指示精神，在北京市地税局党组的正确领导下，精心策划，周密部署，狠抓落实，与区县局信息化战线干部一起齐心协力，共同圆满完成信息系统安全保障和运行维护的任务。在此期间，制订下发安全保障总体方案、专项应急预案，先后组织召开两次全系统专题部署会，一次全系统信息安全培训会，组织区县局召开三次片会；先后下发八个相关要求文件和通知；对24个区县局进行安全巡检、坚持24小时值班等多项措施，国庆长假期间发现并及时处理6项系统故障，全方位认真落实市局党组和上级部门的指示精神，严防死守，全力以赴做好各项保障工作，确保了信息系统安全稳定运行，为广大纳税人和税务干部税收征管工作创造良好的信息安全环境。

（张　波）

【强化IT基础设备和网络安全监控管理】 一是完成IT基础设备监控管理。通过提高自身风险意识，加强监控，出现问题及时处理等，确保了基础设备设施的稳定运行。共发现和解决故障193次，未出现因设备故障及维修不及时影响业务系统正常运行的重大事件，为系统运行提供了可靠的基础保证。二是组织对机房进行安全检测。8月20日—22日，聘请国家计算机质量检验中心对北京市地税局所属车公庄、昌平、马甸所有计算机机房物理环境进行全面安全检测，对发现的重大安全隐患采取相关措施，并提出全面整改建议。根据评测结果和自身能力，对部分问题进行整改。三是做好网络系统监控管理工作，加强网络安全管理。为进一步加强网络安全管理，重点完成网络维护管理、IDS监控管理、WSUS补丁管理系统监控管理、防火墙日常维护管理、对新上线的业务服务器进行安全加固等工作。每周发送系统安全、系统漏洞、恶意病毒暴发等提示信息（简称“安全小卫士”）。定期向各区县局下发《北京市地税局网络安全监控管理系统网络安全告警信息季报》（简称季报），通过及时收集、核实、汇总、发布网络安全运行情况，帮助各区县局在最快的时间内了解重要安全信息，对网络维护、安全制度的建立起到了较好的促进作用，全面提高对网络安全事件的预防和应对能力。四是做好防火墙单点改造项目，提高系统运行的安全稳定性。2009年6月，组织防火墙单点改造项目上线实施工作。为保证项目的顺利进行，制定详细的实施方案、实施计划和可行性评估报告，已完成大部分实施工作，提高系统运行的安全稳定性。五是组织实施国庆期间限制互联网访问措施。国庆60周年庆祝活动期间（2009年9月21日—10月10日），对通过地税局网络进行的互联网访问采取限制策略，只允许经过审核的部分用户访问特定的网站。在互联网限制期间内，对区县局代理服务器配置情况进行检查，未发现违规访问互联网的现象。增设车公庄应用程序包和原代码的异地备份库。

（张　波）

【加强容灾中心运维管理】 做好容灾中心运维管理工作，进一步完善容灾系统功能。根据容灾中心建设思路，加强容灾系统日常运行维护管理工作，共处理各类运维事件70起，对容灾机房内部空调进行重新配置，改善了容灾系统运行环境。2009年10月，在容灾中心新设立信息系统介质储藏间，制定了介质存放的相关管理流程，以存放信息系统源代码程序介质，建立了关键业务的源代码程序异地备份。

（张　波）

【做好容灾中心运维管理】 对上网内容过滤管理系统、IPS、网站服务器安全防护加固系统进行详细的调研，制定了切实可行的部署上线方案、实施计划和可行性评估报告，并顺利完成了各系统的上线测试工作。通过此次上线部署工作，加强上网内容安全管理，保障网站服务器的安全，提高网络安全运行水平。

（张　波）

队伍建设

加强领导干部作风建设 推进优化地税发展环境 确保税收增长年活动

【综述】 为贯彻落实北京市委关于“深入学习实践科学发展观，开展弘扬北京奥运精神、加强领导干部作风建设年活动”的精神和要求，结合北京市地税局深入学习实践科学发展观活动“回头看”和税收工作实际，2009年初，北京市地税局党组决定在全系统开展“加强领导干部作风建设，推进优化地税发展环境，确保税收增长年”活动。按照要求，北京市地税局成立活动领导小组办公室及8个专项工作组，负责具体优化项目的确定及实施工作。领导小组办公室按照局长王晓明提出的“找准问题，标准一致，重点突出”要求，经过“三下三上，逐步聚焦”过程，制定出《北京市地方税务局加强领导干部作风建设，推进优化地税发展环境，确保税收增长年活动任务项目分解落实表》，确定市局8个专项组，落实项目25个大项、106个子项；需建立和完善制度48项、制订措施办法68个。在25个落实项目中，按工作内容划分，涉及3个方面：组织税收方面11项，两个“减负”方面6项，班子队伍和党风廉政建设方面8项。这些项目的确定，为活动的开展打下良好基础。在市局活动领导小组的正确领导下，8个专项组积极努力工作，较好地完成各自承担的项目，为全系统圆满完成税收任务、优化环境、改进作风作出贡献。按照上级领导部门要求，每月向北京市委领导小组办公室按时上报活动月度总结，每周至少报送一篇反映北京市地税局活动动态的信息专报，并将《帮扶企业简报》《加强领导干部作风建设，推进优化地税发展环境，确保税收增长年活动专刊》报至北京市委作风建设领导小组。截至2009年底，全局共报送专报信息40条，《帮扶企业简报》43期、190条，《活动专刊》27期、180余条。为方便基层开展活动，北京市地税局领导小组办公室还组织编印了《活动工作手册》，下发到各基层单位，促进活动的开展。

（宋勇军）

【加大组织收入力度 全力以赴完成全年税收任务】 通过加强领导，强化征管，狠抓落实，完善税源双项分类管理，强化无税申报和非正常户监控，加强欠税管理，建立分税种跟踪问效工作规范，积极构建社会综合协税护税网络，切实发挥行业主管部门和各区县、乡镇、街道的重要作用。充分发挥纳税评估和税务稽查职能，完善评估指标体系，深入开展重点行业、企业专项评估和专项检查，确保国家税款应收尽收。2009年，全系统完成各项税费收入1771.9亿元，同比增收193.9亿元，增长12.3%，完成年初计划的102.1%。完成地方一般预算收入1394.7亿元，同比增收187.9亿元，增长15.6%，完成年初计划的104.9%，地方税收对财政贡献率达68.8%。提前22天完成地方一般预算收入增长10%的任务目标，提前12天完成58亿元的新增任务，为首都经济社会又好又快发展提供坚实的财力保障。通过主题活动，全系统从机制体制创新入手，切实采取有效措施，完善税收征管工作，进一步提高税收征管科学化、专业化、精细化程度，增强了抵御风险能力和驾驭复杂局面的能力，确保地方税收持续增长，为全市经济平稳较快发展和社会和谐稳定提供了充足财源支持。

（宋勇军）

【优化纳税服务　营造良好税收环境】一是健全服务工作制度。认真落实国家税务总局《2010—2012年纳税服务工作规划》。建立纳税咨询热点问题收集公布制度、办税服务厅评价考核办法、分类纳税辅导制度、纳税人诉求管理办法等多项工作制度。推行走访服务制度，修订纳税服务工作规范，规范涉税保密信息查询管理，切实维护纳税人合法权益。二是发挥服务平台效能。完善办税场所、地税网站和12366热线等服务平台建设，拓展服务功能。统一全市办税服务场所标识。升级地税网站后台管理信息系统，确保涉税信息发布及时、准确、安全。“12366”热线电话全年共处理话务111万件，同比增长7.8%。地税网站访问量近9000万人次。三是加大税收宣传力度。以“税收 · 发展 · 民生”为主题开展税收宣传月活动，举办税法讲座241场，辅导纳税人3万余人次，举办网上在线答疑活动12期。印制28.8万册《北京地方税务公告》和96万册纳税申报辅导手册，免费赠送纳税人。通过免费邮箱向纳税人发送税收法规400万余份，切实提高纳税人满意度和税法遵从度。四是有效落实“两个减负”。以上门走访、座谈会、调查问卷等方式，广泛了解纳税人办税需求，减轻办税负担。试行数字证书CA用户取消纸质申报表工作，全年减少162万张纸质申报表，节约成本近10万元。推进税务档案扫描管理，共扫描税务档案2.5万包、1262万张表单，减轻归档工作负荷，提高档案利用效率。优化简并考核项目，减轻基层负担。通过以上措施，全系统服务意识进一步增强，在实际工作中，坚持以纳税人需求为导向，依法、公平、文明服务，努力构建和谐征纳关系。有效落实服务措施，不断简化办税流程，大幅提高了工作效率，降低了办税成本，提升了纳税人满意度和税法遵从度，进一步优化了首都税收环境。

（宋勇军）

【发挥税收职能作用 服务首都经济发展大局】 一是帮扶企业，排忧解难。围绕北京市政府工作要求，建立健全市局、区县局两级帮扶工作机制，制定实施方案和协调联系工作规程。“点、线、面”相结合开展帮扶工作。组织开展分税种、分行业、分事项的综合税政宣传辅导培训。编写帮扶企业税收政策和征管措施汇编，涵盖优惠政策、征管措施130条。深入走访3800户企业，解决涉税问题1000余个，编发宣传材料10万册。做好创业板上市相关帮扶工作。二是完善机制，强化管理。充分发挥税政联席会议机制作用，形成税政管理整体合力。建立分税种跟踪问效工作规范。加强税政行业管理。深入推进房地产税收一体化管理。配合有关部门制定房屋租赁市场管理规定，及时调整二手房计税价格。对200余个房地产项目开展土地增值税清算，入库税款17亿元，增长1.5倍。进一步优化个人所得税完税证明开具工作。完善残保金代征管理。参与研究中关村国家自主创新示范区税收政策建议，得到了财政部、国家税务总局的肯定。

（宋勇军）

【推进依法行政 提升依法治税水平】 全面落实税收执法责任制，严格按照法定权限和程序行使权力，履行职责。税收法制观念深入人心，干部执法水平显著提高，税收执法行为不断规范，维护了公平公正的税收秩序，为市场经济主体提供了更加公平的发展环境。积极落实国务院《全面推进依法行政实施纲要》。制定《税务行政处罚自由裁量权实施办法》。完成规范性文件清理和公布。落实信息公开工作，做好向市政府信息公开查阅大厅、市档案馆、首都图书馆的信息移送工作。制定《领导干部学法制度》。开展行政复议、税收执法和各类税收业务培训，加强公务员岗前法律知识培训。积极落实“五五”普法规划，广泛开展税收法制宣传教育，切实提高税务干部依法行政工作水平。开展税务检查处罚案卷评查和年度税收执法检查，规范执法行为。开展日常执法检查355项，专项执法检查21项。检查各类执法文书及案卷1.8万份（卷），发现问题2355次，整改率达93%。严格落实责任追究。审理复议案件10起。应诉行政诉讼案件9起。参加北京市政府2009年度行政处罚案卷评查活动，连续第九次被评为案卷评查优秀单位。

（宋勇军）

【规范信息化建设 提升科学管理水平】 一是完善信息化建设决策机制。严格立项程序，实行归口管理。成功部署北京地税信息服务总线。整合信息资源，提高共享程度，提升系统灵活性和整体效能。建设移动办公平台，改造备份平台，升级改造存储平台。完善核心征管系统告知功能、企业基础数据交换功能和财税库行横向联网系统。完成个人出租房屋税收管理系统和二手房交易税收管理系统。实现残保金财税库行缴款入库功能。二是加强信息系统日常运行维护管理。完善《信息系统运行维护管理规范》。实施信息安全风险评估和等级评测，全面了解信息安全现状，及时发现和排除隐患。完善信息安全总体应急预案，适时组织应急演练，提高应对突发事件能力。落实信息安全培训计划，提高信息安全管理技能和水平。

（宋勇军）

【开展廉政建设　加强干部队伍管理】 积极开展深入学习实践科学发展观“回头看”活动和第二批学习实践活动。贯彻《建立健全惩治和预防腐败体系2008—2012年工作规划》，制定实施细则。建立《科技控权推进办法》。编印《税务干部廉洁从政手册》。开展党风廉政责任制检查。制定推进廉政风险防范管理工作实施方案和项目化管理工作。全面查找廉政风险点。对重点对象、重点岗位、关键环节的风险防范实施项目化管理。严肃查处违纪违法案件。深入开展政风行风民主评议。以明察暗访等多种形式，对各区县局、分局政风行风和廉政环境建设情况开展检查。成立督查组，邀请社会特邀监察员参与其中，确保督查结果客观、公平、公正。围绕规范执法行为、强化服务功能、提高办事效率、改进服务态度等方面，抓好整改落实，促进税收各项工作质量和效率不断提高。通过主题活动，全系统全面推进学习型、服务型、效能型、法治型、廉洁型机关建设，强调大局意识、责任意识、忧患意识、服务意识和发展创新意识。进一步强化党组织的核心作用，坚定领导干部理想信念，优化了领导班子结构，巩固了基层和基础建设，改进了干部队伍的工作作风和精神面貌，服务于纳税人和首都发展大局的能力进一步提高，为创造首都廉洁高效的政务环境作出了贡献。

（宋勇军）

【优化行政管理环境　提升行政效能】 一是加强领导班子建设。制定《落实“三重一大”决策制度实施办法（试行）》《关于加强领导干部作风建设，进一步做好调查研究工作的指导意见》和《党组工作规则》，坚持民主集中制原则，确保各项决策科学、民主、规范。积极推进人事制度改革，提高选人用人公信力，树立正确的用人导向。按照“德才兼备、以德为先”标准和“民主、公开、竞争、择优”原则，开展全系统局、处级后备干部推荐、选拔、调整工作，适时任用、交流、调整了63名处级干部，考察测评23个处级领导班子。完善处级非领导职务管理办法、区县局科级非领导职务晋升管理办法，为干部管理科学化、民主化、规范化打下坚实基础。二是加强组织机构建设。按照北京市政府机构改革要求，在深入调查研究的基础上，制定“三定”方案获得市编委批准，在全系统正式启动实施，并对照方案要求，及时梳理处室职责，对现有业务流程进行整合和优化。三是提高行政管理效能。严格执行财经纪律。制定《“包干经费”及其他公用经费管理办法》，倡导勤俭节约，压缩行政经费，减少行政开支。规范文件，精简会议，减少迎来送往。优化财务管理，强化内部审计。全面清理小金库。落实安全维稳各项工作。严密组织、积极参与国庆庆典系列活动及外围保障、治安维护。落实“国庆平安行动”，确保人、财、物和信息系统安全。严密防控甲型H1N1流感。

（宋勇军）

【扎实开展作风建设　努力提高干部队伍综合素质】 编印《加强领导干部作风建设，推进优化地税发展环境，确保税收增长年活动工作手册》，发至全系统各单位，促进主题活动深入开展。下发《关于加强机关作风建设的几点意见》的通知，对各党支部和全体党员提出了具体要求。起草《北京市地税局机关人员遵循手册》。北京市地税局领导亲自带队，多次对北京市地税局机关的办公秩序、工作纪律、会议纪律、卫生环境等方面进行检查，进一步规范机关作风。针对严峻经济形势和系统内违法违纪案件集中发案的实际情况，9月，在全系统开展了“做国家利益的忠诚卫士”主题教育周活动。着重从思想教育和完善制度两方面入手，解决地税干部在理想信念、职业操守、行为规范、勤政廉政方面存在的突出问题，努力打造一支爱岗敬业、忠于职守、廉洁奉公、顾全大局的干部队伍。全系统广大党员、干部积极响应，热情参与。活动取得了良好效果。各级党组、党支部的战斗堡垒作用进一步强化，全体干部特别是党员领导干部的勤政廉政意识进一步增强，税收征管和队伍建设的薄弱环节进一步完善，税收职能作用得到进一步发挥，推动了各项税收工作顺利开展，取得实效。

（宋勇军）

党团建设　基层建设

【综述】 2009年，在北京市直机关工委的领导和北京市地税局党组的指导下，机关党委认真履行职责，坚持以学习党的十七大、十七届四中全会精神和深入开展学习实践科学发展观活动为重点，以开展“迎国庆讲文明树新风”活动为主线，以开展“三进两促”活动为载体，以机关党建带团建为手段，基层党组织为党员干部服务的能力不断增强，机关党的建设水平逐步提升。

（李 一）

【组织开展学习实践科学发展观和整改落实“回头看”活动】 根据中央和北京市委的要求，按照北京市地税局党组的工作部署，在学习实践活动期间，机关党委认真组织所属支部，及时为全体党员配备《科学发展观重要论述摘编》《科学发展观学习读本》等学习资料；先后组织44名机关支部书记参加了市局统一组织的局、处级领导干部为期3天的封闭式集中学习；组织召开了包括纳税人代表、税务干部代表、人大代表、党代表和老干部代表等100人的分析检查报告评议座谈会广泛征求意见；结合开展“回头看”活动，认真组织并督促检查机关、各支部解决群众反映强烈、影响科学发展的六大类27个问题，较好地保证了科学发展观学习实践活动的效果。

（李 一）

【突出地税特色开展“三进两促”活动】 按照北京市直机关工委“三进两促”活动和北京市地税局党组“加强领导干部作风建设、推进优化地税发展环境、确保税收增长年”活动的要求，积极组织开展“帮扶企业应对当前国际金融危机”活动，机关党委号召广大党员干部在活动中发挥先锋模范作用，先后推出了5期简报，专题报道了海淀科技园所、企业所得税处等5个支部的先进事迹，北京市直机关工委转发了其中2期，为树立地税形象，鼓舞队伍士气发挥了重要作用。

（李 一）

【积极开展建党88周年纪念活动】 围绕党组五型机关建设思路，机关党委组织开展建党88周年纪念系列活动，集中表彰了14个先进党支部和77名优秀共产党员，制作了展板进行宣传。请党组书记、局长王晓明围绕“讲党性、重品行、作表率”上了一堂党课，重点是加强领导干部作风建设，对加强机关作风建设起到了显著的效果。组织了帮扶困难党员送温暖活动，有4名党员得到北京市直机关工委的困难补助，有13名党员得到机关党委的困难补助。

（李 一）

【做好党员发展、服务、管理工作】 北京市地税局机关党委严格执行党务公开的制度，在全年发展的23名预备党员，26名转正党员中全部进行公示和民主测评，全年还组织34名入党积极分子参加北京市直机关工委的培训，提高了党员队伍的素质。截止到2009年12月底，市局机关共有1个党总支、44个党支部、759名党员。

（李 一）

【开展“迎国庆讲文明树新风”活动和团员教育活动】 按照北京市直机关工委

的要求，机关党委积极发挥机关团委的作用，分别组织20名机关干部参加首都国庆60周年群众游行活动和作为治安志愿者高标准地完成了志愿协警维稳任务，市局机关荣获优秀组织奖。结合团员青年的理想信念教育，组织机关团员，北京航天城开展“纪念五四运动，增强爱国热情”的主题教育活动，并与“神舟七号”航天员一起座谈，共话人生理想，深化了教育效果。

（李 一）

【做好党费收缴、使用与管理工作】 严格按照有关规定，上年结转党费69.8万元，1—12月各党支部共收缴23.2万元，按规定上缴北京市直机关工委59892元，当年还收到北京市直机关工委拨付用于奖励优秀党务工作者和先进基层党组织各2000元，其中个人奖励已发放本人，集体奖励留存。截至12月底党费累计结存87.4万元。

（李 一）

廉 政 建 设

【综述】 2009年，在北京市委、市政府和国家税务总局的领导下，北京市地税系统坚持以完善惩治和预防腐败体系为重点，全面推进教育、制度、监督、改革、纠风、惩治等各项工作，取得反腐倡廉建设新成效，为完成北京地税的各项工作提供坚强的政治和纪律保证。一是党风廉政建设责任制进一步落实。分别制定下发《2009年党风廉政建设和反腐败工作主要任务及分工》《北京市地方税务局贯彻落实〈建立健全惩治和预防腐败体系2008—2012年工作规划〉实施方案》，认真开展党风廉政建设责任制、“惩防”体系建设自查和全面检查工作。二是厉行节约效果明显。三是深入开展“小金库”专项治理。四是廉政风险防范管理工作深入开展。强化权力运行制约和监督，促进责任落实，从源头和机制上防范腐败风险，积极促进廉政风险防范管理工作的规范化，有力地指导系统党风廉政建设。五是领导干部廉洁自律工作取得新进展。严格执行领导干部廉洁自律规定，积极开展廉政谈话活动，上级领导同下级主要负责人谈话、领导干部任前廉政谈话及领导干部述职述廉工作。六是“两权”运行进一步规范。按照“规范用权、公开示权、合理分权、科技控权、追究制权”的工作思路，不断推进两权监督深入开展。七是反腐廉政教育扎实推进。全系统深入开展“加强领导干部作风建设，推进优化地税发展环境，确保税收增长年”活动、“做国家利益的忠诚卫士”等活动，认真解决作风方面存在的突出问题，领导作风进一步好转。八是廉政文化丰富多彩。九是执法监察和效能监察有效开展。执法监察和效能监察工作，紧紧围绕税收工作大局，抓住重点，找准切入点，在工作中注重加强教育，完善制度，强化监督，贯彻标本兼治、综合治理、惩防并举、注重预防的方针，大力推进廉政风险防范管理工作，积极构建地税系统“惩防”体系，充分发挥职能作用，有力地推动全市地税系统党风廉政建设工作的深入开展。十是案件查办力度不断加大。结合地税系统案件检查工作实际，制定下发《北京市地方税务局关于对涉嫌违犯党纪政纪有关案件线索统一管理的办法》，积极协助纪检监察机关和司法机关对违纪违法人员进行调查。十一是政风行风进一步好转。

（毛耀丽）

【党风廉政建设责任制进一步落实】 北京市地税局党组始终坚持“两手抓，两手都要硬”的方针，把党风廉政建设作为加强领导班子建设，提高班子执政能力的重要工作来抓，摆上重要位置，纳入议事日程，做到党风廉政建设与税收工作一起部署、一起安排、一起检查、一起考核，切实形成了整体合力。制定下发《2009年党风廉政建设和反腐败工作主要任务及分工》，将党风廉政建设任务细化为7大类、33项具体工作，并逐项分解到部门单位，责任到人。按照北京市纪委的统一要求，认真开展党风廉政建设责任制、“惩防”体系建设自查和全面检查工作。通过检查给被检查单位提出52条反馈意见，各单位根据反馈意见全部完成整改，有力地推进了党风廉政建设责任制的纵深发展。

（姚文虎）

【厉行节约效果明显】 按照中央厉行节约的要求，压缩行政经费支出效果明显，减少出国团组42个，占到全国税务系统压缩出国87个团组的48%，节约费用834.56万元，占北京市节约出国财政经费2851万元的29%；节约车辆购置及运行费1174.58万元。

（姚文虎）

【深入开展“小金库”专项治理】 采取全面自查和重点抽查相结合的方式，强化检查督导，全系统自查“小金库”11个，涉及金额88.20万元，已在规定的时限内全面清理和纠正。

（姚文虎）

【深入开展廉政风险防范管理工作】 强化权力运行制约和监督，促进责任落实，从源头和机制上防范腐败风险。北京市地税局党组高度重视，成立廉政风险防范工作领导小组，制定下发《中共北京市地方税务局党组关于印发〈北京市地方税务系统深入推进廉政风险防范管理工作实施方案〉和〈北京市地方税务系统廉政风险防范管理工作实施细则（试行）〉的通知》，促进廉政风险防范管理工作的规范化，有力地指导系统党风廉政建设。各职能部门按照两权监督，三个层次，五个方面，即：从税收执法权、行政管理权，按照岗位风险、部门风险、单位风险三个层次和思想道德、制度机制、岗位职责、业务流程、外部环境五个方面进一步排查廉政风险点，全系统58个处级单位和599个科级单位共7355名干部参与风险点查找工作。通过自查，共查找风险点5545个，制定防控措施4689条；完善业务流程445项；编制业务流程图或风险防控图（表）763份。确定以加强“三重一大”制度管理等4个项目作为北京市地税局的廉政风险防范项目化管理的切入点，先后制定《北京市地方税务局党组关于落实“三重一大”决策制度的实施办法（试行）》《科技控权推进办法》等文件。梳理出未被信息系统覆盖，具备实施科技控权条件的风险点，补充完善信息系统功能的计划，为实现风险点的信息化全程监控奠定了基础。

（姚文虎）

【领导干部廉洁自律工作取得新进展】 严格执行领导干部廉洁自律规定。上级领导同下级主要负责人谈话693人次，领导干部任前廉政谈话146人次，诫勉谈话31人次，领导干部述职述廉1754人次。组织完成420名处级干部个人有关重大事项和收入申报工作。20名干部职工主动上缴礼金、有价证券，总金额5.97万元。

（姚文虎）

【“两权”运行进一步规范】 按照“规范用权、公开示权、合理分权、科技控权、追究制权”的工作思路，不断推进两权监督深入开展。围绕干部选拔任用工作中酝酿提名、竞争上岗以及人员录用、调配等重点环节，以及经费使用审批、基建项目审批及工程管理、固定资产管理、政府采购等行政管理的重点环节，深入开展监督。驻局纪检组监察处对交流轮岗调整的33名处级干部、任用的12名正处级领导干部，68名处级正职后备干部和正处级人选，250名处级副职后备干部推荐人等人事工作进行了全过程的监督。对政府采购招投标 14 个项目进行监督，节约预算资金 209万元。开展日常执法检查355项，专项税收执法检查21项。检查各类执法文书及案卷1.8万份（卷），发现问题2355次，整改率达93%。

（姚文虎）

【反腐廉政教育扎实推进】 全系统深入开展“加强领导干部作风建设，推进优化地税发展环境，确保税收增长年”活动、“做国家利益的忠诚卫士”等活动，认真解决作风方面存在的突出问题，领导作风进一步好转。利用地税论坛、干部培训和召开处级干部大会的形式，认真开展廉政教育；局长王晓明结合系统内发生的案件讲党课，对全系统干部进行警示教育；开展慎用手中权力，依法履行职责的主题教育及征文活动；编撰《税务干部廉洁从政手册》进行遵纪守法教育等多种形式，开展党性党风党纪教育。

（姚文虎）

【廉政文化丰富多彩】 积极推动"廉政短信""亲情助廉""廉政动漫""廉政走廊""廉政演讲""廉政作品展""廉政月刊""廉政演出"等活动，努力营造风清气正的社会环境。在国庆60周年系列活动中，驻局纪检组监察处选派的《十月是你的生日，中国》，在北京市纪检监察系统的比赛中获得一等奖，展示北京地税的良好形象。

（姚文虎）

【执法监察和效能监察有效开展】 执法监察和效能监察工作，紧紧围绕税收工作大局，抓住重点，找准切入点，在工作中注重加强教育，完善制度，强化监督，贯彻标本兼治、综合治理、惩防并举、注重预防的方针，大力推进廉政风险防范管理工作，积极构建地税系统"惩防"体系，充分发挥职能作用，有力地推动全市地税系统党风廉政建设工作的深入开展，2009年共实施对因公出国经费使用情况、公务车配备使用管理、公务接待费支出、公款请客送礼、庆典、节会、论坛活动、党政机关楼堂馆所建设、预算支出成本开支的监督检查4个执法监察项目以及税务行政复议、应诉工作开展情况及日常执法检查、专项执法检查自查工作开展情况等两个效能监察项目的开展，确定责任单位。在项目实施中围绕组织实施、执行过程、跟踪反馈三个环节，充分发挥纪检监察组织协调作用，确保各个监察项目的有效落实。

（扈寒梅）

【案件查办力度不断加大】 北京市地税局全年共受理涉及纪检监察各类信访举报95件，局级2件，处级51件，科级24件，一般干部17件，工勤人员1件。积极协助纪检监察机关和司法机关对13名涉嫌以权谋私、贪污受贿、失职渎职等违纪违法人员进行调查。根据北京市地税局党组决定，对地税系统建局15年以来发生的102起违纪违法案件及132名涉案人员情况进行分析，并将案件情况在系统务虚会上进行通报，起到警示作用。

（张 卉）

【政风行风进一步好转】 不断优化纳税服务，服务质量稳步提升。积极开展帮扶工作，切实解决纳税人实际困难。深入开展基层税务所评议工作，各区县局、分局自查问题125个，纠正问题111个，限期整改问题14个。在此基础上，市局抽查122个税务所，抽查率55.5%，发现问题76个，均得到纠正。

（姚文虎）

【审计处筹备工作情况】 一是研究

职责整合，机构设置，梳理职责。2009年9—12月，认真贯彻落实北京市地税局党组有关加强内部监督审计的决策部署，深刻领会本市机构人员“三定”方案政策的精神，以扎实开展“做国家利益的忠诚卫士”主题教育周活动为契机，加强学习提高认识，研究执法监督、系统领导干部经济责任审计、内部财务审计、协调配合外部监督审计职责的整合，配合人事处完成审计处单独设置的请示，按人事处的布置完成审计处、区县局审计科职责和流程的梳理，初步完成审计处的筹备。二是广泛开展调查研究。对内，加强与办公室、法制处、计财处、监察处等部门工作情况的沟通，了解其接待外部审计、执法检查、财务审计、领导经济责任审计的工作情况和经验，增强对职责的理解和认识。对外，积极与上级及北京市审计局、民政局、教委、卫生局等单位的审计部门联系，主动上门取得指导和学习借鉴其制度及机制建设的做法和经验，为筹备建设适应本局特点的审计监督制度机制掌握情况，打好基础。此外，参加市内审学会组织的业务培训，增加审计工作必备的业务知识。三是研究建立业务制度，探索审计监督新机制。认真学习领会上级及本局有关工作要求，研究落实细化审计处工作职责，研究草拟了《接受和配合外部审计联席会议制度》和《领导干部经济责任审计办法》等制度初稿，在处内进行反复讨论，修改完善。通过制度的建设与实施，探索适应地税事业发展，决策权、执行权、监督权联系与制约的新机制。四是建立健全内部管理制度。自筹备以来，认真建立健全处内行政管理的各项规章制度，以制度管事管人，提高部门效能，制定审计处13项内部管理制度。

（吴冬梅）

干　部　管　理

【领导班子建设】 完成38名处级干部的交流任职工作和26名干部的考察提任工作。改任处级非领导职务9人，提出后续的工作安排意见。为18名处级干部办理退休手续。

（石秀军）

【干部人事制度改革】 对原有的干部人事制度进行清理，根据工作需要，逐步修订完善和研究制定《北京市地方税务系统新录用公务员任职定级暂行办法》《北京市地方税务局机关科级非领导职务晋升暂行办法》《北京市地方税务局规范干部任免谈话的暂行办法》《北京市地方税务局加班工资管理办法》《北京市地方税务局干部职务管理暂行规定》等制度。同时，改进选拔任用处级非领导职务的方式方法，对处级非领导职务使用原则、职数设置、应具备条件和资格、工作程序、处级非领导干部的管理、监督与检查等内容进行明确规定，进一步提高工作的规范性。针对全系统军转干部人数较多的实际情况，坚持以人为本，积极向市人力资源和社会保障局汇报沟通情况，争取对在部队任行政团职职务、任营级领导职务满3年和技术七、八、九级的军转干部实行职数单列政策，核定定职为副调研员12名，定职为主任科员152名，定职为副主任科员52名，稳定干部队伍。

（石秀军）

【考核奖励】 截至2009年12月底，全系统7278名干部职工按照考核奖励工作有关规定参加年度考核。评为称职等次的5781人、优秀等次的1445人，参加考核未定等次的有52人。另外报经市人力资源和社会保障局批准，给予文竞等8名同志记二等功；给予崔燕生等648名同志记三等功；给予杨文俊等2466名同志嘉奖；周晓梅同志为北京市地方税务系统事业单位先进工作者；刘建华等8名同志为北京市地方税务局事业单位先进工作者。奖励情况详见《北京市地税系统2009年度立功受奖人员名单》。

（梅慧勇）

【公务员录用】 依据公开、透明、竞争、择优，服务基层一线的原则，分析整合区县局对人员的实际需求，合理地制定接收、考录方案。在北京市统一组织公务员公共科目笔试基础上，组织由北京市地税局有关部门和区县局不同人员参加的录用大学毕业生的公开面试工作，严把进口关，录用大学毕业生41名，较好地改善区县局的文化结构和年龄结构。按照《军队转业干部安置暂行办法》和北京市军转办的要求，积极组织军队转业干部录用考试，根据成绩，择优录取，保证接收军转干部的素质。在使用上，注意培训，用其所长，使年内接收的50名军转干部得到较好的安置，在各自岗位上发挥着积极的作用。同时，根据《国务院办公厅转发交通运输部等部门关于成品油价格和税费改革人员安置指导意见的通知》要求和有关规定，经对在编公路养路费征稽管理人员进行考试筛选，择优招录公务员54人，招聘事业编制18人，并按其原工作单位所在地区进行分配，使接收的72名养路费征稽人员得到妥善安置，圆满完成接收安置任务。

（程纬国）

【干部任免】 2月1日　经北京市地税

局党组会议研究决定，朱凤珍任北京市崇文区地方税务局、北京市地方税务局涉外税务分局调研员。

4月17日 经北京市地税局党组会议研究决定，杨文辉同志任北京市东城区地方税务局局长助理，张东选同志任北京市宣武区地方税务局局长助理，李建安同志任北京市石景山区地方税务局局长助理，赵晓菲同志任北京市西城区地方税务局局长助理。以上4名同志为西安市地方税务局干部到北京市地方税务系统挂职锻炼三个月。

4月22日 《中共北京市委关于沈汝冰同志任职的通知》（京委〔2009〕139号），市委决定，沈汝冰同志任中共北京市地方税务局党组副书记。

4月29日 《北京市人民政府关于沈汝冰同志任职的通知》（京政任〔2009〕89号），北京市人民政府2009年4月29日第35次常务会议决定，沈汝冰任北京市地方税务局副局长。

6月23日 经组织考核，范力军、刁维列、苏茂华、孙志解、刘丽敏同志结束试用期，范力军同志任北京市地方税务局营业税管理处处长，刁维列任北京市票证管理中心主任，苏茂华同志任北京市地方税务局干部培训中心主任，孙志解同志任北京市地方税务局宣传教育处副处长，刘丽敏同志任北京市地方税务局巡视一组副组长，以上5名同志任职时间从2007年11月8月起计算；经组织考核，舒涵、苏振军同志结束试用期，舒涵同志任北京市地方税务局宣传教育处处长，苏振军同志任北京市石景山区地方税务局党组成员、副局长，以上2名同志任职时间从2008年4月23日起计算。

7月17日 《中共北京市委关于吴鼎、解煜同志职务变动的通知》（京委〔2009〕201号），市委决定，吴鼎同志任中共北京市地方税务局党组成员、中共北京市纪委驻北京市地方税务局纪检组长；免去解煜同志中共北京市地方税务局党组成员、中共北京市纪委驻北京市地方税务局纪检组长职务，保留副局级。

8月18日 经北京市地税局党组会议研究决定，金志雄同志任北京市丰台区地方税务局党组书记、局长，孙长海同志任北京市地方税务局第一稽查局党组书记、局长。

免去：朱元广同志北京市地方税务局第一稽查局党组书记、局长职务。

8月24日 经北京市地税局党组会议研究决定，根据工作需要，党组成员、副巡视员王勇生同志主持基层工作处（市局机关党委办公室）工作，张翅同志主持企业所得税管理处工作。

免去：金志雄同志北京市地方税务局基层工作处处长职务，不再兼任市局机关党委办公室主任职务，孙长海同志北京市地方税务局企业所得税管理处处长职务。

9月7日 经北京市地税局党组会议研究决定，金燕齐同志任北京市地方税务局收入规划核算处处长，张亚平、周杰同志任北京市地方税务局收入规划核算处副处长，白晓凤任北京市地方税务局收入规划核算处副调研员；朱兴有同志任北京市地方税务局稽查处处长，常春雨同志任北京市地方税务局稽查处副处长，周燕玲同志任北京市地方税务局稽查处副调研员，刘传玲同志任北京市地方税务局离退休干部处处长，林永康同志任北京市地方税务局离退休干部处调研员，王桂芹同志任北京市地方税务局离退休干部处副调研员。

免去：金燕齐同志北京市地方税务局计划会计处处长职务，张亚平、周杰同志北京市地方税务局计划会计处副处长职务，白晓凤北京市地方税务局计划会计处副调研员职务，朱兴有同志北京市地方税务局税务检查处处长职务，常春雨同志北京市地方税务局税务检查处副处长职务，周燕玲同志北京市地方税务局税务检查处副调研员职务，刘传玲同志北京市地方税务局老干部处处长职务，林永康同志北京市地方税务局老干部处调研员职务，王桂芹同志北京市地方税务局老干部处副调研员职务。

9月14日　经北京市地税局党组会议研究决定，韦临同志任北京市东城区地方税务局副调研员，王廷秀同志任北京市朝阳区地方税务局副调研员。

9月23日　《中共北京市委关于吕兴渭同志任职的通知》（京委〔2009〕387号），市委决定，吕兴渭同志任中共北京市地方税务局党组成员。

10月9日　《北京市人民政府关于吕兴渭同志任职的通知》（京政任〔2009〕179号），北京市人民政府2009年10月9日第50次常务会议决定，吕兴渭任北京市地方税务局副局长（试用期一年）。

10月9日　经北京市地税局党组2009年第38次会议研究决定，刘玉洁、金燕齐、刁艳芬、舒涵和王瑞龙同志任调研员，其工资关系、党的关系仍在原处室或中心不变。康和凤同志任北京市海淀区地方税务局副调研员。

免去：刘玉洁同志北京市地方税务局地方税管理处处长职务，金燕齐同志北京市地方税务局收入规划核算处处长职务，刁艳芬同志北京市地方税务局档案处处长职务，舒涵同志北京市地方税务局宣传教育处处长职务，王瑞龙同志北京市地方税务局老干部活动中心主任职务，免去王秋亭同志北京市东城区地方税务局党组副书记、副局长职务，免去康和凤同志北京市海淀区地方税务局党组成员、副局长职务。

10月10日　经北京市地税局党组会议研究决定，市局党组成员、副巡视员王勇生同志不再主持基层工作处工作，王炜同志任北京市地方税务局燕山分局党组书记、局长，张康同志兼任北京市地方税务局档案处处长，钱剑兰同志任北京市地方税务局审计处处长，沈永奇同志任北京市地方税务局基层工作处处长，董雪涛同志主持北京市地方税务局人事处工作，周上序同志主持北京市地方税务局法制处（国际税务管理处）工作，杨晓东同志主持北京市地方税务局地方税管理处工作，陆坤同志主持北京市地方税务局征收管理处工作，张亚平同志主持北京市地方税务局收入规划核算处工作，施宏同志主持北京市地方税务局纳税服务处工作，王宝明同志主持北京市地方税务局宣传教育处工作，李宗定同志主持北京市地方税务局机关党委办公室工作，鲍秋苓同志任北京市地方税务局监察处副处长、调研员，常海龙同志任北京市地方税务局研究室副主任，杨素珍同志任北京市地方税务局残保金管理处副处长，郭顺民同志任北京市地方税务局收入规划核算处副处长，王磊同志任北京市地方税务局纳税服务处副处长，马扬同志任北京市地方税务局宣传教育处副处长，沈全君同志任北京市地方税务局基层工作处副处长，关小虎同志任北京市地方税务局审计处副处长，胡建荣同志任北京市地方税务局人事处调研员，程立龙同志任北京市地方税务局机关党委办公室副调研员。信息中心和信息系统安全保障中心分别设立，孙雪英同志任北京市地方税务局信息中心副主任、调研员，主持信息中心工作，高丽英同志不再主持北京市地方税务局信息中心（信息安全保障中心、运营维护中心）工作，李龙江同志主持北京市地方税务局信息系统安全保障中心工作，王立水同志主持北京市地方税务局老干部活动中心工作；安庆宪同志任北京市地方税务局燕山分局副局长，李广生同志任北京市地方税务局燕山分局党组成员、副调研员。北京市平谷区地方税务局党组书记与局长职务分设，张秀娟同志主持北京市平谷区地方税务局行政工作，冯守利同志主持北京市大兴区地方税务局工作，王竺同志任北京市大兴区地方税务局党组副书记、副局长，刘丽敏同志任北京市海淀区地方税务局党组成员、纪检组长。

免去：沈永奇同志北京市大兴区地方税务局党组书记、局长职务，张忠良同志北京市平谷区地方税务局局长职务，董雪涛同志北京市地方税务局燕山分局党组书记、局长，王炜同志北京市地方税务局法制处处长职务，常海龙同志西城区地方税务局党组成员、副局长职务，郭顺民同志北京市地方税务局开发区分局党组成员、副局长职务，李龙江同志北京市地方税务局第二稽查局党组成员、副局长职务，杨晓东同志北京市东城区地方税务局党组成员、副局长职务，鲍秋苓同志北京市东城区地方税务局党组成员、纪检组长、调研员职务，沈全君同志北京市崇文区地方税务局党组成员、纪检组长职务，王宝明同志北京市顺义区地方税务局党组成员、副局长职务，王竺同志北京市昌平区地方税务局党组成员、副局长职务，冯守利同志北京市丰台区地方税务局党组成员、副局长职务，陆坤同志北京市海淀区地方税务局党组成员、副局长职务，孙雪英同志北京市海淀区地方税务局党组成员、纪检组长、调研员职务，程立龙同志北京市海淀区地方税务局副调研员职务，关小虎同志北京市地方税务局研究室副主任职务，施宏同志北京市地方税务局征收管理处副处长职务，马扬同志北京市地方税务局科技信息处副处长职务，李宗定同志北京市地方税务局人事处副处长职务，王立水同志北京市地方税务局监察处副处长职务，胡建荣同志北京市地方税务局监察处调研员职务，王磊同志北京市地方税务局纳税服务中心副主任职务，李广生同志北京市地方税务局人事处副调研员职务，安庆宪同志北京市地方税务局燕山分局纪检组长职务。撤销巡视一组、巡视二组和奥运税务办公室，商尚、苏建英、刘丽敏、李广生同志所任巡视组的职务以及钱剑兰、杨素珍同志所任奥运税务办公室的职务自然免职，市局党组2006年9月28日会议已研究决定商尚、苏建英同志任调研员，因未正式发文，此次发文明确。

11月4日　经北京市地税局党组会议研究决定，冯守利同志任北京市大兴区地方税务局党组书记、局长，张秀娟同志任北京市平谷区地方税务局党组副书记、局长，周上序同志任北京市地方税务局法制处（国际税务管理处）处长，张翅同志任北京市地方税务局企业所得税管理处处长，杨晓东同志任北京市地方税务局地方税管理处处长，陆坤同志任北京市地方税务局征收管理处处长，张亚平同志任北京市地方税务局收入规划核算处处长，施宏同志任北京市地方税务局纳税服务处处长，王宝明同志任北京市地方税务局宣传教育处处长，李宗定同志任北京市地方税务局机关党委办公室主任，王立水同志任北京市地方税务局老干部活动中心主任，李龙江同志任北京市地方税务局信息系统安全保障中心主任。以上12名同志试用期一年。胡建荣同志任北京市地方税务局人事处副处长。

11月16日　根据《中共北京市委组织部关于同意董雪涛同志为北京市地方税务局人事处处长人选的通知》（京组干〔2009〕35号），经北京市地税局党组会议研究决定，董雪涛同志任北京市地方税务局人事处处长。

11月30日　经北京市地税局党组会议研究决定，蒲北利同志任北京市西城区地方税务局副调研员，冯建义同志任北京市宣武区地方税务局副调研员，吴地震、朱家旺同志任北京市朝阳区地方税务局副调研员，鲍善星、冯大灏同志任北京市海淀区地方税务局副调研员，王治斌同志任北京市房山区地方税务局副调研员，杨高同志任北京市顺义区地方税务局副调研员，黄振杰同志任北京市大兴区地方税务局副调研员，黄明清同志任北京市昌平区地方税务局副调研员，王勇同志任北京市地方税务局第一稽查局副调研员。

免去徐涛同志北京市石景山区地方税务局党组成员、副局长职务，同意调出系统。

12月22日 经北京市地税局党组会议研究决定，朱剪云同志任北京市地方税务局机关工会正处级领导职务，（根据《党政领导干部选拔任用工作条例》有关规定，对选举产生的职务，不实行试用期）。程立龙同志任北京市地方税务局机关党委办公室副主任，李广生同志任北京市地方税务局燕山分局纪检组长。以上2名同志试用期一年。聂钟麟同志任北京市东城区地方税务局副调研员。

免去胡淑慈同志北京市崇文区地方税务局副调研员职务。

12月28日 经北京市地税局党组会议研究决定，纪宏巍同志任北京市顺义区地方税务局党组成员、调研员，北京市顺义区地方税务局机场分局局长，杨延年同志任北京市地方税务局开发区分局调研员。

免去：纪宏巍同志北京市地方税务局办公室副主任（正处级）职务，杨延年同志北京市地方税务局机关工会调研员职务。

（石秀军）

离退休干部管理

【综述】 2009年，是北京地税局的“优化税收环境年”。按照市局党组提出的工作总体部署和王晓明局长提出树立五种意识，建设五型机关，进一步做好离退休人员工作，坚持以人为本的科学理念，营造欢乐、祥和、喜庆的氛围，进一步发挥离退休干部的作用。积极参加全市离退休干部中开展的“颂祖国，促发展，倡和谐，乐晚年”主题活动，抒发离退休干部为欢庆新中国60华诞的情怀，展示离退休干部为首都经济社会平稳较快发展，为建设“人文北京，科技北京，绿色北京”作贡献，老有所为，老有所乐的多彩人生。

（王桂芹）

【做好“责任制”落实工作】 坚持认真贯彻落实老干部工作“责任制”，加强对离退休工作的领导，建立健全离退休工作各项规章制度，北京市地税局党组强调要实实在在做好离退休人员工作。市局党组主要领导同志带头定期联系老同志，及时与他们交流，沟通思想，主动向老同志通报情况。在落实老干部生活待遇上不打折扣，解决难点，对于特殊困难的离退休干部给予特殊的照顾，帮助离退休干部解决实际问题，把“责任制”的工作落实到实处。

（王桂芹）

【“颂祖国”主题活动】 2009年是新中国成立60周年，老干部是新中国的建设者和改革的实践者，通过主题活动歌颂新中国革命、建设和改革开放取得的辉煌成就，能够充分表达和展示离退休干部热爱祖国，与祖国同呼吸，共命运，谋发展，齐奋进的革命情怀和崇高精神。

（王桂芹）

【促发展　倡和谐】 把新中国建设成为繁荣、富强、民主、文明的社会主义现代化国家，是老同志一生的追求和奋斗目标。为了祖国的强盛，历尽艰难奉献到老。以科学发展观为指导，自觉为保增长，促发展发挥积极作用，坚信党中央、国务院审时度势对国际金融危机所作出的一系列部署和决策，为中国经济平稳较快发展提供良好的氛围。老同志要力所能及地为和谐社会、和谐社区建设发挥作用。关心支持地税局的税收建设，积极配合社区“四就近”工作的开展，以实际行动弘扬美德，树立良好的风气，促进家庭和谐，在社会主义建设中谱写晚年生活的新篇章。

（王桂芹）

【“乐晚年”系列活动】 北京市连续4年开展老同志喜闻乐见的“乐晚年”系列活动，充分体现了党对离退休干部的亲切关怀。“乐晚年”倡导老同志科学、健康、文明的生活方式，要求广大的离退休干部自觉做到身心健康，安度晚年，要在生活上知足常乐，发挥稳中求乐作用，家庭生活中共享天伦之乐，情趣爱好中自得其乐，使老同志的晚年生活其乐无穷。

（王桂芹）

干　部　教　育

【综述】 2009年，北京市地税系统的教育培训工作，依据《公务员法》和《干部教育条例》的有关规定，在北京市地税局党组的正确领导下，按照“大规模培训干部，大幅度提高干部素质”的要求，分级分类开展。坚持“五个教育”一起抓，实行政治理论、税收业务、信息化技术“三三制”原则，切实注重干部能力素质的培养。

（陈　颖）

【分类落实教育培训任务】教育培训紧紧围绕北京市税收中心工作，切实抓好干部能力素质培养。全系统全年共落实、组织局处级培训56人次；417名处级及组工干部参加组织部干教网在线学习；指导各类培训320期，累计培训23718人次，有力地保证了地税干部参加培训和受教育的权利。

（杨阿丽）

【局级干部培训】有效组织、落实地税系统局级干部参加北京市主体班次、专题班次和在线学习的各项培训任务。北京市地税局11位局领导，全年累计参加实体班18人次，并全部完成组织部干教网40学时的在线学习任务。

（朱　莉）

【处级干部培训】按照北京市人保局要求，组织处级干部参加任职培训班7期，累计培训处级干部27人。按照国家税务总局要求，根据处级职务人员分管或从事的岗位，组织系统20名处级干部，分别到扬州、大连、长沙、福建等地的税务高等专科学校，参加为期15—20日的专门业务培训。383名处级干部完成了40学时的在线学习任务。

（朱　莉）

【初任培训】41名大学生通过12天的脱产培训，经闭卷考试，全部合格，平均成绩为95分。此次培训为他们了解北京地税，增强集体荣誉感和归属感，增长理论知识，明晰业务流程，尽快融入地税工作奠定了良好基础。

（杨阿丽）

【四个专项考试任务】稽查人员业务考试。北京市地税系统967名稽查干部参加了全国税务系统稽查人员业务考试，及格887人，合格率达91.83%。执法资格考试。系统354名没有取得执法资格的公务员，参加国家税务总局组织的全国税务人员执法资格统一考试。考试合格人数325人，合格率为91.80%。电子政务培训、考试。全系统共有1886名公务员参加新一轮的电子政务培训，《突发事件应对法》考试。1479人参加考试，1367人及格，及格率为92.4%。为更好地掌握干部学习效果，检验干部对突发事件的应对能力，充分利用北京地税网上管理学院，组织在线考试。全系统应参考6876人，实际参考6772人，考试平均成绩为96.4分，考试通过率为100%。

（杨阿丽　赵艳慧）

【学历教育】本着鼓励干部参加各专业院校的在职研究生学习，积极储备高层次人才的原则，组织2006级与国家税务总局党校和中央党校联合举办经济管理在职研究生班的41名处级干部圆满地完成了三年中央党校研究生在职学习并取得学历证书。

（陈　颖）

【各处室专项业务培训】北京市地

税局业务处室组织开展新营业税条例、新《企业所得税法》及其他业务新政策培训，不仅加强了区县地税局、分局的培训能力，更使一线干部的工作能力、为纳税人服务的能力有了较大幅度提高。

（陈　颖）

【各区县培训】 共指导、组织北京市地税系统各区县局、分局开展各类培训320期，培训23718人次。其中组织科级以下（含科级）脱产12天培训班71期，累计培训6049人次；稽查业务培训20期，培训796人；各项专门业务培训127期，培训7810人次；更新知识培训42期，培训1936人次；其他培训60期，7127人次。

（杨阿丽）

巡　视　工　作

巡视一组

【综述】 2009年，在北京市地税局党组的正确领导、主管局长的指导和兄弟处室、区县局、分局的大力支持配合下，巡视一组认真学习十七大精神，努力学习、实践“科学发展观”，深入落实“加强领导干部作风建设，推进优化地税发展环境，确保税收增长年”的活动，切实做好巡视工作及党组交办的各项任务，圆满完成了各项工作。巡视一组全年实施专门巡视、专项巡视和随机巡视，撰写总计1.8万字的各类巡视报告，梳理汇总各类问题88个，提出改进工作意见、建议40条。一年来，巡视工作的实践取得了丰硕成果，为北京市地税局党组全面掌握基层情况提供了可靠依据，充分体现巡视工作为市局党组中心工作服务，促进领导班子和队伍建设，推动北京地税事业科学发展的积极作用。2009年10月经市局党组研究决定，撤销巡视一组、巡视二组，巡视工作暂告结束。

（姜乃琪）

【专门巡视】 自4—8月间分别对第二稽查局、西城分局开展专门巡视。巡视运用多种工作方式，包括巡前准备个别谈话召开座谈会，走访基层税务所和纳税户，组织对班子的民主测评，查阅资料，参加被巡视单位有关重要会议，并分别向以上两个分局领导班子进行情况反馈和意见交流，撰写专题巡视报告，分别向主管局长进行专门汇报，受到好评，取得预期效果。

（姜乃琪）

【专项巡视】6月间，参加由监察处牵头组织的2009年北京市地税系统纠风工作2个检查组，对部分区县局、直属分局开展“行风、政风”督查评议活动。期间，通过明察暗访、座谈交流、调查问卷等方式走访区县局、分局9个，税务所25个，撰写信息9条，并撰写了综合汇报督查材料，发现问题60余条，及时和区县局、分局班子反馈，要求尽快整改，为迎接北京市人大的检查提前做好准备。

（姜乃琪）

【随机巡视】为全面贯彻落实北京市地税局2009年度工作会议精神，3月底组织开展随机巡视，先后到丰台、延庆、西城、石景山、房山5个区县局进行调研督查，撰写专题信息5篇，整理意见、建议30余条，汇总区县局和纳税人反映强烈的热点、难点问题，并及时报送局领导和相关部门，有力促进了“加强领导干部作风建设，推进优化地税发展环境，确保税收增长年”活动的开展。

（姜乃琪）

【学习实践科学发展观活动】巡视一组作为北京市地税局学习实践科学发展观领导小组办公室指导检查组，1—2月继续服务全局的学习实践活动“整改落实第三阶段”工作，组织并参加北京市地税局机关、西站分局和开发区分局学习实践科学发展观活动及对最后征求群众意见测评会进行汇总归纳等工作。

（姜乃琪）

【领导班子测评工作】按照北京市地税局党组的要求，2月初参加人事处组成的3个干部考评组，对全系统25个分局和处室的处级领导干部和领导班子进行了2008年度领导干部述职和班子测评工作。

（姜乃琪）

巡视二组

【综述】2009年，巡视二组在北京市地税局党组领导下，以“三个代表”重要思想为指导，认真贯彻党的十七大精神，按照党章要求，进一步加强组织建设，加强党员思想作风教育，积极开展巡视工作，推动了系统工作的顺利开展。

（朱志刚）

【组织政治理论和巡视业务学习】按照北京市地税局要求，深入学习党章、党的十七大精神，学习胡锦涛总书记的重要讲话，有关理论知识文章和书籍，不断提高政治思想觉悟和理论指导实际的能力水平。尤其是开展科学发展观学习实践活动以来，巡视二组全体同志认真学习毛泽东、邓小平、江泽民论科学发展和科学发展重要论述摘编，学习胡锦涛有关开展学习实践活动的重要讲话，认真落实北京市地税局开展学习实践活动的实施方案，从思想上深刻领会活动的重要性、必要性。

（朱志刚）

【抓好组织建设】 进一步建立健全支部组织生活会、民主生活会、政治学习、理论学习、廉政建设和民主评议党员制度，并制定了有力措施保证落实。坚持每季度召开一次支委会，研究布置党建工作，落实相关工作任务；每半年召开一次党员民主生活会，开展批评与自我批评，检查交流自己在思想上、工作上、学习中的经验体会，查找存在的问题和不足，发扬成绩，改正缺点。开展“双评”活动，总结支部工作，评选表彰先进，激励党员干部争先创优，争做“与群众贴心，让人民放心”的好党员、好干部。通过以上工作，党员的纪律观念、组织观念、廉政观念进一步增强，党支部的战斗堡垒作用得到了发挥。

（朱志刚）

【完善巡视管理】 巡视二组与巡视一组共同配合，草拟《北京市地方税务局巡视工作实施办法》，并上党组会予以研究，为巡视工作顺利开展奠定了基础，指明了方向。在2009年上半年，巡视二组克服人员少、任务重的诸多困难，圆满完成学习和实践科学发展观的督促检查工作，政风行风评议督察工作。创新设立《巡视情况反映》，刊发6期。

（朱志刚）

【落实巡视工作】 在转变领导作风、优化发展环境、确保收入增长的中心工作中，督促检查走访开发区、东城区、昌平区、西城区、朝阳区地税局、档案处、纳税服务中心等多个部门，促进了工作开展。一年内共撰写各类材料40余篇，汇报材料和巡视工作报告12份，6万字，并且在巡视二组领导带领下，按照巡视工作的程序规定和内容，完成了对开发区地税局的巡视工作。

（朱志刚）

【推进行风建设】 根据北京市地税局的统一部署，按照市局党组的有关要求，对各区县局和直属分局税务所的政风行风情况、深入学习实践科学发展观整改落实“回头看”、廉政环境建设等项工作开展检查。巡视二组受领导指派，对第一稽查局、开发区分局、朝阳区地税局、宣武区地税局、通州区地税局所属的31个税务所、科室、契税征收点进行抽查，通过实地明察暗访、电话暗访、与纳税人聊天，了解纳税人意见；与基层干部座谈、听取各局政风行风工作汇报，及时反馈存在问题等形式对税务干部精神风貌、上下班时间、着装、服务纳税人态度，责任意识、规范执法、纳税咨询、服务环境、清正廉洁、政务公开等方面进行检查。向纳税人发放《2009年北京市政风行风民主评议调查问卷》和《北京市地方税务局民主评议政风行风测评表》共200份，接受问卷调查的纳税人共200人，接受电话暗访17人。

（朱志刚）

【其他工作】 巡视二组成员还按照组织上要求，在10月和12月期间，重点参与了人事处干部考察和年终处级领导干部述职工作，均较好完成任务。

（朱志刚）

【撤销巡视组】 经北京市地税局党组2009年10月10日第39次会议研究决定，撤销巡视一组、巡视二组和奥运税务办公室。商尚、苏建英、刘丽敏、李广生同志所任巡视组的职务以及钱剑兰、杨素珍同志所任奥运税务办公室的职务自然免职。北京市地税局党组2006年9月28日会议已研究决定商尚、苏建英同志任调研员，因未正式发文，此次发文明确。刘丽敏、李广生同志另有任用。

（朱志刚）

工　会　活　动

【综述】 2009年，北京市地税局机关工会在北京市地税局党组和北京市直机关工会工委的领导下，深入贯彻北京市工会工作会议精神，认真落实北京市委《关于加强改进工会工作意见》，认清局情，把握契机，开展调研，积极调整工作布局，改进工作方式，服从中心工作，较好地发挥了职能作用。

（吕建光）

【组织举办地税系统第六届运动会】 为全力完成“保增长、保民生、保稳定”的任务，用实际行动迎接全国第一个全民健身日，以优异成绩向建国60周年献礼，按照北京市地税局党组提出的节俭举办运动会，确保完成税收任务的要求，北京市地税局机关工会加强组织协调工作，精心策划活动方案，及时召开地税系统工会主席联席会对运动会各项工作进行安排布署，确保运动会顺利进行。北京市地税系统第六届运动会自7月底开始，为期1个月，先后进行了乒乓球、保龄球和羽毛球比赛，全系统有25个单位近千人次的干部职工参加比赛，北京市地税局领导及各区县局、分局，直属单位和北京市地税局处室的有关领导参加运动会。北京市地税系统第六届运动会在各单位的积极配合下，周密组织、认真训练、积极参与，参赛的运动员奋力拼搏，赛出了风格和水平，体现了团结、奋进、拼搏、奉献的良好风尚。

（吕建光）

【举办“迎国庆、颂祖国”歌咏活

动】 根据党中央、北京市委、国家税务总局提出的推荐传唱百首爱国歌曲的工作部署，北京市地税局机关工会组织开展了“迎国庆、爱祖国、系情怀”主题教育活动，以推荐百首爱国歌曲，搭建舞台歌颂新中国的方式，把爱国主义教育通过学歌、唱歌的形式较好地体现出来。联欢会上，北京市地税局领导带头高唱，干部职工激昂演唱，北京市地税局机关老干部合唱团精彩表演，解放战争时期参加革命的11名北京市地税局机关老干部手捧奖章的动人场面，表达干部职工对祖国、对人民的热爱，对中华民族、对党的炽热情怀。

（吕建光）

【组织合唱团排演活动】 积极组织北京地税合唱团集中排练工作，举办多场演唱活动。先后参加了答谢纳税人北京市地税局春节慰问演出、纪念“三八妇女节”北京市妇联举办的演出活动等。通过参演，北京地税合唱团得到了锻炼，既弘扬了北京地税精神，歌颂了北京地税事业，也为北京地税艺术团的发展奠定了基础。

（吕建光）

【开展系列教育活动】 北京市地税局机关工会在全年各个节日到来之际，组织开展了不同形式的教育活动。“三八妇女节”举办了“关爱女会员健康”知识讲座，授课专家就女性常见病的预防和治疗，倡导健康文明的生活方式等问题，作了深入浅出的辅导，深受广大女干部欢迎。5月，组织机关女会员和部分学龄前儿童家长，听取了“儿童饮食和用药”知识讲座，普及了婴幼儿疾病的预防、救治和用药知识，解决了婴幼儿健康成长问题。

（吕建光）

【举办“喜迎建国六十载，祖国花朵在成长”图片展】 在庆祝新中国成立60周年之际，北京市地税局机关工会举办了“喜迎建国六十载，祖国花朵在成长——我家宝宝最棒”图片展。该展览通过干部职工子女成长过程中一张张鲜活生动的照片，从一个侧面反映出广大干部职工既承担着干好地税事业的光荣职责，又担负着培育子女的义务与责任，他们的贡献和付出在每个宝宝的笑脸中都得到了印证。

（吕建光）

【开展奥林匹克森林公园健步走活动】 10月下旬，组织开展了“关注男性健康，幸福你我同享”奥林匹克森林公园健步走活动，北京市地税局领导和机关150余名男会员参加了健步走活动，营造出和谐的工作氛围。与北京市教育考试院联系，为北京市地税局机关中、高考考生家长提供了考前咨询答疑网站等考试指南，受到大家欢迎。

（吕建光）

【组织干部职工暑期疗（休）养活动】 8月中下旬，北京市地税局机关工会分4批组织机关干部职工赴干部培训中心和老干部活动中心进行疗（休）养活动。

机关300余名干部职工及其家属近800人参加了此次活动，参加人员中既有奋战在纳税服务一线的年轻干部，也有终日忙碌的司机师傅；既有默默支持亲人为税收事业作贡献的家属，还有天真活泼可爱的孩子。活动期间，北京市地税局机关工会组织开展健身活动，在美丽的长城脚下和自然风景区，以每个家庭为单位，进行“全家乐”健步走运动；利用两个中心的娱乐设施，组织大家游艺活动，让干部职工的身心得到了放松。

（吕建光）

【在职职工互助保障工作】 6月为北京市地税局机关、直属分局、直属单位的259名干部职工办理了《在职女职工特殊疾病互助保障计划》389份，其中北京市地税局机关参加140人，直属分局、直属单位参加119人，吸收55人成为职工保险互助会新会员。为两名女会员办理了出险赔付，理赔金额54624元。

（吕建光）

【经常性的送温暖活动】 在北京市地税局内网首页增设了“北京市地税局工会服务窗”栏目，为方便会员，提供了服务平台。继续做好北京市地税局机关工会会员新生子女的统计看望工作，全年看望慰问新生子女会员或会员配偶15人，办理特困和丧葬补助13人。为196名干部职工的子女办理了子女医疗统筹，报销医药费53000余元。

（吕建光）

【加强工会组织建设】 加强工会组织建设，推动工作创新，结合学习实践科学发展观活动，着力从工作观念、工作思路、工作方式上实现新发展。发挥工会全委会的作用。针对北京市地税局机关机构调整、工会第二届委员会委员发生变化的情况，北京市地税局机关工会根据《工会法》及有关法律规定，按照任期内工会委员会委员变更程序，经征求机关工会主席的意见，及时进行增补，并为各委员会配备兼职工会干部，加强工会组织建设。同时，充分发挥工会委员会的职能作用，年度重点工作和开展各项活动，都要召开会议，统一思想，研究布署。

（吕建光）

【坚持工会主席联席会制度】 每季度召开北京市地税系统工会主席联席会，传达贯彻北京市地税局党组和上级工会对工会工作的指示精神，贯彻落实系统工会工作任务，学习交流各单位工作经验，研探工会工作问题，不断提高地税系统工会工作水平。工会主席联席会的召开，加强了北京市地税局与各单位工会工作的沟通与联系，增强了工会组织的活力，实现了工作机制上的创新。

（吕建光）

【在评优创先活动中树立典型】 按照上级工会工作要求，北京市地税局机关工会在机关内开展了评选“先进职工小家”、优秀工会工作者、优秀工会积极分子、优秀职工之友”活动。在修改完善评选办法的基础上，依据标准自下而上推荐选拔。对各单位推荐的集体和个人，工会进行严格审核，特别是对在本年度参加工会小组长会议缺席和组织文体活动不达标的不予评选，做到公开、公正。经工会全委会研究决定，9个工会小组和工会分会获得“先进职工小家”称号；14名同志获得“优秀工会工作者”称号；80名同志获得“优秀工会积极分子”称号；12名同志获得“优秀职工之友”称号。评优工作的开展，在干部职工中树立了先进典型，促进了工会工作的发展。

（吕建光）

【开展和谐机关建设课题调研】 为更好地发挥工会组织在建设和谐地税中的作用，北京市地税局机关工会在全系统开展了工会组织在和谐地税建设中发挥作用的调研。通过采取问卷调查、集体座谈和考察走访等形式，对各单位工会发挥作用进行评价，提出建设性意见。以此推进地税系统和谐机关建设，促进工会组织整体工作上水平。

（吕建光）

集体、公务员考核评比表彰

北京市地税系统
2009年度立功受奖人员名单

荣立二等功人员（8人）

文　竞　北京市西城区地方税务局金融街税务所所长
李燕梅　北京市崇文区地方税务局纳税服务税务所科员
怀丽力　北京市宣武区地方税务局牛街税务所所长
王瑞明　北京市朝阳区地方税务局第二税务所所长
胡　蓓　北京市海淀区地方税务局稽查局检查一科科员
孙淑芹　北京市丰台区地方税务局稽查局立案科副主任科员
罗金福　北京市门头沟区地方税务局第一税务所所长
葛海清　北京市地方税务局第一稽查局第三税务稽查科科长

荣立三等功人员（729人）

王秋亭　北京市东城区地方税务局调研员
李雅倩　北京市东城区地方税务局税政管理一科科长
金　梅　北京市东城区地方税务局税政管理二科科长
李冬梅　北京市东城区地方税务局计划统计科科长
杨跃华　北京市东城区地方税务局监察科科长
闫　莉　北京市东城区地方税务局第一税务所所长
刘乃昌　北京市东城区地方税务局第二税务所所长
郑保跃　北京市东城区地方税务局第四税务所所长
樊张德　北京市东城区地方税务局第五税务所所长
李　龙　北京市东城区地方税务局交道口税务所所长
田建国　北京市东城区地方税务局朝阳门税务所所长
金小平　北京市东城区地方税务局景山税务所所长
陈　鑫　北京市东城区地方税务局立案科科长
李建华　北京市东城区地方税务局检查二科科长
柏竹梅　北京市东城区地方税务局办公室副主任
邹心京　北京市东城区地方税务局财务管理科副科长
岳冬至　北京市东城区地方税务局机关后勤服务中心副主任
胡俊明　北京市东城区地方税务局监察科主任科员兼副科长
郭朝晖　北京市东城区地方税务局第五税务所副所长
邓燕霞　北京市东城区地方税务局东方广场税务所副所长
张　娜　北京市东城区地方税务局办公室副主任科员
王晓英　北京市东城区地方税务局财务管理科科员
梁　伟　北京市东城区地方税务局税政管理一科科员
许志江　北京市东城区地方税务局计划统计科副主任科员
倪　伟　北京市东城区地方税务局信息化管理科科员
丁和平　北京市东城区地方税务局征收管理科主任科员
高智勇　北京市东城区地方税务局纳税评估科科员
徐宝苹　北京市东城区地方税务局第一税务所科员
葛　玮　北京市东城区地方税务局第一税务所科员

夏明晖 北京市东城区地方税务局第二税务所副主任科员
王　瑶 北京市东城区地方税务局第四税务所科员
娄　峰 北京市东城区地方税务局第五税务所科员
史伟锋 北京市东城区地方税务局个体集贸税务所科员
周秀淳 北京市东城区地方税务局东方广场税务所副主任科员
张　猛 北京市东城区地方税务局交通商务区税务所科员
张　宾 北京市东城区地方税务局交道口税务所副主任科员
王　苏 北京市东城区地方税务局朝阳门税务所科员
王素花 北京市东城区地方税务局景山税务所副主任科员
赵晓兰 北京市东城区地方税务局和平里税务所副主任科员
张阿林 北京市东城区地方税务局雍和园税务所主任科员
黄　浩 北京市东城区地方税务局立案科科员
刘　丹 北京市东城区地方税务局检查一科科员
梁洪英 北京市东城区地方税务局检查二科副主任科员
李玉庆 北京市西城区地方税务局局长
何利民 北京市西城区地方税务局副局长
杜　敏 北京市西城区地方税务局监察科副科长
刘清龙 北京市西城区地方税务局西长安街税务所副所长
王　威 北京市西城区地方税务局展览路税务所所长
黎　阳 北京市西城区地方税务局办公室科员
范伟萌 北京市西城区地方税务局人事教育科副主任科员
张　燕 北京市西城区地方税务局财务科科员
刘　煜 北京市西城区地方税务局计划统计科副主任科员
柴　鑫 北京市西城区地方税务局政策法规科科员
顾旭森 北京市西城区地方税务局纳税评估科主任科员
胡晓东 北京市西城区地方税务局税政管理一科科员
卢惠敏 北京市西城区地方税务局税政管理二科副主任科员
韩英子 北京市西城区地方税务局信息化管理科科员
刘雯雯 北京市西城区地方税务局征收管理科科员
张书军 北京市西城区地方税务局监察科科员
胡　淼 北京市西城区地方税务局工会主任科员

王　虹　北京市西城区地方税务局检查二科科员
王小宇　北京市西城区地方税务局立案科科员
朱颖徽　北京市西城区地方税务局个体集贸税务所科员
谢黎明　北京市西城区地方税务局德胜税务所科员
陈　辉　北京市西城区地方税务局什刹海税务所副主任科员
李　力　北京市西城区地方税务局展览路税务所副主任科员
刘光建　北京市西城区地方税务局新街口税务所科员
刘　挺　北京市西城区地方税务局西长安街税务所科员
闵桂兰　北京市西城区地方税务局月坛税务所科员
李延梅　北京市西城区地方税务局金融街税务所副主任科员
范文斌　北京市西城区地方税务局审理科科员
吴　英　北京市西城区地方税务局执行科科员
李桂英　北京市西城区地方税务局第二税务所科员
穆丽萍　北京市西城区地方税务局第一税务所科员
张福生　北京市西城区地方税务局机关后勤服务中心副主任科员
李秀改　北京市西城区地方税务局检查一科副主任科员
关丽铭　北京市西城区地方税务局纳税人之家科员
陈同荫　北京市西城区地方税务局税务学会主任科员
马建忠　北京市西城区地方税务局新街口税务所所长
王献波　北京市西城区地方税务局征收管理科科长
秦　驰　北京市西城区地方税务局税政管理一科副主任科员
石瑞娟　北京市西城区地方税务局检查二科副主任科员
薛淑芬　北京市西城区地方税务局新街口税务所副主任科员
柳　矛　北京市西城区地方税务局西长安街税务所副主任科员
林小棠　北京市西城区地方税务局月坛税务所副主任科员
房元亮　北京市西城区地方税务局第一税务所副主任科员
贾　玲　北京市崇文区地方税务局副局长
杨肖东　北京市崇文区地方税务局副局长
王　东　北京市崇文区地方税务局副局长
孙　伟　北京市崇文区地方税务局人事教育科副科长
王秋利　北京市崇文区地方税务局监察科副科长

潘　勇　北京市崇文区地方税务局信息化管理科科长
臧建国　北京市崇文区地方税务局征收管理科副科长
赵志新　北京市崇文区地方税务局计划统计科科长
戴　征　北京市崇文区地方税务局机关后勤服务中心副主任
梁满生　北京市崇文区地方税务局稽查局检查三科科长
于晓红　北京市崇文区地方税务局纳税服务税务所所长
王俐美　北京市崇文区地方税务局第一涉外税务所所长
刘旭萍　北京市崇文区地方税务局第二涉外税务所所长
张宏邦　北京市崇文区地方税务局永外税务所所长
邵　强　北京市崇文区地方税务局天坛税务所所长
梁俊峰　北京市崇文区地方税务局体育馆路税务所所长
韩　丽　北京市崇文区地方税务局办公室副主任科员
房　芳　北京市崇文区地方税务局人事教育科科员
张彦韬　北京市崇文区地方税务局信息化管理科科员
邵　欣　北京市崇文区地方税务局税政管理一科科员
莫新燕　北京市崇文区地方税务局税政管理二科科员
朱炜立　北京市崇文区地方税务局征收管理科科员
梁俊颖　北京市崇文区地方税务局计划统计科科员
汪勇华　北京市崇文区地方税务局机关后勤服务中心科员
徐建军　北京市崇文区地方税务局机关后勤服务中心工人
陈凤丽　北京市崇文区地方税务局纳税评估科副主任科员
曹惠峰　北京市崇文区地方税务局稽查局立案科副主任科员
付春泽　北京市崇文区地方税务局稽查局检查一科科员
张建英　北京市崇文区地方税务局稽查局检查二科主任科员
罗　春　北京市崇文区地方税务局稽查局检查三科科员
张来柱　北京市崇文区地方税务局纳税服务税务所科员
茆长春　北京市崇文区地方税务局个体集贸税务所主任科员
李　娟　北京市崇文区地方税务局第二涉外税务所副主任科员
张　欣　北京市崇文区地方税务局第二涉外税务所主任科员
吴　霞　北京市崇文区地方税务局前门税务所副主任科员
史东利　北京市崇文区地方税务局龙潭税务所科员

侯维微　北京市崇文区地方税务局税务治安办公室主任科员
冯　强　北京市宣武区地方税务局副局长
翁　联　北京市宣武区地方税务局副调研员
王春禄　北京市宣武区地方税务局一所主任科员
何启丰　北京市宣武区地方税务局一所科员
张起良　北京市宣武区地方税务局牛街税务所主任科员
韩　蔚　北京市宣武区地方税务局牛街税务所副主任科员
潘　宏　北京市宣武区地方税务局牛街税务所科员
李波涛　北京市宣武区地方税务局大栅栏税务所所长
唐金玲　北京市宣武区地方税务局大栅栏税务所副主任科员
陈莉萍　北京市宣武区地方税务局大栅栏税务所科员
史　彩　北京市宣武区地方税务局广安门税务所副主任科员
尹亚静　北京市宣武区地方税务局广安门税务所科员
王丽曼　北京市宣武区地方税务局天桥税务所所长
洪亚萍　北京市宣武区地方税务局天桥税务所副主任科员
齐艳萍　北京市宣武区地方税务局天桥税务所科员
靳　颖　北京市宣武区地方税务局征收管理科科员
马　英　北京市宣武区地方税务局纳税评估科科员
郝　颖　北京市宣武区地方税务局税政管理一科科长
司卫党　北京市宣武区地方税务局税政管理一科副主任科员
徐红卫　北京市宣武区地方税务局税政管理二科副主任科员
李竹娜　北京市宣武区地方税务局办公室副主任
桂　丹　北京市宣武区地方税务局办公室科员
王艳红　北京市宣武区地方税务局人教科科员
杜　半　北京市宣武区地方税务局基层工作科科长
冯　玮　北京市宣武区地方税务局基层工作科副主任科员
王英丽　北京市宣武区地方税务局工会副主任科员
张向阳　北京市宣武区地方税务局监察科副主任科员
申亚丽　北京市宣武区地方税务局财务管理科副主任科员
赵红斌　北京市宣武区地方税务局政策法规科副主任科员
郭　娜　北京市宣武区地方税务局计划统计科科员

杨　林　北京市宣武区地方税务局计划统计科科员
刘　宇　北京市宣武区地方税务局信息化管理科科员
张爱萍　北京市宣武区地方税务局稽查局立案科科长
程　宇　北京市宣武区地方税务局稽查局立案科副主任科员
徐艳萍　北京市宣武区地方税务局稽查局审理科副主任科员
王　东　北京市宣武区地方税务局稽查局检查一科科员
王景晔　北京市宣武区地方税务局稽查局检查二科副主任科员
赵立强　北京市宣武区地方税务局机关后勤服务中心主任科员
陈合庄　北京市朝阳区地方税务局局长
张景存　北京市朝阳区地方税务局调研员、纪检组长
曹　慧　北京市朝阳区地方税务局办公室主任
刘京铃　北京市朝阳区地方税务局办公室科员
徐　镠　北京市朝阳区地方税务局办公室副主任科员
袁　鑫　北京市朝阳区地方税务局基层工作科副主任科员
程　莉　北京市朝阳区地方税务局人事教育科副科长
杨　英　北京市朝阳区地方税务局人事教育科副主任科员
陈冬梅　北京市朝阳区地方税务局监察科副科长
刘智华　北京市朝阳区地方税务局计划统计科科员
闫　超　北京市朝阳区地方税务局计划统计科副主任科员
崔　健　北京市朝阳区地方税务局征收管理科副调研员、科长
杨洪瑞　北京市朝阳区地方税务局征收管理科科员
孙雅藕　北京市朝阳区地方税务局征收管理科副主任科员
林　琳　北京市朝阳区地方税务局政策法规科科员
高晓元　北京市朝阳区地方税务局信息化管理科科员
刘文玲　北京市朝阳区地方税务局财务管理科主任科员
吴　健　北京市朝阳区地方税务局税政管理一科副科长
杜则煊　北京市朝阳区地方税务局税政管理一科副主任科员
曹　群　北京市朝阳区地方税务局税政管理一科副主任科员
丁　琳　北京市朝阳区地方税务局税政管理二科副主任科员
闫凤莲　北京市朝阳区地方税务局机关后勤服务中心科员
徐宝民　北京市朝阳区地方税务局检查一科科员

蔡　蒨　北京市朝阳区地方税务局检查一科科员
史明晨　北京市朝阳区地方税务局检查二科副主任科员
李　红　北京市朝阳区地方税务局检查三科副科长
白　晓　北京市朝阳区地方税务局审理科科长
林延艺　北京市朝阳区地方税务局审理科科员
安春茹　北京市朝阳区地方税务局执行科副主任科员
肖　燕　北京市朝阳区地方税务局执行科科员
马增强　北京市朝阳区地方税务局第一税务所主任科员
张　靖　北京市朝阳区地方税务局第一税务所副主任科员
张　军　北京市朝阳区地方税务局第一税务所副主任科员
沈　鉴　北京市朝阳区地方税务局第二税务所科员
刘　丹　北京市朝阳区地方税务局第二税务所科员
高　媛　北京市朝阳区地方税务局第二税务所科员
蔡正辉　北京市朝阳区地方税务局第三税务所主任科员
王兆印　北京市朝阳区地方税务局第三税务所科员
付秋伟　北京市朝阳区地方税务局个体集贸税务所副主任科员
刘　铮　北京市朝阳区地方税务局涉外税务所副主任科员
詹大友　北京市朝阳区地方税务局涉外税务所副主任科员
王　欢　北京市朝阳区地方税务局涉外税务所科员
李中英　北京市朝阳区地方税务局双井税务所科员
尚振杰　北京市朝阳区地方税务局双井税务所科员
赵宇宁　北京市朝阳区地方税务局呼家楼税务所科员
朱　伟　北京市朝阳区地方税务局呼家楼税务所科员
刘　悦　北京市朝阳区地方税务局呼家楼税务所科员
王翠兰　北京市朝阳区地方税务局酒仙桥税务所所长
王　伟　北京市朝阳区地方税务局酒仙桥税务所副主任科员
李　晔　北京市朝阳区地方税务局酒仙桥税务所科员
张建萍　北京市朝阳区地方税务局十里堡税务所副主任科员
孔　方　北京市朝阳区地方税务局十里堡税务所科员
苏泽生　北京市朝阳区地方税务局十里堡税务所科员
张　辉　北京市朝阳区地方税务局小关税务所所长

米伟群　北京市朝阳区地方税务局小关税务所科员
高宗琼　北京市朝阳区地方税务局小关税务所副主任科员
宋利英　北京市朝阳区地方税务局小关税务所副主任科员
谷　明　北京市朝阳区地方税务局小关税务所副主任科员
佟华羽　北京市朝阳区地方税务局商务中心区税务所副主任科员
翁海建　北京市朝阳区地方税务局商务中心区税务所副主任科员
杜军利　北京市海淀区地方税务局局长
张克兵　北京市海淀区地方税务局副局长
武立煌　北京市海淀区地方税务局副局长
康和凤　北京市海淀区地方税务局副调研员
鲁　申　北京市海淀区地方税务局四季青税务所税务所长
关宇航　北京市海淀区地方税务局人事教育科科长
吉文晖　北京市海淀区地方税务局科技园税务所所长
陈桂伦　北京市海淀区地方税务局第一税务所所长
汪　焰　北京市海淀区地方税务局涉外税务所所长
蒋艳君　北京市海淀区地方税务局计划统计科科长
邓　晖　北京市海淀区地方税务局征收管理科科长
鞠志洪　北京市海淀区地方税务局翠微路税务所所长
樊　涛　北京市海淀区地方税务局办公室科员
李艳茹　北京市海淀区地方税务局人事教育科主任科员
范江丽　北京市海淀区地方税务局监察科科员
王　玮　北京市海淀区地方税务局财务管理科科员
赵　嵩　北京市海淀区地方税务局信息化管科副主任科员
刘　明　北京市海淀区地方税务局数据管理科科员
张连元　北京市海淀区地方税务局后勤服务中心科员
徐　芳　北京市海淀区地方税务局征收管理科科员
郝　玫　北京市海淀区地方税务局税政一科科员
周晓荣　北京市海淀区地方税务局税政二科科员
王丽华　北京市海淀区地方税务局计划统计科科员
张玉友　北京市海淀区地方税务局政策法规科副主任科员
任国新　北京市海淀区地方税务局纳税评估科副主任科员

张碧瑜　北京市海淀区地方税务局稽查局立案科科员
张晓松　北京市海淀区地方税务局稽查局审理科副主任科员
贾志贤　北京市海淀区地方税务局稽查局执行科副主任科员
邹家珍　北京市海淀区地方税务局稽查局检查一科副主任科员
樊　红　北京市海淀区地方税务局稽查局检查二科副主任科员
聂续业　北京市海淀区地方税务局稽查局检查二科科员
王　静　北京市海淀区地方税务局稽查局检查二科副主任科员
段雪梅　北京市海淀区地方税务局第一税务所主任科员
周治华　北京市海淀区地方税务局第二税务所主任科员
马延丽　北京市海淀区地方税务局第三税务所主任科员
罗春雁　北京市海淀区地方税务局第四税务所科员
金　颖　北京市海淀区地方税务局北下关税务所副主任科员
张铜海　北京市海淀区地方税务局北下关税务所副主任科员
边占英　北京市海淀区地方税务局翠微路税务所科员
李　芳　北京市海淀区地方税务局科技园税务所副主任科员
李俊红　北京市海淀区地方税务局科技园上地税务所副主任科员
刘志杰　北京市海淀区地方税务局科技园上地税务所副主任科员
付建政　北京市海淀区地方税务局清河税务所科员
刘小贤　北京市海淀区地方税务局青龙桥税务所主任科员
马　威　北京市海淀区地方税务局涉外税务所科员
王建军　北京市海淀区地方税务局四季青税务所副主任科员
许梅珍　北京市海淀区地方税务局四季青税务所科员
赵　莹　北京市海淀区地方税务局学院路税务所科员
刘　静　北京市海淀区地方税务局学院路税务所副主任科员
李爱玲　北京市海淀区地方税务局温泉税务所科员
赵小玲　北京市海淀区地方税务局羊坊店税务所副主任科员
于　梅　北京市海淀区地方税务局羊坊店税务所科员
齐秋麟　北京市海淀区地方税务局永定路税务所主任科员
王　睿　北京市海淀区地方税务局知春里税务所副主任科员
翟德置　北京市海淀区地方税务局中关村税务所副主任科员
张　燕　北京市海淀区地方税务局中关村税务所科员

金志雄　北京市丰台区地方税务局局长
宗立元　北京市丰台区地方税务局副局长
李枕戈　北京市丰台区地方税务局副调研员
赵俊杰　北京市丰台区地方税务局办公室主任
肖　卫　北京市丰台区地方税务局征收管理科科长
程　凡　北京市丰台区地方税务局税政管理一科科长
霍从红　北京市丰台区地方税务局计划统计科科长
迟　兵　北京市丰台区地方税务局信息化管理科科长
王　静　北京市丰台区地方税务局财务管理科科长
王保忠　北京市丰台区地方税务局机关后勤服务中心主任
苏　佳　北京市丰台区地方税务局稽查局立案科科长
孙汝林　北京市丰台区地方税务局稽查局检查一科科长
高　虹　北京市丰台区地方税务局铁营税务所所长
闫　山　北京市丰台区地方税务局南苑税务所所长
邵雅兰　北京市丰台区地方税务局花乡税务所所长
李旭东　北京市丰台区地方税务局人事教育科副科长
丁　红　北京市丰台区地方税务局第四税务所副所长
陈敬东　北京市丰台区地方税务局办公室科员
赵燕娜　北京市丰台区地方税务局人事教育科科员
韦海东　北京市丰台区地方税务税政管理一科科员
席维亚　北京市丰台区地方税务局纳税评估科副主任科员
李　猛　北京市丰台区地方税务局计划统计科副主任科员
苏跃明　北京市丰台区地方税务局财务管理科副主任科员
杨京国　北京市丰台区地方税务局机关后勤服务中心科员
潘久来　北京市丰台区地方税务局稽查局检查一科科员
张勇芬　北京市丰台区地方税务局稽查局检查二科科员
范利华　北京市丰台区地方税务局第一税务所科员
张晓睿　北京市丰台区地方税务局第一税务所副主任科员
杨保华　北京市丰台区地方税务局第二税务所科员
薛　韵　北京市丰台区地方税务局第二税务所科员
王小燕　北京市丰台区地方税务局第二税务所科员

韩　璐　北京市丰台区地方税务局园区涉外税务所科员
范学理　北京市丰台区地方税务局卢沟桥税务所科员
白兰英　北京市丰台区地方税务局卢沟桥税务所副主任科员
张晓辉　北京市丰台区地方税务局卢沟桥税务所副主任科员
潘通华　北京市丰台区地方税务局卢沟桥税务所科员
李　菲　北京市丰台区地方税务局铁营税务所科员
梁鄂荣　北京市丰台区地方税务局铁营税务所科员
刘　月　北京市丰台区地方税务局铁营税务所副主任科员
马兰芝　北京市丰台区地方税务局南苑税务所科员
王　燕　北京市丰台区地方税务局南苑税务所科员
王建军　北京市丰台区地方税务局花乡税务所科员
梅　雨　北京市丰台区地方税务局长辛店税务所科员
于圣睿　北京市丰台区地方税务局第一个体集贸税务所副主任科员
熊　耀　北京市丰台区地方税务局第一个体集贸税务所科员
张兴明　北京市石景山区地方税务局局长
毛学福　北京市石景山区地方税务局副局长
范永坤　北京市石景山区地方税务局首钢税务所所长
梁丽鹃　北京市石景山区地方税务局第一税务所所长
张苏明　北京市石景山区地方税务局八大处园区税务所所长
李　明　北京市石景山区地方税务局第二税务所所长
侯会明　北京市石景山区地方税务局古城税务所所长
尹继英　北京市石景山区地方税务局苹果园税务所所长
陈孟光　北京市石景山区地方税务局计划统计科科长
张金兰　北京市石景山区地方税务局人事教育科科长
刘志勇　北京市石景山区地方税务局稽查局副局长兼检查科科长
董　威　北京市石景山区地方税务局八宝山税务所副所长
鲜　堃　北京市石景山区地方税务局信息化管理科副科长
吕春涛　北京市石景山区地方税务局税政管理二科副科长
李居罡　北京市石景山区地方税务局基层工作科科员
高　艳　北京市石景山区地方税务局人事教育科科员
谭友莲　北京市石景山区地方税务局稽查局检查科主任科员

唐　薇　北京市石景山区地方税务局征收管理科科员
李建华　北京市石景山区地方税务局第一税务所主任科员
黄　燕　北京市石景山区地方税务局苹果园税务所副主任科员
姚惠玲　北京市石景山区地方税务局古城税务所科员
赵　辉　北京市石景山区地方税务局八大处园区税务所科员
张俊良　北京市石景山区地方税务局个体集贸税务所科员
宫春霞　北京市石景山区地方税务局五里坨税务所副主任科员
邢永钧　北京市石景山区地方税务局办公室科员
韩　巍　北京市石景山区地方税务局稽查局检查科科员
许淑君　北京市石景山区地方税务局征收管理科科员
王庆华　北京市石景山区地方税务局税政管理一科副主任科员
杜京红　北京市石景山区地方税务局第二税务所副主任科员
康　康　北京市石景山区地方税务局首钢税务所科员
蒋晓霞　北京市石景山区地方税务局八宝山税务所科员
张进伟　北京市石景山区地方税务局八角税务所副主任科员
刘国庆　北京市石景山区地方税务局机关后勤服务中心工人
吴鲁平　北京市门头沟区地方税务局局长
张　争　北京市门头沟区地方税务局副局长
杨民力　北京市门头沟区地方税务局副调研员
邓京三　北京市门头沟区地方税务局办公室主任
郭忠旗　北京市门头沟区地方税务局计划统计科科长
安文忠　北京市门头沟区地方税务局税政管理一科科长
谷德志　北京市门头沟区地方税务局政策法规科科科长
张当眉　北京市门头沟区地方税务局办公室副主任科员
刘思捷　北京市门头沟区地方税务局人事教育科科员
闫世红　北京市门头沟区地方税务局基层工作科科长
李　凡　北京市门头沟区地方税务局政策法规科科员
王洪明　北京市门头沟区地方税务局征收管理科科员
张文超　北京市门头沟区地方税务局纳税评估科副主任科员
武莉莉　北京市门头沟区地方税务局第一税务所科员
刘宇辉　北京市门头沟区地方税务局第一税务所科员

贾　悦　北京市门头沟区地方税务局门城税务所科员
陈红霞　北京市门头沟区地方税务局石龙所副所长
任冬媛　北京市门头沟区地方税务局大峪税务所科员
吕庆华　北京市门头沟区地方税务局永定税务所副主任科员
刘建明　北京市门头沟区地方税务局个体集贸所副主任科员
王俊玲　北京市门头沟区地方税务局检查一科副主任科员
刘洪杰　北京市门头沟区地方税务局检查二科科员
晋国常　北京市房山区地方税务局副局长
张仲辉　北京市房山区地方税务局副调研员
于大明　北京市房山区地方税务局办公室主任
崔克新　北京市房山区地方税务局人事教育科科长
邓　毅　北京市房山区地方税务局计划统计科科长
李恩泽　北京市房山区地方税务局征收管理科科长
刘德辉　北京市房山区地方税务局纳税评估科科长
张长红　北京市房山区地方税务局财务管理科科长
丁立军　北京市房山区地方税务局第一税务所所长
李小峰　北京市房山区地方税务局房山税务所所长
徐永利　北京市房山区地方税务局良乡税务所所长
邵玉贤　北京市房山区地方税务局良乡第二税务所所长
张术斌　北京市房山区地方税务局开发区税务所所长
郭建虎　北京市房山区地方税务局税务检查一科科长
晋长兴　北京市房山区地方税务局税务检查二科科长
张文勋　北京市房山区地方税务局良乡税务所副所长
杨海波　北京市房山区地方税务局第一个体集贸市场税务所副所长
陈顺起　北京市房山区地方税务局检查一科副科长
杨燕华　北京市房山区地方税务局基层工作科主任科员
穆希革　北京市房山区地方税务局开发区税务所主任科员
晋凯丽　北京市房山区地方税务局办公室科员
张　彦　北京市房山区地方税务局人事教育科副主任科员
于美玲　北京市房山区地方税务局税政管理一科副主任科员
马立民　北京市房山区地方税务局信息化管理科副主任科员

崔 海 北京市房山区地方税务局数据管理科副主任科员
张绪江 北京市房山区地方税务局第一税务所科员
穆希星 北京市房山区地方税务局开发区税务所科员
隗功勤 北京市房山区地方税务局第二个体集贸市场税务所科员
王 力 北京市房山区地方税务局立案审理科科员
赵启旺 北京市通州区地方税务局副调研员
王 华 北京市通州区地方税务局办公室主任
王 启 北京市通州区地方税务局人事教育科科长
麻国民 北京市通州区地方税务局基层工作科科长
薛桂林 北京市通州区地方税务局税政一科科长
赵永发 北京市通州区地方税务局纳税评估科科长
郑 杰 北京市通州区地方税务局征收管理科科长
陈凤香 北京市通州区地方税务局政策法规科科长
李 苹 北京市通州区地方税务局财务管理科科长
肖松明 北京市通州区地方税务局信息化管理科科长
王秋平 北京市通州区地方税务局监察科科长
王雪峰 北京市通州区地方税务局稽查局审理科科长
刘保先 北京市通州区地方税务局稽查局检查二科科长
李正红 北京市通州区地方税务局第一税务所所长
胡丛茂 北京市通州区地方税务局永顺税务所所长
贾春起 北京市通州区地方税务局宋庄税务所所长
吴少华 北京市通州区地方税务局计划统计科科长
刘 震 北京市通州区地方税务局办公室副主任
李 萌 北京市通州区地方税务局基层工作科副科长
唐建光 北京市通州区地方税务局后勤服务中心科员
孙士伟 北京市通州区地方税务局税政管理一科副科长
周小东 北京市通州区地方税务局永乐店税务所科员
郝 丽 北京市通州区地方税务局张家湾税务所科员
姚晓东 北京市通州区地方税务局马驹桥税务所主任科员
张建业 北京市通州区地方税务局涉外税务所副所长
刘宝东 北京市通州区地方税务局稽查局检查一科副主任科员

裴艳春　北京市通州区地方税务局玉桥税务所副所长
王卫民　北京市通州区地方税务局第一税务所副主任科员
隆　静　北京市通州区地方税务局人事教育科副科长
毛京源　北京市通州区地方税务局稽查局审理科科员
苏　剑　北京市通州区地方税务局征收管理科副主任科员
孟　涛　北京市通州区地方税务局宋庄税务所副所长
孙　宇　北京市通州区地方税务局漷县税务所副所长
刘月珊　北京市通州区地方税务局张家湾税务所副所长
张　静　北京市通州区地方税务局西集税务所副所长
朱育智　北京市通州区地方税务局稽查局检查一科副主任科员
刘东升　北京市顺义区地方税务局副局长
赵　宏　北京市顺义区地方税务局税政管理二科科长
胡　月　北京市顺义区地方税务局办公室科员
马建国　北京市顺义区地方税务局征收管理科科长
马会松　北京市顺义区地方税务局征收管理科科员
佟军艳　北京市顺义区地方税务局纳税评估科副科长
宋立国　北京市顺义区地方税务局计划统计科科员
董　超　北京市顺义区地方税务局信息化管理科科员
高雪成　北京市顺义区地方税务局人事教育科科员
李国孝　北京市顺义区地方税务局基层工作科科员
赵月平　北京市顺义区地方税务局财务管理科副主任科员
张世清　北京市顺义区地方税务局机关后勤服务中心主任
李聪颖　北京市顺义区地方税务局稽查局检查二科科员
邢　超　北京市顺义区地方税务局稽查局检查三科科员
袁爱华　北京市顺义区地方税务局城关税务所副主任科员
吴继录　北京市顺义区地方税务局仁和税务所副主任科员
裴秀清　北京市顺义区地方税务局开发区税务所副所长
李　莉　北京市顺义区地方税务局开发区税务所科员
姜索清　北京市顺义区地方税务局个体税务所科员
梁建新　北京市顺义区地方税务局第一税务所所长
肖辰英　北京市顺义区地方税务局第一税务所科员

岳志国　北京市顺义区地方税务局第二税务所副主任科员
陈　涛　北京市顺义区地方税务局南彩税务所科员
伊士杰　北京市顺义区地方税务局后沙峪税务所副主任科员
孙绍海　北京市顺义区地方税务局机场税务所副主任科员
蔡　玢　北京市顺义区地方税务局张镇税务所科员
彭颂梅　北京市顺义区地方税务局牛山税务所科员
鲁　欣　北京市顺义区地方税务局李桥税务所副主任科员
闫　璜　北京市顺义区地方税务局木林税务所科员
王春生　北京市昌平区地方税务局监察科科长
王立增　北京市昌平区地方税务局十三陵税务所所长
王景春　北京市昌平区地方税务局南口税务所所长
谭庆义　北京市昌平区地方税务局第二税务所副所长
周福强　北京市昌平区地方税务局北七家税务所副所长
郄万林　北京市昌平区地方税务局稽查局审理科主任科员
许　萍　北京市昌平区地方税务局园区税务所副主任科员
李文英　北京市昌平区地方税务局回龙观税务所副主任科员
董志林　北京市昌平区地方税务局个体集贸税务所副主任科员
陈梦周　北京市昌平区地方税务局稽查局检查二科副主任科员
房永飞　北京市昌平区地方税务局稽查局检查三科副主任科员
张海祥　北京市昌平区地方税务局南口税务所副主任科员
郑海峰　北京市昌平区地方税务局办公室科员
陈　军　北京市昌平区地方税务局计划统计科科员
刘凤杰　北京市昌平区地方税务局征收管理科科员
邹玉涛　北京市昌平区地方税务局人事教育科科员
王柯方　北京市昌平区地方税务局信息化管理科科员
刘　铮　北京市昌平区地方税务局十三陵税务所科员
许长春　北京市昌平区地方税务局北七家税务所科员
付振宽　北京市昌平区地方税务局北七家税务所科员
谭　华　北京市昌平区地方税务局第一税务所科员
张玉澎　北京市昌平区地方税务局第二税务所科员
刘忠巍　北京市昌平区地方税务局第二税务所科员

邱　瑞　北京市昌平区地方税务局昌平税务所科员
肖艳丽　北京市昌平区地方税务局昌平税务所科员
邢万明　北京市昌平区地方税务局南口税务所科员
李　旻　北京市昌平区地方税务局沙河税务所科员
张　钧　北京市昌平区地方税务局沙河税务所科员
胡　媛　北京市昌平区地方税务局小汤山税务所科员
王　征　北京市昌平区地方税务局东小口税务所科员
兰巨海　北京市昌平区地方税务局东小口税务所科员
计　明　北京市昌平区地方税务局稽查局检查一科科员
单达成　北京市大兴区地方税务局纳税评估科科长
刘德鹏　北京市大兴区地方税务局信息化管理科科长
王　棋　北京市大兴区地方税务局人事教育科科长
刘　鑫　北京市大兴区地方税务局第一税务所所长
梁育新　北京市大兴区地方税务局魏善庄税务所所长
宋泽义　北京市大兴区地方税务局采育税务所所长
苑迎迎　北京市大兴区地方税务局办公室副主任
黄　焱　北京市大兴区地方税务局税政管理二科副科长
金意庆　北京市大兴区地方税务局征收管理科副科长
张珏华　北京市大兴区地方税务局计划统计科副科长
宋学茹　北京市大兴区地方税务局立案科副科长
郭　颖　北京市大兴区地方税务局榆垡税务所副所长
范　虎　北京市大兴区地方税务局安定税务所副所长
刘　宏　北京市大兴区地方税务局瀛海税务所副所长
戚卫东　北京市大兴区地方税务局基层工作科主任科员
翁　硕　北京市大兴区地方税务局计划统计科副主任科员
刘英姿　北京市大兴区地方税务局开发区税务所副主任科员
李永生　北京市大兴区地方税务局庞各庄税务所副主任科员
李文凯　北京市大兴区地方税务局审理科副主任科员
祁玉霞　北京市大兴区地方税务局检查执行二科副主任科员
赵　虹　北京市大兴区地方税务局机关后勤服务中心副主任科员
邢友军　北京市大兴区地方税务局瀛海税务所副主任科员

张晶晶 北京市大兴区地方税务局办公室科员
张　蕾 北京市大兴区地方税务局税政管理一科科员
陈　颖 北京市大兴区地方税务局征收管理科科员
杨　亮 北京市大兴区地方税务局监察科科员
崔海燕 北京市大兴区地方税务局财务科科员
彭　伟 北京市大兴区地方税务局第一税务所科员
东云霞 北京市大兴区地方税务局黄村税务所科员
娄英伟 北京市大兴区地方税务局北臧村税务所科员
杨　磊 北京市大兴区地方税务局魏善庄税务科科员
曾　晖 北京市大兴区地方税务局西红门税务所科员
石　岩 北京市大兴区地方税务局西红门税务所科员
曲丽嘉 北京市大兴区地方税务局个体集贸税务所科员
杨连忠 北京市平谷区地方税务局纪检组长
路宝庭 北京市平谷区地方税务局办公室主任
徐桂芝 北京市平谷区地方税务局计划统计科科长
马睿智 北京市平谷区地方税务局开发区税务所所长
刘宗刚 北京市平谷区地方税务局马坊税务所所长
刘劲利 北京市平谷区地方税务局大华山税务所所长
于长松 北京市平谷区地方税务局峪口税务所所长
闫双印 北京市平谷区地方税务局金海湖税务所所长
闫国旺 北京市平谷区地方税务局第一税务所副所长
耿东玉 北京市平谷区地方税务局第二税务所所长
王　珍 北京市平谷区地方税务局机关后勤服务中心主任
周　颖 北京市平谷区地方税务局办公室科员
张静涛 北京市平谷区地方税务局人事教育科科员
金姗姗 北京市平谷区地方税务局基层工作科科员
张艳香 北京市平谷区地方税务局监察科科员
张艳春 北京市平谷区地方税务局信息化管理科副主任科员
王宇锋 北京市平谷区地方税务局征收管理科科员
杨建华 北京市平谷区地方税务局税政管理一科科员
张振杰 北京市平谷区地方税务局开发区税务所科员

邢佳伟 北京市平谷区地方税务局开发区税务所科员
耿德宝 北京市平谷区地方税务局城关税务所科员
王 宾 北京市平谷区地方税务局马坊税务所科员
赵丽萍 北京市平谷区地方税务局金海湖税务所副主任科员
刘 杨 北京市平谷区地方税务局第二税务所科员
赵淑义 北京市平谷区地方税务局稽查局立案科副主任科员
闫文胜 北京市平谷区地方税务局稽查局检查二科科员
韩桂君 北京市平谷区地方税务局稽查局审理科科员
胡君华 北京市平谷区地方税务局稽查局检查三科科员
史利军 北京市怀柔区地方税务局副局长
于春伶 北京市怀柔区地方税务局第一税务所所长
马占亮 北京市怀柔区地方税务局副调研员兼第三税务所所长
吕晓臣 北京市怀柔区地方税务局税政管理一科副科长
赵建军 北京市怀柔区地方税务局办公室主任
郭晓东 北京市怀柔区地方税务局基层工作科科长
郭士峰 北京市怀柔区地方税务局人事教育科副科长
谢建军 北京市怀柔区地方税务局征收管理科科员
崔国臣 北京市怀柔区地方税务局税征管理二科科长
石振波 北京市怀柔区地方税务局科技信息科副主任科员
安学敏 北京市怀柔区地方税务局办公室副主任
周立春 北京市怀柔区地方税务局汤河口镇税务所副主任科员
袁建民 北京市怀柔区地方税务局监察科科员
万向明 北京市怀柔区地方税务局税政管理一科科员
彭云涛 北京市怀柔区地方税务局监察科科长
胡东新 北京市怀柔区地方税务局雁栖镇税务所副所长
高启贵 北京市怀柔区地方税务局计划财务科科员
蔡春清 北京市怀柔区地方税务局雁栖镇税务所副主任科员
刘书方 北京市怀柔区地方税务局税征管理二科主任科员
宋文珠 北京市怀柔区地方税务局办公室科员
王 伟 北京市怀柔区地方税务局检查二科科员
王海军 北京市怀柔区地方税务局检查一科科员

王海云 北京市怀柔区地方税务局怀柔镇税务所科员
张振良 北京市怀柔区地方税务局雁栖镇税务所副所长
赵永鑫 北京市怀柔区地方税务局人事教育科科长
黄　健 北京市密云县地方税务局副局长
杜晓秋 北京市密云县地方税务局人事教育科科长
李春明 北京市密云县地方税务局税政管理一科科长
贾福仁 北京市密云县地方税务局基层工作科科长
张晓芬 北京市密云县地方税务局办公室副主任
李建党 北京市密云县地方税务局开发区税务所所长
关学农 北京市密云县地方税务局第五税务所副所长
孔　莉 北京市密云县地方税务局办公室副主任科员
何春志 北京市密云县地方税务局税政管理一科副主任科员
沈卫明 北京市密云县地方税务局税政管理二科科员
刘英军 北京市密云县地方税务局基层工作科科员
张文华 北京市密云县地方税务局第二税务所科员
韩　旭 北京市密云县地方税务局第一税务所科员
彭海军 北京市密云县地方税务局第三税务所科员
王　迪 北京市密云县地方税务局第四税务所科员
陈　山 北京市密云县地方税务局第五税务所科员
康立艳 北京市密云县地方税务局开发区税务所科员
张晓轩 北京市密云县地方税务局立案科科员
刘红英 北京市密云县地方税务局检查一科副主任科员
高贺举 北京市密云县地方税务局税政管理一科副科长
王保忠 北京市密云县地方税务局检查二科副主任科员
李桂德 北京市密云县地方税务局机关后勤服务中心工人
王治国 北京市延庆县地方税务局副局长
丁　振 北京市延庆县地方税务局开发区税务所所长
白爱柱 北京市延庆县地方税务局计划财务科科长
武劲松 北京市延庆县地方税务局税政管理一科科长
李峥艳 北京市延庆县地方税务局基层工作科科长
刘　卓 北京市延庆县地方税务局旧县税务所所长

赵静南　北京市延庆县地方税务局办公室副主任
韩老四　北京市延庆县地方税务局稽查局税务检查一科副科长
王金玲　北京市延庆县地方税务局永宁税务所副所长
郎峻峰　北京市延庆县地方税务局张山营税务所副所长
王　伟　北京市延庆县地方税务局四海税务所副所长
张育才　北京市延庆县地方税务局第三税务所副所长
刘　猛　北京市延庆县地方税务局人事教育科科员
李　岩　北京市延庆县地方税务局基层工作科科员
马　俊　北京市延庆县地方税务局旧县税务所科员
王新立　北京市延庆县地方税务局征收管理科科员
要　鑫　北京市延庆县地方税务局第一税务所科员
陈春义　北京市延庆县地方税务局税政管理二科副主任科员
李　磊　北京市延庆县地方税务局科技信息科科员
贺爱兵　北京市延庆县地方税务局纳税评估科副主任科员
范云霞　北京市延庆县地方税务局稽查局税务检查二科副主任科员
张晶晶　北京市延庆县地方税务局延庆税务所科员
李文静　北京市延庆县地方税务局第二税务所科员
田贵远　北京市地方税务局燕山分局副局长
王彩燕　北京市地方税务局燕山分局财务管理科科长
王立强　北京市地方税务局燕山分局燕化税务所主任科员兼副所长
任艳萍　北京市地方税务局燕山分局第一税务所主任科员兼副所长
王金辉　北京市地方税务局燕山分局监察科主任科员
吴　凡　北京市地方税务局燕山分局办公室科员
赵亚凤　北京市地方税务局燕山分局税务检查科科长
张　琦　北京市地方税务局燕山分局税政管理科主任科员
王　益　北京市地方税务局燕山分局计划统计科副主任科员
徐京来　北京市地方税务局开发区分局副局长
马　达　北京市地方税务局开发区分局隆庆街税务所主任科员兼副所长
李　旻　北京市地方税务局开发区分局第一税务所主任科员兼副所长
曹鸿雁　北京市地方税务局开发区分局税务检查科主任科员
刘宏超　北京市地方税务局开发区分局第一税务所主任科员

安　娣　北京市地方税务局开发区分局隆庆街税务所副主任科员
胡　屹　北京市地方税务局开发区分局征收管理科副主任科员
肖　健　北京市地方税务局北京西站分局办公室主任科员
杨冬瑞　北京市地方税务局北京西站分局第一税务所所长
陈三和　北京市地方税务局北京西站分局人事政工科主任科员兼副科长
苏　莉　北京市地方税务局北京西站分局计划统计科主任科员
单燕飞　北京市地方税务局北京西站分局征管法制科主任科员
冯海燕　北京市地方税务局北京西站分局稽查局主任科员
李怀成　北京市地方税务局第一稽查局副局长
李建春　北京市地方税务局第一稽查局副调研员兼人事政工科科长
闫建京　北京市地方税务局第一稽查局副调研员兼第四税务稽查科科长
左春锋　北京市地方税务局第一稽查局信息化管理科科长
石　斌　北京市地方税务局第一稽查局办公室主任科员兼副主任
季大捷　北京市地方税务局第一稽查局监察科主任科员
郭洪鑫　北京市地方税务局第一稽查局评估约谈科主任科员兼副科长
冯文静　北京市地方税务局第一稽查局审理科副主任科员
张朝晖　北京市地方税务局第一稽查局第一税务稽查科主任科员兼副科长
李南南　北京市地方税务局第一稽查局第一税务稽查科副主任科员
张　鹏　北京市地方税务局第一稽查局第二税务稽查科主任科员
易守权　北京市地方税务局第一稽查局第四税务稽查科主任科员
安增运　北京市地方税务局第二稽查局副局长
李燕萍　北京市地方税务局第二稽查局副调研员兼人事教育科科长
刘鸿敏　北京市地方税务局第二稽查局审理科科长
甄亚利　北京市地方税务局第二稽查局执行科科长
王红岩　北京市地方税务局第二稽查局案件管理科副科长
马　光　北京市地方税务局第二稽查局第四税务稽查科副科长
张　旭　北京市地方税务局第二稽查局审理科副科长
闫　贺　北京市地方税务局第二稽查局第二税务稽查科副科长
李　猛　北京市地方税务局第二稽查局第三税务稽查科副科长
尤鹏南　北京市地方税务局第二稽查局第五税务稽查科副科长
关宏宇　北京市地方税务局第二稽查局第一税务稽查科副科长

席丽丽 北京市地方税务局第二稽查局第六税务稽查科副科长
贾 真 北京市地方税务局第二稽查局第三税务稽查科主任科员
胡柏群 北京市地方税务局第二稽查局第五税务稽查科主任科员
杨文俊 北京市地方税务局办公室主任
纪宏巍 北京市地方税务局办公室副主任（正处级）
邹永欣 北京市地方税务局办公室副主任
查力刚 北京市地方税务局营业税管理处副处长
白建平 北京市地方税务局企业所得税管理处副调研员
刘玉洁 北京市地方税务局地方税管理处调研员
赵丽娟 北京市地方税务局残保金处副处长
满保红 北京市地方税务局计划财务处副处长
于军海 北京市地方税务局基层工作处副处长
刘传玲 北京市地方税务局离退休干部管理处处长
付贵全 北京市地方税务局监察处副处长
常天柱 北京市地方税务局北京税务博物馆筹备处副处长
李俊跃 北京市地方税务局纳税服务中心副主任
矫卫建 北京市地方税务局机关后勤服务中心主任
曹 佳 北京市地方税务局办公室副主任科员
李 娜 北京市地方税务局法制处主任科员
史迎凤 北京市地方税务局研究室主任科员
于 鹏 北京市地方税务局个人所得税管理处主任科员
张 寒 北京市地方税务局地方税管理处副主任科员
乔 游 北京市地方税务局地方税管理处主任科员
刘全成 北京市地方税务局征管处主任科员
廉 清 北京市地方税务局收入规划核算处主任科员
但启明 北京市地方税务局稽查处主任科员
李任斌 北京市地方税务局纳税评估处主任科员
胥子清 北京市地方税务局纳税评估处主任科员
王小虎 北京市地方税务局纳税服务处主任科员
张 麟 北京市地方税务局档案处科员
张瑞玲 北京市地方税务局科技处主任科员

李　扬　北京市地方税务局科技信息处主任科员

杨惠新　北京市地方税务局计划财务处主任科员

朱　莉　北京市地方税务局第二稽查局人事教育科主任科员（北京市地方税局宣传教育处借调工作）

崔　颖　北京市地方税务局人事处主任科员

李家斌　北京市地方税务局保卫处主任科员

安宏志　北京市地方税务局票证管理中心主任科员

张　波　北京市地方税务局信息中心主任科员

张　攀　北京市地方税务局信息中心主任科员

雷　京　北京市地方税务局信息系统安全保障中心主任科员

蔡　菁　北京市地方税务局纳税服务中心主任科员

杨　頔　北京市地方税务局纳税服务中心副主任科员

王　萌　北京市地方税务局纳税服务中心科员

郭秋彤　北京市地方税务局纳税服务中心主任科员

张　红　北京市地方税务局纳税服务中心主任科员

王利平　北京市地方税务局纳税服务中心主任科员

王丙琦　北京市地方税务局机关后勤服务中心工人

周明旭　北京市地方税务局机关后勤服务中心工人

王文华　北京市地方税务局老干部活动中心主任科员

事业单位系统先进工作者（1人）

周晓梅　北京市地方税务局干部培训中心财务科科长

嘉　奖　人　员（2528人）

北京市东城区地方税务局（143人）

秦龙生	孙福泉	刘顺林	谷　禾	袁　莉	潘文田	郭建荣	高　山
姜　晖	秦　中	陈若光	薛春红	温力革	牛　远	李　锋	段海军
王振松	姚　君	汤月霞	周艳梅	李京燕	范东伟	李　杰	李　玥

白虹 邓学明 路宝莲 闫鹏 孙鹰 张共明 靳桂斌 王京华
刘丽姝 李铭 冯铮铮 宋志丹 马训博 李静 姜喆 郭仕萍
余秀茹 白桂玲 佟云鹏 王春 姜珊 孔凡 李洋 崔京卫
赵华 张钊 朱晓帆 单允霞 齐柏芝 马春丽 尹娟娟 郭景
蒋昆 杨占凯 赵廷婷 高阳 田晶 张释元 陈宏 安萍
李宁 毕晨亮 刘畅 石放荣 范蕾 韩露 武彦 宋晓靖
李琳霏 钱金霞 战钧 崔晨 孙媛 袁杨 韩越 刘砾凡
王明阳 李琴 马广庆 董志刚 邓颖 富雪楠 刘丽霞 任莉莉
王鹏 王立业 王雨农 张颖 李继军 曲曼 董云鹏 侯继军
戴利民 王淑婷 丁欣 安靖 黄志勇 杨晓梅 戴旭华 朱莉
冯友增 张华 李利新 胡滨 赵洁 刘静 贾艳红 郭红梅
刘培远 程昱瑾 张继强 李晓芳 梁春来 孟惠云 李岩 高瑞清
刘烍 魏晨 王炜 吕秀荣 段文新 孟玥 王悦 侯志燕
冯明华 刘洋 潘北虎 王晓强 张鲁 王慧 焦嫣霖 纪冬云
李军 白雪彬 李忠 王建生 安晓东 李增军 梁涛

北京市西城区地方税务局（153人）

崔玉英 王清辉 郑玉清 蒲北利 孙东晖 陈宁 邵贺 吕国庆
邵凌 宁永东 王威（信） 佟农 李丽娟 刘薇 李淑筠 郑茜
钟培文 张剑峰 张世发 刘晓洁 宋海红 王立新 靳莉 李嘉
陈海巍 蒋金梅 张雷 谢澎 丁秀丽 马欣 孙岩 潘玉华
王宝英 李丽平 陈媛 马正杰 刘起鹏 刘宁 黄健文 张金荣
刘明 沈莉 王爽 刘炳惠 金云墨 马静 张炜 董涛
宁勇 王月茹 张树广 宋晶 孙秀杰 蔡志兵 张德全 王刚
张敬力 任占良 郭淑菊 侯惠贤 李霖 李小军 刘江 金勇
夏萌宇 王秀君 张宁 胡凯 刘凤霞 李海健 张妮 齐玉荣
冯宁 何秀杰 任静 田园 曹美玲 袁媛 郑杰 李强
李晶 于滢 王丽 王琼 王霁 马京章 田红洁 吴恒
张辉 王春芝 杨璐 史鲁萍 李力 李宗武 王建军 扈先平
许立新 孙大慧 龚春梅 马俊杰 王中亮 申亦斌 王冬梅 龚冰

尚　岚	王　萍	沈　丽	杨　雷	赵　茜	肖　萍	陈康义	王　燕
王宗丽	张　青	周剑红	刘淑静	马　珍	郭成发	许瑞光	曹　荣
李媛媛	杨　静	关　圆	吕　娜	许　宏	于建华	张立华	李京龙
钱晓江	张云生	范　莹	刘国强	刘玉芹	赵国庆	郭　剑	张　娟
吕　红	钱晓丽	杨　旭	刘　玮	安　悦	王雪明	杨　海	王铁良
徐　洁	李红梅	敖海涛	孙　利	殷比学	李　华	王胜利	段　波
白一彤							

北京市崇文区地方税务局（123人）

刘春林	谷绍峰	刘少武	李　源	杨长顺	吴　威	茅云鹏	贾素梅
王　伟	张彦均	王红燕	李　颖	张永利	杜长虹	汪　月	张　皓
丛莉莉	刘禹铖	章　昀	石其军	高春红	赵　瑾	吴国红	朱月菊
刘赟赟	王悦淼	刘燕红	方艳萍	赵玉海	李　健	周朝晖	孟　梦
韩利强	于凤琴	滕凯宝	先　晶	房峥嵘	刘鸿雁	兰　京	王志卉
孟　强	王　晶	孙怀启	魏　龙	赵　雪	刘　境	张秀丽	姜　霞
吕文献	朱　华	朴绍哲	李连庆	王中林	李　炜	司艳玲	张西生
哈英霞	吴燕德	王　侠	隗和宝	田立新	王　巍	李　涛	李建华
邢　超	沙　煜	陈　岩	宋麟盛	胡　杰	丁克亮	路　哲	占华昇
李进东	刘明辉	安英芹	张　矢	刘学军	张　岩	乐嘉宁	张　谧
范经纬	胡宏彬	左　东	张春艳	李国华	王小红	李　健	张连波
柏庆军	尹玉珍	王　佳	王　琳	牛　龙	崔大俊	张苑飞	秦　媛
史元春	任　飞	张继林	陈　昱	周　松	周　平	贾长起	魏长军
江和国	袁雪林	王红岩	张　玲	闫　玥	贾丽萍	陈胜利	陈　键
孙欢宇	宋朝亭	张　倩	刘　畅	李军华	卢红军	刘立志	龚　战
邢　军	刘　嘉	王　红					

北京市宣武区地方税务局（120人）

邢　军	袁　平	王福利	安新生	陈春颐	张　娜	高　欣	李凤英
尹　青	汝桂华	徐　旺	张保军	李克毅	哈　静	田丰琰	耿　华

刘　昊	钱　兵	李民兵	李宪军	曹艳红	贾宝丽	谷世涛	杨　震
袁　莹	刘　思	王　帆	苏建华	赵文凤	贾小林	魏延凯	张高丽
袁　泽	曹心怡	李继武	张　燕	刘　薇	王广元	黄晓菲	唐　谦
任胜国	张生堰	杨秀坤	王立柱	赵红程	陈增照	孙丽华	杨　彬
崔文燕	何全荣	吴　京	刘金丽	王卫平	覃　怡	刘丽娟	刘　健
潘欣园	曹　丽	谢　薇	马恩庆	李兰英	刘德健	刘金贵	蒋　剑
赵淑芝	李云山	张晓忠	张　炜	郑乐津	李　晶	姚宁平	王　静
苏　建	杜　娜	郭艾成	陶　伟	孔少一	李　兰	王　军	孙文伟
李　红	孟　婕	张兰茹	时凤雪	米　容	马　莹	姜　琳	李德红
张国柱	马重安	丁锦跃	高秋菊	付学军	张东溟	陆江春	张蕾蕾
孟靖北	王淑华	刘育勇	蔡元新	王惠敏	王　烨	沈宗文	罗晓煜
郭春笋	薛　平	韩　敏	顾海云	史　琳	齐俊杰	李元媛	刘秀兰
陈　楠	周　峰	任少涛	刘兆东	张瑞民	李士彪	何　江	尹德才

北京市朝阳区地方税务局（202人）

边永生	张玉昆	施洪根	靳焕来	余雪辉	王　婧	黄　晶	王卫红
马莉莉	马占安	王　琪	王　轩	严　肃	姚利军	杨家春	马巍捷
魏连芹	张草原	白　洁	丁　晖	杨　芳	秦　超	常兴梅	张　易
常　欣	张丽雪	李　然	刘德洪	张　帆	赵　超	卢　斌	史国强
刘亚军	童保平	孙树华	温国辉	郎　青	王立志	田亚非	陈　晨
楼顺安	李越美	杨莉洁	于红莉	周照楠	于海涛	张伯跃	韩望春
王　红	张春山	邓　健	梁　辉	刘立群	高淑霞	赵燕萍	詹　暄
左天竹	张玉兰	殷　燚	雷　伊	石博剑	陈　琳	石美萍	封志海
杜建忠	张亚香	孙国升	贾毅琴	付　杰	刘宗炜	王大江	刘志育
边立军	杨丽梅	金　海	梁　洁	杜彩丽	马　燕	冯玉忠	张　惟
韦宏武	刘　宇	于永海	胡　彬	王　丹	王维财	张　丽	马　佳
马福全	王　伟	夏光富	王　洋	李　涛	郭　阳	张　晓	史蓓蓓
王一夫	胡柏立	贺树华	蒋　锋	许昌平	石顺英	刘永生	刘　鹏
郝海澄	毕军强	薛红燕	刘雯艳	康　洁	金晓娜	马　冬	张小乐
秦　忠	张满武	张玉霞	李缨刚	宋　辉	唐　军	蒋秋萍	左金城

王树宝　郭志平　王岳鹏　刘韶华　耿俊荣　薄晓霞　娄宝霞　张秀荣
殷　平　贾晓静　李晓宇　明　勤　高雪松　霍瑞先　冯京樑　刘福梅
盛立侠　于　杰　鲍　宇　房俊雪　刘宇飞　郑韶山　孙翔宇　胡　军
孙　青　齐燕京　武开文　穆永红　袁　萍　李鸿升　梁新萍　许国强
赵晓晨　赵庆辉　赵海洲　杜振杰　张一坤　周艳霞　周文政　王　政
张　洁　孙浩然　孟学燕　郭桂兰　李　华　刘艳红　刘京朋　周庆原
赵建瑜　王晓莉　崔盼宗　孟京红　郭淑丽　哈晓东　郎春梅　王春菊
苏文斌　徐　辉　吕　霞　毛　培　卫亦军　李奇志　南晓京　岳太华
刘　菲　谢　凡　刘红霞　赵桂屏　李志青　王亦文　马荣生　宋建华
鄂　群　孙连兴　张春旺　李　康　张宝庆　王京民　陈延军　崔健儒
左天齐　安占娣

北京市海淀区地方税务局（211人）

刘丽敏　焦广民　徐海燕　刘　海　岳平安　王敬明　樊建军　张　力
张　霖　袁　康　郭　京　韩立新　罗文红　张龙江　孙　旭　郑　鹏
王毅芸　于　勇　温　颖　卢中军　杜靖涛　陈金保　赵大海　李光照
李宝亭　胡映月　柏　华　刘亚敏　田艳春　胡德明　郭淑红　贾海金
金江文　严　海　李益成　申　骏　左晓冬　郝　健　强国华　王　震
杨　光　赵洪斌　王海鹏　时　阳　炎　旭　房　洁　董　妍　邢　舟
窦秋菊　王誉遐　程晓选　伦　征　史晓莉　王　颖　李俊清　许　宁
初　铭　郑　莉　王　晓　万代玉　朱奇颖　谭志友　郭　杰　刘　瑶
赵　红　何　婷　梁秋华　黄　蓉　李树凡　杨柳斯　吴春莉　王珊娜
金　洁　杜　晶　李　昆　杨依青　于雪雁　马晓梅　孟庆秀　赵志红
赵　薇　王春媛　王　宏　李志敏　张培杰　张青俊　宋成红　祖建国
刘　冰　吴树良　侯景慧　吕义平　张　忻　李锦玲　肖　洁　何慧芝
张东伟　霍爱英　羊海炎　李　囡　孙玉英　吴光权　段荣慧　李　红
王顺田　王　卫　韩云庆　白小刚　李　鹏　兰兴国　蔡联民　褚　悦
赵　雯　邵丽梅　娄苏湘　梁玉芝　高冬洁　杨连娣　剧　芳　任　莹
田哲文　陈　琰　李闻江　张　琦　王　瑜　王姗姗　应娟丽　吉俏梅
李红梅　李　颖　路　岩　钟　艳　夏玉红　梁　意　张俊卿　陈宋军

尹常月　赵东升　魏秋霞　汪冲　冯允辉　王雪艳　张海荣　周杰
李福香　王宝琦　鲁秀丽　刘风雷　何世红　王莉　王征　张金科
刘沛　冯蕾　侯海燕　蔺立新　朱林海　段玉琴　张杰　房天荣
田力　黄春婷　张莉　刘锦智　刘静　崔永红　张振荣　焦玉柱
罗丽梅　李论　马剑平　张国深　王云海　高华　陈群英　陈亚光
王燕玲　鲁海波　李德金　童乾梅　黄莺　孙秀红　宁娜　张恒艳
仝欣　高文静　熊炜　张宏　杜宇鸿　陈婷　孙玉梅　高振安
孙卫　张启　李雪　丰梅　宋立凡　刘山良　辛红　姚恒金
王平　牛春丽　齐鑫　王西元　李继红　王红宇　赵娜　祁利
唐月忠　王丽　王丽英

北京市丰台区地方税务局（140人）

安宝华　何汉杰　董彬　闫发华　张瑜　马德莉　张惠玫　王东红
史锦春　王瑞海　任崴　谢超　霍艳芳　马宇明　刘菲　熊辉
张永华　李昌喜　朱秀振　柏平芝　曹化涛　高立　耿广利　左皓
钱晓婧　李艳　常文亮　王芳　王钰　王凤玲　刘端端　于晓芸
郑长妹　闫薇　高恩顺　缴洋　朱瑾　李洋　戴建兵　李尊刚
郭建生　刘国平　李文忠　李庆来　米兢哲　牛海艳　孟炳煜　王虹君
吴学军　朱翔宇　高欣　汪国庆　刘宗京　朱大强　李凤霞　任秀英
蒋涛　郎景松　韩永周　郭海燕　宋红艳　陈旭　李秀芝　张芳
赵丽（一所）　李理　柳涛　张焓　杜茂森　项紫山　王宁
顾群　黄晶　王瑾　邓树新　程春霞　孙秀莉　李丽娟　柳腊英
张磊　黄冠　陈侠　高建平　连蕊　刘红杰　赵士平　路阳
贾敬　周强　段仁宗　杨秀玲　张然　顾华　李锋　王玉
陈庆生　黄利琴　王文燕　王晓靖　李峥奋　刘京津　栗桂芬　王海霞
苏立华　杜卫东　郝凤珍　殷志新　高原　杨世华　张建仁　张慧兰
赵福旺　郝印京　张震　段建超　漆保平　邢玉军　郭长山　武西民
周有元　曾芃芃　黄清晨　路惠敏　王胜浩　赵连英　曹胜钢　于常义
张秀惠　宋铁成　芦飞　朱广涛　谢平　赵丽（个体）　郭宏伟
田亚蕾　林雪梅　宋国安　吕海燕　刘会新　王秀兰

北京市石景山区地方税务局（93人）

马强　杨建中　张英　杜霄霄　吴金华　程浩　王兰　张立新
侯津生　王丽　赵博　陈鸿飞　孙晶　张海霞　李琛捷　张金梅
郭德生　张军　高继红　劳雪菊　高云鹏　姜连合　钱丽换　邬劲松
秦建平　赵京生　方景岩　史燕红　孙国宝　宋楚樵　王庆祥　沈虹
薛慧　赵苍芬　叶阳　劳世伟　张海疆　马建军　杨雪松　居芳
王强　张景新　林宝海　高文学　高文玲　董明霞　刁桂芝　宋兴燕
王利　郭建平　仲立瑞　王光跃　王芃　杨建林　邹文胜　吴淑娥
靳克旺　杜卫国　李延芬　郭清平　吴娟　孟建国　唐懿杰　李峥
李长有　何虹　刘华英　李欣　马秀丽　刘秀荣　徐金海　吕新新
李凤娟　陈飞飞　吴鹏　田桂萍　李全义　朱江　韩文红　安建华
梅玫　高文娟　李涛　马玉祥　张建青　李世兰　刘双菊　董会刚
魏萍　陈英杰　侯忠羽　赵嘉晨　马云志

北京市门头沟区地方税务局（86人）

张毅　杜宏芳　岑昭　陈广禄　李萌　胡凤英　乔庆生　裴稚盼
张琼　刘京　公平　张男　朱灵芝　王红云　王全树　张海青
李茂果　张研　朱小漫　单娟　闻捷　李萍　杜涛　李占利
谭炜　刘振国　陈香　马宝春　孙树才　巩朝伟　戈靖华　王建新
田秀兰　冯晓新　王建华　齐振　张唯唯　肖明燕　张育彤　张雨新
金映　张春勇　连维芝　陈辉　武志刚　刘怡　苗燕茹　韩生学
李红利　张强　高青山　杨建　岳强　李铁　岳洪生　侯凤霞
仲晓燕　李妍　赵明瑞　陈梅　张晶晶　李全来　叶郑伟　王宝辉
王莉　赵东　杨凯　王朝祥　刘静　韩燕　张涛　荣梅
王军　马东生　肖凝　李彩虹　王生玉　刘文博　贺晓兵　杜青岭
宋良敏　吴春凤　祁彩云　宝山　杨锡福　孙克勤

北京市房山区地方税务局（90人）

万国喜　谭巨科　安永刚　张月红　陈新荣　李勇　李玮　邓建国
张硕　梁雪冰　刘建光　陈凯朋　景福华　王赞　张亚琴　雒铁
王宇　田春华　张金　安洪滨　王浩　罗克伦　王艳荣　陈宏涛
刘劲松　张兆辉　张振领　翟振良　尹翠玲　张洪伟　张术缓　李晨曦
张征　刘巍　姚俊生　王艳平　张伟莉　姬宏伟　夏京梅　马铁柱
姜亚娟　魏薇　沙健　徐中　荆丹妮　李可　石晓旭　方玉杰
王胜新　贺刚　刘琨　张建东　王雅梅　李淑艳　陈建华　赵战芳
李建生　王秀兰　毛亚东　唐元元　张磊　顾靖　侯海龙　王铁林
刘书文　张艳　杨四广　王文生　李建国　田野　李长春　王义宾
张文杰　梁甫忠　岳林　赵连增　朱立建　梁晓斌　齐安忠　刘俊祥
吕文宝　任全恒　李常华　徐广兵　张艳琴　赵建新　于洪路　朱文杰
皮建军　安宝贵

北京市通州区地方税务局（123人）

马杰　刘亚慧　李秀荣　张建华　张剑勇　张福志　杨立民　贾玉婷
张朝晖　高雅怡　周军伟　王莹　张秀荣　杨树彤　崔欣然　沈岩
杨娜　马秋伶　朱海军　杨洋　张宝桂　郭志方　白宇　高颖
于胜乾　卢然　王晓萌　颜松筠　李宝佳　张硕　倪红　李伟
刘威　郭彩霞　朗景新　潘国强　石林　王世清　郑云鹤　高未云
周佩芸　杨登岩　李广成　杨艳秋　余丽　刘靖冰　白宝林　宫长峥
刘风和　杨杰　魏鹏　李春鸣　张民旺　孟旭凤　王京川　马士华
周立枢　董永琴　张迎春　张文彬　李晶　王磊　何龙　杨建国
王欢华　张军　牛艳　苏润祥　朱晓明　陈润旗　赵伟　王丽纳
李洪梅　刘杰　赵廷芳　陈芳　林嘉音　王一莎　杜彬　安立波
朱丽　张彬瑜　张帆　王铮　徐静　葛岩　李晓东　于国栋

孙　鹏　　翁　磊　　张福连　　张宝亮　　李　彬　　赵新权　　高　岩　　蔡学昆
赵长利　　徐朝辉　　李　博　　居静谊　　郭立新　　于立华　　张　江　　赵　珍
杨国贤　　王丽芳　　宁　妍　　刘志永　　王敬东　　陈　岩　　刘宝华　　高树荣
黄秀华　　尹雨菊　　陈忠策　　李文艺　　曹　悦　　滕景红　　平振松　　闫　威
陈永博　　周海仓　　张　彬

北京市顺义区地方税务局（121人）

张天生　　王国强　　刘佩书　　季春阔　　李红良　　张晓新　　胡总营　　韩剑锋
刘永生　　王　凯　　杨代员　　孙　建　　王立冬　　曹艳南　　蔡永旺　　龙玉平
古金虎　　王　然　　张洪勇　　李建国　　宋艳军　　方　磊　　赵洪旺　　刘建民
杨长亮　　辛立伯　　孟云祥　　刘长明　　王家荣　　杨文柱　　施昌福　　张福泉
殷凤和　　聂晓光　　李　顺　　刘福军　　郭建勋　　宛秋收　　王国金　　王　山
苏　顺　　王长海　　周海东　　李晓东　　刘海忠　　赵清田　　郝永生　　李启芳
蔡祥彬　　郑　岩　　邢玉坤　　李吉成　　杨海东　　李马力　　云自通　　蒋广清
马宝刚　　石晓明　　于家刚　　王占雨　　郑德儒　　郑　启　　谢广星　　张海彤
王英丞　　王　辉　　郭　浩　　崔　远　　陈卫兵　　付铁成　　高永刚　　石立伟
李立刚　　冯雅静　　王金华　　赵晓霞　　李玉华　　孟庆宇　　孙翠芝　　张淑伶
张金辉　　王　冉　　李晶淼　　胡玉芬　　董春梅　　史庆珍　　张海静　　刘志华
王　娟　　童克瑾　　李晓玲　　刘冰楠　　杨丽娜　　王　娟　　刘春兰　　李晓彤
梁　静　　孟庆梅　　席小芬　　郭颖奇　　梁永红　　史洪春　　孙秀玲　　张雅男
刘晓东　　张晓燕　　王春耕　　闻　雪　　刁　鸾　　杜海英　　佟雪梅　　闫　岩
佟　霞　　王庆心　　张　倩　　于文涛　　王　颖　　陈玉坤　　刘春香　　段建英
李胜会

北京市昌平区地方税务局（120人）

曲建华　　郭海福　　段　刚　　尚红卫　　李玉英　　周　力　　张锦纹　　王祖强
周勤堂　　陈　昱　　张秋菊　　董　英　　王占华　　刘海斌　　王少壮　　李　健
张国庆　　王会清　　何连生　　魏正臣　　邓小波　　张益民　　张振国　　陈兴华
杨　义　　朱建军　　周文彬　　宋德永　　贾轶鹏　　赵宁宁　　刘红蕾　　王振栋

周光利	张富华	郑　林	张福泉	胡水明	陈淑文	于惠芹	张海霞
孙梦娥	杨立忠	南　静	张　静	李宝利	贺连容	刘继英	黄　勇
胡春华	韩小燕	秦利山	杨照辉	王　红	陈冬梅	董胜凯	张　伟
陈宗岳	王子剑	刘　佳	杨　杨	曹　军	谢丽琪	赵英哲	苗　苗
庄　燕	杨雪洲	梅　雪	李　悦	刘凤利	何荣波	高　晨	张保国
贺　涛	顿晓琦	陈　硕	袁　伟	张晓曦	杨　晨	肖国发	安　莉
林　韵	吕志国	张海山	张　钦	朱海波	徐翠荣	朱良杰	魏　凯
苑建伟	张　利	袁　朋	张　莹	李志棋	刘　伟	史惠东	凌艳伟
陈建萍	李　琪	马华军	焦京湘	于　薇	查　林	李春芳	李静雯
王天文	李　玮	王乐霞	朱鑫华	时培民	张俊玉	刘国柱	张　勇
马丽娜	朱学波	杨美琳	杨爱民	周宝华	陈保生	刘文革	郭　浩

北京市大兴区地方税务局（121人）

杨连波	孔祥波	孔　军	张　锦	常永健	张春红	张　琳	曾丽娜
周艳平	齐向东	付有生	徐纯杰	陈凤茹	张志刚	杨雅丽	贾智海
成　亮	高　兰	杨英杰	崔　密	郭武军	牛文静	康　丽	董立波
崔　颖	代　伟	周继纯	马晓兵	王　新	陈宝旺	常树华	龙海龙
于雪莹	王　旭	丁　蕊	梁秀臣	张通开	周玉清	武子超	许彦斐
葛　剑	蔡　伟	杨家骥	杨松义	孙德忠	王家珍	王　钢	罗方兵
张启学	李冬雪	顾金发	李　巍	孙连国	许　颖	肖　涛	张祖旭
陈永辉	安春华	宋志伟	李雅芹	左传森	高维波	王洪猛	侯春磊
张　群	田福庆	赵　健	刘培培	崔　剑	张　楠	曾　敏	张　京
侯　杰	刘鸣剑	赵玲霞	付　思	麻国印	王筱汀	张　蕾	赵国虎
魏会君	金　辉	赵延军	郭仕成	严剑平	苏莎莎	李　娟	陈　纪
王晓晨	赵　然	王海斌	崔　萌	刘亚静	王　凯	李　强	骆　宇
王占国	韩志铁	周玲玲	张　兴	刘　鸿	白　钰	郭卫东	董钦夫
李　诚	王光跃	刘　建	樊　蓉	黄剑锋	李春玲	冯　杰	刘海琳
谷　建	刘佳妮	李　明	杨　勇	李凤安	满　欣	焦志刚	张　静
杨焕义							

北京市平谷区地方税务局（92人）

张秀娟	王一兵	孙国生	关红革	王海旺	方　华	陈　雷	胡岚峰
郑春来	吴秋霞	刘晓萍	张淑华	王朝阳	齐自胜	张凤荣	张贺青
独长付	崔丙泉	张士芹	邢彦武	邢红艳	刘发一	王青柏	刘金成
刘冬婧	张永利	穆东霞	杜新育	张之娇	齐自华	康福军	张和平
刘守峰	付记平	刘海燕	李春涛	于东升	刘晓松	芮凤霞	牛云清
张斐然	王　堰	崔立明	李雨东	毛振合	李文志	王爱玲	赵玉环
张海波	秦树永	王　成	梁景敏	白海波	苏宝成	卢春启	马　力
徐　静	金明辉	许方亮	王春海	陈来成	张桂云	李秀君	张立元
王瑞生	董金石	范卫红	姜树军	张志霞	赵秋成	郭　杰	徐海宏
阎保军	张悦旺	陈志军	马九立	郭金华	隋巨兵	张满国	王海军
陈宏亮	陈小晶	陈云龙	王晓洁	张东梅	杨瑞良	任克俗	刘付立
刘　骁	张福宽	王　亮	王占明				

北京市怀柔区地方税务局（91人）

姜学东	苗俊库	刘继德	张艳东	刘　佳	郑志强	孙亚丽	张　建
卜大宝	杨　宝	赵胜利	刘　霞	李　冰	鲁凤梅	彭玉浩	陈克亮
詹勇军	张俊卿	王　晰	陈月明	线春萍	李保所	丁　茜	曹东生
张媛凤	邢启田	孟庆祝	高玉华	王妍彦	刘建国	李文学	杨仕明
曾轩鸿	张丽娜	李瑞艳	张海丽	龚　威	黄静宇	高希东	邴　飞
赵凤利	孟建艇	孟庆营	陈文辉	李　峰	张学强	马桂英	袁海龙
刘　伟	孟先会	赵连红	张　超	胡克全	陈京京	于　凯	王翠敏
宋　霞	何水英	刘文红	陈思源	陈春生	杨延秋	邹振荣	刘德春
彭晓红	彭明柱	杜少春	张　雪	宋春虎	王怀建	许　超	陶小军
焦玉英	柳长城	李　涛	王　军	赵　明	张光峨	王德泉	王德永
于海明	张翠竹	张玖喜	徐景明	黄瑞杰	王保瑞	唐桂清	周伟林
崔贤良	毛仲刚	卢松臣					

北京市密云县地方税务局（88人）

高士山	吕延程	任清海	祁爱文	祝天文	孙贵兰	祝自佳	马庆国
高润更	蔡咏梅	孙文革	王纪伟	高宪东	郭小波	刘云龙	席亚利
冯元文	曹长华	于永生	韩冬燕	陈书平	李保忠	席艳凤	王海源
李美荣	史增友	宋琪英	康小梅	吴军波	朱明颖	柴玛娜	王 冲
赵松涛	程海春	曹新颖	郭翠芹	王小兵	贾登满	赵玉良	赵志杰
李军丽	张 涛	柏丙云	张保忠	巩旭娜	马丽娜	张 华	程文江
李军平	石献杰	王海立	朱继波	何普治	郑 刚	李瑞生	牛永增
果素仿	张 曦	王惠云	陈超楠	李宁然	赵革坚	徐 静	师光红
冯瑞贤	张志文	李瑞峰	张武科	邱明明	陈中华	王 娟	郭晓刚
文武胜	赵志军	晁怀义	曹 雨	赵福清	周宗宾	朱会英	朱克文
孙玉红	刘春国	张贺文	杜守华	张春林	高光照	安国栋	王进武

北京市延庆县地方税务局（76人）

于欣杰	王仁丽	吴永茂	高 翔	汪 永	张良宗	常 涛	孙 斌
李 民	常东军	王再文	沈文涛	李新雪	姚爱华	冯亚民	李蕴华
闫民利	谢 倩	孔德贵	时瑞玲	崔 宏	尤文富	张利明	杜寅香
卫 钢	陈双格	苗 青	潘立安	李玉华	朱利祥	陈燕昆	李素东
张兴宇	马东兰	耿宗泽	汪 昆	张家林	耿 玮	刘振平	马福利
曹凤云	赵自臣	张萌生	刘文军	席思康	李景峰	王自虎	胡爱民
郄俊珺	刘小红	董永生	李爱祥	周吉明	崔纪书	周 晶	赵 鑫
王云雨	胡顺全	廉洪海	夏 冰	谷晓杰	段六一	武耀煜	代书兰
郭建刚	沈辉彬	丁跃生	张玉林	席维利	陈建军	赵金柱	孙桂华
孙海泉	王仁革	李 文	谭 军				

北京市地方税务局燕山分局（27人）

王立英	尹卫东	高大为	金 镝	李德红	孙宝辉	刘宏蔚	刘雪梅
陈 昕	师永纯	姜 敏	王 伟	柳素苓	姬志伟	李 萌	宋 扬

王　平	于　军	王海娜	张　静	史　迪	魏媛媛	李　杰	史健平
晋秀娟	刘　沛	张田宝					

北京市地方税务局开发区分局（33人）

沈迪会	刘凤彬	杜培会	高文奇	马宗良	叶　婉	刘建华	靳雪艳
武兰萍	高　畅	王　磊	姚双全	王　璋	韩新华	杜剑非	杨云先
王灵玲	段　刚	陈晓维	刘　畅	李春澍	刘　雁	侯月香	庄丽娟
常　征	杨崇辉	王　辉	陈　雯	陈　晔	野亦田	赵　晨	丛　林
于立欧							

北京市地方税务局北京西站分局（22人）

刘　义	何建忠	沈慧东	张慧卿	经　萍	张志广	付　予	吕胜利
李　缈	王丽华	吴　双	闫志红	张兴余	王丽平	黄艳红	廖　廓
王　婧	纪美云	廖　静	郑　柳	郑莉莉	徐英丽		

北京市地方税务局第一稽查局（41人）

霍玉华	张林英	王　晶	张利志	刘　森	黄斌生	杨亚英	刘　璇
管恩财	朱纳新	王晓牧	李　萌	李剑锋	柳宏林	孙晓静	杨新委
孙华斌	唐荣芹	孙玉洁	刘　涛	杨　峻	车　毅	毕　岩	崔润涵
颜廷相	郭　洁	宋晓明	金　维	任　嵘	杨旦丹	何　倩	朱　芳
王　楠	于　兰	孙瑞英	蔡　坤	王博昆	赵年贵	史　捷	陈洪涛
李　冉							

北京市地方税务局第二稽查局（38人）

郭筑明	苏　雷	高　明	秦　宇	赵春华	赵景莲	李楠楠	张　庆
赵士平	王继清	陈文红	毕宏伟	李培光	徐　珊	张　宏	田　原
聂　欣	赵玉兰	李　楠	高金素	徐　静	刘　静	孙　雷	孙燕宏

崔小旭 王珅 姜欣 孙毅珉 王乐乐 杨京疆 武瑞花 韩仲庚
曹栋斌 王鹏 黄坤 李敏 张玮 贾鸿志

市局机关（174人）

牛杰 钱富 张之乐 薛礼 白晓凤 关小虎 国春华 高灶坡
王岩 魏正臣 杨艳 罗丽华 王扬 赵卉竹 高源 王京
张琪 毛江 臧莹 常新 李晓源 周非平 李颖 孟刚
李春霞 岳首群 张浩 蒋宁 邱春会 吴卫 杨阿丽 齐全伟
陈颖 于德海 白殿卿 方书涛 李一 赵树泉 傅京芳 姚文虎
邹红姣 孙丽莉 魏志刚 薛青 付晨光 俎步皋 杨旭明 那静恩
佟利民 杨伯军 梁涛 赵凤江 章晓梅 高学江 范力军 赵为真
刘安乐 徐坡 王澜静 张旺 王孟昭 周杰 常春雨 孙永田
王洁 刁艳芬 陈来滨 董雪涛 何小燕 杨延年 王桂芹 吴北刚
赵兰钟 何陆平 贾玉敏 高丽英 邹彭 肖慧宗 门杰 宋榜捷
韩庆玲 王瑞龙 张毅 鹿梅 张玲 吴黎淳 王文杰 张常青
安剑 蔡春坡 王珊 付春江 刘丽 谢云 苏长山 马琳
王素江 郭淼 付晓彬 冷文娟 李小君 王晓丰 杜云涛 赵振波
文德生 田鸿雁 王秉明 李树弘 郑奕 豆辉 郑飞 王云芳
刘驹 张冬梅 张春生 潘蓉 赵玮 陈黎明 徐以超 崔犇
钱进 恽辉 吴莉红 张鹤鹏 王雅红 何林 张劲 战华青
杨林宏 秦一 陈芳 马懿 吴芳 廖敏 范有库 吴冬梅
向丽 梅慧勇 沈峰 任丽娟 张卉 杜宝仲 李宝贵 王雅楠
云鹏 程艳琳 许亮亮 宋迎 张连勇 张文沂 王哲 蔡莹
张博 李思峰 郎丽坤 林娜 刘嘉 李京宇 李洋 高红
王墨 魏欣 周聪 苏补亮 李文芳 杨艳斌 王东 姜海英
张学清 魏永辉 王彤彤 赵文刚 侯彦军 朱炳会

事业单位先进工作者（8人）

刘建华 王冬梅 韦保财 孙艳霞 罗仲国 朱玉准 李树玉 朱志远

行政管理

公 文 管 理

【综述】2009年，办公室就如何做好公文处理工作进行了有益的探索，通过一系列措施，进一步提高公文的质量和效率，使北京市地税局的公文处理工作不断朝着规范化、制度化、科学化方向迈进。

（罗丽华）

【公文运转】公文处理各环节严格按照工作程序处理每件公文，及时办理公文，不压文，保证了公文高效运转。全年北京市地税局收文2008件，发文585件；机要文件收文2550件，发送各处室1643件；落实非局内会议通知681件，落实各类非正式公文文件405件；收发局内处室签报1077件；机要交换文件7000余件；扫描各类文件265份，印制各类文件100多万份。

（罗丽华）

【收文管理】年初，北京市地税局办公室全面加强收文管理工作，对主送北京市地税局的所有收文，要求公文管理员填制北京市地方税务局公文批办单并注明拟办意见，再经主管主任审核后交局领导批办。确保分文的准确性和规范性。

（罗丽华）

【公文阅处】为加强各单位公文阅处工作，北京市地税局办公室与内网改造运营商协商，通过改进内网公文运转程序、制定多项措施，全面加强监控与管理。2009年11月，北京市地税局办公室向全系统发布《北京市地方税务局关于规范市局文件处理工作的通知》，对文件处理提出具体要求。一是对主送单位包括北京市地税局各处室、直属单位的正式公文和重要通知，要求内勤打印出纸质文件，填制北京市地方税务局公文批办单（处室、直属单位）按公文流程办理。二是各单位应根据文件要求将处理结果向有关领导或主办部门报纸质反馈意见。三是各单位通过其他渠道收到的外单位正式公文一律按规定送办公室处理。

（罗丽华）

会 议 管 理

【综述】 2009年，北京市地税局不断加强各类综合性会议活动的科学管理，着力提高会议活动的质量和效率。北京市地税局办公室共组织协调各类全局性会议和重要活动80多次。特别是圆满完成年度系统工作会议、北京市委、市政府领导到市地税局检查指导工作、年度工作务虚会、党风廉政工作会、建局15周年慰问活动、答谢纳税人大型演出等重要会议和活动的组织工作，另外协助有关部门召开局、处、科级后备干部推荐、选拔、调整工作会议，为干部管理科学化、民主化、规范化打下坚实基础。这些重要会议活动的成功举办，为推动全局中心和重点工作的开展发挥了重要作用。

（张 玲）

【重要会议活动管理】 一是提高效率，精细组织，会议活动管理质量进一步提高。针对会议和活动组织管理任务更加突出的要求，对每一项大型会议和重要活动，都做到事前认真筹划，事中周密组织，事后做好各项后续工作，始终贯穿精细化管理。二是加强控制，注重实效，提高会议的针对性和有效性。切实加强会议的计划管理，杜绝会议召开的随意性和盲目性。提前做好会议人员、时间、议题、材料等各要素的准备，并充分预计会议可能出现的各种情况，确保会议按计划顺畅进行。同时，要求开什么会，议什么题，提倡说短话、开短会。三是突出阶段性工作特色。围绕加强领导干部作风建设、推进优化地税发展环境、确保税收增长年，在当前经济形势下会议组织、材料准备等各方面充分体现税收增长元素。四是严肃会议纪律，转变会风会貌。强化会议纪律，严格落实会议要求，以有效提高会议效率和促进作风转变。五是认真做好会议网络化管理。结合内网系统应用，依托强大的内网信息化平台，实现会议的电子化管理。同时，做好对会议管理电子流程应用的进一步完善，提高会议管理效率。

（张 玲）

【重大会议活动组织】 一是做好全局综合会议的组织保障工作。认真组织召开年度系统工作会议、半年工作会议和2010年工作务虚会、党风廉政工作会等全局性综合会议，从议程安排、人员组织、材料准备、会场布置等各方面做到合理筹划、周密部署、细致准备，力求使会议达到最佳效果。二是做好全局重要会议活动的组织保障工作。举办北京地税答谢纳税人联谊会、召开北京市地税局2008年度局级领导班子、领导干部述职测评工作会议、举办第十八个全国税收宣传月暨北京地税“万人百场”税法宣讲活动启动仪式、召开全市纳税信用A级企业授牌大会、组织传达贯彻市委十六次全会精神会议、召开廉政风险防范管理工作动员部署会议、开展建局15周年慰问活动、召开北京市地税系统局级后备干部民主测评大会、北京市地税系统处、科级后备干部集中调整工作动员、北京市地税系统正处级领导干部大会等。三是做好加强领导干部作风建设、推进优化地税发展环境、确保税收增长重要会议活动组织保障工作。组织北京市地税系统“加强领导干部作风建设，推进优化地税发展环境，确保税收增长年活动”动员大会、召开全系统深入学习实践科学发展观活动总结大会等。严格按照活动各项规定进程妥善安排，精心组织，使活动顺利达到预期效果。四是认真做好北京市委、市政府和国家税务总局领导来局检查指导的各项活动安排。坚持从细节入手，着力强化现场管理，做好各个环节的精心安排，烘托活动效果，更好地展现北京地税的丰硕成果和良好形象。五是成功举办全市地税系统第七届文艺汇演优秀节目汇报演出、北京市地方税务系统第六届运动会开幕式暨乒乓球比赛、北京市地税系统第六届运动会羽毛球比赛和闭幕式，丰富和活跃系统文化生活。

（张　玲）

信　息　工　作

【综述】 2009年，北京市地税系统信息工作者紧密围绕“加强领导干部作风建设，推进优化地税发展环境，确保税收增长年”活动各项要求和工作部署，将系统各单位一年来在国庆筹备、帮扶企业应对金融危机、强化组织收入措施保增长等各项重点工作中的运行情况及来自基层和纳税人的意见和建议及时地汇总、提炼、刊发、上报，供系统各单位借鉴交流，供各级领导决策参考。2009年，系统各单位共上报信息5000余篇，办公室筛选、加工、整理、编写、刊发专报450期、普刊55期、专刊157期、增刊25期。其中106篇被北京市委、市政府采用；15篇被国家税务总局采用；2篇被北京市领导批示；58篇被北京市地税局领导批示。

（赵卉竹）

【服务领导决策】一是密切关注金融危机对制造业、建筑业、金融保险业等重点行业的影响，重点归纳、统计税收变化和企业发展情况，及时将有关数据分析报送北京市委、市政府。二是关注首都经济发展重点扶植产业和领域。北京市地税局上报的本市三大物流基地税收完成情况信息，连续两个月被北京市领导批示；《多措并举推动“沟域经济”持续发展》信息引起北京市农委高度关注，主动向北京市地税局收集相关调研资料；《三项措施助推永定河“水岸经济”逐步发展》信息被北京市政府采用，北京市委同时向市地税局约稿城南发展税收服务信息。三是关注重大企业落户情况。在促进北京经济增长方面，大型企业落户是实质性的增长点，依据税务登记信息，严密监控新增企业情况，海淀区地税局报送的《中国长江三峡集团公司迁址我市》信息受到市领导的高度重视，专门向市地税局收集资料进行调研；燕山分局报送的《北京石化新材料科技产业基地落户燕山》被北京市委报送国务院办公厅。

（赵卉竹）

【协调工作开展】一是立足“保增长、保民生、保稳定”和“国庆筹备”的全市大局，积极收集地税系统在落实税收政策、帮扶企业经营、优化税收环境、筹备国庆活动等方面的进展情况和工作成绩，上报北京市委、市政府。二是立足“加强领导干部作风建设，推进优化地税发展环境，确保税收增长年”的全局中心工作，在普刊中开设税收动态、上级采用、帮扶专刊、组收专栏、直报点信息等7个专栏，全面、翔实地呈现系统各单位的工作成果、创新举措和先进经验；在专刊中相继推出《落实“加强领导干部作风建设、推进优化地税发展环境，确保税收增长年”活动专刊》《市局领导到区县、分局调研组织收入工作专刊》等多个专题刊物，全面收集各部门、各单位工作中好的经验、做法以及存在的问题，有效推动系统各项重点工作的协调、有序运转。

（赵卉竹）

【反馈基层心声】北京市地税局党组两次部署慰问税务所工作，一次慰问老干部工作，广泛听取基层心声。办公室信息组一方面及时报道北京市地税局领导及各处室深入一线慰问情况；另一方面汇总收集基层反馈的问题建议，共计500余条，分类归纳后，送相关责任处室研提意见，有效推动基层工作问题的实质性解决，促进各项工作的科学开展。同时，在日常工作运转中，鼓励各区县局积极报送问题建议，并与督查工作紧密衔接，使基层反馈上来的问题可以及时解决。问题建议型信息倍受领导关注，年内，全局共58条建议信息被领导批示，流程得以简化、程序得以完善、政策得以落实，基层工作效率明显提升。

（赵卉竹）

【信息员队伍建设】 一是组织区县局、分局信息员进行集中培训，就信息写作要求、写作思路、写作方法进行深入讲解，提升信息员队伍的整体写作能力。同时，就网络应用问题集中征询意见。二是在日常工作中，通过电话、邮件等方式进行一对一辅导和交流。三是及时将市委、市政府发送的信息工作要点及各区域经济建设阶段重点转发各单位信息员。四是针对信息更新速度快、信息员流动性大的特点，对新上岗信息员进行单独培训。五是通过税务所走访和座谈，加强对信息直报点的调研，一方面了解税务所的特色管理和辖区税源状况；另一方面加强对其信息写作的指导，提高直报点信息的质量和参考价值，发挥其引导税务所工作的借鉴交流作用，便于领导掌握原汁原味的基层动态。

（赵卉竹）

【信息考核评优管理】 为提高各单位信息报送的积极性，进一步降低基层考核压力，2009年信息工作对区县局考核进行了原则性调整，将采用分值前13名A档的规定，原则上调整为基础分30分以上，采用分值前15名A档。此举充分调动基础薄弱单位的工作积极性，推动整体信息工作报送数量和采用率的提升。

（赵卉竹）

政府信息公开工作

【综述】 2009年，北京市地税局在北京市政府和国家税务总局的统一领导下，坚持以科学发展观为统领，全面贯彻落实《政府信息公开条例》（以下简称《条例》）要求，通过规范政府信息公开内容，丰富政府信息公开形式，突出政府信息公开重点，增加工作透明度，促进了民主监督，密切征纳关系，发挥政府信息公开的职能作用。全年通过北京地税Tax861网站政府信息公开专栏公开信息1375条，发布《北京地方税务公告》12期，移送税收规范性文件等纸质信息44件660份，召开新闻发布会4次，澄清虚假或不完整信息4件。全年共受理政府信息公开申请2件，均按期答复。

（唐敬春）

【组织机构逐步健全】 根据北京市政府关于机构设置的有关文件要求，将政府信息公开工作列为行政机关的法定职责。北京市地税系统市、区两级政府信息公开机构分别设在北京市地税局和区县局、分局办公室，主要职责包括制定本单位政府信息公开配套工作办法，编制政府信息公开指南和年度报告，督促检查主动公开政府信息，受理和答复政府信息公开申请，接受政府信息公开咨询等。两级政府信息公开机构名录和联系方式通过网站和政府信息公开场所进行公布。全系统共有71人从事政府信息公开工作，其中专职人员25人。

（唐敬春）

【制度体系日趋完备】 制定8个配套管理办法，覆盖了对主动公开、依申请公开、保密审查、虚假或不完整信息澄清、目录编制、监督考核等各个方面所作的规定，既确定整体工作框架，又理清各个环节的相互关系和操作程序，为信息公开工作的顺利开展奠定坚实的基础。根据工作实际和垂直管理部门特点，北京市地税局着力抓好基础性工作，以配套制度作为行为规范，重点强化"六个统一"，即统一机构工作职责、统一信息编制目录、统一信息发布渠道、统一保密审查标准、统一依申请办理流程和统一信息澄清机制，统筹推进北京市地税局和各区县局、分局的政府信息公开工作。

（唐敬春）

【公开渠道不断拓宽】 《北京地方税务公告》每月发布，每期印制2.4万册放置在办税服务大厅供纳税人免费索取，电子版在北京地税Tax861网站上发布。北京市地税系统市、区两级分别在办公楼和各办税服务大厅开辟政府信息公开专区，共设置120多个触摸式显示屏提供政府信息电子查阅服务，放置阅览架提供税收规范性文件等纸质文本政府信息。北京地税Tax861网站首页开设政府信息公开专栏，集中展示主动公开的政府信息。同时，还设置所属21个区县局、分局的专栏入口，形成专栏建设的一体化。各区县局、分局在子网站上也相继开设专栏，为公众查阅提供多个窗口。北京地税咨询服务热线12366为社会公众和纳税人提供全面的政策法规解答服务。两级政府信息公开机构通过信息公开专线接受公众电话咨询，解答政府信息公开的有关问题，并对税收业务咨询和涉税举报投诉等及时进行转接和转办。北京市地税局不定期召开新闻发布会，并通过广播、电视、报刊等媒体公开相关税收政策、重大活动和公众关注的热点等方面的政府信息。

（唐敬春）

【服务功能日益增强】 为帮扶企业应对国际金融危机带来的冲击和挑战，

切实解决企业面临的实际困难，北京地税网站开辟“帮扶企业应对国际金融危机税收政策和征管措施专栏”，包括高新技术产业、软件和集成电路产业、服务业、农业、节能环保业、房地产业、下岗再就业和残疾人就业、非营利性组织、其他行业等的税收优惠政策，以及普遍性税收优惠政策，涉及十税一费和税收征管中延期缴纳税款等政策规定。建立纳税咨询热点问题收集公布制度，对纳税人普遍关注的热点问题及时予以公开。通过“加强领导干部作风建设，推进优化地税发展环境，确保税收增长年”活动专栏、帮扶企业应对国际金融危机税收政策和征管措施专栏，以及今日热点和热点问题专栏公开工作动态、税收政策等约1600余条。此外，北京地税网站的便民服务、税务查询等栏目也从不同角度提供大量的政府信息。

（唐敬春）

【交流培训广泛开展】 为提高政府信息公开工作人员素质，增强政府信息公开工作意识，北京市地税局一方面积极参加全市政府信息公开的相关会议和培训活动；另一方面充分利用内网办公系统搭建系统内的培训和交流平台。北京市地税局党组统一部署，在开展“加强领导干部作风建设，推进优化地税发展环境，确保税收增长年”活动中，提出要大力宣传税法，加强政府信息公开，积极营造诚信纳税环境，提高纳税人税法遵从度，并将加强政府信息公开工作的培训纳入活动任务项目分解落实表。年内，组织北京市地方税务局2009年政府信息公开工作培训会，邀请北京市政府法制办复议案件办理处有关领导就政府信息公开工作中应注意的相关法律问题进行讲解。同时，与其他委办局进行广泛交流，不断开阔思路，提高工作质量。

（唐敬春）

【主动公开信息情况】 按照政府信息公开条例有关规定，全市地税系统不断深化主动公开内容，拓展主动公开渠道，强化监督管理，扎实推进主动公开工作。全年通过北京地税Tax861网站政府信息公开专栏公开信息1375条，全文电子化率为100%，其中机构职能类信息33条，占总数的2.40%；法规文件类信息1019条，占总数的74.11%；规划计划类信息12条，占总数的0.87%；行政职责类信息0条；业务动态类信息311条，占总数的22.62%；新增公文类信息983条，其中税收规范性文件46条。自《条例》施行以来，截至2009年12月31日，北京地税Tax861网站政府信息公开专栏主动公开政府信息9776条。全年发布《北京地方税务公告》12期，编辑法规文件112件。在办税服务大厅放置28.8万册印刷版供纳税人免费索取，电子版同时发布在北京地税Tax861网站上。全年北京市地税局向北京市政府信息公开查阅大厅、北京市档案馆、首都图书馆及北京市地税局政府信息公开场所等移送税收规范性文件等纸质信息44件660份，自《条例》施行以来累计达64件960份。各区县局、分局也按要求进行相应的文件移送。全系统全年通过地税局办公楼政府信息公开场所和办税服务大厅、政府信息公开专线和政策咨询服务热线、政府信息公开专用电子邮箱等接受政府信息公开咨询共计52033人次，其中现场咨询20091人次，电话咨询22809人次，网上咨询9133人次。全年共召开新闻发布会4次，澄清虚假或不完整信息4件，有效避免了可能造成的负面影响，维护了北京地税作为执法部门的正面形象，体现了政策的严肃性。

（唐敬春）

【依申请公开情况】按照《条例》第13条规定，全市地税系统认真受理公民、法人或者其他组织根据自身生产、生活、科研等特殊需要提出的政府信息公开申请。全年共受理政府信息公开申请2件，均为北京市地税局受理。2件申请均以信函形式申请，占总数的100%。2件申请获取的信息属于规划计划类和业务动态类信息。2008年12月31日受理的1件申请于2009年1月按期答复。2009年受理的2件申请均在法定期限内予以答复。年度内答复的3件申请中，“同意公开”2件，占答复总数的66.67%；“不予公开”1件，占答复总数33.33%。

（唐敬春）

综合文秘工作

【综述】2009年，北京市地税局办公室综合文秘人员围绕税收中心工作，充分发挥参谋助手作用，认真撰写各类综合文字材料，积极主动地完成上级交给的各项工作任务。全年，按时、优质、高效地完成工作总结、工作要点、领导讲话等综合文字材料以及向北京市委、市政府、国家税务总局报送的有关材料百余篇。同时，高质量完成北京地方税务年鉴和大事记的编写工作。

（吴黎淳）

【文字材料撰写】一是加强学习，提高综合素质，打牢文秘工作的思想和业务基础。认真学习党的十七大精神，深刻领会市委、市政府和总局的工作要求，按照北京市地税局党组确定的中心工作，深入调查研究，收集整理文字资料，积极学习税收业务知识，提高文字材料的专业性，按时、优质、高效地完成了各类文字材料编辑起草任务。二是做好北京市地税局领导讲话起草工作。根据北京市地税局领导要求，完成部分全局性重要会议和活动领导讲话材料的起草。综合文秘人员依靠平时的学习积累，使领导讲话做到立意高、观点新、针对性和可读性强，有力地推动了各项工作。三是高水平完成2009年度北京地税年鉴和大事记的编写，以及其他各类年鉴稿件的编写和编辑工作。本着对历史高度负责的精神，紧密围绕税收工作大局，集中反映北京地税税收事业发展中的大事、要事，以及税收与民生等方面的重要史实，全面提高了各类年鉴、大事记的写作和编辑水平，共形成30多万字稿件。四是做好重要会议活动组织类材料的撰写。随着会议活动组织科学化、规范化、标准化程度不断提高，主持词等组织类材料的撰写成为一项重要常规工作。在撰写组织类材料时，坚持严抓细抠，精益求精。在每次重要会议召开前，及时将主持词等相关材料报北京市地税局领导审阅，保障会议顺利召开。

（吴黎淳）

督　查　工　作

【落实市政府六大折子工程】 年内，承办经济增长指标任务分解、北京市政府折子、新农村建设折子、节能减排折子、服务中央单位重点事项折子等折子工程事项共计8项。通过统筹协调、密切配合、定期督办等措施，在各相关处室大力配合下，全部按要求办结。

（安　剑）

【办理市人大代表建议和政协委员提案】 年内，承办北京市人大第十三届二次会议建议21件，市政协第十一届二次会议提案29件，其他类型议案、提案5件。在上级单位和北京市地税局各承办处室的大力支持下，建议和提案全部按时办复，同意或满意率100%。一是高度重视，周密部署，保障有力。二是充分协调，定期督办，确保质量。办公室加强与承办处室、承办人员的联系协调，加强定期督办，及时掌控工作进度。承办处室强化沟通，密切配合，认真办理。三是加强与代表、委员的充分沟通，确保满意。向代表、委员如实汇报工作进展情况及存在的困难等，取得代表、委员的理解，同意或满意率100%。由征管处、营业税处、企业所得税处、地方税处、票证中心等处室办理的三件建议受到人大代表的表扬，为北京地税树立良好形象。四是将办理工作与提升工作水平相结合，确保实效。将办理过程作为改进工作、加强管理、促进事业发展的过程，将落实代表、委员的意见建议的过程作为为群众办实事、办好事的过程。

（安　剑）

【落实市政府查办件】 年内，共接到北京市委、市政府等转来的查办件99件。本着“时效并重”的原则，既讲求速度，又确保质量，在保证办结质量的前提下，尽量缩短办结时间。领导批示件一经接手，就立即进行登记建档，认真阅读、领会原件内容及领导批示精神，弄清事项的轻重缓急，急件急办，并通过电话、书面等形式按要求定期将办理情况向北京市委、市政府汇报，杜绝漏、拖、迟报现象的发生。

（安　剑）

【完成市级国家行政机关绩效管理考评】 2009年是北京市市级国家行政机关绩效管理考评工作的启动之年，北京市地税局严格按照《北京市市级国家行政机关绩效管理暂行办法》有关规定做好各项工作。一是按照承担的北京市政府重点工作项目及北京市地税局“三定”职责，填报 2009年市级国家行政机关任务绩效计划任务申报表。二是10月中旬开展绩效管理工作自查。三是开展绩效管理考评年终自查工作，撰写自查报告，报送创新创优材料。2009年，北京市地税局在北京市政府绩效管理考评中被评为优秀单位，组织收入联动机制、北京地税12366纳税服务热线回拨制度被评为优秀创新项目，稽查检查工作机制被评为创新成果。

（安　剑）

办公自动化建设

【综述】 2009年，北京地税内网建设管理围绕加强管理，优化服务，为全体干部职工提供一个高效、便捷的内部行政办公网络平台的要求，做了以下工作。

（王　扬）

【内网功能】 进一步完善内网功

能，优化性能。积极搜集整理内网全面上线初始阶段所反映出的新需求，特别是针对使用频率高、涉及面广、支撑行政办公主要职能的邮件、新闻图片、通知、公文和通讯录等系统进行了功能完善和优化，较好地完成了上线磨合期各项工作。

（王　扬）

【内网信息】不断丰富内网信息。积极推动有关部门建立完善信息发布栏目，调动各单位充分利用内网功能优势，新建了“加强领导干部作风建设，推进优化地税发展环境，确保税收增长年”活动网页，新建了“税政管理信息平台”“北京市地税局工会服务窗”“问题解答”“图书管理”等栏目。通过内网信息的不断丰富，达到了展示成绩、推动工作、树立形象的目的，进一步实现全系统信息资源的集中展示和高度共享。

（王　扬）

【验收工作】扎实做好应用软件开发的验收工作。2009年8—11月，办公室协调开发方认真准备，反复修改应用软件开发项目的各类文档，共修订12版次，形成了13类基础文档，为项目验收工作奠定了坚实基础。2009年12月，办公室会同需求提出单位与开发方，按照招投标文件和开发合同要求，对软件开发需求逐一进行分项验收工作，在确认通过30个类别的分项验收的基础上，于2009年12月31日完成了内网二期应用软件开发项目的总体验收工作。

（王　扬）

【新旧系统处理】做好新旧系统的分步处理工作。为确保历史信息安全性、完整性和工作连续性，根据《北京市地方税务局关于全面应用内网办公系统的通知》（京地税办〔2008〕274号），在2009年6月30日之前，旧（Notes）系统的后台系统暂不关闭，停用公文、信息、调研和邮件等主要应用模块，最大限度收回Notes用户权限，保留部分用户的Notes邮件权限。同时保留历史资料查询权限。2009年6月30日，办公室、科技处、信息中心联合发布通知，明确规定2009年7月1日—7月31日为停用市局旧系统的工作过渡期，同时，北京市地税局指导区县局、分局将本单位旧系统变更为自启动模式，自行管理本单位历史栏目和数据。2009年8月1日起，正式停用北京市地税局旧系统，断开旧系统中北京市地税局与区县局、分局的联系。通过以上步骤，彻底完成旧系统的分步处理和新旧系统的平稳过渡。

（王　扬）

【日常运行维护】做好内网的日常运行维护工作。按照有关文件规定，根据统一管理、分级维护的模式，北京市地税局办公室管理和指导全系统应用内网，确保内网运行安全快捷。2009年1月1日—12月31日，内网登录共1280865人次，平均每个工作日5206人次登录；浏览量共2298891次，平均日浏览量为9345

次；邮件系统登录共4787049人次，发送邮件共2444709件，人均发送邮件329件；提供现场技术支持2750余次，电话支持近5400次；进行系统优化部署，处理新增需求共14项。

（王　扬）

税收宣传

【综述】 2009年，北京市地税系统以“加强领导干部作风建设，推进优化地税发展环境，确保税收增长年”活动为主线，以开展帮扶企业应对国际金融危机为重点，开展一系列丰富多彩的税收宣传活动。据统计，2009年全系统共举办各类宣传活动30余项，制作电视宣传专题片、公益广告片2部，在电视、广播、报刊等发稿1800余篇（条），其中在《北京日报》《中国税务报》《北京晚报》、北京电视台《北京新闻》《首都经济报道》等主要新闻媒体共发表稿件190余篇。

（陈　芳）

【加强全局重点工作的宣传报道】 一是围绕“加强领导干部作风建设，推进优化地税发展环境，确保税收增长年”活动，加强对内对外宣传报道。在内外网开辟“活动年”宣传网页，设置“图片新闻”“专项组工作动态”“基层工作动态”等专题栏目，连续报道全系统开展“活动年”活动动态。共刊出图片新闻130余张，专项组工作动态86条，基层工作动态217条。同时，利用办公楼一层大厅展板、大屏幕电子显示屏以及《北京地税——我们的家园》等税收宣传平台，设置专栏，以报道各单位开展“活动年”工作信息为重点，加强对内宣传报道。二是根据局长办公会关于“大力宣传组织收入中好的经验和做法”的要求，围绕组织收入工作，收集整理7个典型单位的相关工作照片和事迹材料。以“组织收入先锋”为主题，在内网“加强领导干部作风建设，推进优化地税发展环境，确保税收增长”活动专栏中进行刊发。并以图文并茂的形式制作专题宣传展板，摆放在北京市地税局办公楼一层大厅，供干部职工参观学习。《税务周刊》节目，先后制作多期系列专题节目，介绍朝阳、丰台、顺义等区县局多种形式纳税服务措施。

三是积极配合学习实践科学发展观整改落实“回头看”工作开展宣传报道。2月4日在《北京日报》头版报眼位置刊登题为“本市多个政府部门改进服务加快审批”的文章，报道北京市交通管理委员会、市规划委、市地税局等多个部门进一步改进服务，提高工作效率的先进事迹。其中着重报道北京地税系统千方百计为纳税人减轻负担，简化办税流程，提供多项便利的征收管理、纳税服务措施。北京卫视的《北京新闻》栏目也全文播发这篇报道。四是为落实北京市地税局党组关于在全系统开展“做国家利益的忠诚卫士”主题教育周活动的决定，更好地宣传各单位在教育周期间查找的问题、取得的成果。9月初在全系统范围内制作编发“做国家利益的忠诚卫士”主题教育周活动宣传简报，促进各单位进行广泛交流与学习，号召全系统干部职工统一思想，严格自律、提高认识，自觉做“爱岗敬业，忠于职守，廉洁奉公，顾全大局”的国家利益忠诚卫士。

（陈　芳）

【税收宣传月主题活动】 2009年，根据国家税务总局税收宣传月的主题：“税收•发展•民生”，结合北京地税工作实际，围绕“加强领导干部作风建设，推进优化地税发展环境，确保税收增长年”主线，以开展帮扶企业应对国际金融危机为重点，在全系统开展一系列形式新颖、影响面广、实效性强的税收宣传活动。4月1日,在宣武区天桥剧场举行“万人百场”税法宣讲启动仪式，拉开“万人百场”系列税法宣讲活动的序幕，北京市地税局领导与国家税务总局领导莅临活动现场，并向纳税人派发免费税法宣传手册。4—6月各区县局、分局共组织“万人百场”税法宣讲活动241场，培训30851人次，其中培训新办企业办税人员16541人次；企业负责人9174人次；企业新调整办税人员5136人次。4月7日，与北京市国家税务局联合举办纳税信用A级企业授牌活动。国家税务总局、北京市国税、地税以及朝阳区政府等领导出席活动，并为50家纳税信用A级企业代表授牌。本次市国税、地税共评选出2009—2010年度北京市纳税信用A级企业2734家，这些企业将会享受到税务部门提供的更为全面、规范的纳税服务措施。4月28日，组织参加北京市纠风办“走进直播间”活动。北京市地税局副局长王京华与相关业务处室及海淀区地税局负责人一同参加活动，以“人文北京、科技北京、绿色北京”和“加强领导干部作风建设，推进优化地税发展环境，确保税收增长”活动为主题，以帮扶企业应对金融危机落实各项税收优惠政策为主要内容，介绍北京市地税局2009年重点工作，回答网友关心的涉税问题，取得良好的宣传效果。各区县局、分局结合区域经济特色，也举办一系列形式各样、实效性强的税收宣传活动，形成以点带面，全方位、立体化的宣传。据统计，税收宣传月期间，全系统在各大报刊、杂志、电视、广播、网络等媒体共发表税收宣传稿件417篇（条）；举办新闻发布会1次。国家税务总局、北京市国税局、市公安局，市各区（县）委、人大、区（县）政府、政协等众多领导部门和学校、社区、乡镇都参与到税收宣传工作当中，形成税收宣传工作全社会参与的合力。

（陈　芳）

【税收法律法规政策宣传】 大力配合打击发票违法犯罪活动，按照活动协调领导小组的要求，分别于4月28日、9月16日，举办北京市打击发票违法犯罪活动暨阶段性成果新闻发布会。新华社、北京电视台、中央广播电台、《北京日报》《中国税务报》《中国财经报》等20多家媒体参加发布会，并就此进行了报道。同时利用《税务周刊》栏目，先后制作“公安税务双拳打击假发票”“说说发票检查”“假印花税票追击案”等专题节目，对发票违法犯罪活动起到强大的震慑作用。紧密配合业务处室工作进度，适时召开新闻发布会和编发新闻通稿。1月，配合个人所得税自行申报工作，编辑制作年收入超过12万元自行申报工作宣传片，并在北京电视台和北广传媒进行循环播出；同时组织新华社北京分社、《北京日报》《北京晚报》等媒体对12万元个税申报工作进行深入报道；2月，召开个人出租房屋税收政策调整新闻发布会；3月，发布年初北京地税收入形势新闻通稿；6月，举办使用数字证书办理地税纳税申报，取消纸质申报资料新闻发布会；7月，配合残疾人就业保障金征收工作，完成宣传片的制作和播出；10月，发布北京地税前三季度税收完成情况新闻报道。围绕社会和纳税人关心的热点涉税问题，年内先后接待各新闻媒体采访事宜50余人次，成功处置新闻突发事件4起。

（陈　芳）

【甲流防控宣传教育】 为做好甲型H1N1流感防控宣传工作，普及防控知识，从6月起，配合后勤服务中心医务部门，连续编辑刊发了“甲型H1N1流感防控工作简报”4期。简报内容主要包括甲型H1N1流感防控知识；全系统防控工作总体方案、有效措施及经验；防控甲型H1N1最新动态等，提醒全局干部职工在工作的同时关心自身身体健康。

（陈　芳）

调 研 工 作

【综述】2009年，研究室进一步加强调研组织管理工作，充分发挥调研工作的参谋助手作用。在调研工作开展过程中，坚持理论联系实际，在围绕中心任务、服务党组决策、创新工作思路、发现存在问题、总结经验教训、深化理论研究、引领工作方向、改进工作作风等方面发挥了较好的作用。

（史迎凤）

【领导重视干部参与的调研氛围逐步形成】 北京市地税局局长王晓明上任伊始，就提出要加强调查研究工作，把调查研究作为做好税收工作的抓手，作为“加强领导干部作风建设，推进优化地税发展环境，确保税收增长年”的重要举措。在学习实践科学发展观活动中，北京市地税局制订整改落实方案，其中第一条就是针对分析检查报告中提出的“调查研究不够深入，调研的质量还不高，解决问题的针对性还不强”的问题，提出整改方案，要求加大调查研究的力度，并将局长王晓明作为第一责任人，北京市地税局研究室作为责任处室。各级领导积极参与承担调研课题。2009年局级领导和处级领导分别承担10项和238项课题。在深入学习实践科学发展观活动中，市区两级局领导平均每人撰写1—3篇调研报告，对影响地税事业科学发展的各种问题进行深入的调查研究，提出下一步发展的方向。全系统干部积极参与调查研究。2009年共完成各类调研文章1200余篇，调研内容涵盖税收工作的方方面面，为领导科学决策、解决问题、推动工作提供有力的支持，发挥了重要的作用。

（史迎凤）

【修订完善调研制度】 为推进全系统调研工作向纵深发展，进一步强化各级领导开展调查研究的责任意识和税务干部参与调查研究的积极性，根据科学发展观整改方案和“加强领导干部作风建设，推进优化地税发展环境，确保税收增长年”的工作要求，下发《中共北京市地方税务局党组关于加强领导干部作风建设进一步做好调查研究工作的意见》（京地税党〔2009〕25号），要求全系统充分认识加强和改进调查研究工作的重要意义，提出加强和改进调查研究工作的指导思想、工作重点和基本要求，并进一步强调加强领导、明确责任、狠抓落实。特别提出，北京地税系统要不断加强对调研工作激励制度的建设，强调各级领导和各个单位都要对调研工作给予必要的人、财力支持。北京市地税局每年拿出专项经费对此予以保障，每年进行全系统的优秀调研评选，对评选出的优秀调研成果进行发文表彰，编印系统优秀调研文集。2009年，进一步修订调研课题管理办法，将调研课题实行分级分类管理，突出不同课题、不同管理、不同转化。

（史迎凤）

【完成一批较高质量的调研成果】 全系统各级领导和税务干部以调研课题为核心，选准题目，深入调查，做好研究，大力转化。其中北京市地税局研究室刊发调研文章150期，上级单位和外部发表29篇，北京市地税局领导批示14篇，转化为规范性文件1篇。这些成绩和成果转化极大地提升了地税系统理论研究的水平和以调研作为基本工作方法解决问题的能力。一类是税收支持型调研。在服务支持区域经济社会全面发展方面，开展大量调查研究工作，先后组织开展优化税收发展环境、积极支持帮扶企业、税收促进经济结构调整、税收支持高新企业发展等方面和内容的调研课题研究工作，完成有关的调研课题报告20余篇，其中局长王晓明牵头、研究室承担的《优化地税发展环境研究》课题，被北京市委研究室列为全市的关注课题。研究室联合有关区县局完成《中关村国家自主创新示范区税收现状与发展趋势研究》和《关于建设“两个减负”建设服务型北京地税的思考》的调研报告，报告从税收支持高新技术企业发展和优化首都环境，服务社会和纳税人等多角度进行认真分析研究，提出具有操作性的意见建议。围绕税务总局出台的有关税收政策，共开展有关税收政策完善方面的课题研究30余项。其中《税收征管法改革应当关注自然人适用条款的探讨》《进一步规范我国外籍人员个人所得税优惠政策研究》等课题直接就涉及的有关政策问题提出修改完善建议，得到总局的肯定。此外，还组织人员直接参与税务总局《关于我国个人所得税费用扣除标准研究》的课题，结合北京市区域经济社会发展实际，提出北京市个人所得税费用扣除标准。一类是问题建议型调研。为进一步提高税收征管的质量和效率，北京市地税局决定在4个局实施增设欠税管理专职岗位、定职定岗开展欠税管理工作的试点。2009年年底，根据试点工作情况，完成《欠税管理专职岗位试点工作的实践与思考》的调研，并制定印发《北京市地方税务局欠税管理专职岗位试点工作实施方案》的通知(京地税函〔2008〕122号)。如海淀区地税局撰写了《税务公务员心理健康状况分析与干预的研究》,通过调查海淀区地税局公务员心理健康状况及影响因素,提出应当建立外部与内部结合的税务公务员心理健康干预机制。此文得到相关领导的重要批示,要求相关处室阅研,结合队伍建设的实际提出有针对性的工作措施。石景山区地税局完成的《关于建设石景山区区域经济信息共享机制的实践与思考》调研文章,对构建区域经济信息交换共享机制进行了实践探索,取得了较好效果,也得到了相关领导的批示,要求相关处室阅研并继续深化研究。

(史迎凤)

【调研机制逐步形成】 经过几年的建设,北京地税系统已经形成一支比较稳定的具有较高理论水平和文字能力的专兼职调研管理员队伍和调研人才库队伍。截至2009年12月,各区县局、分局设置的专职调研管理员和北京市地税局处室设置的兼职调研管理员已达到53人,全系统调研人才库人员达到97人,区县局、分局松散型的调研组织达到13个,参与人员超过200人。北京市地税局研究室不断加强对调研管理员和调研人才库人员的培训工作,调动他们的积极性,发挥他们在调研工作中的骨干作用。一是3月,借助北京市委研究室的平台,组织全系统100余人参加为期3天的全市调研系统干部培训,培训内容丰富,形式多样。二是采取不定期的形式,对部分区县局、分局,包括通州区、大兴区和房山区地税局的调研工作进行实地指导培训。三是召开两次调研工作片区培训会就1—8月各单位调研工作进行交流,就下半年工作进行研讨。四是组织九省市地方税收研讨会。会上邀请国家税务总局专家和北京市地税局领导、兄弟省市对地方税收工作的相关问题进行研讨。组织对2008年度系统成果的调研评选激励工作,并将优秀调研成果编辑成册。同时,编辑出版《北京地方税收研究报告》,书中收录2003—2009年与人民大学合作完成的10项重要课题。以调研为纽带,采取多种形式,加强北京市地税局与区县局和分局,区县分局之间的纵横向联系与交流,就某一专题进行深入广泛的调查和研究。全年共组织完成10余项联合调研课题。

(史迎凤)

外 事 工 作

【综述】2009年，外事工作在北京市地税局党组的正确领导下，积极开展因公出国（境）培训考察团组的申报、组织、办理工作，努力提高服务水平，保证本局团组按照预定计划顺利走出国门，完成考察、学习培训任务。

（崔兴炜）

【全面落实2009年度系统外事工作计划】按照系统外事工作计划，完成随外单位团组出访21批，21人次，主要任务是：选派干部赴荷兰进行非居民税收管理及税收协定相关问题的培训；选派干部赴德国、奥地利进行地方税体系发展规划研究的考察，选派干部赴日本进行JICA税收征管任务的考察，选派干部赴台湾进行残疾人就业工作及社会保障制度交流等。

（崔兴炜）

【完成外宾来访接待工作】接待香港税务学会一行16人来北京市地税局访问，双方就北京地税的收入状况、相关税收政策的变化以及金融危机对税收的影响等问题进行交流和探讨；接待加拿大不列颠哥伦比亚大学一行两人来市地税局访问，双方就北京地税赴加拿大长期培训的有关事宜进行了交流。

（崔兴炜）

【开展制止公款出国（境）旅游专项工作】北京市地税局采取各项积极措施，重新安排出访计划，压缩团组数量和经费支出。同时为尽可能减少甲型H1N1流感传入性感染的风险，北京市地税局认真研究执行项目的必要性，进一步减少出访团组，取消赴加拿大、澳大利亚两个长期培训项目。

（崔兴炜）

【加强外事管理和报备工作】制定《北京市地方税务局关于进一步加强外事管理工作的意见》，进一步规范外事管理工作程序。将北京市地税局关于非贸易非经营性购汇人民币限额2008年执行情况和2009年计划上报财政局进行了备案，将北京市地税局2009年因公出访相关计划进行了汇总并上报市外事工作办公室。

（崔兴炜）

2009 年信息调研评选结果

北京市地税系统2009年度调研工作评优结果

一、先进集体

（一）2009年度系统调研工作先进单位（10个）

北京市宣武区地方税务局
北京市崇文区地方税务局
北京市海淀区地方税务局
北京市通州区地方税务局
北京市朝阳区地方税务局
北京市西城区地方税务局
北京市东城区地方税务局
北京市怀柔区地方税务局
北京市丰台区地方税务局
北京市地方税务局第二稽查局

（二）2009年度系统调研工作表彰单位（19个）

北京市石景山区地方税务局
北京市地方税务局评估处
北京市顺义区地方税务局
北京市地方税务局档案处
北京市大兴区地方税务局
北京市地方税务局计划财务处
北京市昌平区地方税务局
北京市地方税务局企业所得税管理处
北京市平谷区地方税务局
北京市地方税务局营业税管理处
北京市房山区地方税务局
北京市地方税务局个人所得税管理处
北京市地方税务局开发区分局
北京市地方税务局征收管理处
北京市地方税务局第一稽查局
北京市地方税务局稽查处
北京市地方税务局燕山分局
北京市地方税务局纳税服务中心
北京市地方税务局人事处

二、先进个人

（一）2009年度系统调研先进领导（29名）

邢　军　北京市宣武区地方税务局
陈合庄　北京市朝阳区地方税务局
杜军利　北京市海淀区地方税务局
秦龙生　北京市东城区地方税务局

宗立元 北京市丰台区地方税务局
刘春林 北京市崇文区地方税务局
牛明奇 北京市通州区地方税务局
崔玉英 北京市西城区地方税务局
陈 刚 北京市怀柔区地方税务局
郭筑明 北京市地方税务局第二稽查局
马 强 北京市石景山区地方税务局
刘佩书 北京市顺义区地方税务局
王 竺 北京市大兴区地方税务局
郭海福 北京市昌平区地方税务局
张忠良 北京市平谷区地方税务局
万国喜 北京市房山区地方税务局
刘凤彬 北京市地方税务局开发区分局
隋庆梅 北京市地方税务局第一稽查局
李广生 北京市地方税务局燕山分局
何小燕 北京市地方税务局人事处
孙永田 北京市地方税务局评估处
刁艳芬 北京市地方税务局档案处
满保红 北京市地方税务局计划财务处
白建平 北京市地方税务局企业所得税管理处
范力军 北京市地方税务局营业税管理处
徐 坡 北京市地方税务局个人所得税管理处
陆 坤 北京市地方税务局征收管理处
朱兴有 北京市地方税务局稽查处
肖慧宗 北京市地方税务局纳税服务中心

（二）2009年度系统优秀调研管理员（29名）

桂 丹 北京市宣武区地方税务局
房 洁 北京市海淀区地方税务局
徐 铳 北京市朝阳区地方税务局
姜 喆 北京市东城区地方税务局
王 雨 北京市丰台区地方税务局
李 源 北京市崇文区地方税务局
石 林 北京市通州区地方税务局
于 莉 北京市西城区地方税务局
张继颖 北京市怀柔区地方税务局
李楠楠 北京市地方税务局第二稽查局
高文学 北京市石景山区地方税务局
王 静 北京市顺义区地方税务局
姜玉斌 北京市大兴区地方税务局
陈冬梅 北京市昌平区地方税务局
胡岚峰 北京市平谷区地方税务局
张丽莉 北京市房山区地方税务局
蒋 蓓 北京市地方税务局开发区分局
黄斌生 北京市地方税务局第一稽查局
杨海铮 北京市地方税务局燕山分局
冯翔宇 北京市地方税务局人事处
贾忠华 北京市地方税务局评估处

邓晓艳 北京市地方税务局档案处

杨惠新 北京市地方税务局计划财务处

牛泽厚 北京市地方税务局企业所得税管理处

马　琳 北京市地方税务局营业税管理处

臧　莹 北京市地方税务局个人所得税管理处

李树弘 北京市地方税务局征收管理处

孟　刚 北京市地方税务局稽查处

潘　蓉 北京市地方税务局纳税服务中心

三、优秀调研文章

特别奖（共11篇）

1. 《优化首都地方税收发展环境的实践与思考》
（局长王晓明主持课题组）
2. 《新形势下加强干部队伍建设的思考》
（副局长沈汝冰主持课题组）
3. 《关于审计抽样纳税评估法的应用研究》
（副局长郝硕博主持课题组）
4. 《北京市房地产市场发展与税收相关性研究》
（副局长王京华主持课题组）
5. 《关于涉税资料报备工作管理现状的调查和分析》
（副局长任军主持课题组）
6. 《以科学发展观推进风险防范管理 优化地税廉政环境》
（纪检组长吴鼎主持课题组）
7. 《欠税管理专职岗位试点工作的实践与思考》
（副局长吕兴渭主持课题组）
8. 《关于规范和细化税务行政处罚自由裁量权的思考》
（总经济师卜祥来主持课题组）
9. 《关于北京市地税系统工会组织在和谐地税建设中发挥积极作用的调研报告》
（副巡视员王勇生主持课题组）
10. 《以科学发展观为统领推进基层基础建设的调研》
（副巡视员任依娜主持课题组 ）
11. 《关于货运代理业营业税问题的调查报告》

（副巡视员刘宝忠主持课题组）

一等奖（10篇）

1. 《中关村国家自主创新示范区的税收现状分析及建议》
（研究室联合课题组　高学江　牛杰　毛江　王勇超　邢堃　李俊红　李芳　王磊　蒋蓓　王雨　耿振冬　王中亮　袁萍　欧阳晓娴）

2. 《构建诚信纳税信用体系的研究与探讨》
（宣武地税局　邢军）

3. 《关于完善房产税计税依据相关问题的探讨》
（丰台地税局　宗立元　裴晓南　孔雪梅　张冬雁）

4. 《关于地税系统人员结构的比较分析与建议》
（人事处　董雪涛　何小燕　郎培东　崔颖）

5. 《关于系统财务垂直管理的思考》
（计划财务处　杨玉杰　满保红　吴卫）

6. 《股权激励涉及个人所得税问题的思考》
（个人所得税处　任军　刘安乐　臧莹）

7. 《大型企业集团自查折射出的涉税问题》
（稽查处　朱兴有　李颖）

8. 《关于北京市试点物流企业营业税情况的调查报告》
（营业税管理处　马琳）

9. 《关于构建立体化纳税评估模式的思考》
（海淀地税局　张克兵　吕莹莹）

10. 《加强减免税政策管理，为扩大内需保增长服务》
（国际税收研究会　孙振刚　张富珍　顾方周）

二等奖（20篇）

1. 《进一步规范我国外籍人员个人所得税优惠政策研究》
（个人所得税处　刘安乐　史小军　夏宏伟　石剑虹）

2. 《个人所得税工薪所得费用扣除研究》
（研究室联合课题组　高学江　牛杰　史小军　刘丽　夏宏伟　王勇超　张翼　张哲）

3. 《税务公务员心理健康状况分析与干预的研究》
（海淀地税局　康和凤　高青月）

4. 《关于企业所得税税源分类管理情况的调查》
（企业所得税处　　白建平　牛泽厚）
5. 《进一步做好新形势下调研工作的思考》
（研究室　　牛杰）
6. 《经济下行期组织收入工作的实践与思考》
（西城地税局　　局长李玉庆主持课题组）
7. 《拓展宣传效果的实践与思考》
（宣教处　　齐全伟）
8. 《探索纳税评估与稽查工作科学发展新途径的思考》
（纳税评税处　　2009纳税评估课题组）
9. 《从北京地税税收增长看首都经济发展》
（收入规划核算处　　张亚平）
10. 《论以科学发展观统领组织收入工作》
（东城地税局　　局长秦龙生主持课题组）
11. 《关于开展保险机构代收代缴车船税工作的实践与思考》
（开发区地税局　　沈迪会　杨卫利　郑永斌　陈晓维）
12. 《关于房地产开发企业土地增值税税收精细化管理的实践与思考》
（朝阳地税局　　王京秋　徐媛　李然）
13. 《税务档案利用与价值分析》
（档案处　　刘文龙　邓荣华）
14. 《税务稽查执法风险防范及对策》
（第二稽查局　　秦德海　李培光）
15. 《关于房产税计税依据的调查与思考》
（崇文地税局　　刘鸿雁）
16. 《北京地税系统发现的职务犯罪的特点与对策》
（监察处　　吕新利）
17. 《关于完善纳税服务电子邮箱系统的调查研究》
（纳税服务中心　　肖慧宗　杨頔）
18. 《关于纳税评估风险及其控制的探讨》
（通州地税局　　张孟松）
19. 《从地方税收角度看房山区产业结构调整》
（房山地税局　　万国喜　邓毅　王浩　马铁柱）

20.《坚持科学发展 优化税收环境》

（石景山地税局　　张兴明）

三等奖（40篇）

1.《关于落实“两个减负”建设服务型北京地税的思考》

（研究室联合课题组　　高学江　牛杰　王勇超　姚君　姜喆　李竹娜　邢堃　房洁　刘冉）

2.《关于企业所得税减免税管理执行情况和问题的调查研究》

（企业所得税处　　张翅　毛江）

3.《浅谈档案工作人员的角色冲突及其调试策略》

（办公室　　章晓梅）

4.《关于完善12366热线工作机制的调查研究》

（纳税服务中心　　林娜　李洋）

5.《关于完善局级执法体系的实践与思考》

（第二稽查局　　陈侠　韩仲庚）

6.《对健全北京地税系统领导干部考核激励机制的思考》

（人事处　　（原）李宗定　冯翔宇　方书涛）

7.《加强重点税源监管之实践与思考》

（西城地税局　　副局长赵宏主持课题组）

8.《关于税务电子文件归档管理的思考》

（档案处　　刁艳芬　邓晓艳）

9.《现代服务业对朝阳区地方税收贡献的分析研究》

（朝阳地税局　　陈合庄）

10.《关于借助高校师资提升教育培训工作质量的实践与探索》

（丰台地税局　　刘华　李旭东　赵燕娜）

11.《关于进一步改进办公室工作的几点思考》

（顺义地税局　　刘佩书　李红良）

12.《优化地税发展环境与推进税收管理实践思考》

（宣武地税局　　袁平）

13.《关于民办教育从业人员个人所得税征管问题的探讨》

（个人所得税处　　徐坡　于鹏）

14.《关于参与奥运筹办与建设的境外企业、个人其代扣代缴单位售付汇涉税情况

和征管服务效果的调查》

（审计处　　钱剑兰　吴冬梅）

15.《旅游业税收管理存在的问题及建议》

（延庆地税局　　王仁丽　赵静南　王晓东）

16.《关于门头沟棚户区改造涉税问题的调研》

（门头沟地税局　　张争　王建华　苗燕茹）

17.《海淀地方税收发展能力综合评价研究》

（海淀地税局　　杜军利　陈金保）

18.《学习实践科学发展观 实现“电子查账”工作科学发展》

（第一稽查局　　汪沛　孙玉洁）

19.《拓宽北京地税网院发展新空间》

（宣教处　　孙志解）

20.《促进节能减排的税收政策刍议》

（昌平地税局　　曲建华　杨文达）

21.《关于优化税收环境促进区域经济发展的思考》

（密云地税局　　赵增科）

22.《关于进一步完善营业税分析方法和内容的调研报告》

（营业税管理处　　赵为真　闫宝艺）

23.《发票印刷布奖管理系统中印刷数据安全交换的思考》

（票证中心　　贾玉敏　安宏志）

24.《“以人为本”管理机制的实践与思考》

（怀柔地税局　　丁锦宁）

25.《东城区地税局关于纳税人邮箱服务方式的调查报告》

（东城地税局　　副局长崔燕生主持课题组）

26.《虚开货运发票引发的思考》

（稽查处　　朱兴有　常春雨　王云芳）

27.《税收法律法规与会计准则差异性的现实影响研究》

——对营业税和企业所得税的税会差异分析

（地方税务学会）

28.《关于落实科学发展观，深化执法监督工作的探讨》

（房山地税局　　王冠凯　刘建光　荆丹妮）

29.《对高等院校行业纳税评估的思考》
（昌平地税局　　康水利　杨杨）
30.《关于落实科学发展观 帮扶企业应对国际金融危机的思考》
（顺义地税局（原）副局长王宝明主持课题组）
31.《全力应对挑战，积极做好下半年组收工作的思考》
（怀柔地税局　　韩松）
32.《关于建设石景山区区域经济信息共享机制的实践与思考》
（石景山地税局　　钱丽换　杨莉）
33.《关于建立运行“六大机制”全面提高基层税务部门征管水平的思考与探讨》
（通州地税局　　牛明奇）
34.《税收服务马坊物流园区发展的探讨》
（平谷地税局　　张秀娟）
35.《外国酒店管理公司的发展现状》
（崇文地税局　　刘春林）
36.《预防职务犯罪的新尝试》
（大兴地税局　　纪检组长孔军主持课题组）
37.《纳税遵从意识实证调查分析及建议》
（征收管理处　　陆坤）
38.《关于加强基层党支部建设的实践与思考》
（北京西站地税局　　刘义　吴佳）
39.《对地税系统内部安全工作的思考》
（保卫处　　李建十　李家斌）
40.《加强干部队伍建设的思考》
（燕山地税局　　缴荫龙　高大为　周玉冰）

北京市地税系统2009年度信息工作评优结果

一、北京市地方税务局2009年度信息工作优秀单位（21个）

北京市地方税务局收入规划核算处　　　北京市地方税务局办公室

北京市海淀区地方税务局
北京市西城区地方税务局
北京市崇文区地方税务局
北京市顺义区地方税务局
北京市朝阳区地方税务局
北京市丰台区地方税务局
北京市东城区地方税务局
北京市通州区地方税务局
北京市昌平区地方税务局
北京市房山区地方税务局
北京市石景山区地方税务局
北京市宣武区地方税务局
北京市门头沟区地方税务局
北京市大兴区地方税务局
北京市平谷区地方税务局
北京市延庆区地方税务局
北京市怀柔区地方税务局
北京市地方税务局开发区分局
北京市地方税务局第一稽查局

二、北京市地方税务局2009年度信息工作先进单位（2个）

北京市地方税务局征收管理处
北京市地方税务局第二稽查局

三、北京市地方税务局2009年度信息工作优秀领导（21个）

张亚平 北京市地方税务局收入规划核算处
邹永欣 北京市地方税务局办公室
吕卓欣 北京市海淀区地方税务局
胡敬超 北京市西城区地方税务局
胡　源 北京市崇文区地方税务局
蒙学飞 北京市顺义区地方税务局
余雪辉 北京市朝阳区地方税务局
王瑞海 北京市丰台区地方税务局
柏竹梅 北京市东城区地方税务局
刘　冉 北京市通州区地方税务局
邓小波 北京市昌平区地方税务局
安洪滨 北京市房山区地方税务局
杨建中 北京市石景山区地方税务局
李竹娜 北京市宣武区地方税务局
杜宏芳 北京市门头沟区地方税务局
苑迎迎 北京市大兴区地方税务局
路宝庭 北京市平谷区地方税务局
赵静南 北京市延庆区地方税务局
刘建国 北京市怀柔区地方税务局
杜培会 北京市地方税务局开发区分局
吴欣欣 北京市地方税务局第一稽查局

四、北京市地方税务局2009年度信息工作优秀信息员（26个）

周兵化 北京市地方税务局收入规划核算处
赵卉竹 北京市地方税务局办公室
周非平 北京市地方税务局征收管理处
马希敏 北京市海淀区地方税务局

黎　阳　北京市西城区地方税务局
茅云鹏　北京市崇文区地方税务局
李晓彤　北京市顺义区地方税务局
刘曼莹　北京市朝阳区地方税务局
熊　辉　北京市丰台区地方税务局
王彦东　北京市东城区地方税务局
潘国强　北京市通州区地方税务局
郑海峰　北京市昌平区地方税务局
晋凯丽　北京市房山区地方税务局
王　利　北京市石景山区地方税务局
李元媛　北京市宣武区地方税务局
宋海华　北京市门头沟区地方税务局
崔　剑　北京市大兴区地方税务局
杨　柳　北京市平谷区地方税务局
沈文涛　北京市延庆区地方税务局
李文学　北京市怀柔区地方税务局
柏丙云　北京市密云县地方税务局
李春澍　北京市地方税务局开发区分局
黄斌生　北京市地方税务局第一稽查局
李楠楠　北京市地方税务局第二稽查局
吴　凡　北京市地方税务局燕山分局
肖　健　北京市地方税务局北京西站分局

后勤工作

财 务 管 理

【综述】2009年，在北京市地税局党组的正确领导下，计划财务处以科学发展观为统领，认真落实中央经济工作会议、中办11号文件精神，积极适应财政改革的新要求，严格按照北京市地税局系统工作会提出的“优化地税发展环境”、强化“五种意识”、推进“五型机关的建设”的工作目标要求，寓服务于管理当中，坚持围绕一个宗旨，主动做到两个适应，突出三项管理，严格控制一般性支出。通过建章立制、科学管理、坚持原则、厉行节约、保障重点、依法理财，为2009年全局工作任务开展、税收征管任务的圆满完成提供强有力的经费保障。一年来，财务工作科学理财的理念日趋成熟，制度体系的建设逐步完善，依法办事的程序规范有序，服务保障的成效更加明显。

（杨林宏）

【梳理完善财务制度】针对财政政策改革的形势要求，计划财务处结合财务制度工作的实际，对系统财务制度进行疏理、修订、完善，理顺财务制度建设的工作思路、内容、体系框架及具体落实的各个环节。另外还根据计划财务处各岗位职责和系统财务工作的需要，按照部门预算类、财务管理类、基建管理类、政府采购类、固定资产类、内部审计类、处内管理7大类对财务制度进行收集、归类、整理，其中已修订完善各类制度10项，新建制度18项。初步修订和完善《市局机关经费包干管理办法（修订）》《政府采购管理办法（修订）》《固定资产管理办法（修订）》《基建工程质量管理规定》等20多项制度，并已形成制度汇编。这些制度从财务工作的不同方面、不同角度对系统财务工作进行新的规范，既将新的财政政策要求融入其中，又将系统财务工作这几年管理运行的经验融合其间，新制度的制定和完善，将作为指导系统财务工作的总纲和法规，更好地规范系统财务工作，使系统财务工作的管理体系更加科学规范。

（杨林宏）

【预算执行情况】 2009年预算工作在认真研究财政政策，结合北京市地税局实际情况的基础上，计划财务处落实厉行节约的政策精神，严格执行财经纪律，从紧编制预算，严格执行预算，严格控制相关费用支出，全年共安排内部预算12.7亿元（含“三代”手续费6.5亿元），通过合理统筹安排资金，有保有压，重点保障全局中心工作、基层征管税收工作以及涉及奥运税收工作。到年底，按照年初预算安排，整体预算执行情况良好，系统预算执行比例达到86.27%。其中“三代”手续费执行比率达到100%，补充区县征管业务经费执行比率达到100%，票证印制经费执行比率达到100%。根据预算安排情况和全年工作任务，组织完成年度追加预算的上报工作，在时间上争取工作的主动。经过全盘分析和考虑共上报追加经费3.01亿元（含“三代”手续费2亿元），为年度预算资金的到位和系统工作的圆满完成做好准备。通过近一年的执行情况看，全局厉行节约的措施也取得显著成效，有效地降低行政运行成本，提高资金使用效益，出国经费、车辆经费、公务接待费、会议费、差旅费等同比大幅减少。另外为加强预算管理，强化预算执行，规范预算审批，计划财务处制定下发的《北京市地方税务局预算执行审批单》，有效规范了财务管理，堵塞了漏洞，使得预算执行更加科学、合法、合规。

（杨林宏）

【预算项目评审】 在预算项目评审工作方面，计划财务处注重加强与财政评审中心及局内各部门的沟通，共评审信息化升级改造、设备购置、运行维护、网络接入费等20多个项目，为信息化工作的开展起到了推动作用。

（杨林宏）

【财政绩效考评项目】 按照北京市财政绩效考评工作要求，计划财务处根据北京市财政局《关于开展2009年度市级预算支出项目绩效考评工作的通知》精神，共有“三代”手续费经费、有奖发票兑奖经费、信息系统升级改造、北京市地税局办公楼物业管理费4个项目被列为财政绩效考评项目，在多方的共同努力下，考评最终取得了优异成绩。

（杨林宏）

【基建管理】 2009年计划财务处负责的基建管理工作严格按照系统基本建设5年规划的安排，以服务基层为重点，突出抓好系统的基本建设。首先，完成第一批基层税务所维修改造项目的收尾工作。其次，完成第二批12个基层税务所维修改造工程的图纸设计和评审工作。在借鉴、总结第一批36个税务所维修改造经验、问题的基础上，通过进一步完善制度、规范流程、制定标准、明确责任的基础上，完成顺义局、密云局、海淀局、通州局、门头沟局、石景山局、大兴局、房山局8个局的12个税务所的图纸设计和评审工作。另外，在保证基层税务所项目顺利开展的同时，计划财务处还完成北京市地税局中水处理系统工程、北京市地税局办公楼收尾工作、档案馆机房改造和密集架搬迁工作，协助完成博物馆搬迁工作、北京西站分局服务大厅的装修工程。

（杨林宏）

【政府采购】 2009年计划财务处按照政府采购程序，以规范采购服务为主线，进一步做好政府采购工作，严格按照公开、公平、公正的管理原则组织政府采购工作。在政府采购公开招标方面，共完成政府采购招标项目12个，涉及预算资金7857万元，中标金额7653万元，节约资金204万元，节约率为2.6%。主要政府采购招标项目有：国标税控完善性建设系统改造、房地产一体化系统研发项目、2009年信息化运维、2009年信息化系统完善和硬件设备购置、地税系统2009年税服制作加工项目、企业所得税系统报表修改、北京市地税局机关办公楼变配电（新风机组、四层机房）维修改造等。在协议采购方面，配合完成开发区车船税所开办设备、纳服中心23台触摸屏、检查处稽查办案设备、宣教处相机、税源数据库用扫描枪、安保中心办公等设备的政府采购协议供货采购工作，共计约190多万元。通过及时办理，及时采购，保证了各部门业务工作的正常开展。

（杨林宏）

【资产管理】 根据市财政的政策要求，制订并下发《北京市地方税务局固定资产管理暂行办法》，进一步明确区县局资产管理权属；进一步统一资产分类、资产信息点及处置标准；进一步明确资产处置方式、处置渠道；进一步对日常资产管理提出明确的要求。在做好基础工作的同时，计划财务处对系统的固定资产进行清查盘点，通过清查全面摸清地税系统家底；建立翔实、准确的固定资产数据库，掌握闲置或符合报废条件的固定资产，并对其进行报废或有效调剂。通过发现存在的问题，完善管理制度和工作流程，目前固定资产清查工作已完成整个工作安排的2/3。另外，计划财务处还对2004年建立的固定资产管理信息系统进行升级改造，实现从资产采购、使用、转移、处置等全流程信息化管理。

（杨林宏）

【会计核算】 2009年会计核算工作，积极应对财政各项改革带来的影响，围绕服务、管理和可持续发展的理念，以夯实日常工作为基础，完善各项制度为纽带，牢固树立服务意识、大局意识，努力创造和谐财务，保障全局资金安全、高效、到位。其中有效地提高了日常报销、数据录入、审核工作的严谨性，进度较2008年明显加快，报销、核算基础工作目前已经达到实时程度，保证全年各项工作的有序到位，为实现既定目标打下坚实基础。另外，计划财务处注重加大信息化建设工作。结合工作实际，对核算系统提出新的需求，使报销、核算子系统得到进一步的完善，工作效率大幅提升，进一步实现了财务预算基础信息资源的共享，增强了财务基础信息的时效性。在做好基础工作的同时，计划财务处还注重服务质量的提升。重点做好离退休老干部药费报销及相关问题解答工作，同时能够为本局职工按需求办理公积金及住房补贴的约定支取，帮助职工进行牡丹交通卡升级换卡。

（杨林宏）

【“小金库”专项治理】“小金库”专项治理工作是北京市地税局2009年的一项重点工作，具体组织实施由计划财务处牵头负责，在整个工作开展过程中，计划财务处认真落实上级的各项要求，在认真学习政策的基础上，客观分析系统管理的特点，制定切实可行的治理措施，扎实开展自查自纠和重点检查工作。其中重点检查覆盖面达到100%；重点检查单位的总数接近系统治理范围的50%，超过市重点检查面20个百分点。上报“小金库”自查自纠金额88.20万元。通过“小金库”专项治理工作，系统两级党组和广大干部不仅进一步提高对“小金库”治理工作的认识，更重要的是强化依法行政、依法理财的责任意识。治理工作在一定程度上促进了系统的综合管理。通过边查边改，查找出系统在人、财、物管理方面还需改进的环节，各单位及时修订相关制度，完善管理，强化制约。通过治理工作建立健全防止“小金库”滋生的长效机制。

（杨林宏）

【税务服装项目招标】完成2009年系统税务服装项目招标工作，节约资金22万元（预算金额180.42万元，中标金额158万元），节约率12.2%，完成系统换装人员每人一套夏装和新增人员服装量体工作，为基层做到满意的服务，为下一步服装制作加工打好基础。全年共办理会议采购87次，采购金额1538490元，结余2612355元，占批复金额4150845元的37.06%。做到凡使用财政性资金组织召开的会议必须在会议定点场所范围内召开，采购资金的支付必须通过市财政会议采购系统办理。完成市局机关办公用品的采购工作。全年共组织批量采购12次，采购金额近86万元，执行进度为84%，有力地保障各处室的业务办公。完成基建竣工项目的审计工作。全年共计审计项目57个，完成审计项目39个，审计金额近18220万元，核减金额近2437万元。

（杨林宏）

后　勤　管　理

【综述】 2009年，按照北京市地税局“加强领导干部作风建设，推进优化地税发展环境，确保税收增长年”活动的总体部署和要求，以“讲党性、重品行、作表率”为标准加强后勤队伍建设。认真贯彻落实科学发展观，本着“服务好机关工作，服务好机关职工生活，服务好税收事业”为目标，在“安全第一”的思想指导下抓好工作落实，圆满完成了各项服务任务，为机关干部职工创造安全、舒适的工作环境，为地税事业的科学发展和税收任务的完成提供优质有效的保障。

（苏补亮）

【提高“学习实践科学发展观”活动的质量】 结合机关干部职工在学习实践科学发展观活动中提出的意见和建议，认真抓好落实。一是本着“能改快改，应改尽改”的原则，1月召开各处室内勤意见落实恳谈会，通报解决的办法和改进措施，并进一步征求各处室意见。对老干部活动中心用车困难，奥税办等提出对马甸办公区室内环境进行检测等方面的建议，副巡视员刘宝忠当场明确后勤中心抓好落实。二是调整体检机构。将体检地点由原来的九华山庄改为慈铭体检中心，并科学划分体检年龄，增加体检项目。调整后机关的1000余名干部职工就可以就近灵活地在全市12个体检网点随时预约进行体检，既方便了干部职工，又节约社会成本。

（苏补亮）

【扎实开展“做国家利益的忠诚卫士”教育】 一是组织干部职工认真学习北京市地税局党组文件，后勤服务中心领导就此项活动开展的目的和意义进行了深入的动员教育。组织观看原海淀区区长周良洛受贿案的录像片《一个明星区长的堕落轨迹》。二是在学习过程中，每名干部能够联系自己的思想和工作实际，认真讨论发言。三是通过开展这项活动，使全体党员干部在思想上受到一次深刻的教育，增强法纪观念和拒腐防变的能力，进一步强化党员干部按章办事的自觉性。

（苏补亮）

【安全工作】 一是投入28万余元对机关监控室进行改造，改造后监控图像清楚，设施更加完善。二是对办公楼各楼层的供电、供热、设备间等各类管线全部贴上了分类标识，满足日常维护的需要。5月请专业公司对办公楼供电、消防设施、排风等系统进行检测，对存在的不安全隐患提出维修建议并抓好整改。三是每季度组织物业有关人员组成检查组，对所属办公区的电梯、消防等各类设施进行安全检查，发现隐患及时排除。在季度检查的基础上，注重在两会、60周年庆典等重大活动前组织专项检查，有效地保证各类设施的安全运行和制度的落实。

（苏补亮）

【饮食保障】 根据甲型H1N1流感疫情的发展变化，注重抓好饮食卫生制度落实。一是重点把好采购关、验收关、储存关、加工关和留样关，定期请卫生防疫部门对留样食品进行检测，公布检测结果，从源头上加强食品安全管理。二是严格卫生制度落实。规定餐厅工作人员必须持证上岗（健康证），在工作时间必须穿工作服、戴口罩。三是结合工作总结、忠诚卫士教育等活动，征求各处室对饮食保障的意见和建议，不断改进保障质量。全年保障机关自助餐23.5万人次，保障调研接待任务3124人次，为方便干部职工有偿提供主食2.5万余斤、副食0.39万斤。

（苏补亮）

【医疗防疫】 一是做好医疗服务。全年完成干部职工门诊1.12万人次，平均每天接诊38人次。组织18名干部参加义务献血，圆满完成区卫生局下达的献血任务，被评为献血“先进单位”。二是为干部职工报销医药费7300人次383.9万元，办理独生子女证35人，办理生育服务证30份。三是采取有效措施，积极做好甲型H1N1流感防控工作。首先，根据甲型流感疫情传播的形势，组织召开干部职工和物业保障人员等不同层次的会议，部署防疫工作。其次，及时购置宣传手册分发给干部职工，制作展板和横幅张贴在餐厅过道、各楼层卫生间，以达到人人皆知，提高防范意识的目的。再次，按照北京市地税局统一部署，为4个办公区购置自动测温仪。统一购买药皂、洗手液等消毒物品，放置在各楼层洗手间和食堂供大家使用。为机关207名干部职工注射季节性流感疫苗，为38人注射甲流疫苗，为1056人发放预防流感药品。

（苏补亮）

【车辆保障】 在确保安全的情况下，做好车辆保障工作。一是抓教育。充分利用两会、春节慰问会、国庆平安行动、交通安全月活动等时机，组织对驾驶员进行安全教育。与各处室签订交通安全责任书，强化安全意识。二是抓管理。严格落实封车和车辆限行规定，认真落实车辆检查和保养制度，及时消除不安全隐患。制定机关驾驶员和车辆管理规定，进一步规范和加强驾驶员和车辆管理。三是抓保障。根据机关处室变动情况，及时调整配备驾驶员和车辆。为所有车辆办理速通卡，及时测算和调整油料供应情况。全年保障机关调研用车226台次，各处室会议用车86台次，行驶230万公里无事故。

（苏补亮）

【优化环境】 围绕优化秩序，促进五型机关建设质量开展工作。组织机关各处室内勤，参观顺义地税局的办公秩序，使大家学有标准，做有榜样。会同有关部门对各处室办公秩序和安全进行多次检查。制订优化环境、规范机关秩序实施方案。为实现市局党组提出的“优化环境，科学发展，推进北京地税事业再上新台阶”，进一步转变机关作风，推动五型机关建设提供了依据。

（苏补亮）

【资产管理】 按照北京市地税局要求，集中组织人员对所管资产进行清查。一是按照各自在用和工作管辖范围内的资产进行核对，共核对资产6567件。二是办理资产转移421件。对以前年度已调出但未作账务处理的资产，在清查中都进行了业务处理。其中：市局转入六区276件，马甸办公区23件，办公室16件;马甸转入六区58件，转学会18件，稽查局30件；清理退回科技处计算机、打印机等设备49台。三是对调整、分流和退休人员名下的资产进行清理和重新分配。对以前年度未处理的资产以及其他处室时间长，不能正常使用、又没有维修价值的办公家具和办公设备共计1126件（台）、价值545.6万余元的资产，按照审批程序上报局领导批准后分3次作了报废处理。进一步规范了资产管理工作。

（苏补亮）

【机关节能减排】 2月，组织召开系统后勤服务中心主任节能减排经验交流会，市局机关后勤服务中心作节能减排工作部署。请西城区、宣武区、朝阳区地税局机关后勤服务中心主任作节能减排经验介绍。副巡视员刘宝忠出席会议，要求各单位要认真学习北京市地税局工作会报告，特别是要理解好、落实好报告中“一二一、五三五”精神，即以优化地税发展环境为主题，围绕两条主线，构建一个保障，建设五型机关，实现三个满意，树立五种意识。强调后勤工作要始终树立安全第一的思想，把服务中心工作作为永恒的主题，服务领导、服务基层和服务干部职工。工作中要争取领导支持，抓住安全这个重点，着力优化环境，加强自身建设。选派人员参加税务总局在北戴河举办的节能减排培训班。8月组织系统后勤服务中心主任节能减排培训班，请专家对节能系统软件的应用进行辅导。休息日对办公楼电器设备实行关闭和限时管理。据统计，北京市地税局机关2009年全年用电同比减少76478度，用水减少1282吨。按照节能要求，与北京市国税局共同对共用的热力站、配电室进行节能改造，达到预期的效果。

（苏补亮）

【综合工作】 一是完成展览路街道办事处爱卫会卫生检查和垃圾分类报表上

报工作。二是对2009年度中心经费预算进行反复的论证和调整，保障各项经费开支2400余万元，为北京市地税局和各处室结算调研费82万元。三是完成市局2010年工作务虚会会务保障工作。全年发布工作信息24篇，上报各处室有关材料15篇。保障局机关33个处室93种办公用品的需求统计、分类汇总和分发工作。四是完成了干部职工物业、供暖费审核报销工作。

（苏补亮）

安 全 保 卫

【综述】 2009年，全系统坚持“安全第一，预防为主”的方针，全面落实安全责任，不断提高所属人员的安全意识，大力加强安全工作基础建设，认真落实各项安全措施，扎实开展“国庆平安行动”，有效地维护了全系统安全稳定。

（张智慧）

【落实安全责任】 年初，全系统延续奥运安保的成功做法，自上而下逐级签订安全责任书，将安全责任分解落实到具体的部门和人员。进一步明确安全工作与奖惩挂钩，实行一票否决。4月，制定下发《北京地方税务系统安全工作暂行考核办法》，将安全工作考核内容细化成条目，采用量化打分的方法进行科学、全面的评价，使考核工作走上制度化、规范化的轨道。

（张智慧）

【优化安全管理环境】 一是加强对保安员的管理和监督，确保保安员能够认真履行职责，充分发挥作用。二是加强对安全员的管理，及时充实调整安全员队伍，借助他们熟悉情况的优势做好基层单位的安全防范工作。三是加强对重点要害部位的管理，落实安全责任人，落实管理制度，确保安防设施可靠运行，杜绝建而不用的现象。四是加强对重点人员的管理，掌握重点人员的思想动态和现实表现，及时发现不安定苗头，做好矛盾排查调处工作，通过法制教育、亲情感化、心理疏导、真情帮助，将矛盾消灭在萌芽状态。五是完善安全防范设施。各单位加大投入力度，加强硬件建设，不断提高安防水平，努力保障安全工作需要。东城区、西城区、昌平区、宣武区、崇文区、顺义区、密云县等地税局共投入110余万元，对技防设施进行升级、改造，提升技防设施的技术含量和科技水平。

（张智慧）

【推广典型经验】 4月，在石景山区地税局召开安全保卫工作经验交流会，总结推广石景山区地税局不断加强安全工作制度建设，扎实做好基础工作，坚持不懈开展安全检查的先进经验，在全系统保卫部门和保卫干部中营造互相学习、共同提高的氛围，达到学习有榜样，比较有标准，赶超有目标的效果，提高整体工作水平。

（张智慧）

【开展“国庆平安行动”】 一是北京市地税局成立“国庆平安行动”领导小组，制定工作方案，下发交通安全工作致广大干部职工的公开信。二是开展安全隐患大排查、大整治。北京市地税局主管领导带队深入基层进行检查，消除一批安全隐患。保卫处对系统所有单位的出租房屋和外来人员逐一进行登记和清查，督促相关单位与承租人和外来务工人员签订安全协议，落实监管措施，做到出租房屋和外来人员情况清、底数明、管理措施到位。三是开展“安全月”活动。从9月10日—10月10日，全系统开展以“抓管理、除隐患、强措施、保安全”为主题的“安全月”活动。系统各单位加强矛盾排查调处工作，确保管好自己的人、看好自己的门、干好自己的事；加强信息系统安全检查，确保信息系统安全稳定运行；落实办税场所的安全措施，确保办税场所安全，为纳税人提供安全的纳税环境。四是参加国庆安保活动。国庆期间，市局机关抽调20名干部，东城、西城两局各选派80名干部参加庆典活动现场的安全保卫工作。系统各单位动员、组织党员和公务员，走上街头、深入社区，开展社会治安志愿者巡防工作。据不完全统计，全系统国庆期间共有1200多人次参加单位内部国庆安保值勤和社会治安巡逻，综合治理驻村特派员，确保单位内部安全，有力地支持社会治安防控工作。

（张智慧）

【防控“甲型H1N1流感”】 从春季开始，甲型H1N1流感严重威胁干部职工的身体健康和生命安全。北京市地税局制定《北京地税系统防控甲型H1N1流感工作方案》，成立防控工作领导小组，召开电视电话会议部署防控工作，及时跟踪疫情发展趋势，采取建立防控工作体系，广泛开展防控宣传教育，加强单位内部特别是纳税服务场所和人员密集场所进行预防性消毒，做好干部职工健康状况的监测和报告，加强食品安全管理,注射甲流疫苗，建立A、B角工作制度等措施，有效地防止甲型H1N1流感在系统内暴发和流行，保证了干部职工生命安全和身体健康。

（张智慧）

昌平干部培训中心

【综述】 北京市地方税务局干部培训中心（以下简称培训中心）为北京市地方税务局所属处级差额拨款事业单位，是北京市党政机关会议定点单位，内设一室三科五部门。培训中心的主要任务是：承担全市地税系统干部教育培训的服务保障工作；接待系统内召开的各种会议；接待系统内离退休干部的疗养；完成北京市地税局赋予的其他工作；在保证本系统使用的前提下，接待系统外的培训、会议、疗养及其他活动。培训中心地处十三陵风景区，与世界文化遗产明十三陵、八达岭长城等旅游景点相毗邻，依山傍水，环境优美，气候宜人，交通便利，是集会议、休闲、餐饮、娱乐、旅游为一体的理想活动场所。培训中心建筑面积24183平方米，设有各类客房144套，床位280张，房间内设有卫生间、浴室、电视机、空调、电话等配套设施；四区餐厅设有400人同时就餐的大餐厅、20人就餐的中餐厅及若干雅间；同时设有容纳400人的大报告厅，100—150人会议的中会议室和10个小会议室，计算机培训教室及多功能厅；另外还设置了多种康乐设施，其中包括室内游泳馆、保龄球馆、旱地沙壶馆、网球馆、射箭馆、台球厅、乒乓球室、OK厅等。2009年，培训中心在全球金融危机的冲击下始终坚持以学习实践科学发展观为指导，知难勇进，开拓创新，依据培训中心的实际情况有针对性地开展工作，圆满完成各项服务保障工作。全年共接待宾客109752人，就餐71198人次，出租客房11694间，康乐30586人次，营业收入1018万元。

（王　静）

【开展灵活的营销策略】 接待部门加强培训中心营销工作力度，制订灵活的营销策略，健全营销制度，明确促销重点，并对接待工作人员进行部分调整，重点培养一专多能、一岗多职的人才，把员工的活力和能力有效结合起来，充分调动接待人员的积极性，打破以往等会的做法，改变了服务一家的观念，树立优质服务大家的观念，并利用网络、宣传册和电话加强宣传，扩大影响，把培训中心的第一张名片递到宾客面前。在接待工作人员的不懈努力下，中心的客源、营销策略都有所调整，但面临严峻的经济形势和体制，接待工作的压力依然十分沉重。

（王 静）

【提高服务接待能力】 创新菜品，努力提高中心服务接待能力。餐饮作为培训中心对外服务的重要窗口之一，在狠抓餐饮服务的同时，注重抓菜肴的质量、抓菜肴的创新。一年来，餐饮部一方面按照传统方式开展练兵活动；另一方面加强菜品的推陈出新，在新菜品上加强对酱料的使用，使单一菜品口味向多元口味发展，不断迎合各年龄段、各层次宾客的饮食需要，共推出新菜品40余款，圆满完成党风廉政工作会、审计工作会、东城教委等大型会议的接待工作。

（王 静）

【加强安全保障】 安全问题一直是培训中心常抓不懈、重中之重的工作，在完善各项工作的同时，主动对交通安全、消防安全和食品卫生安全全面检查，对检查发现的问题及时进行更改，切实做好动力设备、设施的维护和保养工作，确保正常运行。为做好国庆60周年安全工作，积极配合上级领导做组织排查工作，加强安全培训和责任划分，培训中心与部门、部门与员工间层层签订安全责任书和保证书，安全工作有组织、有制度、有落实，工作开展有条不紊。在食品卫生安全上，对新进的食品进行严格检查，要求各供应商提供各式防疫证明和供货证明。在厨房的一些加工半成品上，实行每样菜品都要用保鲜膜包装入冷库，并要求冷热分开，素、荤分开的原则，实行专人专管。严格按照食品卫生安全管理规定进行管理，重大会议菜品留样以备检查，年内未发生食品中毒事件。在交通安全工作中，办公室分管车辆管理及交通安全等工作，调整分管司机职责，严格用车审批手续，全年行车约7万公里，未发生交通安全事故。

（王 静）

【规范采购和财务管理】 为规范采购工作，培训中心对采购人员进行调整，职责重新划分，完善采购制度和程序，对平时采购的物品不仅在定价、质优上下工夫，还从商家着手，进行招标工作，指定部分商品的供应商，并要求每半月报一次价，适时掌握市场情况。物品采购从过去单一商家采购到现在的多家采购，择优而用，让商家形成竞争，降低采购成本。在财务支出的审批上，按照采购员、库房保管员、相应的验收部门、采购经理、财务科长、主管领导签字审批的程序执行，做到层层监督，步步把关。通过有效的采购价格公开监督机制、财务运行监督体系、规范的收支管理、严格的采购制度和采购程序，使得采购成本同比下降13%。另外，设备维修集中统一管理后，使其他部门能集中精力做好服务，逐步实现专业化、规范化、标准化的管理。

（王 静）

【细化人事管理】因单位机制体制及相关政策方面的原因，如何理顺工作，保证单位及职工的利益成为人事工作需要探究的主要问题。培训按照劳动合同法规定和本单位规定，定期与员工签订、终止、解除劳动合同，2009年，签订劳动合同103人。其中新录用签合同22人，合同终止和解除17人，已达退休年龄解除劳动合同3人。完成北京市地税局人事处各类考核表、人事报表等，完成人事软件的录入工作。完成正式职工一年一度的工资调整工作，及部分合同制员工的工资调整工作。

（王　静）

【执行“四险一金”政策】“四险一金”指养老保险、工伤保险、失业保险、医疗保险及住房公积金，此项工作从参缴、清退、转移、上报等各方面手续都耗费了大量的精力，但为保证职工的利益，培训中心相关部门克服岗位人手少，手续繁琐杂事多的困难，及时、准确地完成了办理保险工作。特别是今年发生的几件意外事件。一方面有效保护了职工的利益；另一方面也减轻了单位的负担。

（王　静）

【加强制度建设】培训中心在抓基础建设、建章立制的基础上，进一步完善制度，规范程序，做到按规章办事，按工作程序办事，按职责要求办事，使各项工作规范化、制度化、科学化、长期化、具体化。同时，在整合部门工作的过程中制定“大额资金使用管理规定”“加班管理办法”“职工带薪年休假办法”“值班工作管理规定”“员工考勤暂行办法”“采购管理办法”“合同制工人招聘、辞退管理办法”“节能减排管理办法”“党风廉政建设防风险工作措施”等制度，并以新中国成立60年大庆为契机完善、修订消防预案、安全预案及应急措施等。

（王　静）

【队伍建设】培训中心现有职工138人，其中正式工45人，合同工93人，党员27人，团员23人。一是加强队伍建设，提高职工素质。二是加强员工的职业道德教育，使培训中心干部员工队伍综合素质实现质的飞跃。在中层干部管理上，调整部分工作岗位，重新划分工作职责。在员工管理上，落实制度化、标准化、规范化来考核，让有能力，有魄力、真正能为培训中心发展事业作出重要贡献的人得到进一步的重用，努力在培训中心内部真正形成一个能者上、庸者让、劣者下，奋发向上、比学赶超的学习氛围和工作氛围。

（王　静）

【工会活动】积极开展送温暖、献爱心活动，充分发挥工会作用。自确定专职工会工作人员以来，工会工作较以前更加繁琐，关心职工生活，探望生病的会员及其家属；多为职工谋福利，准备好职工的生日卡、组织正式职工体检、设立“生日栏”，为会员办理特殊疾病保障计划等，让职工能感受单位的关心和关爱。在组织活动方面，中心主要以健步走、打高尔夫球、外出参观等活动为主，在接待闲暇之余为职工创造更多的健身、娱乐方式。

（王 静）

【领导班子成员】培训中心主任:柳昌荣；副主任：魏正臣、曹志刚。

（王 静）

老干部活动中心

【综述】2009年，老干部活动中心在北京市地税局党组领导下，坚持以“三个代表”重要思想为指导，牢固树立科学发展观，按照市局党组建设五型机关工作要求，以全心全意为老干部及系统干部职工服务为宗旨，以抓班子、带队伍，抓管理、促服务为手段，不断提升中心服务水平。积极开展“国庆平安行动”，狠抓安全工作制度的落实，以最高标准、最佳状态创造最优的安全环境，确保中心工作正常有序地开展。2009年，共接待宾客172批次，3246人次。其中接待离退休干部和市局机关、区县局、分局153批次，2919人次；接待外部宾客19批次，327人次。

（赵凤江）

【加强队伍建设】按照北京市地税局党组统一部署，认真开展深入学习实践科学发展观“回头看”活动，积极落实各项整改措施，推动中心各项工作的科学发展。深入开展“加强领导干部作风建设，优化地税发展环境，确保税收增长年”活动和“做国家利益的忠诚卫士”主题教育周活动，紧密结合中心实际，从转变作风入手，狠抓干部队伍和党员队伍管理，强化党员干部的责任意识和依法履职能力，不断提高中心管理服务水平。

（赵凤江）

【落实党风廉政建设责任制】班子成员、中层以上领导层层签订党风廉政建设责任书，明确分工，落实责任，狠抓落实；深入查找廉政风险点，以领导干部及财务、采购、物资管理等岗位为重点，完善工作流程，堵塞程序漏洞，增强了防控风险的针对性。通过落实民主决策制度，不断完善健全制度建设和监督机制，以点带面建立健全廉政风险防范制度体系。

（赵凤江）

【加强思想政治工作】通过开展职业道德教育，做好员工思想政治工作；通过组织员工联谊会、趣味比赛及员工生日聚会等群众性文体活动，强化员工队伍凝聚力，树立团队意识，培养集体荣誉感，提高优质服务的主动性和自觉性。

（赵凤江）

【加强制度建设】 一是完善制度，规范管理。先后修改完善《老干部活动中心制度汇编》《老干部活动中心员工手册》等，依托制度抓管理。二是规范工作流程，提高工作效率。梳理完善《老干部活动中心岗位职责及工作流程》，使各岗位、各环节工作衔接更加科学，增强工作透明度，堵塞工作漏洞，达到厉行节约、提高效率的目的。三是严格会议制度，执行民主决策。落实主任办公会和每月中层以上工作例会制度，发挥中心干部职工的监督制约作用，促进民主决策制度的落实。四是落实日常检查制度，强化员工队伍管理。坚持每月组织综合检查和不定期抽查，对各部门、各岗位员工在岗尽职、工作纪律、服务效果等情况进行检查考评，通过激励机制等手段加强员工队伍管理。

（赵凤江）

【加强岗位技能培训】 首先是加强岗位技能培训。通过组织中层管理干部培训、岗位技能和服务礼仪培训及开展岗位练兵活动等，提高中心整体服务水平。二是开展职业道德教育，培养爱岗敬业意识，针对为老同志服务的特点进行传统教育，培养尊老意识。三是不断改进和增加菜肴花色品种，适应不同宾客的就餐需求。四是不断改善硬件条件。完成客房楼与餐厅连廊的改造，通过改善基础设施为老同志顺利出行提供便利。同时，加强服务娱乐设施改造及维护保养，保证宾客、特别是老干部的活动需求，积极推动中心接待能力及服务水平的提升。

（赵凤江）

【做好安全保卫工作】 以“国庆平安行动”为重点，坚持预防为主、防治结合的方针，周密组织、狠抓落实。定期组织安全教育，提高干部职工安全意识。加强安全督查、落实安全制度。完善中心安全预案，组织安全演练。做好甲型H1N1流感的预防工作，做到防控工作层层把关、不留隐患。坚持把好食品卫生关，消除食品卫生安全隐患。

（赵凤江）

【领导班子成员】 老干部活动中心主任：王立水（11月任）；副主任：翟正义（女）。

（赵凤江）

基层工作

东城区地方税务局

【概况】东城区位于北京市中心城区东北部，面积25.38平方公里，常住户籍人口62.5万人，全区设东直门、建国门、北新桥、朝阳门、交道口、景山、和平里、东华门、东四、安定门 10 个街道办事处，以及北京站地区管理处、王府井建设管理办公室、东二环建设管理办公室和中关村科技园区雍和园管理委员会4个重点街区管理机构。2009年，东城区实现地区生产总值896.6亿元，同比增长9.2%；固定资产投资额完成205.8亿元，同比增长3.6%；全区社会消费品零售额完成374.1亿元，同比增长15.2%；财政收入完成72.9亿元，同比增长2.2%。

东城区地方税务局位于东城区安定门外西滨河路18号院首府大厦6座，设置12个职能科室，14个税务所，1个稽查局（含检查一科、检查二科、检查三科、立案科、审理科5个科），1个机关后勤服务中心，1个地方税务学会。全局共有干部职工416人，其中硕士研究生4人，党校研究生12人，硕士本科生15人，大学本科学历294人，本科以下学历91人。全局共有中共党员283名，占全体干部职工人数的68%；共有共青团员53名，占全体干部职工人数的13%。截止到2009年年末，全局税务登记户数31681户，其中国有经济1573户，集体经济876户，联营经济34户，股份制经济1825户，私营经济11387户，有限责任公司6458户，港澳台投资经济818户，外资企业1090户，个体工商户4839户，其他经济类型2116户。

【超额完成税收收入任务】东城区地税局全年组织各项收入169亿元，同比增收12.7亿元，增长8.13%，完成北京市地税局年度计划指标168亿元的100.65%；其中累计完成区级收入53亿元，同比增收6.6亿元，增长14.3%，完成区政府计划指标52亿元的102.04%。

【形成全局统一的组织收入格局】采取科学客观的分析方法，将收入计划指标层层分解到各税种、税源管理所，最终落实到税收管理员。按照局长、副局长、正科级领导、副科级领导、公务员的层次与全体干部签订《2009年度岗位职责管理责任书》。同时坚决贯彻“向税政、向征管、向服务、向评估、向稽查”要税收的原则，要求税政部门组织收入1亿元，评估部门组织收入3亿元，稽查部门组织收入2.6亿元，把业务科室、税务所捆绑管理，增强了组织收入的执行力。

【深入开展组织收入工作“四个分析”】 深入开展税收、税源、税政、税务分析，形成各部门共同参与的税收分析、征收管理、纳税评估、稽查检查“四位一体”的税收分析联动机制；完善收入分析会制度、重点税源户座谈会制度、走访服务制度，了解企业经营情况、缴纳税款情况及中长期发展规划，采取主动上门的形式定期走访重点税源企业，切实掌握税源大户的生产经营情况和税收变动趋势，推动组织收入工作开展。

【税法及税收政策宣传工作有序进行】 认真开展新《企业所得税法》、新营业税条例、房产税、土地使用税、土地增值税等政策的宣传辅导。整理归纳各税种减免税规定，将国家扶持企业的优惠政策宣传到位。与北京移动联合向辖区内纳税人发送税收宣传公益短信，传递税收信息和宣传税收政策，并在全区纳税人和地税干部中开展“税收宣传短信大赛”活动。将房地产交易环节的契税等税种的最新政策进行了编辑、整理，制作2500份《契税宣传手册》在契税征收窗口进行发放。

【做客Tax861网站为纳税人答疑】 2月20日，在Tax861网站就东城区地税局“打击发票违法行为，维护公平税收秩序”的情况和纳税人在开具、使用发票过程中的疑问进行在线答疑。不仅以网络访谈的形式拓宽征纳双方的交流渠道，而且围绕社会热点和纳税人关注的问题，将纳税服务与依法行政、文明执法有机结合起来，加强对保障纳税人合法权益工作的宣传。

【举办“税企携手共建东城美好明天”宣传活动】 4月22日，与金宝街商会联合举办“税企携手共建东城美好明天”宣传活动。活动的主旨是从税务部门政策支持和纳税服务的角度，营造和谐健康的区域经济税收环境。根据金宝街企业的经济税收特点和办税服务需求，充分发挥税务部门的职责与作用，为金宝街会员企业专门提供开辟纳税服务“绿色通道”，提供办税预约服务，设立一条龙VIP服务联系人，展开“一点式”信息化税企互动等十项服务措施，使金宝街企业在经营和纳税过程中，享受到一份贴近式、个性化的服务，为金宝街的进一步发展起到推动作用。

【推进纳税评估试点工作】 为配合全市做好税收管理员工作平台（V2.1版）纳税评估模块的试点测试推广工作，在管理员平台中进行评估模块的系统搭建、软件调试、人员权限划分、数据迁移等工作。通过对新模块进行前期模拟运行、中期逐环节测试、后期论证探究，对软件在程序设计、参数初始化设置和系统运行中存在的16项问题进行修正，对系统后台算法进行调优，对程序性漏洞进行更正。立足信息化手段，将征管、评估工作进行成功对接，为该项成果在全市继续推广打下坚实基础。

【帮扶企业应对金融危机工作取得新进展】 成立由局长秦龙生任组长，各位副局长和科所主要负责人为成员的帮扶企业应对金融危机工作领导小组。建立帮扶工作例会制度，在及时了解企业信息的情况下，制定有针对性的帮扶方案，对外建立与区政府相关部门的定期联系制度，加强部门间的协调配合、信息沟通。建立局领导班子、科所长、税收管理员三级走访服务制度。局领导班子成员带头采取主动上门的形式，到北京市百货大楼、中国人寿保险股份有限公司北京分公司、中国物品编码中心、中国远洋运输（集团）总公司、首都开发控股（集团）有限公司等企业，了解企业的日常生产经营情况，现场进行税收政策的解答辅导。

【打造全方位税收管理员平台】 以税收管理员平台为载体，开发“短信群发”二期模块。2009年成功为40余万户纳税人发送72.6万条政策咨询、涉税提醒、异常提示、催报催缴等涉税信息，极大提高全局办税公开的效率和时效性，切实维护和保障纳税人的税收知情权。

【实现数据的增值利用】 以大量新办企业的企业所得税划归地税为契机，对新成立企业进行是否在地税局缴纳企业所得税的认定，从而将新税源从源头上进行严密控管。利用税收管理员平台对全局29842户纳税人进行税种核定，确保各税种应税基数的准确。实现对496户税收大户、229户大税种税收贡献大户、155户高收入行业、30户高风险行业等重点税源的监控，准确把握纳税人的各类涉税信息及其变动规律。为改变同楼宇企业由于隶属税务机关不同造成的税收管理互相交叉、责任划分不清的局面，对东城区97座楼宇的5169户管户进行走访调研，探讨实行一楼式管理的举措。

【征管工作指标有效落实】 通过按月清理登记逾期户、在途户、非正常户等，在强化户籍管理的同时，使登记率达到100%。2009年共清理登记逾期户、在途户、非正常户7019户。通过在征期内实时监控管户的申报、入库情况，在征期后迅速迟报催缴，使申报率和入库率分别提升至99.96%和99.92%，分别超过北京市地税局指标1.96和1.42个百分点。将零申报率控制在29%左右，零申报确认率提升至95%，超过北京市地税局指标75个百分点。

【税收法制化建设水平稳步提升】 严格税务证明管理工作，制定具体管理流程。规范税收执法检查工作，建立法制员队伍，各税务所之间通过互查，共同提高执法水平。完善执法文书管理制度、流程，制定统一的规范，提高税收执法工作效率。与国税局召开联席会议，确立联系人制度，不定期通过电话、邮件等方式进行情报交换，对遇到的问题及时沟通解决。

【纳税评估覆盖层面进一步扩大】 2009年共对19386户企业进行纳税评估，8415户评估有问题，评估有问题率为43%，评估补税3.16亿元，同比增长164%。其中对107户纳税人实施专项纳税评估，93户有问题，有问题率为87%，组织税款2.35亿元。开展以处、科、所——三级评估体系为依托的契税专项评估，发现日常管理中的薄弱环节，对健全管理制度、改进管理手段起到了促进作用。

【稽查检查震慑力度增强】 2009年共检查265户，已结案226户，有问题率达到80.6%，累计查补税款、滞纳金和罚款2.42亿元，入库2.45亿元。制订和完善《举报案件结案共同审理工作流程》和《稽查反馈制度》，满足部分稽查工作程序调整的需要，并对建筑安装业、拍卖业、盈利性医疗机构、盈利性教育机构、中介行业、餐饮业等进行专项立案检查。

【开展打击发票违法犯罪专项行动】 4月29日，积极与东城区公安、国税等相关部门在发票违法犯罪重点地区——北京站进行大规模的“打击发票违法犯罪”宣传活动，发放宣传材料2000余份。5月26日，联合区公安局、区国税局开展对东城区簋街餐饮企业发票违法犯罪活动的专项检查行动，同时还积极参与全市的打击发票违法犯罪专项行动，有效地震慑了发票违法犯罪行为。

【城乡共建步伐不断加快】 以内强素质、外树形象为主要目标，不断丰富创建内容，完善创建形式，进一步推动群众性精神文明创建活动的顺利开展。4月21日，在平谷区挂甲峪村举办了“城乡共建结硕果，科学发展促和谐”主题活动，利用共建双方获取全国精神文明建设先进单位的契机，组织全体党员到挂甲峪村关注民生，关注新农村发展。

【圆满完成国庆60周年服务保障工作】 按照东城区国庆联欢指挥部的统一部署，组织80名干部群众经过100多天的刻苦训练与排演，圆满完成国庆60周年联欢晚会标兵任务。同时，与全局各单位“一把手”签订安全责任折子书，突出安全检查重点，全面开展信息网络安全保障工作，确保“平安国庆”目标的实现。

【开展三大主题思想教育活动】 开展学习实践科学发展观活动、加强机关作风建设活动和“做国家利益的忠诚卫士”等思想教育活动，并紧密结合地税工作实际，把始终突出实践特色、努力促进税收工作开展作为提高思想教育活动质量和效果的立足点，切实做到“两不误，两促进”。

【抓好干部队伍综合素质培养】 结合岗位大练兵活动的深入开展，在稽查局开展稽查岗位技能培训，并参加国家税务总局组织的稽查岗位大练兵考试。使用北京市干部在线学习软件完成科级以下干部的教育培训台账登记录入工作，利用“二级网院”完成北京市地税局在全体基层税务所长范围内进行的问卷调查工作。分两批组织东城区地税局公务员进行以“适应税收工作需要，注重干部素质提高”为主题的更新知识培训。

【全面加强惩防体系建设】 一是加强领导，统筹兼顾，突出重点，精心组织，将惩防体系建设列入各级领导班子的重要议事日程，形成规范化和制度化的工作机制。二是围绕税收工作和队伍建设的特点和规律，将惩防体系建设的目标任务和年度党风廉政建设各项工作进行细化和分解，编制“重点工作时间进度表”。三是全面推行分级负责制、分工负责制、分项负责制，层层签订《党风廉政建设责任书》，着力抓好党风廉政建设责任的日常报告、检查、评议、考核等制度落实情况的监督检查，加大责任追究的工作力度。四是绘制涉及税务稽查、纳税评估、税政管理、计划统计、税收征管、政策法规等方面“业务流程图”25幅，标明红色风险点49个、橙色风险点24个、黄色风险点12个，并制定相应的防范措施。五是把“导廉、思廉、颂廉、倡廉”作为廉政文化创建活动的主要内容，由党组书记讲党课、纪检组长作反腐倡廉形势报告制度；举办“赏析精品，分享感受”主题活动，定期制作“廉政文化专栏”展版，发动干部自编网络廉政短信385条，并搭建“廉政短信互动平台”。

【先进集体】 连续第五年获得“首都文明单位标兵”荣誉称号，同时获得首都文明办颁发的“五连冠”奖杯。东城区地方税务局获得“全国精神文明建设工作先进单位”荣誉称号。东城区地方税务局连续第三年被首都文明委授予北京市十佳“城乡携手迎奥运，共建文明京郊行”活动示范对子及先进单位。

【领导班子成员】 东城区地方税务局局长：秦龙生；副局长：崔燕生、李森林。

（胡　然）

西城区地方税务局

【概况】 西城区位于北京市中心城区的西北部，东以鼓楼外大街、人定湖北巷、旧鼓楼大街、地安门外大街、地安门内大街、景山东街、南长街、北长街、天安门广场西侧为界与东城区相连；北以南长街、西直门北大街、德胜门西大街、新街口外大街、北三环中路、裕民路为界与海淀区、朝阳区毗邻；西以三里河路为界，与海淀区接壤；南以前门西大街、宣武门东大街、宣武门西大街、莲花池东路为界与宣武区相望。总面积31.66平方公里。2009年年末，全区总人口91.2万人，比上年下降5.6%。其中户籍人口79.6万人，同比增长1.3%；常住人口68.1万人，同比增长1.2%。年内，地区生产总值实现1509.5亿元，同比增长9.9%；固定资产投资额全年累计完成145.3亿元，同比增长7.4%；全年实现社会消费品零售额329.4亿元，同比增长12.4%；完成地方财政收入152.2亿元，同比增长6.3%；全年居民人均可支配收入30442元，同比增长8.5%；居民人均消费性支出21970 元，同比增长7.0%。

西城区地方税务局成立于1994年9月5日，位于西城区新街口珠八宝胡同23号，邮编：100035。截至2009年12月31日，全局设有12个科室，11个基层税务所，1个稽查局（下设5个科），内设机关后勤服务中心 1 个事业机构，工会1个社团组织，共计32个部门。此外，成立西城区地方税务学会。在局机关设有办税服务大厅，在区经济服务大厅设有地税局服务窗口。共有干部职工452人，其中大学专科以上学历437人，占全局总人数的96.58%；党员254人，占全局总人数的56.19%；团员29名，党、团员总数占全局总人数的62.61%；中层领导干部85人，占总人数的18.8%。年末，全局共有正常税源户44119户，其中包括国有企业1846户，集体企业749户，个体工商户15146户，市场内摊商6920户。纳税额上百万元企业共有1607户，同比增加139户，共入库税款236.2亿元，占整体税收的比重达到92.6%。

【组织收入】 2009年，全年共完成各项收入255.2亿元，同比增收35亿元，增长15.9%，完成北京市地税局计划任务245亿元的104.2%，超收10.2亿元；地方一般预算收入完成199.5亿元，同比增收30.5亿元，增长18.0%，完成计划任务188.2亿元的106%；区级收入完成98.5亿元，同比增收20.5亿元，增长26.3%，完成区政府年度计划任务95亿元的103.7%，超收3.5亿元。

【税收分析】 利用回放数据和外部数据搭建数据分析框架，实现数据即时监控和深层次的挖掘分析，并将分析信息全局共享，提高组织收入效率；将分析内容拓宽到税源管理层面的应用，使数据分析的作用得到进一步发挥。结合实际建立重点税源户层级管理模式，将年纳税额在百万元以上的企业列为全局监控的重点税源户，在税收管理员加强日常分析的基础上，坚持局领导大户走访、税务所长定期逐户分析制度，形成“局领导——科室管理人员——税务所长——重点户管理员”四级管网的监管模式，利用层级管理模式进一步加强税源监控，用强大的管理合力推动重点税源管理高质高效开展。对在西城区注册资金过亿元的新办重点税源户进行走访，针对新办户容易忽略印花税、房产税等税收问题，积极宣传，讲解政策，进行培训。

【分税种管理】 将“小税种、大管理”的组织收入思路贯穿全年，以小税种的征管挖潜为突破口，推动全税种细化管理，特别是印花税、土地增值税两个小税种的增长因素在组织收入工作中收效显著。成立印花税专项税种管理小组，设计开发印花税管理软件，最大限度地控管企业购花渠道。年内实现印花税入库7.7亿元，同比增收3.7亿元，增长幅度92.5%，有力带动三级收入的同步稳定增长。充分利用北京市地税局地方税税源监控平台，对符合开展土地增值税清算条件的企业，逐户逐项登记、分析，核查113家企业的156个房地产项目，并实施清算。全年土地增值税共计入库9.1亿元，同比增收5.3亿元，增长143.4%。契税征收部门将房地产开发商、辖区内外企业购房信息及时传递给各税源管理所，通过窗口信息反馈渠道，有效堵塞征管漏洞，完善后期征管。针对年底房地产交易营业税优惠到期业务量大量增加，及时制定应急预案，并在相关科室抽调人员组织预备队支援窗口，保障契税征收工作顺利开展。

【评估工作】 建立起分行业评估模式。针对医院纳税情况，特别评估选取8家三级甲等医院，征管牵头召开政策辅导专题会，进行政策辅导，并发放纳税情况统计自查表，督促企业自查补税，入库税款35.2万元。针对行业管理、零申报企业以及印花税等小税种在征管中存在的薄弱环节，以纳税评估工具软件为支撑，进一步推进日常评估工作的有效开展。2009年全局日常评估2732户，有问题876户，补缴税款及滞纳金、罚款7690.2万元。认真组织企业开展自查、复核工作，对复核企业的自查督导率达到100%，共复核53户，复核要点2073个，入库税款、滞纳金共计2.5亿元。

【帮扶企业】 主管税政科室在帮扶工作开展期间定期向局长办公会汇报工作进度。全年共办理减免税373户，退税282户次；帮扶企业应对国际金融危机工作走访困难企业99户，受理企业帮扶需求21项，其中已办结20项，正在着手解决的1项。

【信息化支持】 加强信息数据利用，开发针对上市公司股票期权的管理软件，可以实现信息录入、信息查询、信息提醒等功能；强化管理，开发印花税票销售管理系统，方便各税务所和地税局服务大厅印花税售卖工作，实现对印花税税务环节的进一步监管；利用区政府数据交换平台，完成与西城区国税局登记信息、申报信息的交换和对比，进一步加强税源管理；开发新办企业所得税税种核定系统，可自动完成税收管理员平台中企业税种基本信息标记，不仅完善企业所得税征收范围登记环节的初始核定，同时也简化了税源监控和税种核定方面的工作程序。

【个人所得税管理】 在多渠道数据比对寻找征收疑点的基础上，以向企业发送《致纳税人的一封信》的形式，组织企业自查，掌握详细资料推进精细化管理。结合北京市税务局反馈的个人所得税明细申报比对数据，向536户重点纳税户发信，对企业工资费用支出与个人工资薪金所得对比数据进行确认，反馈比例53%，补税单位11家，涉及税款31万余元。

【稽查检查】 加强辅导式自查与涉税重大案件查办，坚持自查辅导和专项检查相结合，不断完善税务检查前告知制度，按要求完成五批税收专项检查和自查辅导工作，完成国际涉税情况交换和税收协查核查工作，完成涉税举报中心的受理等各项工作。全年，稽查组织收入4.92亿元，同比增加4.32亿元。与西城区公安局、区国税局密切配合，开展严厉打击制售假发票和非法代卖发票专项整治活动，共捣毁7个贩卖假发票窝点，抓获嫌疑人17名，收缴假发票3600余张，印章423枚。

【纳税服务】 统一办税服务厅标识，更新、完善办税服务厅软硬件设施。在纳税服务窗口开展“树、评、查”活动，树立窗口服务先进典型，在全局开展“服务之星”评选活动。坚持做好日常咨询受理工作，12366全年受理咨询电话20500人次，地税局纳税服务大厅服务台接待上门咨询10907人次。按月向年度纳税超百万企业免费提供《北京市地方税务公告》以及业务科室为其量身定制的主题宣传材料，全年共寄送各类资料25000份。通过地税网站上的纳税人免费邮箱及时发送税收新政策，纳税人免费邮箱累计设置户数42598户，发送通知114条，接收问题及答复55条；成功组织“Tax861网站在线答疑活动”，即时解答纳税人问题。依托中国移动平台，利用手机短信形式向纳税人及时发送申报提示、政策传达和会议提醒，全年通过信息平台向纳税人发送信息55287条。通过邀请财税专家为“纳税人之家”成员举办财税系列讲座6场次，辅导纳税人6000人次；以定期召开税企见面会、制作《纳税人之家》电子刊物、编印《办税人员手册》等多种形式，宣讲新税收政策，解答纳税人疑问，征求纳税人意见。

【税收协作】 强化政府部门联合监管，逐步建立并扩大同发改委、房地局、建委等相关部门的信息共享，日益完善与西城区国税局、区工商局三方协作机制，提高税源管控能力，申报率、入库率指标均超过北京市地税局要求的实现目标，平均申报率为99.9%，平均入库率为99.95%，平均登记率为99.7%。充分发挥街道协税护税体制的作用，填补征管漏洞，取得显著成效。通过对辖区内楼宇、建筑施工、房地产企业进行排查，2009年共为35家企业办理了临时税务登记，入库税款达1.8亿元。

【队伍建设】 坚持民主推荐、组织考核、酝酿讨论、公示、任命等一系列组织工作程序，提高干部选拔任用工作水平。年内，共提拔任用正科级领导干部4名、副科级领导干部19名、晋升主任科员5名、副主任科员2名，按照规定解决军转干部首次任命6人。按照北京市地税局的统一部署完成后备干部的推荐等工作，采取公开、公正、公平的方式，经过民主推荐，公开考试，引入竞争机制，实现好中选优。全年共确定科级正职后备干部33名，科级副职后备干部62名，形成年龄结构合理、工作能力突出的干部梯队。针对提高干部岗位技能、工作能力，以分类按需培训为原则，组织有针对性的专项培训，进一步加强对基层干部的教育培训工作，举办会计证培训、新企业所得税专项培训、股改解禁股相关税收稽查业务培训、公务员更新知识培训等不同类别的培训；稽查局根据国家税务总局稽查岗位技能考试的要求，精心准备、全员参加，取得了比较好的成绩。全年共组织各类培训47项，535学时、累计培训2831人次。

【党风廉政】 岗位责任和廉政建设责任并重，进一步强调“一岗双责”，明确“一把手”负总责，强化科所长的第一责任人意识，加大责任追究力度和纠风工作力度。强化“两权”监督，稳步推进廉政风险防范，突出抓好预防预警工作落实。从思想道德、制度机制、岗位职责、业务流程、外部环境等5个方面排查廉政风险点，共计104个。根据查找出的风险点制定相应的防范措施，确定风险级次，制定防控措施105条。按照上级要求，圆满完成“小金库”专项治理工作。以主题教育带动领导班子和干部队伍思想建设。5月，以“加强纪律作风教育，促进廉洁从政”为主题，在西城区地税局开展反腐倡廉主题教育月活动。8月，以熊晓京案件为反面教材，在西城区地税局范围开展“慎用手中权力，依法履行职责”主题教育征文活动。9月，结合北京市地税局系统2009年以来发生的违法违纪案件，在西城区地税局开展“做国家利益的忠诚卫士”主题教育周活动。通过各类廉政主题教育活动，全体干部不断强化廉洁自律意识、廉政风险意识、责任意识、服务意识和法制意识，受到深刻的警示教育。

【安全保卫】 落实安全工作实名制，建立“安全工作树型图”，对已有的网格化管理方案和流程进行补充完善，对全局门禁系统进行改造和升级，完善公共场所反恐防暴和处置突发事件工作措施。国庆期间，成立“国庆平安行动”工作领导小组，组织80人参加协警志愿者工作，9人参加群众游行疏导指挥，16人参加集体舞表演，圆满完成西城区委、区政府交给的各项任务。根据甲型H1N1流感疫情，成立预防应急领导小组，启动应急预案，严密防控H1N1流感。

【领导班子成员】西城区地方税务局局长：李玉庆；副局长：赵辉、赵宏（女）、何利民；纪检组长：崔玉英（女）。

（黎　阳）

崇文区地方税务局（涉外分局）

【概况】崇文区位于北京市城区东南部，系北京中心城区之一，东望朝阳，西邻宣武，北与东城区接壤，南面毗临京郊丰台，全区总面积16.46 平方公里，行政区划设前门、崇文门外、东花市、体育馆路、龙潭、天坛和永定门外7个街道办事处。崇文区共实现区级国内生产总值164.97亿元，全年实现社会消费品零售额158.40亿元，比上年增长13.5%。

崇文区地方税务局、涉外分局共有干部职工353人。其中：处级干部21人，科级干部171人，一般干部143人，工人18人。大学本科以上毕业生287人，大学专科毕业生47人，中专以下毕业生19人。全局设有12个科，9个基层所，1个稽查局。截止到2009年年底全区共有税务登记户19666户，其中国有企业、国家机关、政党机关、国有独资公司424户，其他有限责任公司3236户，私营企业5570户，中外合资企业、中外合作企业、外资独资企业、外商投资企业394户，个人独资企业209户，个体工商户7846户，其他组织734户。涉外分局共有税务登记户6679户。其中外国常驻代表机构5045户，港、澳、台常驻代表机构1312户，外国承包商 26户，港、澳、台承包商11户，外资银行 76户，外国学校2户，外国保险公司5户，外国商会19户，新闻机构183户。

【税收收入完成情况】2009年，崇文区地方税务局组织各类收入38.01亿元，同比增收7.01亿元，增长22.62%，完成北京市地税局下达任务33.6亿元的113.13%。实现区级收入15.28亿元，同比增收2.45亿元，增长19.14%。

【税收征管】成立组织收入工作领导小组，建立从局长、副局长、科室、税源管理所直至岗位的组织收入责任体制，制定41项措施，研究组织收入措施的具体落实，同时与崇文区发改委、财政局、国税局等部门加强信息联系和工作配合。

利用崇文区地税局开发的“税源监控数据管理平台”，提高税收预测准确率。按各税种、重点行业及对纳税千万元和百万元以上的近千户企业实施分级监控，形成从税收预测、申报到入库各环节监控的税源监控网络。重点税源户上报数据率达到100%，税收预测平均误差率在5%以内。通过数据比对等手段强化监管，共对1746户无税申报企业和1179户转非正常户进行核查，形成长效监控机制；加大对土地增值税的清理力度，加快清算进度，组织入库土地增值税1.53亿元；加强特殊因素入库税款的催缴力度，入库税款3.64亿元，占全局总收入的9.58%。通过大量细致工作，归集、整理2008年登记类档案19970件，其他各类税务档案4929卷。北京市地税局检查验收，崇文区地税局税务档案归档率、完整率、准确率均达到100%。

【纳税服务】 加强纳税服务质量检查，通报检查情况，首问服务台和咨询电话服务质量有所提高；及时处理纳税人投诉和意见反映，投诉和反映的问题基本得到合理解决；更新局外网信息，增设“税源管理所满意度评价”栏目，使纳税人满意度评价及时反馈；召开纳税人高层座谈会，收集纳税人意见、建议15条，对崇文区地税局能够解决的6条建议制定整改措施，予以落实；开展政策学习培训，提高干部政策业务水平；制定《推进土地增值税清算进度工作实施方案》，简化清算管理流程，提高清算效率；完善房产税、土地增值税税源数据管理，房产税、土地增值税税源登记率、核实率均超过系统平均水平。

【纳税评估和稽查】 有效组织企业进行零申报核实、A级企业和大企业自查以及对重点行业的专项评估。对3028户企业实施纳税评估，发现问题户1083户，为稽查提供案源106户，评估补税和加收滞纳金、罚款共计3327万元。稽查局成立专项检查领导小组，组织对122户建筑安装业、营利性医疗机构等行业的专项检查。全年立案470件，结案426件，查补税款6301.17万元，入库6159.26万元。

【执法检查】 加大执行力度，执行入库352户，执行率达98%，万元以上待执行税款全部入库。打击发票违法犯罪活动取得成果。在公安机关的大力支持配合下，捣毁一个贩卖假发票团伙，当场抓获犯罪嫌疑人，起获北京市假发票18000余份，外地发票100余本，涉税金额达75万元。认真研究解决税收执法中遇到的问题。加强日常执法检查，规范执法行为。在崇文区政府执法案卷评查中，崇文区地税局抽选的税务检查案卷被评为优秀行政执法文书。

【帮扶企业】 走访重点企业262家，受理并解决企业提出的帮扶需求231件，较好地实现为企业减负，帮助企业渡过难关的工作要求。加强对纳税人的辅导、培训，发放“帮扶企业税收政策和征管措施汇编”千余本，指导帮助企业做好减、免、缓、退工作，为企业和纳税人办理退税4335万元。认真调查研究，严格工作程序，妥当处理一批政策性较强的涉税问题，帮助纳税人用好税收政策。

【信息化建设】完成契税系统二维码扫描安装维护、所得税电子台账的设计开发等多项技术支持工作。在已开发“税源监控管理系统”的基础上，进行功能和业务拓展，逐步实现代征单位互联网在线打印通用完税证，生成票证缴销表、缴款书提示信息和票证使用月报等功能，以及相关信息查询、比对和报表的生成、打印、归档等功能。加大信息化建设投入，全年采购台式机、服务器、笔记本等各项设备97台，完成对199台PC升级工作。制定《网络安全管理方案》，加强对计算机网络、网上办税系统、防病毒软件、移动存储介质等使用巡检，保障了网络安全。

【学习实践科学发展观活动】通过历时5个月、3个阶段的学习实践科学发展观活动，进一步增强了崇文区地税局领导班子、党员和广大干部的科学发展理念，明确崇文地税事业的发展目标和方向。局党组高度重视整改工作，召开3次整改专题会议。通过调查问卷、座谈会等渠道广泛收集干部职工反映的困难和问题，查找出在思想作风、税收征管、干部职工利益3个方面的11个问题。本着能办即时办，条件不成熟的创造条件办的原则，形成切实可行的整改方案。明确责任，认真整改，兑现承诺。组织全体党员参观北京市规划展览馆；开展“弘扬革命传统，践行科学发展，立足岗位作贡献”主题党日活动；团员青年开展“学习实践科学发展观，本职岗位作奉献”主题演讲活动；以“税收·发展·民生”为主题，与国家体育总局训练局联手举办“弘扬北京奥运精神，促进体育产业发展”税法宣传活动；开展“税企携手，共谋社会经济发展”等主题交流实践活动和税法宣传进社区、进写字楼、进商城以及“我做一天纳税人”等体验活动。各科所纷纷采取“走出去，请进来”的方式，学习参观考察，增进与纳税人的沟通了解，增强优化发展环境的意识和改进工作的动力。

【行政后勤建设】充分发挥信息、宣传、调研作用，围绕中心工作和教育活动创办专刊、制作展板，以及通过各类媒体宣传展示广大干部职工良好精神风貌和工作成果，信息、宣传、调研工作始终保持在系统前列。强化督查督办，制定2009年折子工程，对63项工作进行督查，编发《督查专刊》，推进各项工作顺利开展。加强财务管理，修订《关于加强财务管理的若干规定》，严格日常开支审批手续，严格各项经费的管理使用。崇文区地税局领导高度重视，未雨绸缪，措施前移，做好全局甲流防控工作。加强行政管理，引入劳务派遣机制，规范用工制度，维护劳动者合法权益。强化物业管理，完成纯净水设备、空调机房、电梯设备等各类设备的维修、检修，做好食堂、供暖等各项后勤保障工作。更新、完善消防安全监控、治安防范电视监控系统，严格落实各项安全制度，安保机制进一步健全。

【干部队伍建设】 以建设“五型”机关为目标，抓好税务机关建设，努力锻造作风优良、和谐、高素质的干部队伍。开展增强“五种意识”（大局意识、发展意识、忧患意识、服务意识、创新意识）的教育，引导广大干部增强做好新形势下税收工作的紧迫感和责任感。开展“做国家利益忠诚卫士”主题教育周活动，引导广大干部做“爱岗敬业，忠于职守，廉洁奉公，顾全大局”的国家利益忠诚卫士。强化干部培训，全局318人参加以学习宏观经济调控和税收政策为内容的封闭性业务培训，为应对严峻税收形势做好思想和业务上的准备。开展后备干部选拔工作。经考察程序，共选拔出40名副科级后备干部，8名年轻处级后备干部列入北京市地税局考察。以开展政风行风评议活动为契机，狠抓队伍作风建设。坚持“四严”要求，严格各项规章制度、严格纪律、严格作风、严格环境管理。工作纪律、办公环境、干部着装保持良好状态。

【党风廉政建设】 深入开展廉政风险防范管理工作，着重抓权力运行各环节的监督和制约，研究制定廉政风险防范管理工作检查考核办法，制定风险防控图，细化风险防范细则，提高干部廉政风险防范意识和防范能力。

【精神文明建设】 全局干部积极参与各项精神文明建设活动。组织各类文体活动9次，参与人员900余人次；积极做好支援贫困老区、城乡共建工作，连续3年赴革命老区小学开展慰问帮扶活动，出资近2万元改善学生住宿条件；组织干部参观《新中国成立60周年成就展》等项展览，激发干部爱国热情；83人参加国庆活动和治安执勤等任务，参加各类活动演练达509人次，圆满完成国庆各项庆祝活动任务，被崇文区区委、区政府授予“国庆庆典活动优秀组织奖”。崇文区地税局各部门获得纳税人赠送的锦旗17面，表扬信35封。崇文区地税局被全国精神文明办公室评为全国精神文明建设先进单位。

【涉外税收】 涉外税务分局2009年实现各项收入29.18亿元，完成北京市地税局计划。结合涉外税收工作特点，采取有效措施加强管理。组织编写针对涉外代表处个人所得税的《政策指引》，挂于涉外税务分局外网，帮助代表处任职人员，特别是外籍人员了解涉外税收政策；积极开展帮扶工作，加强新开户培训、辅导，帮助办税人员熟悉税收政策和办税流程，减少办税成本。全年对1799户企业实施纳税评估，发现问题1419户，为稽查提供案源41户，评估补税和加收滞纳金、罚款共计13678万元。积极开展对涉外代表处的自查自纠，组织对6734户纳税人进行自查宣传辅导，自查补缴个人所得税、营业税合计4366万元，加收滞纳金1440万元，共计5806万元。

【领导班子成员】 崇文区地方税务局（涉外分局）局长：刘春林；副局长：贾玲（女）、何培伦、杨肖东、孙文军、江聚祥、王东。

（岑　明）

宣武区地方税务局

【概况】 宣武区位于北京市中心城区的西南部，总面积19.04平方公里。东以前门大街、天桥南大街、永定门内大街为界，毗邻崇文区；西以马连道北路为界，与丰台区接壤；南以永定门西滨河路、右安门东城根、右安门西城根为界与丰台区相连；北以前门西大街、莲花池东路为界，与西城区、海淀区接壤。全区划分为大栅栏、天桥、椿树、陶然亭、广安门内、牛街、白纸坊、广安门外8个街道办事处，辖107个社区居委会。有街巷胡同576条。2009年宣武区财政收入的主要项目是：税收收入43.8亿元，完成年度预算的107.3%，同比增长13.1%；非税收入1.8亿元，完成年度预算的104.5%，同比增长1.7%；基金预算收入10.2亿元，同比增加7957万元。财政支出的主要项目是：一般公共服务及公共安全类支出7.7亿元，同比下降1.1%；教科文体卫类支出13.3亿元，同比增长11.3%；社会保障和就业类支出8.5亿元，同比增长13.0%；城市建设与管理类支出15.3亿元，同比增长36.5%；其他类支出5.4亿元，同比增长8.4%；基金预算支出7642万元，同比下降86.4%。

宣武区地方税务局在宣武区行政区域内行使地方税收管辖权，主要职责是贯彻执行国家的各项经济、税收政策，组织辖区内地方税收入，维护和规范税收秩序。截至2009年12月31日，局机关内设13个职能科室：办公室、税政管理一科、税政管理二科、征收管理科、纳税评估科、计划统计科、政策法规科、信息化管理科、人事教育科、基层工作科、工会、监察科、财务管理科；6个税务所：第一税务所、个体集贸税务所、大栅栏税务所、天桥税务所、牛街税务所、广安门税务所；1个稽查局下设：立案科、审理科、执行科、检查一科、检查二科；1个机关后勤服务中心。有干部职工341人，公务员324人，工人17人。

局长1人，副局长4人，纪检组长1人，班子平均年龄50岁，副处级调研员7人。全局科级正职24人，科级副职35人。全局干部职工平均40岁，大专以上学历占干部总数的97.2%，研究生7人。截至2009年12月31日，全区在册税务登记户24476户。其中国有企业788户，集体企业 647户，股份合作企业650户，其他有限责任公司3253 户，私营有限责任公司9234户，个体工商户7529户，事业单位及社会团体793 户，其他类型的公司1582户。

【税收征管】 面对国际金融危机和宏观经济下行的经济形势，区地税局发挥征管综合、税政指导、评估监督、稽查保障的一体化管理合力，建立征管评查“同抓、合推、共促”一体化组织收入格局，采取年纳税额50万元以上重点税源局长项目包干，年纳税额10万—50万元税源所长负责，新增税源专人跟踪的分类税源监控项目包干制度，征管部门加强对税源的分类梳理，及时发现、追踪、报告新增税源状况，税政部门加大对新政策的深入辅导，加强对结构性减税政策执行效应研究，增强组织收入工作的预见性和主动性。评估和稽查部门依托国家税务总局、北京市地税局重点检查和专项检查，提高对重点行业、重点税源的评估稽查力度。计会部门加强对收入的跟踪分析，实施“日统、周查、旬总结”的盯项目、盯收入、盯进度推进措施和督促机制。

【纳税服务工作】 发挥财税库行试点和网上地税局建设先行优势，细化职责措施，推进办税服务场所、12366热线、地税网站“三位一体”的建设与管理，开创“帮扶服务”“项目服务”“预约服务”“权享服务”等高品质的税务服务项目，完善“一屏式”服务为主、“一厅式”服务为辅、“功能式”服务为补充的宣武纳税服务格局。服务企业持续发展，突出一个“快”字，领导带队深入企业提供及时到位和个性化的服务。服务企业经营活动，突出一个“实”字，采取“局长包所、科长下所、项目包干”帮扶措施，协调区属职能部门，有效落实市政府提出的“查、挖、买、奖、调”的五字组织收入方针，将华夏银行北京分行税源规范引入地方收入；协调中信城土地使用税征收方式，解决困难使企业实现良性周转；注意理顺政策执行的环节和程序，扭转承发包交易中心征收不利局面；加大对驻区金融行业的监管和服务力度，促进金融业税收以44 %的高比例增长，通过帮扶，净增税收3.8亿元。

【迎接国庆】 以“迎国庆，讲文明，树新风，争当组织收入标兵”为主题，围绕税收中心工作开展“做国家利益忠诚卫士”主题教育周活动。以“迎国庆，庆祝地税成立15周年”为主题开展“地税15周年图片展”“颂祖国、赞辉煌”征文、演讲活动和“红色革命歌曲演唱会”，40名干部职工参加了建国60周年庆典天安门广场群众联欢晚会活动。

【优良环境实践活动】将学习实践科学发展观活动与“加强领导干部作风建设，推进优化地税发展环境，确保税收增长年”活动有机结合，以组织收入保增长为主线，开展“我为组织收入献一策”活动，坚持五个突出：突出找准存在的问题，突出制定针对性措施，突出项目分解落实，突出提高班子水平，突出为群众解决困难。评选出“组织收入标兵、服务标兵”67名，做到实践活动促进税收中心工作。

【企业所得税汇算清缴工作】一是加强组织领导，成立汇算清缴工作小组。二是组织贯彻新《企业所得税法》及其实施条例。三是坚持跟踪问效制度，建立科所之间问题沟通、反馈与解决机制。四是稳步推进中介代理，正确处理税务机关与中介机构和纳税人的关系。五是有效开展对外宣传，结合实际情况，因地制宜，让纳税人及时全面地了解企业税所得税政策。六是加强减免税备案和后续管理，建立减免税台账，实现减免税动态管理监控机制。

【贯彻落实营业税新条例、新细则】营业税新条例定于2009年1月1日起正式施行，宣武区地税局组织对内、对外两个层次的政策培训，将营业税新旧条例的变化点进行了明确；面对税务所及纳税人的咨询问题，努力做到问题不过夜，帮助纳税人妥善解决新政策执行中的新问题，避免或减少征纳双方矛盾。

【稽查评估工作】根据北京市地税局《稽查案件管理办法》和《宣武区地方税务局稽查局稽查管理办法》，宣武区地税局加强依法治税和规范管理，完善评估、立案、检查、审理、执行、反馈组织体系，以查处税收违法案件为重点，加强税收专项检查和专项整治，推进政务公开，着力提高执法水平和稽查效能，形成评估、稽查和征管互为支持的协同管理体系。全年围绕北京市地税局确定的稽查查补收入要高于税收收入计划总额的1.5%，选案准确率要达到80%以上，查补入库率要稳定在90%以上的总体目标开展各项工作，完成了全年任务。

【党风廉政建设】结合岗位实际，组织全局干部查找廉政风险点，制订《宣武地税局廉政风险防范管理实施细则》《部门风险点防范措施》，采取自查、廉政风险防范管理工作小组检查、分析、限改等方法对各风险环节进行监控。开辟“网络监督平台”，强化目标管理考核，开展定期廉政监督检查。对全局行风评议落实情况进行实地检查，开展行政工作网上监控，为全局各项工作有序开展创造优良秩序。

【干部队伍建设】宣武区地税局领导班子践行五型机关（学习型、服务型、效能型、法治型、廉洁型）的工作部署，全面落实市区两级战略计划，从班子、中层、干部着手，有效落实局长、科长下基层搞调研、抓项目、促收入制度。开展全员更新知识培训，积极参与国家税务总局、北京市地税局联合办案，锻炼和提高干部综合能力。

【领导班子成员】 宣武区地方税务局局长：邢军；副局长：刘桂森、袁平、冯强、庞黎静；纪检组长：王福利。

（张朝晖）

朝阳区地方税务局

【概况】 朝阳区位于北京市主城区的东部和东北部，介于北纬39° 48′ —40° 09′ ，东经116° 21′ —116° 42′ 之间。东与通州区接壤，西与海淀、西城、东城、崇文等区毗邻，南连丰台、大兴两区，北接顺义、昌平两区。朝阳区是北京市面积最大的近郊区，南北长28公里，东西宽17公里，土地总面积470.8平方公里，人口308.3万，是首都人口最多、面积最大的区，行政区划设23个街道办事处、20个地区办事处。2009年，全区人民在区委、区政府的正确领导下，团结一致、奋发进取，在经济发展、城市建设和各项社会事业方面取得显著成绩，人民生活质量进一步提高，实现经济和社会发展的各项预期目标。2009年全区实现国内生产总值2293.5亿元，同比增长10.2%；地方财政收入190.7亿元（口径为中央、市、区三级收入），同比增长13.3%；社会消费品零售额1478.3亿元，同比增长14.6%；固定资产投资完成1104.9亿元，同比增长0.8%。

朝阳区地方税务局于1994年8月31日成立，受北京市地税局和朝阳区人民政府双重领导，在朝阳区行政区域内行使地方税收管辖权。截止到2009年年底，朝阳区地税局有13个科室（含后勤服务中心），11个税务所，1个稽查局（下设检查科3个，立案科、审理科、执行科）、1个税务学会。合计人数585人，其中干部561人，工人24人；中共党员299人，共青团员53人；大专以上文化程度556人，大专以下文化程度29人；中层干部73人。到2009年年底，共有税务登记户数146964户，其中内资企业108268户，包括国有企业2083户，集体企业2347户，股份制企业 3527户，联营企业78户，有限责任公司21719户，股份有限公司637户，私营企业75210户，其他企业2667户；港澳台商投资企业2549户；外商投资企业5952户；个体工商户30195户。

【组织收入】朝阳区地方税务局全年共组织各项收入387亿元，同比增收50.8亿元，增长15.1%，完成北京市地税局年初下达年度计划373.8亿元的103.53%。区级收入完成133.2亿元，同比增收24.5亿元，增长22.48%。制定《朝阳地税局组织收入工作机制管理办法》，成立组织收入工作领导小组和9个单项组织收入工作落实小组，双层分解收入任务，逐级签订税收任务责任书，细化48项组织收入措施，制订分项落实、每周通报、责任考核等制度，做到任务明确、职责明确、措施明确。

【税收分析制度】重点关注宏观经济形势对税收的影响，加强全局收入的分析预测工作，全面开展税源分析、税收预测预警分析、税收管理风险分析和政策效应分析。建立三级收入分析制度，一是建立税收管理员的定期税源分析报告制度。二是建立科、所的定期分析汇报制度。三是建立全局收入完成情况、主体行业、税种以及重点企业的定期分析报告制度，切实增强组织收入工作的预见性和主动性。及时向上级部门反馈区域经济发展中的新情况和新问题，为区域经济发展出谋献策。

【纳税服务】完善“五大纳税服务体系”，巩固和拓展全区通办制的“一窗式”服务管理模式。拓展网站功能，增加网上服务内容，增设专栏6个，第三税务所制作维护全局首个所级网页。充分运用电子信箱、手机邮箱、语音电话等信息化手段，畅通沟通渠道。咨询受理中心受理咨询11万余个，受理量显著提高。

【落实“两个减负”】认真梳理岗位流程，合理设置办税窗口功能，整合服务资源，提高税务部门内部工作效能。做好CA用户取消纸质申报资料的试行工作，签订《承诺书》1.3万份。在全局9个办税服务厅启用POS刷卡机刷卡缴税，解决纳税人携带大量现金缴税的不便，并减轻基层负担。

【帮扶工作】制定下发《朝阳区地税局帮扶企业应对国际金融危机工作实施方案》。举办涉外酒店业、金融保险业、建筑业、房地产业、涉外服务业、高新技术企业6个行业座谈会，与朝阳区国资委、电子城管委会、金盏乡金融管理园区管委会、温榆河管委会4个地区主管部门座谈，协调、解决问题21项。加强政策宣传辅导，以基层税务所为单位召开纳税人辅导会、座谈会320次，发放宣传材料6万余份，受理企业82项帮扶问题。

【税政工作】全面贯彻营业税新条例及实施细则，对娱乐业、金融保险企业、电影发行放映单位、货运企业等进行重点调查。加强企业所得税管理，实现国地税系统内统一标识认定。加强数据比对，促进企业所得税、个人所得税同步管理。完成个人所得税自行纳税申报9.6万份，完成北京市地税局下达任务的107.06%。加强土地增值税清算审核力度，补缴税款2.74亿元。利用地方税税源监控平台组织收入税款共计2475万元。落实下岗再就业、残疾人福利企业等地方税收优惠政策，代征残疾人就业保障金2.53亿元。规范减免税审批，逐户对“定期全额减免营业税”企业进行清理整顿，4户企业终止减免税，2户企业进入评估程序。

【税法宣传】 与北京交通广播联合制作“我最关注的税收知识”税法宣传特别节目；与《京华时报》《法制晚报》合作，开辟《娜娜教您学税收》专栏，已连载8期；与首都经济贸易大学财政税务学院合作开展“朝阳地税杯”专业知识展示大赛；联合朝阳区工商、国税、街乡政府等相关部门召开150余场的税务登记相关政策宣讲会；组织开展“万人百场”税法宣讲活动，实现新办企业100%培训，新税收政策100%传达；设计制作万张“税企同心共发展”税法宣传有奖新年贺卡邮寄发放给纳税人，使其真切感受到政府的关怀和支持，营造税企沟通关系。

【征收管理】 加强税源户分级分类管理，对朝阳区地税局3091户税收过百万的重点企业、重点行业和6大功能区指定专人进行管理和服务。建立税收管理员定期汇报制度，探索实施全员管户管理办法。成立中央商务区（CBD）税务所。强化数据比对和实地核查工作，严把发票审核环节。加强“五率”考核，申报率、入库率、登记率分别达到99.55%、99.91%和99.96%，累计清理欠税入库税款2269万元。加大对破产清算企业欠税追征力度，追缴税款185.1万元。

【纳税评估】 重点对注册资金3000万元以上的企业进行专项评估，对长期零申报企业进行日常评估。全年评估1.2万户，补税8854万元。

【二手房征收】 制定并启动应对个人二手房营业税优惠政策到期应急预案，成立应急领导小组和9个落实小组，明确职责分工，采取全区通办、增设窗口、延长工作时间、简化工作流程、设立流动征税窗口等措施，切实提高效率，满足纳税人需求。全年办理二手房征收业务5.7万份，征收税款118800万元。

【信息化建设】 不断提升信息化管理水平，切实保障单点登录、核心征管等系统正常运行。加强用户权限管理力度，规范管理流程。顺利完成防病毒套装软件试点工作，为全系统推广打下良好基础。

【税务稽查】 重点对建安行业、拍卖企业、中介机构、中外运集团行业、教育培训企业、医疗机构、国家开发公司开展专项检查，对大型企业集团的成员企业或分支机构进行税收自查辅导。全年检查433户，入库税款81400万元，滞纳金1904.22万元，罚款111.48万元。开展打击发票违法犯罪专项整治工作，维护正常市场经济秩序。严格稽查工作程序，强化举报管理工作和案件案卷管理制度，规范案件的处理过程。

【主题教育活动】 一是做好学习实践科学发展观活动的整改落实和总结提高

工作。将分析检查阶段的方案转化为整改措施，将整改措施落实为整改成果，15项整改工作已完成11项，另外4项工作也已责成专门领导和部门进行跟踪落实，让广大群众看到实实在在的成效，转变干部的精神面貌和机关作风。二是切实开展好“加强领导干部作风建设，推进优化地税发展环境，确保税收增长年”活动。制订下发加强领导干部作风建设实施方案，编写《领导干部作风建设手册》。朝阳区地税局领导带头下基层、进企业，撰写调研报告7篇。对全局30个单位进行查访评工作，查找出7方面14条问题，并分别制定相应的整改措施。刊发活动简报10期，作风建设信息专刊9期。三是积极开展“做国家利益的忠诚卫士”主题教育周活动。及时安排党组理论中心组集中学习、中层干部分批脱产学习、各单位干部全员学习三个层次学习活动。各单位深化教育，使学习活动开展得有声有色。通过学习进一步提高广大干部的廉洁自律意识，进一步树立大局意识和责任意识。活动期间，刊发活动专刊10期。

【五型机关建设】一是打造学习型机关，提高思想业务水平。进一步强化理论中心组学习制度，努力增强领导班子的科学协调发展能力、驾驭复杂局面能力、依法执政能力。广泛开展业务培训，分批组织全局干部开展公务员岗位知识、电子政务、稽查检查等培训，培训人员达到1700人次。二是打造服务型机关，增强团队凝聚力。加强党团组织建设，召开党代会、团代会、职代会并进行换届选举。积极做好争创首都文明单位迎检工作和做好首都文明行业复查工作。组织开展“三八”妇女节主题庆祝活动、羽毛球比赛等系列文体活动。整合软硬件设施，对相关设施进行定期检查与维护，改善基层税务所办公条件。积极做好甲型H1N1流感的防控工作，发放预防药品，购置发放体温检测仪等设备。做好节能减排和安全检查工作，制订下发《朝阳地税局国庆平安行动工作方案》，选派30名政治素质过硬的党员干部参与国庆安保任务。三是打造效能型机关，提升行政管理水平。加强领导班子建设，完善领导接待日制度，认真开展处科级后备干部推荐和副科级领导干部空缺职位竞争上岗工作，19名同志被提拔任用为正副科级领导干部。加强部门协作，定期召开业务工作联席会和行政工作联席会，提高办公效率。加大督查督办力度，制订并完成本局折子工程。严格财务制度，厉行节俭；严格政府采购，加强内部审计。开展“小金库”专项治理工作，认真进行自查，做到不留真空，不留死角。四是打造法治型机关，增强依法行政意识。认真落实税收执法责任制，积极组织开展日常执法检查，全面做好税收规范性文件清理工作，建立并运行合同审核工作办法，审核对外签订的合同11份，制定朝阳区地税局民事合同法律审核制度，规范局内行政管理。深入开展“法律六进”活动。

设立全市首个行政复议专用邮箱，拓展行政复议申请新渠道。严格稽查工作程序，强化举报管理工作和案件案卷管理制度，规范案件的处理程序。五是打造廉洁型机关，增强廉洁勤政意识。召开党风廉政建设工作会，逐级签订《党风廉政建设责任书》。加强廉政教育，组织开展全员廉政脱产培训和中层干部廉政脱产培训。深化廉政文化建设，组织兼职监察员参观“全国税务系统廉政文化展览”。深入推进廉政风险防范管理工作，查找思想道德风险点3个，岗位职责风险点54个，梳理重点工作流程图17个，制度风险点3个，外部环境风险点1个，并制订行之有效的防范措施。进一步规范信访举报、案件查办工作。

【领导班子成员】 朝阳区地方税务局局长：陈合庄；副局长：郭文武、郑志（女）、王京秋；纪检组长：张景存。

（徐　铳）

海淀区地方税务局

【概况】 海淀区位于北京市西北部，总面积430.77平方公里，分别与朝阳区、西城区、宣武区、丰台区、石景山区、门头沟区和昌平区接壤。本区是著名的风景旅游区，区内名胜古迹众多，园林风光宜人，旅游资源丰富，人居环境良好；海淀区作为全国著名的文教区，区内科研力量、科学仪器设备、图书情报信息、科研成果等均高度密集。区内驻有中央、市属及区属科研单位219个，中国科学院41个研究所大部分在海淀，拥有各类专业技术人员37.8余万人，生活和工作在海淀区的两院院士427人，占全国院士总数的36%；区内有中小学286所，每年考入高校的学生均在5000人以上，占全市高考录取人数的1/4以上；本区还有北京大学、清华大学等39所高等院校、22所各类成人高等院校和众多民办院校。2009年海淀户籍人口215.8万，常住人口约308.2万。下辖22个街道办事处、2个乡政府、5个镇政府。2009年海淀区实现国内生产总值2446.9亿元，增幅6.5%；社会消费品零售额达到1026.4亿元，增幅16%。全年共实现区财政收入164.8亿元，增幅21%。

海淀区地方税务局位于北京市海淀区西苑操场乙3号，机构共设1个稽查局，13

个职能科室，18个税务所，1个后勤服务中心（事业单位）和1个税务学会（社会团体）。截至2009年年末，共有干部、职工610人。从学历结构来看，博士研究生2人，硕士研究生19人，在职硕士18人，党校研究生7人，本科412人，大专133人；从党团员结构来看，党员325人，团员40人。全年办理开业税务登记20687户，截至年底累计管户达到149748 户，同比增加10931户。其中正常纳税户135450户，非正常纳税户7418户，登记状态纳税户6880户。其中包含的经济类型主要有：国有企业2291户，集体企业1823户，股份合作企业7879户，股份有限公司1218户，有限责任公司95566户（其中私营有限责任公司72698户），私营独资、合伙企业3534户，个体工商户24786户，外商投资（含港澳台投资）企业4185户，其他8466户。

【税收收入完成情况】 海淀区地方税务局全年累计实现各项收入334.67亿元(不含残保金)，同比增加35.77亿元，增长11.97%。在三大主体税种中，营业税入库144.98亿元，同比增长19.76亿元，增幅15.78 %；个人所得税入库99.06亿元，同比增长9.62亿元，增幅10.75%；企业所得税入库20.63亿元，同比减少4.84亿元，减幅19.01%。

【加强组织收入工作】 海淀区地税局党组高度重视组织收入工作，并将组织收入工作作为全局的首要任务来抓。根据北京市地税局“加强领导干部作风建设，推进优化地税发展环境，确保税收增长年”的总体布署，以“抓大管中不放小”为原则，开展了卓有成效的组织收入工作。分解任务，“一把手”负总责。年初将各项收入任务指标进行科学分解，并下达到各税务所。要求全局在依法征收、应收尽收，坚决不收过头税，坚决防止和制止越权减免税的基础上，坚持按照“一把手”负总责的组织收入原则，明确任务，责任到人。对于辖区内的重点税源户，统一遵循从局长、所长到专管员的分层跟踪管理机制。

【开展清理陈欠工作】 以召开座谈会等形式对欠税企业加强政策宣传、督促其补缴欠税，并依据情况制定《海淀区地税局欠税管理办法》，为每户欠税企业制定清欠时间表，本年共计清理欠税2.12亿元。

【强化税政管理】 积极开展税政、征管稽查部门联席会议，形成税政管理整体合力。以重点行业、重点项目为突破口开展收入自查清理工作。针对营业税新政策变动对电影业、证券业、保险业、银行业、房地产行业开展清理核实工作，本年共清理核实316户，补税1865万元。对11所高校明细申报等情况进行重点调查，共补缴税款350万元。充分利用税源监控平台系统开展房产税、土地使用税、车船税的评估工作，本年共对2114户次的纳税疑点进行评估核实，累计补税2648.8万元。

【实现税源动态监控】 税务所与街

道联合对辖区全部在售在建楼盘、建筑工地进行地毯式清理，本年共对50余个项目及相关房地产企业进行调查并建立电子地图；与区投促局联合，以街道信息为依托，对经营地在海淀纳税在外区的企业，通过走访、劝说等方式争取税源回流，已落实迁回海淀的企业包括北京市政工程设计研究总院、中铁置业等20家企业；与区国税局成立联合督导小组，通过召开会议、下户走访等方式，对辖区内72家大企业集团开展税收自查督导工作。本年企业经过自查，确认应缴未缴各项地方税费共计1.68亿元。

【开展专业化评估】 根据年初提出的“服务管理重点户、深度挖掘中型户、全面覆盖小型户”的评估工作规划开展日常评估和针对教育业、广告业等的专项评估工作，本年共计评估补税8970万元；针对银行、保险和证券业开展税收自查工作。根据行业特点设计并发放了《税收自查表》，要求企业对近3年来在地税缴纳的所有税种进行全面自查。通过安排417家企业自查，共查补各项税款合计720.4万元；加大无税户清理。将分散于各征管及业务系统的企业信息进行筛选，并通过数据层过滤模型，对12047条正常状态下的无税企业开展评估分析，提取344户疑点企业开展评估，本年通过清理，企业共补缴税款1600多万元；成立专项税务所，为增加评估力度和便于有针对性地开展征管工作，分别成立了以负责科教、文化、卫生行业为主的第三税务所和负责专项评估工作的第四税务所。

【加大稽查工作力度】 年初调整稽查局工作战略，采取对重点企业开展现场辅导的形式，督促其自查补税。本年稽查局实现纳税辅导入库9.6亿元，日常检查补税入库6307万元，全部稽查收入突破10亿元，较2008年增收近10倍。多次与海淀区公安、国税密切协作，对发票违法犯罪活动进行强有力地打击。本年与公安共同侦办案件132件次，独自查办案件83件次，打击发票倒卖团伙10个，捣毁犯罪窝点9个，查获私刻印章97枚，收缴制售假发票107690份，查获企业非法取得发票1246份，抓捕犯罪嫌疑人370人。

【优化纳税服务】 一是从完善制度入手，明确服务标准。通过走访、座谈等方式，多渠道听取纳税服务工作意见，对全局纳税服务工作思路进行梳理，发布《海淀区地方税务局关于进一步提升纳税服务水平的若干意见》。该文件从制度落实、服务态度提升、简化办税程序、开展网上纳税服务、监督与考核等各方面提出了详细的要求和具体举措，并强调落实AB角制度、全程代理、所长带班等各项制度。优化纳税服务环境小组经过讨论，制定《海淀区地方税务局优化服务环境小组活动方案》和《优化服务环境工作计划及时间安排》。二是充分利用网络资源，提升纳税服务水平。在外网设置“纳税辅导手册”专栏，修改网上“办税指南”格式和内容，完善外网“最新政策”“热点问题”等动态栏目；开通“网上税收问答”栏目，受理纳税人网上涉税咨询；与区政府企业呼叫服务中心紧密配合，及时分发和解答该中心转来的纳税人咨询件。三是切实做好帮扶工作，减轻纳税人负担。建立局长联系重点纳税人走访制度，本年共组织纳税人座谈会14次，走访467户，其中局长走访20户；对纳税人咨询集中的热点难点问题，定期汇总并制作《税政咨询问题月刊》下发税务所。四是加强内部沟通交流，切实提升服务水平。在全局范围内召开了“基层干部纳税服务工作座谈会”，及与税务所联合组织了以纳税服务为主题的“纳税人座谈会”；组织“税务所长纳税服务检查观摩交流会”，促进了基层税务所整体服务水平的提升；在基层税务所设立“党、团员服务窗口”，并提出“有困难请找我”的服务口号；在全局范围内通过内部投票和纳税人外网投票的方式评选出“纳税服务标兵”。

【开展税收宣传】 利用“北广传媒”“分众传媒”为代表的公交车移动电视和楼宇电视等移动媒体平台来进行税法知识的宣传；邀请税务总局、市局、区县局三级领导做客网站进行网上在线访谈；与区国税、区公安共同组织“打击发票违法犯罪宣传日”活动，使路人了解了税法法规、发票识别小知识以及打击假发票的案例等知识；本年在海淀有线电视台共制作播出24期《地税之窗》栏目。

【开展“优化地税发展环境年”活动】 根据北京市地税局的整体部署要求，在全局范围内开展“加强领导干部作风建设，推进优化地税发展环境，确保税收增长年”活动。全局从上到下高度重视，及时成立了领导小组和8个专项小组，由一把手担任组长，负责活动的统筹指挥和具体实施，并结合区局实际情况确定了活动的整体目标任务，即在北京市地税局党组和海淀区委、区政府的领导下，紧紧围绕“保增长、保民生、保稳定”的新任务，深入学习实践科学发展观，以加强领导干部作风建设为思想基础和重要保障，以推进优化地税发展环境为实现途径和有效措施，以完成好全年税收任务为最终目标，加强征管保收入，减负提效促服务，爱岗敬业带队伍，为税收收入持续稳定增长提供各方保障。

【创新内部管理体制】 加强会务管理，建立无会制，并完善全局电视电话会议系统，逐步推广网络视频会议；对各科室的职能进行了重新的梳理，调整科室的部分职能，避免职责的交叉、重复；下发《海淀区地方税务局关于优化行政环境严肃工作纪律的通知》，明确规定了考勤考核的方式和奖惩办法，并直接与年底督察考核奖相挂钩；针对办公用品管理、车辆管理、卫生安全等方面的后勤工作制订了相应管理办法。

【廉政工作常抓不懈】 在制定《税务所人员岗位调整和轮换制度》《廉政谈

话制度》《中层领导干部述职述廉有关规定》的基础上，结合干部作风建设年活动，廉政工作努力做到了“三个结合”，即：与税收中心工作相结合、与落实惩防体系相结合、与落实党风廉政责任制相结合；围绕北京市地税局要求，开展为期一周的“做国家利益的忠诚卫士”主题教育周活动，采取学习与教育相结合的方式，坚定理想信念，努力打造成为“学习型、效能型、服务型、廉洁型、法治型”的基层税务机关；邀请海淀区人民检察院反渎职侵权局作题为“税务人员如何避免渎职犯罪”的专题讲座。

【推进干部队伍建设】 通过开展党员思想意识状况及干部作风情况调查，了解存在的问题，进一步加强党团员思想教育，提高干部思想觉悟；对全体干部开展心理调查，及时掌握干部心理健康状况，并以此为指导通过向全体干部发放了心理辅导丛书1800册；设计组织以“重塑自我，优化作风”为主题的活力营培训；举办以“树团队形象 展青春风采”为主题的首届青年辩论会，为广大青年展示才华、交流思想提供了舞台；分批组织税收管理员、稽查干部及其他岗位人员进行更新知识培训。

【所获荣誉】 2009年，海淀地税局荣获了首都精神文明建设委员会颁发的“首都文明单位”；及北京市总工会颁发的“模范职工之家”等荣誉称号；政策法规科荣获“市级青年文明号”称号；第一税务所荣获“首都五一劳动奖状”。

【领导班子成员】 海淀区地方税务局局长：杜军利；副局长：张克兵、武立煌；纪检组长：刘丽敏（女，10月任）。

（房　洁）

丰台区地方税务局

【概况】 丰台区位于北京市西南部，所辖面积305.87平方公里，在城八区占第三位，周边相邻8个区。东临朝阳区，北接崇文区、宣武区、海淀区和石景山区，西北为门头沟区，西南和东南为房山区和大兴区。全区呈东西狭长形，最西端王佐镇的千灵山至最东的南苑乡四道口村，东西相距35公里；南北最宽处14公里。全区辖16个街道（地区）办事处，268个社区居委会，2个镇政府，3个乡政府，66个行政村，属典型的城乡结合部。全区人口中拥有全国56个民族中的45个民族，除汉族外，回、满族人口超过万人。2009年年末，全区常住人口182.3万人，同比增加7万人；其中居住半年以上外来人口52.5万人，同比增加3.6万人，占常住人口的比重为28.8%。常住人口密度为5960人/平方公里，每平方公里同比增加229人。年末全区户籍人口105.2万人，同比增加1.6万人。全区经济呈现稳步回升态势，投资和消费较快增长，工业生产逐步回暖，财政收支状况良好，城乡居民收入稳步增长。全年实现地区生产总值600.7亿元，同比增长9.7%。其中，第一产业增加值1亿元，增长4.3%；第二产业增加值141.4亿元，增长9%；第三产业增加值458.3亿元，增长9.9%。全区完成地方财政收入39.8亿元，同比增长10%，增幅同比回落4.8%。丰台区交通便捷，京广线、京沪线、京九线、京原线、丰沙线与西客站、丰台站、丰台西站构成全国最大的铁路枢纽。南苑机场在市场经济和现代化物流业发展中发挥着重要作用。京石第二高速、南水北调等国家重点工程如期推进，地铁大兴线等7条轨道交通如期开工建设。地铁4号线、西六环路、北京南站外部路网建成通车，大修、改造便民路43条。

丰台区地方税务局到年末共有干部职工408人，平均年龄41岁。其中干部378人，占全局总人数的92.6%；中层干部65人，占全局总人数的16.0%；工勤人员30人，占全局总人数的7.4%；大专以上学历382人，占全局总人数的93.6%；党员272人，占全局总人数的66.7%；团员38人，占全局总人数的9.3%。共29个内设机构，其中有12个职能科室，11个税务所（其中3个服务所，1个专业所，7个地区所），1个稽查局（内设5个科室），机关后勤服务中心。另设税务学会和工会。辖区内共有税源户63894户（含非独立核算分支机构1049户）。按经济类型划分：国有企业860户，占全区总户数的1.35%；集体企业1483户，占全区总户数的2.32%；有限责任公司7667户，占全区总户数的12%；私营企业31091户，占全区总户数的48.66%；外资企业682户，占全区总户数的1.07%；个体工商户16224户，占全区总户数的25.39%；国家机关、事业单位和社会团体等其他类型企业5887户，占全区总户数的9.21%。按产业类型划分：第一产业（农业，包括林业、牧业、渔业等）351户，占总户数的0.55%。第二产业（工业和建筑业）5207户，占总户数的8.15%，其中房地产开发经营企业298户，占总户数的0.7%。第三产业（流通部门和服务部门）58336户，占总户数的91.30%，其中社会服务业18661户，占总户数的29.21%。

【税收收入稳步增长】 面对国际金融危机的严重冲击，国内经济下行的明显态势，加强组织领导，健全组织收入制度，推行税收任务目标责任制，完善协税护税机制，深化税收分析预测，提前15天完成市级收入任务，提前12天完成市局追加的一般预算收入任务，提前6天完成区级收入任务，全年累计入库各项税费收入72.23亿元，同比增收7.91亿元，增长12.29%，完成市局年初下达的70亿元税收计划的103.19%。其中，完成地方一般预算收入60.12亿元，同比增收7.74亿元，增长14.79%。完成区级收入28.23亿元，同比增收4.29亿元，增长17.90%，确保全年税收收入稳步增长。

【深入开展主题教育活动】 作为全区第一批参加学习实践科学发展观活动的单位之一，扎实完成学习调研、分析检查和整改落实3个阶段6个环节的各项工作。各级领导带头参加学习、带头调查研究、带头解放思想讨论，推进活动持续深入开展。针对活动中查找的问题，共确定整改措施24条。按照北京市地税局要求，将“加强领导干部作风建设，推进优化地税发展环境，确保税收增长年”活动作为贯穿全年的工作主线，齐心协力抓收入，坚定信念保增长。成立活动领导小组，明确8个专项组的责任分工，形成任务项目分解落实表，各单位认真查找在改进领导干部作风、优化地税发展环境和确保税收增长工作中存在的突出问题，全局共制定和完善13项制度、67项措施，在机关为基层服务、基层为纳税人服务方面取得了明显成效。同年，按照北京市地税局要求深入开展“做国家利益的忠诚卫士”主题教育周活动。丰台区地税局领导深入基层听取干部职工的意见和建议，引导大家广泛开展座谈讨论。针对征管制度和业务流程进行全面梳理，研究解决两大类12个方面的问题。

【加强重点税源监控】 针对丰台区域经济特点，对房地产业、建筑业、铁路等重点行业进行摸底调查，推行重点税源市、区、所三级管理制度。抓住清欠突破口，重点加强对欠税大户的清缴；及时贯彻落实清理陈欠最新政策，深入欠税企业进行宣传告知，确定清欠重点。全年共清理欠税5932万元。完善委托代征管理，与136户企业重新签订税收委托代征协议。强化与丰台区国税局的联合管理，完成4000余户增值税个体户的地税定额调整工作；巩固国、地税登记联办工作机制，加强未登记户催办工作。做好北京市地税局重点工作的落实，全面启用限额版税控机打发票，遏制套购发票行为；推进档案扫描系统顺利上线，提高档案管理信息化水平。

【强化税种监管】 推广应用地方税税源监控平台，通过对地方税源登记信息与入库信息比对、税种间关联关系等监控模型的运用，有效提高税源监控水平。全面加强税种管理，抽调业务骨干成立土地增值税清算专项小组，强化清算管理；加强企业所得税预缴、汇算清缴以及重点企业印花税的核查；做好个人所得税完税证明发放和年所得12万元以上个人自行纳税申报工作。规范减、免、退税审批制度，增设初审和复审环节，完善内部审批流程；加强对企业报亏、报损等政策执行的后续复审工作，严把政策执行关。

【落实走访制度】 对重点税源户、纳税信誉A级企业、新办企业和确有办税困难的企业，分别由丰台区地税局领导、科所长带队实行定期走访，全年共走访企业260户，其中局领导带队走访重点企业59户。与部分街道、乡镇、区妇联女企业家协会代表以及丰台区人大代表联合开展座谈会和交流论坛等交流活动6次，对455户企业进行重点帮扶，全年共帮助企业协调解决帮扶问题及建议39个，得到市区两级领导的肯定和企业的好评。

【深化评估稽查】 强化纳税评估，全年共组织817户企业自查补税5332万元；突出做好企业所得税单税种纳税评估、A级企业年度专项评估以及重点户专项评估；切实做好纳税信用C级企业评定工作，促进税源监控，全年共评估6296户，有问题率29%，评估补税、滞纳金共计4736万元，评估补税率千分之六点六。强化稽查组织收入职能，深查大案要案，增强稽查检查威慑力；以提高办案质量为核心，开展重点行业专项检查，采取企业自查与稽查检查相结合的工作方法，提高稽查效率；与区公安局、工商局等部门组成打击发票违法犯罪活动协调小组，抓获17名发票违法犯罪人员，全年稽查局通过检查和辅导企业自查，共查补税、滞、罚入库1.06亿元。抓好日常执法检查，防范和化解执法风险，全年共对4720份案卷进行检查，有问题率0.9%，同比明显下降；组织开展国际税收业务培训，提升干部业务素质和执法水平；加大国际税源监控力度，积极与国税局联系沟通，做好对外支付税务证明开具管理工作，定期交换信息并进行分析比对。

【进一步优化纳税服务】 一是积极改善办税环境。顺利完成房产交易全程办税服务大厅迁址工作，从根本上解决契税征收服务场所拥挤的突出问题；为各办税服务厅统一配置便民物品及药箱；更新全局办税大厅纳税人计算机，方便纳税人办税。二是创新服务形式。在北京市率先设立残疾人就业保障金审核代征流动窗口，为安置残疾人较多的企业增设上门审核服务；充分利用语音电话系统做好征期结束前未申报纳税人的提醒服务；推行个人房地产交易电话预约和上门预约缴税制度，深受纳税人好评。三是丰富服务载体。以纳税人最常用、最关心的税收政策和办税程序为主要内容，编印《纳税人手册》和税收宣传系列手册23万份，成为纳税人办税的“好帮手”。四是广泛开展税收宣传。依托网络、电视、报纸等媒体，挖掘与百姓相关的新闻点，开展4月税法宣传月主题活动、“万人百场”税法宣讲咨询活动、网上在线答疑等多项宣传活动，提高宣传实效。

【领导班子建设进一步加强】 一是加强集体学习，领导班子坚持集体学习制度，注重学习方式、制度和内容的有机结合，对市区两级重要会议精神、领导重要讲话等内容进行及时传达贯彻，全年开展集体学习12次。二是注重深入调研，结合各阶段重点工作的开展，通过走访、座谈等方式，深入基层了解情况、帮助协调解决问题并提出具体指导意见，全年开展各种形式的调研走访42次。三是深化队伍建设，做好处、科级后备干部管理工作，严格程序标准，认真落实好推荐各环节工作，共确定副处级后备推荐人选7名，确定正科级后备干部30名，确定副科级后备干部50名，干部规范化管理得到进一步加强。

【教育培训工作有效开展】 一是扎实开展全员培训。以会计理论基础知识为主，坚持业务培训与考取会计证相结合，全年共组织391名干部职工开展7期全员脱产轮训。二是认真组织专题培训。对稽查局全体人员进行业务培训，并组织参加全国税务稽查人员业务考试，合格率100%，36名参考同志分数均高于系统平均成绩；组织371名公务员参加《突发事件应对法》考试，合格率100%。三是坚持做好日常培训。围绕提高岗位技能，针对税收政策、计算机知识等内容组织24次专题培训；坚持开展“每月读一本书”活动，全年发放图书4884册，为税收工作的顺利开展提供了知识保障。

【党风廉政建设深入推进】 一是加强廉政思想教育，以“慎用手中权力，依法履行职责”教育活动为主线，邀请丰台区检察院预防处领导以“关爱健康，远离腐败”为主题开展全局警示教育，组织中层以上干部参观北京市反腐倡廉教育基地，举办主题征文演讲活动，筑牢思想防线。二是按照惩治和预防腐败体系工作规划要求，对全局7个方面、53项具体工作进行细化分解，将党风廉政建设责任制落到实处。三是推进廉政风险防范管理，按照发生几率和危害损失程度，确定风险的三个等级，有针对性地研究制定具体防控措施和工作程序。四是加强政风行风建设。充分发挥特邀监督员作用，积极听取意见建议，不断优化政风行风；在局办税大厅窗口设置政务公示栏和意见箱，主动接受纳税人监督，及时受理群众投诉，促进机关作风的切实转变。

【党建工作成效显著】 一是加强十七届四中全会精神的学习，邀请中央党校教授作专题辅导，组织干部参观“丰台科学发展”展览，将专题学习与组织参观活动良好结合。二是强化机关党委自身建设。坚持机关党委会议和理论中心组学习制度，全年组织中心组学习10次，进一步提升机关党委理论指导实践的能力。三是深化基层党支部建设。认真落实《基层党支部七项工作制度》，对支部书记和入党积极分子开展培训，组织开展“与祖国同行、为党旗增辉”主题党日活动、专题组织生活会、“共产党员献爱心”捐款等形式多样的纪念建党88周年系列活动，进一步提高基层党组织的凝聚力，发挥基层党支部战斗堡垒作用。四是加强党员队伍管理。发挥党员先锋模范作用，引导党员在税收工作中积极出主意、想办法、作表率，坚持典型引路，评选并通报表彰了3个先进党支部、6名优秀党务工作者和10名优秀党员。

【行政效能切实提高】财务管理工作取得新进展，自行研发的综合管理服务中心平台财务管理模块在系统财务信息化建设推广会上得到肯定。机关环境进一步优化，建立了健身娱乐室、书法绘画室，改善就餐环境、乒乓球室、乐器室，局机关图书室被中华全国总工会授予“全国职工书屋”称号。安保环境显著改善，以国庆60周年安保工作为主线，扎实开展“安全月”活动；突出重点，细化措施，确保甲型H1N1流感有效防控；加强用户名和口令管理，优化全局网络配置，对局机关UPS间整体改造，加强信息系统安全防范。

【争先创优】2009年丰台区地方税务局局机关获得奖项：全国精神文明建设工作先进单位、全国职工书屋、北京市爱国卫生红旗单位、北京市第七届职工艺术合唱节三等奖、北京市单位内部安全保卫集体二等功、北京市模范职工小家、北京市消防安全先进单位、北京市食品卫生B级单位、北京市交通安全先进单位。税务所获得奖项：全国巾帼文明岗（园区涉外税务所）、首都文明单位（第一税务所）、首都文明单位(长辛店税务所)、首都文明单位（花乡税务所）、首都文明单位（南苑税务所）、北京市青年文明号（第一税务所）、北京市青年文明号（园区涉外税务所）。

【领导班子成员】丰台区地方税务局局长：金志雄（8月任）；副局长：宗立元、谢锋、刘华（女）；纪检组长：安宝华（女）。

（王　雨）

石景山区地方税务局

【概况】石景山区位于北京西郊，东距天安门16公里。全区总面积约84.38平方公里，常住人口60.5万人，设有9个街道办事处。2009年，石景山区国民经济生产总值完成260.2 亿元，财政收入完成18.16亿元，同比增长12.3%；社会消费品零售额完成175.9亿元，同比增长16.1%；居民可支配收入达到25736元，同比增长8.1%。

石景山区地方税务局隶属于北京市地方税务局，在石景山区行政区域内行使地方税收管辖权，负责营业税、企业所得税、个人所得税、契税、房产税等18种税费的税收征管工作，维护和规范税收秩序。共设12个科室、10个税务所、1个稽查局和1个后勤服务中心，现有干部职工269人，平均年龄40岁。其中处级领导职务6人，科级领导职务65人，大专以上学历256人，占总人数的95.2%；研究生7人，其中两名为中央党校在职研究生，占全局总人数的2.6%。设1个党委，18个党支部，1个团总支。有党员202名，占总人数75.1%。截至2009年12月31日，税源登记户数达到25576户，同比增加3759户，增长幅度为17.2%。从企业经济类型看，内资企业11014户，港澳台及外商投资企业225户，个体工商户13751户。从企业行业分类看，社会服务业12617户，占税务登记户总数的49.3%；批发、零售和贸易餐饮业8838户，占税务登记户总数的34.6%；科教文卫业1672户，占税务登记户总数的6.5%；交通运输、仓储及邮电通信业692户，占税务登记户总数的2.7%；制造业615户，占税务登记户总数的2.4%；建筑业531户，占税务登记户总数的2.1%；房地产业298户，占税务登记户总数的1.2%；其他行业142户，占税务登记户总数的0.6%。2009年，石景山区新增税源户3759户，因吊销、注销及转出等原因造成的税源户减少共1608户，净增加2151户。

【税收收入】 截至2009年12月31日，累计组织各项收入322453万元，同比减收113104万元，下降26%，剔除去年同期两个一次性因素入库154956万元，本年实际增收41852万元，增长14.9%，完成北京市地税局调整计划任务指标322000万元的100.1%。地方一般预算收入入库256276万元，完成市局年底下达新任务255000万元的100.5%。对区财政的贡献率达71%。

【精细化税源管理】 成立精细税源管理加强组织收入工作领导小组，研究制定40余项工作措施并组织实施。建立组织收入责任制，与各税务所签订组织收入任务责任书，将计划指标按税种、分月、分重点户、分税收管理员进行分解落实，确保指标、责任双落实，形成人人抓收入的局面。实施局领导、科所长走访制度，了解税源，掌握动态。抓重点税源管理，在强化“首钢、建筑业、房地产业、50万元以上大户”四个平台监控管理的同时，将招商引资企业纳入重点监控范围。实行每月收入分析例会制度，全面掌握整体收入情况。建立高效、务实的组织收入联动机制，深入挖掘税收增长点，形成合力抓收入。

【纳税服务】年内，以“税务讲堂”为载体，深入开展税务指导，不断提高纳税服务水平。重点开展分行业的税务指导，举办电力行业、房地产行业税收政策税务指导会；举办266户重点税源户及纳税信用A级企业的集中辅导以及园区企业政策指导会，先后有800多人次参加。

【帮助企业】研究制定《关于帮助企业应对国际金融危机工作实施方案》，将帮扶工作任务进行分解、细化，明确责任部门和完成时限。局领导多次带队走访企业，深入了解企业需求，向企业讲解最新税收政策，制定一系列特事特办的帮扶措施，达到政府与企业之间加强沟通、帮扶发展的目的。共走访帮扶困难企业201户，其中局领导带队走访市级企业25户，受理并全部解决企业帮扶需求57件。

【税收征管】年内，以《征管质量通报》作为“一册代评”的管理手段，将征管业务工作关键点作为管理点，从税务登记、纳税申报、发票管理、欠税管理、纳税服务等项工作入手，细化登记率、申报率、入库率、欠税率等征管质量考核指标环节之间的有效衔接，加大了在途户、未申报户、非正常户和申报入库不一致的管理力度。2009年，登记率、未申报核实处理率、非正常户核实处理率、申报率等四率均达到100%，在途户报到率99.8%，入库率99.93%。比市局要求考核的登记率99.5%高出0.5个百分点；申报率98.5%高出1.5个百分点，入库率99%高出0.93个百分点。

【税收宣传】通过主题宣传活动、上门指导服务、张贴海报、发放宣传册等多种形式将税法知识宣传给企业、广大纳税人，取得了较好的宣传效果。一是4月16日举办以“政协委员关注税收，参政议政共谋发展”为主题税收宣传活动。北京市地税局、石景山区政协等有关领导及25位石景山区政协委员出席了此次活动。活动中政协委员和企业代表通过现场办理税务登记证、办理契税、检验发票真伪等活动充分体验了税务机关规范、标准的指导服务，并对税务机关建设提出了建议，实现了税务干部与政协委员“同话税收，共谋发展”的目标。二是举办网上在线答疑活动，在线浏览量达2716人次，在线即时解答问题73个，活动效果良好。三是丰富《纳税指南》服务内容，做到每户一册，方便纳税人。

【发挥税政职能作用】年内，充分发挥税政职能作用，落实各项税收政策。一是圆满完成企业所得税汇算清缴和新法贯彻落实工作，累计召开纳税人汇算清缴辅导会21场次，到会人员2000多人次，辅导面达96%，取得明显效果。二是加强货运业税收管理，实施底线管理法，确保货运企业健康有序发展。三是全面做好年所得12万元以上个人自行纳税申报工作，明细申报率和准确率均在99%以上。累计有6636名纳税人进行申报，完成北京市地税局下达任务数的132.7%。四是深入贯彻落实新的耕地占用税条例、细则和北京市实施办法、贯彻落实契税新政策及个人出租非住房的相关政策，加强宣传辅导，确保政策及时准确落实到位。五是开展房土税新增税源调查摸底工作，对石景山房产税、土地税纳税额在前100名的重点税源户和新建的商业设施进行重点核查。六是土增税清算工作取得阶段性成果。共有土地增值税登记项目28个，预缴项目11个，达到清算标准的项目16个，入库税款160万元。七是形成科所联动机制，做好对契税征收窗口的政策指导工作。

【纳税评估】 年内，研究和创新了评估办法，试行“审计抽样评估法”，实现“评”与“估”的有机结合，提高评估质量。全年评估补税1967万元。以230户重点税源户为评估对象全面开展抽样专项纳税评估，已结案195户，发现涉税问题126户，有问题率65%，入库税款滞纳金共计645万元，抽样法专项评估取得实效。这一新的评估方法，受到北京市地税局领导的关注和肯定，在石景山召开全系统的“审计抽样评估”现场会并将推广。

【强化税务稽查执法】 年内，坚持依法行政，不断强化税务稽查及税收执法责任制。一是进一步强化查办、惩处、整顿和预警的工作职能，不断规范经济秩序。二是坚持“选得准、查得实、审得严、入得快”的工作原则，不断规范执法行为。三是精细案件查办的监控手段，通过加强稽查干部能力和作风建设，不断提高案件查办质量。四是采取有效办案途径、方式和方法，强化大要案件查处，不断提高案件查办实效。全年完成稽查106户，有问题73户，有问题率为70%；实现查补各项税收收入2526万元，同比增长680%，入库率达100%。

【依法行政】 年内，继续落实税收执法责任制，加强税收执法监督。确立日常指导式检查、日常检查、专项检查共同开展，互为补充、互为深入的执法检查方式，达到以查促管理、以查促规范的目的。注重拓宽执法检查效果评价，采取下所指导、召开执法检查结果座谈会、网上通报及实施分所评估等方法，进一步提高执法水平。全年共开展日常执法检查项目10项，检查共涉及案卷3827卷，问题率12%；开展专项执法检查16项，共涉及案卷927卷，问题率11%；开展日常指导式检查5次，共对货运发票开具情况、对外支付税务证明开具情况、减免税审批情况等工作进行了检查。

【党建工作】 坚持以人为本，大力推进党建工作。一是学习实践科学发展观活动取得阶段性成果。在学习实践活动中，始终坚持将领导带头贯穿始终、将理论学习贯穿始终、将解放思想贯穿始终、将解决问题贯穿始终、将地税特色贯穿始终，圆满完成三个阶段11个环节的工作。在稳步推进整改落实后续工作及“回头看”工作中，将学习实践活动凝聚的共识、取得的成效、积累的经验转化为应对国际金融危机、优化地税发展环境、保持地税事业平稳较快发展的强大动力，确保活动取得实实在在的效果。二是党建工作不断加强。机关党委在重大活动的开展、大项工作的部署以及配合局内中心工作发挥党组织作用等方面，充分发扬民主，问计于民，问计于专家，问计于各党支部，充分听取各方面意见、建议和呼声，全年共召开不同层面、不同专题党员座谈会6次，发放问卷211人次，把决策建立在广泛的群众基础之上。三是党支部的战斗堡垒作用和党员的先锋模范作用充分发挥。18个党支部共开展主题活动27次，支部的凝聚力和向心力不断提高。20名爱岗敬业、党性强、作风正、模范作用好的党员在“争优创先”活动表现突出，受到表彰。

【干部队伍建设】 狠抓干部教育培训，不断提高干部队伍综合素质。一是坚持大培训教育，不断拓宽培训方式。开展稽查业务考试培训、税收计划统计分析专题培训、企业所得税汇算清缴专题培训、电子政务培训。举办以“适应税收工作需要，注重干部能级培养”为主题的更新知识培训。二是10月21日与北京工业职业技术学院签订产学合作协议书，并互设合作基地。三是坚持局领导每周学法制度，带头营造浓厚的学习氛围。举办科级领导干部培训班、青年干部培训班。四是多项举措开展地税文化，积极营造一个和谐快乐的工作氛围。以《我们》为载体，展现干部精神风貌；开展每月读一本书活动；举办一系列形式多样的文体活动和主题活动。

【党风廉政建设】 年内，党风廉政建设工作不断深入。一是紧紧围绕“廉洁服务每一天”主题教育，加强四个廉政文化平台的建设，进一步发挥廉政文化的导向作用，使廉洁自律成为干部的自觉行为。二是以内外部监督为重点，深入开展“双向评价”工作 。三是以改进领导干部作风为目标，认真做好党风廉政责任书的签订工作和民主生活会制度的有效落实。四是建立“集体学习提醒教育”制度，增强自律能力。

【表彰奖励】 年内，石景山区地方税务局被评为“2009年首都文明单位”“庆祝中华人民共和国成立60周年筹办工作先进单位”“2009年度石景山区调查研究工作先进单位”“2009年度石景山区招商引资先进单位”。第一税务所被中华全国妇女联合会评为“全国三八红旗集体”，首钢税务所继续保持全国“青年文明号”集体的称号，苹果园税务所继续保持北京市级“青年文明号”的称号。

【领导班子成员】 石景山区地方税务局局长：张兴明；副局长：毛学福、马强、苏振军；纪检组长：王阿鸣（女）。

（高文学）

门头沟区地方税务局

【概况】门头沟区位于北京市西部偏南，总面积1455平方公里。区政府驻地距市区25公里。东西长约62公里，南北宽约34公里。其东部与海淀区、石景山区为邻，南部与房山区、丰台区相连，西部与河北省琢鹿县、涞水县交界，北部与昌平区、河北省怀来县接壤。地处华北平原向蒙古高原过渡的山地地带，属太行山余脉。全区以山地为主，山区面积占98.5%，地势由西北向东南倾斜。西部山区是北京西山的核心部分。境内有北京市的最高峰东灵山，海拔2303米；次高峰百花山，海拔1990米。境内的主要河流是永定河及其支流清水河，属于海河水系。全区辖9个镇，4个办事处。常住人口27万人，其中居住半年以上外来人口3万人。2009年实现地区生产总值（GDP）56.6亿元，同比增长15.2%。其中第一产业实现增加值8449万元，同比增长16.3%；第二产业实现增加值29.4亿元，同比增长11%；第三产业实现增加值26.3亿元，同比增长20.1%。三类产业比重分别为1.5%、52%、46.5%。全区规模以上工业企业实现产值53.8亿元，社会消费品零售额15.6亿元，固定资产投资22.5亿元。

门头沟区地方税务局位于门头沟区滨河路52号。内设12个科室，下设9个税务所，1个稽查局、机关后勤服务中心和地方税务学会。全局共有干部职工249人，其中公务员227人，工人22人。现有局机关、石龙工业园区、稽查局、王平镇、斋堂镇5个办公区。作为北京市地方税务局的派出机构，门头沟区地方税务局承担着辖区内营业税、企业所得税、个人所得税等10余个地方税费的征收管理工作。截止到2009年12月31日，门头沟区地方税务局共有税务登记户17258户，按经济性质划分，国有企业248户，集体企业433户，私营企业3416户，有限责任公司5123户，股份制企业263户，外资企业55户，个体工商户6162户，其他企业1558户；按征管行业划分：农林牧渔业1633户，制造业754户，建筑业315户，交通运输业276户，批发零售业6433户，住宿和餐饮业1595户，金融业47户，房地产业161户，租赁和商业服务业367户，居民服务和其他服务业3558户，科教文卫业519户，其他行业1600户。

【税收任务完成情况】2009年，门头沟区地方税务局共组织各项税费收入16.01亿元，同比增收1.49亿元，增长10.24%，完成北京市地税局年度计划15.8亿元的101.34%。其中：中央级收入3.37亿元，同比增收2045万元，增长6.46%；市级收入6.42亿元，同比增收5490万元，增长9.35%；区级收入6.22亿元，同比增收7342万元，增长13.38%。一般预算收入入库12.37亿元，同比增收1.3亿元，增长11.73%，完成年度计划12亿元的102.71%。提前16天完成了市局下达的各项税费收入和一般预算收入计划。

【征收管理】一是与门头沟区工商局、国税局、开发区管委会、区建委等部门的横向涉税信息共享机制进一步加强，促进对税源的源头管理。2009年年底，门头沟地税局税源户为17258户，比年初增加2007户，增长13%。局内“税政、征管、评估、稽查”联席会议制度的作用日益明显，加强各部门之间的工作衔接和沟通协作。开展征管质量的监督考核，每月对征管质量进行通报，促进征管质量的提高。2009年，登记率、平均申报率、平均入库率均高于北京市地税局要求的标准。

【清欠工作】加大税款清欠力度。制定清欠目标，深化横向协作，采取6项措施加大清欠力度。2009年共清理欠税135万元，完成可追缴欠税820万元的16.5%。

【档案管理】档案管理更加科学规范。利用影像扫描新模式，完成2008年度税务档案扫描工作，验收抽查130卷档案，完整率、准确率均达到100%。

【纳税服务】分别与门头沟区人大代表、区政协委员及相关领导和社会特邀监察员进行座谈，通报情况、征求意见。在学习实践科学发展观活动中组织多场的纳税人座谈，并针对纳税服务需求、意见进行问卷调查，针对提出的问题分类落实。出台《门头沟地税局帮扶企业协调联系工作规程》。年内，班子成员和各科所共走访企业345户，通过走访，把国家税收政策亲自送到企业手中，了解企业的财务状况和生产经营情况，并提供一些力所能及的帮助。开展一系列“我为纳税人办实事”活动，为纳税人提供更方便、直接、人性化的服务。

【税收宣传】与门头沟区电视台联合制作《商品房纳税专题访谈》节目，协助市局拍摄门头沟黑山地区房改带危改专题节目。在门头沟区《京西时报》开辟税法宣传专栏，构筑一块税法宣传阵地。举办以“走进‘温馨家园’，走进新农村，感悟税收·发展·民生”为主题的第18个宣传月活动。利用全国法制宣传日活动，向全区市民宣传税法并出资印制15000张法制宣传品，《中国法制报》对此项活动作了报道。实施“分级分类”服务举措。针对不同类别的纳税人，分别采取预约服务、专题讲座、纳税辅导例会、编制印发新办户《办税服务手册》和各类业务《辅导资料》等措施，突出服务的针对性、高效性、具体性。

【**税政工作**】积极贯彻落实国家新出台的《中华人民共和国营业税暂行条例》及其实施细则，不断加强企业所得税特别是高新技术企业政策的落实，实现新旧政策的平稳过渡。多项措施强化个人所得税的管理。2009年，个税申报率为99.3%，正确率为99.1%，累计完成个人所得税收入3.51亿元，同比增收1.81亿元，增长106.7%。制定《土地增值税的清算管理办法》，强化对房地产企业纳税人的政策辅导和一体化管理。2009年，土地增值税入库1.6亿元，同比增加1亿元。采用条形码扫描技术，有效解决房屋交易信息数据重复录入问题，实现契税征纳双方“两个减负”，提高征收窗口的工作效率。

【**依法治税**】做好执法行为的事前监督，出台《门头沟地税局税收执法监督员工作规范》，保证政策的贯彻落实和执行到位。做好执法行为的事中监督，进一步做好税务稽查案卷的文书使用、执法程序、法律依据的规范。加强对执法行为的事后监督，认真组织开展日常税收执法检查，建立执法检查通报制度。

【**纳税评估**】以日常评估软件为依托，每季度进行一次预警，深入开展重点行业和重点税种评估。协助上级有关部门完成“纳税评估数据采集申报系统”试点工作。与门头沟区国税局合作完成A级企业名单的上报、核对、公示工作，为53户纳税信用A级企业颁发证书。2009年，门头沟区地税局累计完成纳税评估1337户，评估补税1046万元、移交税务稽查132户。

【**税务稽查**】实施重点稽查与自查相结合的稽查模式，明确稽查内容、对象，做到有的放矢。围绕选立案、检查、审理、执行4个环节，更加注重工作的协同性。履行稽查的打击职能，充分发挥震慑作用。2009年，稽查局共稽查纳税户108户，组织收入1684万元，同比增长618万元。

【**领导班子建设**】认真开展“加强领导干部作风建设，优化地税发展环境，确保税收增长年”活动，成立8个专项小组，分解任务，认真查摆在思想作风、工作作风、领导作风等方面存在的问题，对全局排查出的问题进行归类、梳理，制订出整改方案。党组通过中心组学习，召开民主生活会和局长办公会等方式研究讨论重大问题和事项，集思广益为干部职工办实事。

【**队伍建设**】引入竞争上岗机制，依托北京双高人才考试中心，通过民主推荐、笔试、面试、组织考察等环节，完成科级后备干部的选拔工作。制定《门头沟区地税局学习型机关实施办法》，坚持每月一期的地税论坛、常态化的业务培训和网院学习、考试制度，学习型机关建设初见成效。2009年，门头沟地税局被区委评为学习型机关建设先进单位，并得到北京市直机关工委和思想政治工作研究会领导的关注和肯定。

【党风廉政】 召开门头沟地税局党风廉政建设会议，层层签订廉政责任书。举办预防职务犯罪展览，并与区检察院召开两次预防职务犯罪联席会议，互通有无，交流情况，积极开展预防职务犯罪教育。开展“慎用手中权力，依法履行职权”和“做国家利益的忠诚卫士”主题教育活动，进一步提高干部廉洁奉公的意识。深入推进廉政风险防范管理工作，确定廉政风险点81个，制作重点风险流程控制图16张。

【效能建设】 搭建起门头沟地税局机关、石龙办公区、稽查局、王平和斋堂税务所“五位一体”的电视电话会议系统，降低会议成本，提高办公效率。引进文件打印外包，经测算，每年可降低打印、复印成本费用10%～20%。完善全局电子监控网络，实现全方位的监控。认真落实“国庆平安行动”和“甲流防控”工作，确保人、财、物及信息系统的安全。

【后勤保障】 在门头沟区政府和区公安部门的大力支持下，完成稽查局办公楼的回迁工作，办公就餐环境有根本性的转变。建起洗衣房，解决干部新式税服清洗难的问题。完成石龙办公区路面改造、楼梯改造工程，进一步对庭院环境进行绿化美化。同时，机关车库主体工程完成，机关食堂操作间改造基本完成。制定《门头沟区地方税务局“节能减排”工作实施方案》，将局机关办公楼内的照明设备全部改造为声光控制，深入贯彻落实“节能减排”方案。

【先进表彰】 2009年，门头沟区地方税务局被评为“北京市爱国卫生先进单位”“法律进机关”先进单位，学习型机关建设先进单位。职工之家被北京市总工会评为“模范职工之家”。第一税务所被中华全国总工会授予“工人先锋号”荣誉称号。

【领导班子成员】 门头沟区地方税务局局长：吴鲁平；副局长：王忠悟、梁鑫、张争（女）、庄祁玮；纪检组长：张毅。

（齐 振）

通州区地方税务局

【概况】 通州区位于北京市东南部，京杭大运河北端。区域地理坐标北纬39° 36′—40° 02′，东经116° 32′—116° 56′，东西宽36.5公里，南北长48公里，面积907平方公里。西临朝阳区、大兴区，北与顺义区接壤，东隔潮白河与河北省三河市、大厂回族自治县、香河县相连，南和天津市武清区、河北省廊坊市交界。紧邻北京中央商务区（CBD），西距国贸中心13公里，北距首都机场16公里，东距塘沽港100公里，素有“一京二卫三通州”之称，是环渤海经济圈中的核心枢纽部位。2009年常住人口已达109.3万，全区辖4个街道、10个镇、1个乡。2009年，全区地区生产总值实现278.9亿元，同比增长23.5%，三次产业构成为5：42：53；地方财政收入实现66.1亿元，同比增长88.5%；社会消费品零售额实现161.8亿元，同比增长10.6%。

通州区地方税务局位于通州区玉桥中路136号，全局有干部职工352人，其中研究生学历9人，本科学历214人，大专学历98人。全局设29个机构，包括14个科室，10个征收税务所，1个后勤服务中心，1个稽查局（含4个科室）。截至2009年度，全局税务登记户已达51834户，其中私营以上内资企业29274户，外资企业533户，国家机关及事业单位457户，社会团体和基层群众自治组织641户，个体工商户20929户。通州区地税局主要负责辖区内的营业税、企业所得税、个人所得税、城市维护建设税、房产税、印花税、土地使用税、土地增值税、车船税、耕地占用税、契税以及教育费附加、文化事业建设费的征管工作。

【税收完成情况】2009年，通州区地方税务局共计组织各项收入41.3亿元，同比增收6.4亿元，增长18.3%；累计完成地方一般预算收入35.2亿元，同比增收7.8亿元，增长28.5%；形成区级财力18.6亿元，同比增收4.6亿元，增长32.8%，营业税完成18.66亿元，企业所得税4.49亿元，个人所得税4.61亿元，城市维护建设税2.48亿元；非税收收入教育费附加1.50亿元，文化事业建设费1225万元。缴纳税款前三位行业依次是：房地产业完成14.71亿元，社会服务业完成5.65亿元，工业完成4.83亿元。通州区地税局共办理各项退税1144万元，其中退付个人所得税手续费982万元，车船税手续费154万元。

【税收“双项分类工作法”试点工作】在充分研讨成果的基础上，按照北京市地税局整体工作部署，在张家湾税务所进行税收“双项分类工作法”试点，重点对税收流失风险指标体系的构建进行深入研究和探讨，确定4大类18项指标体系，起草《税源户税收流失风险等级分类办法》等5个试行文件，实现税源管理的专业化和科学化。

【个人出租房屋管理系统】开发、建设并推广运用《城镇房屋租赁管理信息服务系统》，克服个人出租房屋税源分散、信息来源不畅、征管难度大的问题，加强对零散税源的精细化管理。2009年入库个人出租房屋税收1600万元，较应用前入库的313万元增长4倍多，得到国家税务总局的充分肯定，并获得国家版权局颁发的“计算机软件著作权证书”。4月9日，天津市南开区地税局专程到通州区地税局就个人出租房屋税收征管工作进行学习交流。

【二手房交易新旧政策衔接】受税收优惠政策末班车效应影响，2009年12月，通州区二手房交易中心业务受理量激增，为确保二手房涉税交易工作高效、有序、安全的开展，采取多项措施：一是分阶段制定详细应急预案，迅速组织相关科所协同作战，调派科内人员轮流到二手房交易中心增援，做好纳税人业务咨询、资料审核等工作，减轻窗口工作压力，缩短纳税人办税时间。二是与市局处室与区建委及时沟通，每日通报前一天网签数量，及时调配人员岗位，提高一线窗口受理能力，最大限度地提高各项工作措施的针对性、有效性。三是及时联系印刷厂加印相关票证文书，确保二手房征收窗口票据、文书准备充足；积极与票证中心和税控商沟通，在服务大厅加装代开发票机具，集中受理中介机构的涉税业务。四是在月末最后一周逐日制定应急预案，确定“先行受理，暂缓审核”的工作方案，保障2009年内受理审核通过的二手房转让申请均可享受税收优惠。通过努力，二手房交易中心涉税工作秩序井然，未发生人员拥堵、纳税人投诉等情况，圆满完成二手房交易新旧政策的衔接工作。

【纳税服务形式创新】全面运用“税务登记告知、纳税申报告知、税收政策告知和纳税事项告知”的“四告知”制度。引入“星级服务”理念，在全局81个服务窗口推行争创“星级服务岗”活动，采取所长打分、税务干部互评和纳税人无记名投票的方式评选产生“星级服务岗”。在漷县税务所建立并推广“自助e角”，使纳税人在办税服务厅通过专用计算机可以一目了然地了解涉税政策和办税流程。同时开展向纳税人述职、设置“综合服务区”、建立网络QQ群等多种方式的纳税服务，为纳税人及时解答问题、发布最新政策，进一步拉近税企关系。针对纳税人普遍关心的涉税问题及时编印“12366热点百问”和“税收知识业务指南”。为提升咨询服务水平，将12366远程坐席工作纳入目标管理考核，全年12366电话咨询量共8869件，同比增加近1000件，电话咨询实现零投诉。

【税收宣传注重实效】举行大学生村官税收宣传志愿者表彰大会和社区税收服务站点启动仪式，构建“村村都有税收宣传志愿者，各个社区都有税收宣传员”的立体交叉全覆盖宣传网络。在通州区乔庄路设立“税收宣传街”，成为全市范围最大的永久性税收宣传大街。开展“万人百场”税法宣讲活动，为近千名纳税人提供及时、准确的涉税信息。连续3年参加全国税法动漫大赛并获奖，围绕当前热点以二手房交易为题材制作的《八戒买房记》，在中央电视台法制频道黄金时段全篇播映，受众广泛，效果显著。在中央电视台、北京电视台、北京人民广播电台、《中国财经报》《中国税务报》等多类新闻媒体上发稿205篇，多次就“保增长、保民生、保稳定”工作中的亮点接受媒体采访，丰富了宣传内容，创新了宣传形式，提升了宣传效果。

【加强个体工商户管理】 一是加强税法宣传。抓紧个体工商户纳税人每月申报的时机，结合电话、上门服务等多种途径适时对其进行税法宣传，让纳税人交明白税、交放心税，以自身的优质服务不断促进纳税人的纳税意识。二是坚持依法治税。正确面对个体税收征管难度大的实际情况，完善定期检查、日常抽查等制度，对发现问题者，即时补缴税款并加以相应处罚，对偷税抗税行为，加大查处力度，严厉进行打击，提高税法的威慑力，规范税收秩序，营造公平、和谐的税收环境。三是加大征管力度。针对个别个体工商户纳税意识不强，有意隐瞒收入等不良情况，注重从实际情况分析，对纳税人纳税申报的准确性、真实性进行比较、核对，对申报不实的纳税人，及时调整其营业额，并责令其限期补缴税款。

【纳税评估工作扎实开展】 编写30万余字的《纳税评估电子指南》，切实加强对纳税评估工作的指导，使评估工作规范、有序开展。采取两级评估模式和实施体系，全面开展日常、专项评估。全年共评估案件7503件，对13个行业、税种、事项开展专项评估。评估补税共计6788万元，同比增长39.6%，入库率为100%。为税务稽查部门提供有效案源113户，向税务所反馈问题23个，有效堵塞征管漏洞。

【稽查检查成效显著】 全年共召开重大案件审理会7次，对21件重大案件进行会诊。依照程序组织召开建局以来首次行政处罚听证会。制定《稽查检查案件办案周期管理办法》，推行“一案双查”办法。成立“通州区地方税务局打击发票违法犯罪活动领导小组”，对倒卖假发票等不法行为进行专项清理整顿。全年共对房地产业、建筑安装业、中介机构、医疗机构、教育机构5大行业实施了税收专项检查，结案203户，已入库税款、罚款及滞纳金5536万元。注重加强横向联系与协作。与通州区国税局联合召开2009—2010年度纳税信用A级企业颁证大会，并为122家纳税信用A级企业颁发了牌匾和证书。全面推行稽查、评估及时反馈机制。把在稽查和评估工作中出现的涉税问题进行汇总，通过《纳税评估反馈单》《税款执行反馈单》等形式，及时将信息反馈到相关科室。全年共向税务所反馈问题55个。同时，注重从征管部门获取案源信息，有的放矢地开展稽查和评估工作。征收管理协调联动机制和稽查、评估及时反馈机制的建立和运行，有效克服征管、执法“两张皮”的现象。

【召开通州局首次行政处罚听证会】 5月26日，通州区地税局召开首次行政处罚听证会，针对北京爱依瑞斯家具有限公司就涉税一案举行听证。听证申请人、案件检查人员及相关人员出席了会议，稽查局全体干部列席旁听。会上，当事人双方就违法事实、证据、处罚依据等进行了陈述及辩论，听证会听取双方意见后制作听证报告，提出听证处理意见。

【队伍建设不断深化】 深入学习实践科学发展观。以开展“加强领导干部作风建设，推进优化通州地税发展环境，确保税收增长”活动为载体，成立8个优化环境专项组，认真组织开展大讨论，广泛听取纳税人对税收工作的意见和建议，全面查找地税工作中存在的问题和不足。共收集到各类意见和建议10条，查找出9大类51个问题。及时制定具体实施方案，明确责任人、责任科室及完成时限，确保活动不走过场，有效促进各项工作的正常开展。积极开展“做国家利益的忠诚卫士”主题教育周活动。通过网络组织全局300多名干部参加知识考试，进一步强化税务干部的廉政风险防范意识，号召全体干部“做国家利益的忠诚卫士”。进一步完善目标管理考核体系。以规范、科学、创新为目标，围绕北京市地税局管理考核内容，重新制定《基层税务所管理考核办法》《机关科室管理考核办法》等，加强对机关科室和对基层工作的管理，以管理考核促工作规范、促制度落实、促工作质量、促整体水平的提高。按照创建学习型机关的要求，组织全局近300名干部参加首次全员通用能力测试，考试平均成绩109.4分，为优化地税发展环境奠定基础。开展以“展青春风采、建五型机关”为主题的业务知识竞赛，局机关和各税务所共14支代表队参加比赛，为干部提供自我展示的平台。组织全体稽查干部参加总局稽查检查考试，通过脱产培训和全国统一考试，提高稽查人员的业务素质。

【党风廉政和精神文明建设】 注重加强党风廉政建设。强化“一岗双责”，严格落实党员领导干部廉洁自律的各项规定，着重做好权力运行各环节的监督和制约，研究制定廉政风险防范管理工作检查考核办法。共查找出部门存在和潜在的廉政风险点179个，制定防范措施205项。坚持体制机制创新，实现用制度管权、管事、管人。强化社会监督。在全局10个税务所新聘请近百名监督员，搭建分层次、多渠道、全方位的政风行风立体监督网络，组织处级领导干部参观北京市反腐倡廉警示教育基地，积极开展“家庭助廉”活动，努力实现“权力运行不出轨，干部队伍不出事”的工作目标。全年共受理纳税人有效投诉4件，收到纳税人赠送的表扬信和锦旗7件，拒收礼品129人次、148件，拒收现金22200元，拒吃请418人次，折合人民币77600元。

【建成启用通州局思想教育基地】 基地从筹建到竣工历时4个月，通过充分展示通州地税人奋斗足迹，激发干部职工“我为地税建功，地税以我为荣”的工作热情，是廉政勤政教育生动有益的实践。教育基地将地税文化和运河文化有效融合，以翔实的影像、图片、图表和实物展现通州地税的成长历程，整个基地充满吸引力和感染力，开放以来共接待参观学习1000余人次，极大地激发干部职工献身地税事业的工作热情，对深入开展地税文化建设起到积极的推动和促进作用。

【开展建局15周年走访慰问活动】 在建局15周年之际，北京市地税局与通州区地税局领导专程到基层税务所和离退休老干部家中进行走访，转达北京市地税局局长王晓明的亲切问候，使老同志切身感受到组织的关心和地税事业的蒸蒸日上、后继有人。

【圆满完成国庆安保工作】 成立“国庆平安行动”协调领导小组，实行领导干部24小时带班制。国庆期间累计派出巡逻防控执勤干部500余人次，出动车辆130余台次。4对干部家庭参加国庆“和谐家庭”方队，充分展现出新时代税务干部的良好精神风貌。

【先进表彰】 2009年，通州区地方税务局荣获迎奥运全国巾帼文明岗、北京市青年文明号、北京市第九届思想政治工作优秀单位、首都文明单位、市级残保金代征先进单位、法制宣传教育工作先进单位等荣誉称号。

【领导班子成员】 通州区地方税务局局长：牛明奇；副局长：李宝顺、李强、张孟松、刘亚慧（女）；纪检组长：马杰。

（潘国强）

顺义区地方税务局

【概况】 顺义区位于北京市东北郊，城区距市中心30公里。东邻平谷区，北连怀柔区、密云县，西接昌平区、朝阳区，南接通州区、河北三河市。区境东西长45公里，南北宽30公里，总面积1020平方公里。地处燕山南麓，华北平原北端，属潮白河冲积扇下段。平原面积占95.7%。地势北高南低，北部山地最高点海拔637米，平均海拔35米。境内有大小河流20余条，分属北运河、潮白河、蓟运河3个水系，河道总长232公里，径流总量1.7亿立方米。全区共辖19个镇，6个街道办事处，426个行政村，境内有回、满、蒙古等25个少数民族，常住人口72.5万人。2009年，全区实现地区生产总值613.4亿元，同比增长13.1%；社会消费品零售额达到155.2亿元，同比增长16.7%；完成地方财政收入85.2亿元，同比增长13.9%。

顺义区地方税务局位于北京市顺义区新顺南大街35号，共有干部职工 349人，平均年龄 39.95岁，大专以上学历占89.11%。其中中共党员282人，团员21人，分别占总人数的 80.80%和 6.01%。全局共设有13个职能科室，15个税务所，1个稽查局，1个机关后勤服务中心及1个机场分局（副处级），并成立工会、地方税务学会。作为北京市地方税务局的派出机构，顺义区地方税务局承担着辖区内营业税、企业所得税、个人所得税等10余个地方税费的征收管理工作。截至2009年年底，全局共有税务登记户29562户，其中国有企业454户，集体企业886户，私营企业5767户，个体工商户14751户，联营企业7户，股份有限公司105户，股份合作企业和有限责任公司5131户，外资企业871户，其他企业1694户。

【税收收入任务完成情况】 顺义区地方税务局全年组织各项税费收入75.17亿元，完成北京市地税局年度计划任务72.8亿元的103.3%，同比增收8.28亿元，增长12.4%，税收收入保持了持续、平稳的增长。

【深入学习实践科学发展观】 按照顺义区委第一批学习实践科学发展观活动的总体要求以及北京市地税局“优化地税发展环境年”的工作部署，顺义区地方税务局采取双轨并行的方式，研究制定活动主题、实施方案，成立活动领导小组，下设综合协调组、优化发展环境组、确保收入增长组，并在全局范围内开展“学习实践科学发展观，加强领导干部作风建设，推进优化地税发展环境，确保税收增长年”活动，先后召开动员会、座谈会、民主生活会，邀请顺义区常务副区长王海臣同志作报告，认真分析、查找问题，征求各方面建议，为完善工作指明了方向，切实达到“党员干部受教育，科学发展上水平，人民群众得实惠”的目的。同时，在“强作风、优环境、保增长”上下功夫，取得丰硕的成果。首先，在内部，组织顺义区地税局干部开展“和谐地税，你我参与”调研工作会，形成人人参与全局建设、人人关心全局发展的良好氛围；在外部，推出“大走访”活动，按照局领导、税务所所长、税收管理员分解走访任务，并将“聆听心声，优化环境”问卷调查活动穿插其中，为了解企业需求，改进税收工作拓宽了渠道，实现“强作风”的目的。其次，通过完善帮扶制度，开展帮扶调研，落实帮扶政策，为部分企业及时解决发展面临的难题，帮助企业渡过难关。全年累计走访企业1169户，解决问题366项，收到锦旗11面，得到企业的广泛认可，取得“优环境”的效果。最后，坚持依法征收、应收尽收的原则，将72.8亿元的全年税收任务作为硬指标，层层分解到税务所和稽查局，按照必保数和力争数加以要求，充分调动组织收入工作的积极性，达到“保增长”的目的。

【税源监控体系不断完善】扩大重点税源监控范围，将税额监控标准由100万元扩大到50万元，使三级重点税源的监控总户数由2008年的502户上升至2009年的823户。在监控体系建设上，以科—所—税收管理员三级监控为主，同时积极拓展外部监控渠道，与顺义区统计局、国土局、流管办等政府有关部门建立稳固的联系机制，多角度获取税源信息。

【宣传工作取得实效】推出“个人出租房屋”等10期宣传卡，共计50万张，发放到顺义区各乡镇、住宅小区和商业区；与区广播电台联合创办《地税之窗》《地税直通车》栏目，全年播出节目78期；与区电视台联合制作税收宣传动漫8集，并在黄金时间播放；邀请政策法规部门到街道讲解税法，并刻录成“零散税源税收知识讲座”光盘，放置到各个街道、社区、乡镇以及代征点；组织22场1200余人次参与的“万人百场”税法宣传活动；制作2010年税收宣传台历5万本，发放到相关单位与纳税人手中。这种以“走出去”为主的税收宣传模式，收到了良好的效果，受到纳税人的普遍关注，进一步提升了纳税人税法遵从度。

【征收管理工作稳步推进】为推动协税护税工作顺利开展，加大对零散税源的管理力度，顺义区成立由常务副区长王海臣牵头、相关部门及各镇组成的工作领导小组，加强对此项工作的组织领导；同时，自行组织多种形式的培训、辅导活动。经过多方的共同努力，初步在全区19个乡镇以及6个街道办事处建立起协税护税网络。按照北京市地税局《欠税管理专职岗位试点工作实施方案》的部署，率先在系统内开展试点工作，本着“压陈控新”的原则，共计清理16户企业的欠税1285万元，使实际欠税规模减少1/3，欠税管理工作取得实效。对非正常户、证件失效户进行大规模清理，严格实地核查，加强与国税、工商的信息比对，累计核实处理1500余条第三方异常信息，有效提高税源信息的准确性。结合税收政策、申报缴纳期限变动等情况，修订《纳税人涉税事项告知书》，明确纳税人的权利、义务以及应缴纳的税种，并陆续发放到纳税人手中；编写印制《办税员手册》3万册，明确征纳双方的法律责任、涉税事项办税流程和各税种基本规定，最大限度为纳税人了解办税流程，准确掌握税收政策，正确履行纳税义务提供指导，为纳税人提供便利。

【税政管理职能作用突出】对内，针对基层税收征管过程中遇到的疑难问题，采取《税政管理建议书》的形式及时答疑解惑，全年共印发7期，为税收管理员更加顺畅地开展工作提供强有力的支持；完成了新的企业所得税、营业税、耕地占用税等法规条例的培训工作；自行印制《地方税收业务手册》10期，共计7000册，全部发放到干部手中，为干部提高管理水平、准确掌握政策奠定了基础。对外，加大对耕地占用税、印花税等小税种的管理力度，有效地弥补了经济形势下滑造成主体税种减收的影响。认真分析房地产行业税收的走势，对房地产企业土地增值税清算情况进行全面调查；加强了与土地管理部门、占地乡镇、工业园区的联系，累计完成耕地占用税1.72亿元，同比增收1.63亿元；推进印花税核定征收工作，累计完成印花税1.73亿元，同比增长77.2%。

【纳税评估工作进展顺利】 在做好日常评估工作的同时，有针对性地开展专项评估工作，将非学历教育机构、纳税信用A级企业以及注销税务登记户等企业纳入专项评估中来，进一步扩大评估范围。此外，完成对纳税信用A级以及C、D级企业的认定工作。全年共评估企业6915户，有问题率为50%，入库税款及滞纳金7616万元。

【稽查检查震慑作用效果明显】 在与计统、税政、评估、征管部门进行事前沟通的基础上，逐步拓宽案源选取渠道，注重案源在乡镇、行业主管部门间的均衡分布，加强对重点行业、重点企业的立案检查，做到点面结合、大小兼顾，稽查检查威慑作用得到进一步发挥。同时，充分调动各方力量，对欠税企业进行分类管理，按照先大后小、先易后难、先正常户后非正常户的顺序加大欠税催缴力度。全年共对171户纳税人进行税务检查，通过稽查入库税款、滞纳金、罚款共计5312万元。

【法制监督工作保障有力】 在加大税收执法检查广度和深度的同时，加大对内部监督与行政处罚的调研力度，不断规范责任追究工作，努力防范和化解税务干部的行政执法风险。同时，不断强化税收法制教育，有效提高税务人员的法律意识和素质。

【干部队伍建设全面推进】 能级管理工作稳步进行。在已经实施稽查人员能级管理工作的基础上，制定《税收管理员岗位能级管理实施方案（初稿）》，完成对符合条件的84名税收管理员的能级测评工作，并对认定结果进行通报，税收管理员的《双项分类》管理取得阶段性进展。更新知识培训有序开展。分两批组织全体干部在国家会计学院进行公务员更新知识脱产培训，培训课程包括财务报表分析、服从与领导的艺术、阳光心态与压力管理等内容，使全体干部开阔眼界，丰富知识，调整心态，放松心情，为更好地开展工作积蓄力量。干部队伍得到合理储备与优化。根据北京市地税局统一要求，遵循公开、公正、平等、竞争、择优的原则，按照规定程序，确定6名处级副职、38名科级正职以及37名科级副职后备干部人选，为干部管理的科学化、民主化、规范化打下坚实的基础。此外，将一批德才兼备的优秀干部调整到领导岗位，中层领导干部队伍得到充实与壮大。

【党团组织建设逐步加强】 在党建工作方面，起草《机关党委工作规范》，对党委委员的产生、职责、党费管理规定以及支部评选等内容进行梳理，加快基层党建工作的科学化与制度化进程。在共青团、青年工作方面，组织召开共青团、青年工作座谈会、志愿者日以及慰问活动，团员、青年的生力军作用得到很好的体现。

【廉政风险防范体系更加完善】 努力完善教育、制度、监督并重的惩防体系建设，建立健全符合工作实际的廉政风险防范机制，加强对重点工作、重要事项和重要环节的监督和检查，并把行政效能监察工作引向深入，推进廉洁型地税机关的建设。

【安全稳定工作扎实有效】 为营造“花博会”和新中国成立60周年安全稳定的政治氛围，顺义区地方税务局从实际出发，认真贯彻落实上级各项工作要求，完成花博会对口单位河南代表团的联系、接待以及展区的筹备、布置、花卉摆放等相关工作，受到河南省花卉协会的好评，被北京市筹备第七届中国花卉博览会指挥部授予最佳服务保障奖，并有10名干部职工被评为先进个人，圆满完成了花博会“一对一”和新中国成立60周年安保工作的保障任务。此外，严密防控甲型H1N1流感疫情，进一步加强人力、物力的保障支持，值班与问题情况反馈工作落实到位，防控工作有序开展。

【其他工作】 组织“做国家利益忠诚卫士”主题教育周活动；开展军民共建活动；推进“一助一”帮扶工作；完成青年文明号的复查与申报的各项准备工作。此外，信息化建设得到进一步推进，制定系统权限管理办法，规范了各类系统应用，保证系统的安全运行；财务管理工作的保障作用突出，加大基础设施投入力度；研究室认真做好对折子工程等重点工作的督查督办；地方税务学会完成了换届选举工作；同时，食堂管理、制服清洗、服装配发、蛋糕订制等工作也稳步进行，为税收中心工作提供有力支持，推动了全局整体工作的开展。

【先进表彰】 2009年，顺义区地方税务局被中央精神文明建设指导委员会办公室授予“全国精神文明建设工作先进单位”荣誉称号，被首都精神文明建设委员会评为“首都‘迎国庆 讲文明 树新风’活动先进单位”“首都文明单位标兵五连冠”。此外，还获得中国花博会筹委会颁发的“第七届中国花卉博览会最佳服务保障奖”。被顺义区委、区政府评为“顺义区思想政治工作先进单位”“2009年度顺义区信访工作优秀单位”“‘一助一’工作模范单位”“教育系统先进集体”“妇女工作先进集体”“顺义区先进纪检监察组织”等。同时，还获得了顺义区发改委系统“五月的鲜花”文艺汇演一等奖、顺义区体育工作突出贡献奖。顺义区地税局团委被北京市团委评为“‘奥运先锋’

五四红旗团委”，局工会被顺义区总工会评为“六好工会”。顺义区地方税务局在北京市地税系统也取得了“北京市地税系统2008年度先进集体”“北京市地方税务系统第六届运动会乒乓球比赛男子团体亚军”“北京市地税系统第七届文艺汇演组织奖”“‘清风颂 地税情’廉政文化系列活动组织奖”等多项荣誉。

【领导班子成员】 顺义区地方税务局局长：张天生；副局长：刘东升、王国强、樊京虎；纪检组长：刘佩书（女）；机场分局局长：纪宏巍（12月任）。

（胡　月）

怀柔区地方税务局

【概况】 怀柔区地处燕山南麓北京市东北部，区域版图呈哑铃状，南北狭长，距市区50公里，全区面积2128.7平方公里，山区占88.7%。区辖12个镇2个乡2个街道办事处。2009年年末，全区户籍常住人口278116人。2009年怀柔区实现地区生产总值143.3亿元，同比增长10.1%，增速较2008年增长了2.9个百分点。全年完成地方财政收入（一般预算）16.5亿元，同比增长7.5%。其中税收收入为15.2亿元，同比增长7.8%，占全部地区财政收入的比重为92.4%。税收收入中营业税、增值税和企业所得税这三大税种共完成9.7亿元，占全部税收收入的比重为63.7%。全年地方财政支出49亿元，同比增长20%。

怀柔区地方税务局位于城区南端的南华大街17号。局机关设置12个职能科室，1个后勤服务中心，6个税务所，2个纳税服务所，1个稽查局。2009年年末共有干部职工263人，大专以上学历238人，占90%，党员169人，占64%，团员11人，占4.2%。2009年年末所辖税务登记户39210户，其中国有经济839户，集体经济2500户，私营经济12577户，其他有限责任经济4612户，股份有限公司62户，股份合作企业278户，联营经济34户，个体经济15787户，外商投资366户，港澳台商投资经济171户，其他1984 户。

【税收收入完成情况】 在2009年严峻的经济和税收形势面前，怀柔地税局组织各项税费收入28.7亿元，同比增收3.9亿元，增长15.7%，提前22天完成27亿元年度税收计划；地方一般预算收入完成22.3亿元，同比增收2.5亿元，增长12.6%，完成计划指标21.5亿元的103.7%；区地方实得收入完成11.4亿元，同比增收1.9亿元，增长20%，完成计划指标11.1亿元的102.7%，地方税收财政贡献率为68.7%，为建设京郊经济强区提供了强大财力保障。

【建立扁平化管理机制】 为应对国际金融危机影响，怀柔区地税局多次召开会议研究应对措施，分析经济和税收走向，创造性地实施扁平化服务管理4项机制。一是实施重点户层级服务管理机制，局领导、税源管理所长、税收管理员，建立收入责任制，深入年纳税额50万元以上的300户企业，宣传税收政策，听取纳税人意见和建议，解决纳税人提出的问题。通过实施重点户层级服务管理机制，300户企业缴纳税收15亿元，占全年税收总额的51.8%。二是实施重点项目跟踪服务机制，对中国大唐集团技术经济研究院等多户引进的重大项目实行跟踪服务，保证重大项目尽快实现税收。三是实施税收政策速递服务机制，全年编报8期，将最新的税收政策以税收政策快递的形式报送区4大机关和有关部门领导，为领导宏观决策提供依据。四是实施监督考评机制，全年检查通报4次，对工作落实情况进行督促检查。党组一班人怀着强烈的使命感、责任感和忧患意识，带领全体干部职工奋勇拼搏，圆满完成了年度税收指标。

【加强税收征管】 对税收管理员进行申报率和入库率、税收收入预测、个人所得税全员全额申报、房产税、土地增值税税源登记复核、行政处罚和基础信息6个方面的考核，促进税收征管工作。全局综合申报率为99.5%，入库率为99.7%，税收收入预测偏差率为8.36%，个人所得税全员全额明细申报率平均为99.62%，申报正确率平均为99.13%，房产税、土地增值税税源登记率为98.5%，各项征管指标在全系统名列前茅。认真做好票证管理，推广使用国标税控收款机590台。强化餐饮业征收管理，组织开展全面的餐饮业税源清查。加强欠税管理工作，全年清理陈欠10户。严格注销税务登记管理工作，有效防止税款流失。应用税务档案扫描系统工作平台，成为北京市地税局的试点单位。

【丰富纳税服务形式】 积极主动帮扶企业应对金融危机，做好税收政策的宣传工作，进行内外培训，参加人员达3000多人次，编发《企业所得税工作参考》27期。做好12366远程坐席服务热线工作，解答纳税人咨询4000人次。落实首问责任制等规章制度，创新预约服务等形式，推出服务事项告知卡、便民服务热线卡、岗位服务质量反馈卡、友情提示牌“三卡一牌”服务，得到纳税人的普遍好评。税收宣传创新形式，突出实效，与区邮政局合作建立税法宣传绿色通道，印刷25000份《税法宣传专刊》，利用邮政DM直投到户的形式，投递到纳税人手中。

【加大稽查执法力度】 全年对193户进行稽查，有问题121户，有问题率为69.5%，稽查入库税款滞罚6666.8万元，超额完成年度稽查任务。修订《稽查工作规程》，实行检查和审理联动机制，使案件审理更加科学有效。开展打击发票违法犯罪专项活动，制订工作实施方案，对57户进行了核查，抽查发票3168份，有效遏制发票违法犯罪活动。重视信访举报案件的查处工作，全年受理78件，查补税款滞罚金133万元。

【深入开展纳税评估】 开展纳税评估内部审核工作，提高纳税评估工作水平。完成纳税评估项目ISO 9000质量管理体系年审工作，全年日常评估3398户，有问题1118户，补缴税款滞罚2353万元。深入探索无税申报企业管理新思路，对2598户无税申报企业进行纳税评估，规范企业纳税行为，维护税法的严肃性。

【强化税政管理】 抓好企业所得税汇算清缴和核定征收工作，做到严把关，细审核，促进企业所得税申报率和入库率的提高，企业所得税累计入库6.7亿元，提前5个月完成全年收入计划。完成营业税税源普查工作。做好2008年年所得12万元以上个人所得税自行纳税申报工作，申报人数3063人，完成北京市地税局下达任务指标的122.5%。继续做好残疾人保障金代征工作，累计入库2111万元，完成年度计划的102.9%，同比增长5.1%。认真做好2008年货运年审后续管理工作，制定《协查工作规程》，货运年审后续管理工作得到进一步加强。紧紧围绕组织收入，加强税收政策制度建设，建立税收政策执行情况调查反馈等4项制度。抓好土地增值税管理，项目登记率达到100%，全年征收5.9亿元，同比增长64.9%。以契税征收为抓手，提高房地产“一体化”管理水平，房产税、土地增值税征收1.3亿元，同比增长44.3%。征收契税4676万元，同比增长35.1%，完成年度计划的156%，提前100天超额完成年度契税组织收入任务。

【加强税收法制化建设】 紧紧围绕“事前监督，事中服务，事后规范”的执法检查工作思路，扎实开展税收执法检查工作，全局依法行政能力得到提升。制定《2009年税收执法检查实施方案》，完成年度13项日常执法检查和21项专项执法检查，过错责任追究8人，综合平均问题率比上一年下降3%，在北京市政府法制办抽查中获得好评。深入推进“五五普法”税法宣传工作，邀请国家税务总局法律顾问王家本律师，为全体干部职工作税收法律知识专题讲座。开展学法用法征文活动，干部职工撰写征文66篇，编辑《公务员学法用法征文》一书，怀柔区地税局干部陈京京撰写的《法在身边律在心中》征文获得全市征文比赛一等奖。在区普法公园制作16块税法宣传栏，扩大税法宣传的普及面。

【推进税务信息化建设】 完成纳税服务质量评价系统的升级，实现将纳税人的服务评价信息即时反馈到有关领导和监督部门。创新研发税收管理员平台短信群发软件——税企通，全年发送短信5万余条，进一步增进税企之间的联系，大大节约税收管理员的劳动成本和劳动强度。为加强“夜渤海”和“雁栖不夜谷”虹鳟鱼产业两条沟的税收征管，与中国移动合作，深化应用小区短信，定时、定量、定点发送短信，发挥信息技术为税收征管的支撑作用。做好信息系统安全保障工作，确保全年税收信息系统安全稳定运行。

【深入学习实践科学发展观】 按照怀柔区委的统一部署，结合工作实际，制订怀柔区地税局开展深入学习实践科学发展观活动实施方案，成立学习实践活动领导小组，召开动员大会，韩松局长为全局党员干部做专题报告。全局19个党支部、169名党员参加学习实践活动。活动中，在内网党建平台设计“学习实践科学发展观，优化地税发展环境”模块。编发简报31期，部分简报被怀柔区学习实践活动领导小组在全区范围内刊发。召开党组班子专题民主生活会，开展向纳税人、区有关部门征求意见和建议活动，针对提出的意见和建议，撰写领导班子分析检查报告，制订整改落实方案。提高干部职工医药费报销标准，修订《关于探视、慰问干部职工（会员）暂行办法》，对庙城镇税务所、雁栖镇税务所的办公场所进行改造，43项建议全部解决落实。

【开展主题教育活动】 抓好“加强领导干部作风建设，推进优化地税发展环境，确保税收增长年”活动，建立8个专项活动组，活动有方案、有检查、有落实、有总结，34项具体项目全部完成。认真开展“做国家利益的忠诚卫士”主题教育周活动，集中学习主题教育规定的必读材料和参考材料，对照典型案例，进行深刻地警示教育，组织 “做国家利益的忠诚卫士”青年辩论赛，突出教育的针对性和实效性。

【开展纪念建局15周年活动】 学习传达市委刘淇书记的重要批示，编印《怀柔区地方税务局纪念建局15周年专刊》，开展慰问基层活动，激发干部职工完成年度税收任务的决心和信心。

【党团建设】 认真落实年度党建、二级班子理论中心组学习计划。开展 “践行科学发展观，优化环境保增长”主题党日活动，召开庆祝建党88周年党员大会，发展4名新党员，邀请国防大学少将徐焰为全体党员上党课，组织部分干部参观新中国成立60周年成果展。加强目标管理考核和创新工作力度，注重日常的监督与管理，进一步提升工作水平。同时，以“党建带团建”为切入点，做好共青团工作，增强全体团员青年立足本职、献身地税事业的责任感。

【安保工作】 安全保卫工作卓有成效，防控甲型H1N1流感和国庆平安行动工程，措施有力，工作细致，创造安全稳定的环境。

【党风廉政建设】 召开党风廉政建设工作会，制定《开展“把五关、倡十廉、强作风、促效能”专项教育活动的实施方案》和《推进廉政风险防范管理工作实施方案》，建立检查一科、汤河口镇税务所两个基层廉政文化建设示范点。落实党风廉政建设责任制，各级领导切实履行“一岗双责”。抓好机关效能建设，行政监察组对全局进行4次行政执法监察，对发现的问题进行通报批评，全局机关效能建设进一步加强。以行风评议检查为契机，积极组织自下而上的行风建设自查自纠活动，怀柔区地税局领导积极参加“行风热线”活动，解答纳税人提出的热点问题。定期组织特约监察员座谈会，听取特约监察员对党风廉政和行风建设的意见和建议。市、区两级党风廉政建设检查组对怀柔区地税局的工作给予充分肯定。

【干部队伍建设】 加强科级领导干部队伍建设，组织副科级领导职位竞争上岗，5名同志脱颖而出走上副科级领导岗位，进一步拓宽干部选拔任用渠道，营造公开、平等、竞争、择优的氛围。创新年度述职考评形式，增强考核工作的实效。完成内蒙古巴彦淖尔市地税局干部挂职锻炼工作，为怀柔和巴彦淖尔地税局搭建一个相互交流、相互学习的平台。积极做好干部教育培训工作，开展干部全员业务知识培训，完成税收执法资格及稽查人员业务考试工作，进一步提高干部的岗位技能和依法行政能力。创设图书管理系统，学习型机关创建工作进一步深化。

【精神文明建设】 充分发挥工会、妇联等群众组织的桥梁纽带作用，组织干部职工参加区全民运动会和全系统第三届运动会。组织登山、妇女征文等一系列丰富多彩的文体比赛和健身活动，进一步增强干部职工集体荣誉感，荣获区工会工作先进单位。开展送温暖、献爱心活动，全体干部职工积极参与，共捐赠56875元。搞好社区共建，与丽湖社区、南华一区结成了精神文明共建对子。做好联乡帮村工作，为三道窝铺村建设公共设施，提供发展资金5万元，集体经济进一步壮大，为保民生作出了直接贡献。

【后勤保障工作】 加强财务管理，搞好编制项目预算，使有限的资金发挥出最大效益。抓好内部审计，落实《中层领导干部任期经济责任审计暂行办法》。努力做好后勤保障工作，为纳税人和全体干部职工创造一个良好的办税场所和办公条件。

【先进表彰】 怀柔区地方税务局在2009年度被怀柔区委评为五好党组和经济贡献先进单位，荣获了“首都平安示范单位”“新中国成立60周年安全保卫工作先进集体”、市级交通安全管理先进单位等称号。

【领导班子成员】 怀柔区地方税务局局长：韩松；副局长：丁锦宁、姜学东、史利军、王桂富，纪检组长：陈刚。

(赵建军 陈月明)

平谷区地方税务局

【概况】平谷区位于首都经济圈和环渤海经济区中，北与密云县、河北省兴隆县相邻，西与顺义区接壤，东、南与天津市蓟县、河北省三河市为邻，处在京、津、冀三省市的交汇处，是全国最大的产桃基地，有“京东绿谷”的美誉。全区土地面积950.13平方公里，耕地面积123.67平方公里。2009年，全区户籍人口397517人，其中农业人口206583人；全区辖14个镇，2个乡，2个街道办事处，272个村民委员会，30个社区居委会；2009年，全区完成地区生产总值（在地口径）96.1亿元，同比增长10.1%；农林牧渔业总产值完成26.4亿元，同比增长5.2%；工业总产值（现价）完成156.6亿元，同比增长12.2%；社会消费品零售额（不含连锁）完成32.0亿元，同比增长15.5%；完成财政收入13.7亿元，同比增长52.3%；农民人均纯收入10872元，同比增长11.1%。

平谷区地方税务局位于平谷区林荫北街5号，机关内设19个科室，下设10个税务所（第一税务所、第二税务所和8个税源管理所），1个事业单位（机关后勤服务中心）、稽查局和工会。截至2009年年底，全局共有干部职工264人，其中公务员241人，工勤人员23人；专科以上学历人数为221人，占全局总人数的83.7%，其中研究生3人，本科171人，专科47人;党员179人，占全局总人数67.8%，团员29人，占全局总人数11%。全区注册税务登记户数（正常户）为 14192 户，内资企业10438户（其中国有企业164户，集体企业284户，股份制合作企业 438户，联营企业1户，有限责任公司 7850户，股份有限公司56户，私营企业 646户，其他企业 999户），个体工商户 3622户，中外合资、中外合作和外商独资企业 93户，港澳台合资、合作和独资企业 38户，其他外资企业1户。

【组织收入工作】平谷区地方税务局全年组织各项税费收入20.99亿元，同比增收3.49亿元，完成年初计划的110.47%。完成地方一般预算收入16.71亿元，同比增收3.01亿元，增长21.93%，完成调整后计划的103.18%；形成区级财力9.23亿元，占区财政收入的75.2%。一是统一思想，提高全局人员对组织收入工作的认识，形成组织收入合力。二是完善工作机制，以税源分析制度为基础，建立组织收入例会制度，客观分析形势，把握收入动态，及时调整组织收入方法和工作重点，全年召开组织收入例会7次。三是加强与有关部门协作，提高外来涉税信息消化、运用能力，及时向区、乡镇政府通报组织收入形势，提出税源建设建议。四是局领导分工负责，各税务所、业务科室和稽查局勇于担当，行政综合科室主动配合，全局干部特别是税收管理员积极主动开展工作，组织收入责任在各环节得到较好落实。

【征管工作】 加强征管基础工作，落实属地征管要求，维护征管秩序。加强与有关部门协作，落实登记、清算、非正常户等税源户管理要求，掌握税源户数。抓住有利时机，加大欠税催缴力度，清缴欠税174.32万元。加强迟报催缴和申报提醒，发送有关短信1200余条。严厉打击发票违法犯罪行为，检查发票7784份，收缴假发票2本，查获假公章1枚。加强退付手续费工作的管理，及时提出改进建议。改进征管质量考核，推动各项征管制度有效落实。截至2009年年底，税务登记率达100%，综合申报率达98.91% ，欠税率降至0.1%。个人所得税全员全额申报率为98.4%、准确率为99.26%，均居系统考核A类。12万元以上个人自行申报1152人，完成任务数的115.2 %。

【评估稽查】 建立征管评查联动制度，使各征管手段发挥更大的效能。加强调查研究，完善评估制度，认真组织日常评估和专项评估，加强纳税信用等级管理，共对2365户进行日常评估，对房地产、建筑、交通运输等10个行业447户纳税人进行了专项评估，评估入库税款、滞纳金、罚款2750余万元，转入稽查102户。稽查局以组织收入为中心认真开展专项检查和专案检查，查补税款、滞纳金、罚款共3525.2万元，入库3980.2万元。

【税收法制】 加强法制教育和执法监督，提高干部执法风险意识和执法能力，规范执法行为，全年开展日常执法检查4次，配合北京市地税局开展专项执法检查1次，发现问题12项次，及时落实整改要求。

【纳税服务】 探索以纳税人需求为导向的纳税服务新格局，进一步明确职责、流程，提高全员服务意识。认真分析纳税人满意度调查结果，通过纳税人座谈会、调查问卷等多种形式征集纳税人的意见建议，制定整改措施，狠抓落实。建立纳税服务厅工作规范，为落实纳税服务承诺提供制度保障。发挥网站、短信、12366热线作用，全年通过网站发布信息680条，12366热线接听电话715次。落实纳税人座谈会制度，区局、税务所共召开纳税人座谈会32次。做好数字证书 CA认证用户取消纸质申报工作，降低办税成本。创新服务方式，与区信息中心合作，依托“信息大篷车”对山区重点村镇开展流动纳税服务；组织新办户集中培训，帮助纳税人尽快掌握办税基本知识；建立纳税户走访服务制度，开展多层次的走访服务，局领导带头走访纳税人52户次。

【税收宣传】 立足区域纳税人需求，积极开展“百场万人”税法宣讲活动，共组织各种培训25场，培训纳税人7600人次。充分发挥新闻媒体的导向作用，与区广电中心联合开办《税法资讯》栏目，在市以上媒体发表稿件100篇。

【税政管理】 按照岗位分工明确帮扶责任，引导大家正确处理帮扶企业与组织收入的矛盾，提高服务区域经济发展大局的责任心和使命感，形成帮扶合力。成立专题调研组，建立信息反馈机制，提高帮扶工作的针对性。建立重点户“一对一”制度，解决重点税源企业的困难。落实各项税收优惠政策，促进企业健康发展，增强区域经济发展活力，全年办理减免退税365件。密切关注主体税种税源变化及入库情况，保证营业税、企业所得税、个人所得税政策落到实处。利用地方税源管理平台加大房产税、土地增值税信息比对力度，利用营业税信息推算土地增值税清算进度，提高地方税管理的主动性。紧密结合区域经济发展实际，开展税费管理调研。针对马坊物流园区建设，提出物流业各税种综合管理的想法及规范企业发展的建议。针对农村集体土地出租中涉及税费问题，提出加强征管的建议。代征残疾人就业保障金1249万元。

【主题教育活动】 将平谷区地税局开展深入学习实践科学发展观活动的主题确定为“坚持科学发展，优化地税发展环境，确保税收增长，为区域经济社会发展提供强大财力保障”，使主题教育活动与税收工作紧密结合，突出活动的实效性，为税收工作开展提供了强大动力。开展“加强领导干部作风建设，推进优化地税发展环境，确保税收增长年”活动，活动4个工作小组确定的重点工作全部按期完成。尝试开展局领导代理所长活动，局领导深入基层了解情况，解决问题；改进管理方式，注重人文关怀，将关心干部、爱护干部作为加强领导干部作风建设的重要内容，虚心听取群众意见建议。开展“做国家利益忠诚卫士”活动，以系统出现的反面典型为案例开展教育，查找问题，堵塞漏洞，鼓励大家爱岗敬业、忠于职守、廉洁奉公、顾全大局。平谷区地税局党组对主题教育活动中征求的意见建议，逐条进行分析，按照立即解决、待条件成熟时解决、向上级反映等几种情况进行处理，责成有关科室予以反馈。主题教育活动深入开展，对引导干部职工树立正确的世界观价值观，强化“大局意识、责任意识、忧患意识、服务意识和发展意识”起到了积极作用。

【党建工作】 坚持民主集中制，完善党组议事规则和三重一大制度，坚持民主生活会、重大事项报告等制度，加强班子团结，提高决策的科学性、民主性；坚持党组中心组理论学习制度，提高班子成员的思想理论水平和领导能力。落实党员发展、党务公开等制度，规范开展党建工作；加强基层党组织建设，及时解决基层党支部工作中遇到的问题，促进基层党组织有效发挥战斗堡垒作用；开展优秀党员表彰、党员先锋岗评选活动，发挥党员先锋模范作用。

【干部队伍建设】 利用多种方式开展全员培训。认真组织有关人员参加全国稽查人员考试，取得系统排名第五，及格率为97%，平均分103.21分的好成绩。认真完成后备干部推荐调整及科级干部选拔任用工作。

【党风廉政建设】 落实党风廉政建设责任制，明确局领导和有关单位的责任分工，促进“一岗双责”的落实；丰富教育形式，加强廉政文化建设，提高全局人员的反腐倡廉意识；发挥兼职监察员和特邀监察员的作用，积极参加政风行风评议，及时纠正存在问题。扎实推进廉政风险防范。

【行政管理】 加强机制建设，完善目标管理考核办法和绩效考核办法，明确工作标准和要求，全年未发生严重违法违纪事件和管理责任事故，实现了年初设定的综合管理基本目标。大兴调查研究之风，平谷区地税局领导带头调研，按期完成重点调研课题。加大督办力度，落实督查立项制度，及时制发督办通知单、催办通知单，编辑《平谷地税督查》5期。会议管理制度得到落实，《局长办公会纪要》全部在内网公布，保证了群众的知情权。加大信息化技术应用力度，加强信息系统安全监管，为全局各项工作高效开展提供有力的支撑。落实财务管理制度，提高经费使用效率，保证机关运行。加强后勤管理，积极参与创建国家卫生区活动，做好甲型H1N1流感防控。认真完成平安国庆各项工作任务。继续推进城乡共建活动，为共建村发展献计献策，帮助解决村民饮水等生活困难，推进和谐家庭评选活动，得到平谷区委和有关部门充分肯定。发挥工会、共青团组织作用，积极参与社会公益活动、城市志愿者活动，组织多种形式的文体活动，增强了机关活力。

【先进表彰】 2009年，平谷区地税局被评为首都文明单位标兵、“北京市扬正气，促和谐”廉政公益广告创作展播评选活动先进单位，荣获平谷区“加强作风建设，促进廉洁从政”知识竞赛一等奖。平谷区地税局团委荣获北京市共青团“两节送温暖”突出贡献奖，被评为2009年度平谷区“乡风文明志愿服务活动”先进集体。开发区税务所、马坊税务所被评为北京市2009年残疾人就业代征管理工作先进集体。科技信息科被评为平谷区信息化工作先进单位；第二税务所被评为平谷区综合行政服务中心2009年度优秀窗口；马坊税务所被评为2009年马坊镇涉农服务先进单位。耿东玉被评为北京市先进工作者；刘峰、郭光彬被评为代征残疾人就业保障金工作先进个人。

【领导班子成员】 平谷区地方税务局党组书记：张忠良，局长张秀娟（女，11月任）；副局长：朱庆丰、王一兵、牛皖军；纪检组长：杨连忠。

（胡岚峰）

房山区地方税务局

【概况】 房山区位于北京西南，总面积2019平方公里，辖28个乡镇、办事处，462个村，常住人口90.5万。区政府所在地良乡是《北京市总体规划》中首都4个中心卫星城之一，距市中心20公里，区位优势突出。2009年全区地区生产总值255亿元，财政收入52.7亿元，同比增长1.5倍。全区城镇居民人均可支配收入达到21955.2元，同比增长8%。农民人均纯收入达到11314.6元，同比增长12.3%。社会消费品零售额99.1亿元，同比增长10%。

房山区地方税务局地处房山区拱辰街道办事处，局机关设置1个稽查局，14个职能科室，下设11个综合税务所，1个纳税服务所和1个后勤服务中心。截至2009年年末，全局共有干部职工258人，其中干部229人，职工29人。人员基本情况是：按性别划分，男183人，女75人；按文化程度划分，研究生学历18人，本科学历158人，大专学历56人，中专学历8人，高中学历15人，初中学历3人；按政治面貌划分，党员173人，团员25人，群众60人。2009年年末，全区地方税收纳税人在册税务登记正常户为32185户。其中，国有企业278户，集体企业1233户，私营企业12606户，个体工商户13393户，联营企业8户，股份制企业740户，有限责任公司2637 户，股份有限公司102户，外商投资企业93户，港澳投资企业42户，其他企业1053户。

【税收收入完成情况】 2009年，房山区地方税务局共组织各项收入30.1亿元，完成年计划的114.9%，同比增收6亿元，增长24.9%。其中完成区级收入14.2亿元，占全区一般预算收入（房山区）的79.1%，同比增收5.1亿元，增长25.6%。其中营业税累计完成11.9亿元，同比增收6074万元，增长5.37%；企业所得税完成5.3亿元，同比增收1.7亿元，增长47.96%；个人所得税累计完成2.4亿元，同比减收3448万元，减少12.37%；

印花税完成1912万元，同比减收1200万元，降低38.56%；土地增值税入库2.8亿元，同比增收1.3亿元，增长92.91%。全局税收收入的持续、稳定、高速增长，连年超额完成收入任务，为支持北京市及房山区经济建设和改革发展提供了强大的财力支持。从收入走势看，年初的2月累计增幅达到最低点，从3月起，累计增幅逐步走高，在8月恢复正增长后，到11月底已经达到同比增长24.5%，全年增幅则达到24.9%。主体税种两增一减，三小税种贡献突出。三大税种中，营业税和企业所得税分别同比增收6074万元和17041万元，个人所得税则同比减收3447万元，总体呈两增一减态势。年内对总体增收贡献率较高的是耕地占用税、土地增值税和车船税，三税种共入库60419万元，占总收入的20.1%，同比增收36925万元，对总体增收的贡献率达到61.4%。三个小税种的强劲增收有力地带动了总收入的增长。主体行业一增一减，居民服务和其他服务业成增收亮点。两大主体行业中，房地产业同比增收32997万元，是增收额最高的行业，对总收入增收贡献率达到54.9%；建筑业则同比减收1603万元；在其他税种中，居民服务和其他服务业实现税收47597万元，同比增收25114万元，对总收入增收贡献率达到41.8%，是2009年增收的一大亮点，贡献率仅次于房地产业。收入构成两极分化加剧，少数大户左右税收增减。与2008年同期相比，大、小两端纳税人入库比重均上升了1个百分点，说明收入构成有向两极分化的趋势。同时，本期入库在亿元以上有4户企业，共入库税款79121万元，占总收入的26.3%，而上年同期亿元以上户仅有1户，入库税款11359万元，同比增收67762万元，若剔除此因素，则总收入同比减收7672万元。

【落实税收政策帮扶企业】 坚持以服务纳税人为主线，把纳税服务与帮扶企业结合起来，按照房山区委、区政府和北京市地税局的帮扶要求，结合实际，研究制定并全力落实《房山区地方税务局关于帮扶企业应对国际金融危机工作实施方案》。推出130条全面适用帮扶企业的税收政策、征管措施和办税程序，局长带头走访纳税户，启动快速反应机制，帮助企业解决实际困难，全年扶持各类人员就业、再就业共356人，减免各项税费约400万元。2009年，税政评估广泛开展，税政宣传力度加强，以贯彻新法及新条例为主线，全局共对各类纳税人进行培训50次，对税务所进行辅导13次。通过抓宣传，重帮扶，企业的困难得到切实解决，税收政策得到了有效的落实。

【开展青年志愿者政策宣传活动】 4月21日，房山区地方税务局与区劳动和社会保障局共同开展青年志愿者阳光行动暨优惠政策宣传活动。活动以“挑战2009，我们同行”为主题，为房山区

300余名下岗失业人员、吸纳下岗失业人员企业负责人以及自主创业大学生讲解税收优惠和社会保障等相关政策，现场发放宣传材料1000余份，并提供了“零距离”的现场政策咨询，为社会公众用准、用足、用好各项优惠政策提供信息渠道。同时，房山区地方税务局与区劳动和社会保障局协定，将每月的21日作为政策辅导日，携手开展针对弱势群体的政策辅导会，通过发挥各自优势，共同关注和帮扶弱势群体。

【规范集体约谈提纲】 为进一步强化税源管理，降低税收风险，减少税款流失，不断提高税收征管的质量和效率，年内，房山区地方税务局着力通过规范集体约谈提纲，推进集体约谈工作开展，进而促进评估工作的有效落实。通过对经常性疑点问题的归纳总结，于6月底整理完成囊括建筑、房地产、广告等11个类型的集体约谈提纲集，并以软件的形式进行固化，保证提纲的一致性、可重复性及操作的灵活性，为集体约谈的深入开展提供强有力的支持。年内，房山区地方税务局共开展国地税比对、发票比对、资源税、无税申报、广告业、建筑业、房产税、土地增值税、农工商公司、企事业单位等11个类型72批次的集体约谈，到会2027户，有问题368户，入库税款186.94万元。

【研究制定新检查底稿】 为进一步做强稽查，将每个案件做到查深、查透、查全，房山区地方税务局积极研究制定新的检查底稿。底稿有效记录实施、审理、执行全过程，按照实际工作流程设计的同时，增添必查和必审的项目以及分行业稽查重点，引导检查全面深入开展，通过对工作全过程的监督以及必查科目和项目的设置，起到执法风险防范的作用。5月，新的检查底稿已经全面应用于稽查工作的各个环节。通过新底稿的实施应用，检查有问题率同比增长12%，检查报告合格率同比增长3%；查补各税合计（不含自查补税）1226万元，同比增长119%；税款入库率为96%，同比增长2%。

【开展作风环境保增长主题活动】 组织开展深入学习实践科学发展观和“加强作风建设，优化地税发展环境，确保税收增长”两项主题活动，编发专题简报206期，向房山区委和北京市地税局办公室报送信息65条，领导班子撰写调研报告10篇，面向干部职工和社会各界征求整理意见建议29条。成立党风廉政建设、树立责任意识发挥职能作用、思想道德和专业知识技能、完善征管制度、信息安全、组织收入、综合宣传、文字材料、指导检查9个小组，通过学习调研、分析检查和整改落实3个阶段、10个环节的工作，查找影响科学发展的4方面问题，制定并落实整改措施6项，解决各类问题30个，总结测评满意率达到100%，进一步优化地税发展环境，为房山区地方税务局的科学发展和保增长提供强大的动力和保障。

【开展“三个一”法制教育活动】 9月11日，房山区“预防渎职犯罪，构建和谐房山”法制宣传进机关活动启动仪式在房山区地方税务局召开，正式拉开法制教育活动的序幕。活动中，房山区地方税务局通过开展“三个一”法制教育，将预防职务犯罪活动引向深入。一是举办一场预防职务犯罪专题讲座。9月16日，邀请房山区检察院检察长为全体干部上一堂以预防职务犯罪为主题的法制教育课，从职务犯罪的种类、原因等方面进行讲解和剖析。二是参观一次预防职务犯罪教育展板。将职务犯罪典型案例以展板形式进行宣传，组织全体干部观看教育展板，通过实际案例增强每名干部对职务犯罪的了解，警示大家远离职务犯罪。三是开展一次专题讨论活动。结合“做国家利益的忠诚卫士”主题教育周活动的学习，开展一次法制教育专题讨论，分析案件原因，通过讨论交流深刻汲取教训。

【举行首次模拟行政复议听证会】 为增强干部学法用法的积极性，使干部在履行执法权力的同时，充分认识到维护纳税人合法权益的重要性，房山区地税局于6月19日组织召开首次模拟行政复议听证会。模拟听证会抽调干部10人组成2个模拟身份代表队，就某一案例代表行政复议机关和行政复议当事人展开激烈辩论。会上，辩论双方就事说法，就事论理，围绕焦点进行举证、质证和辩论等听证过程。模拟复议听证会作为初次尝试，为有效开展复议工作，解决征纳双方纠纷，诉前化解矛盾积累一定经验，为进一步优化执法环境奠定基础。

【为纳税人办好五件新实事】 一是开展手机报税服务。年内，房山区地方税务局召开手机报税推广试点现场会，60名纳税人率先尝试手机报税的新方式。手机报税是房山区地方税务局在网上申报、电话申报、上门申报等现有申报方式的基础上，为纳税人增加的新的报税渠道。二是深化“VIP”服务内容。着力落实领导干部联系重点税源户制度。向纳税人介绍房山区地方税务局纳税服务举措，宣传税收政策，了解企业经营状况，倾听企业声音，协调解决企业存在的困难。房山区地方税务局领导每人联系纳税额在千万元以上企业4户；税务所长联系户不低于10户。全年共走访676户，其中局领导走访29户。三是积极简化办税手续，减轻纳税人的负担。对CA证书方式的6805户纳税人，不再要求报送任何纸质资料。四是强化新办企业培训。向新办户发放税收政策宣传手册和有关新法讲解的光盘。其中发放企业所得税法及离线申报软件光盘100余份，发放个人所得税年所得12万元申报宣传手册、车船税工作月历等宣传材料2000余份。年内，累计培训新办户4600

余人次。五是编制提供征期日历。根据税收征管法及细则规定，编制《常用征管日历》。1—12月，通过免费邮箱、上门发送、辅导宣传等方式，为纳税人发放征期日历31298份。

【依托科技和信息化建设提高行政效率】 2009年是行政系统在房山区地方税务局推广运行的第一年，全局上下高度重视，为系统的运行提供有力的保障。普遍应用系统处理工作，系统运行平稳。年内共召开6次协调会议，会议围绕系统需求、系统各模块的易用性、系统整体的稳定性、综合查询数据的准确性、考核系统的公平性、程序错误等展开讨论，累计提出问题29个，其中22个问题得到解决，促进了系统平稳运行，其余7个属原始需求之外的问题等待2期开发解决。同时为行政系统在全局的有效运行提供保障。房山区地方税务局制定行政系统运维制度11个，涵盖系统运行的各个方面。为保证系统运行，先后分领导层次、分模块组织3次系统培训。到各税务所、督促系统应用，听取系统改进建议20个，对16个问题在系统内实施了改造，4个问题等待系统二期开发，从而推进系统全面实施。下发系统运行动态10期，指导系统应用。根据系统反馈单及时修改系统错误42项，进行数据调整15次，数据清洗一次，保证系统的稳定运行。

【强化执业资格培训工作】 以执业资格考试为依托，全面提升干部专业化水平。一是及时组织全员进行注册税务师报名，全局报考人员34名，其中科级干部14人，一般干部20人。二是制定培训工作计划，由参加北京市地税局注册税务师培训人员讲课和模拟测试为主，结合个人自学实际进行。三是统一购买课件，挂在局内网上，实现全局共享。四是分三个阶段组织全局培训。第一阶段主要以听课件为主，系统学习掌握各学科知识；第二阶段由参加市局培训人员进行讲课，将报考的三个学科分解到人，由三名小教员分别讲解，解答疑问；第三阶段是模拟测试，统考前，组织进行模拟考试。五是进行培训统计和考勤。从3月8日开始，房山区地方税务局统一组织培训7次，分别进行考勤记录；科所组织学习16次。六是组织参加全国统一考试。6月20—22日，组织房山区地方税务局9人在市里的三个考点参加考试。全局五科全通过3人，通过三科1人，通过二科4人，有效地提高本局三师的比率，较好地储备税收专业人才。

【领导班子成员】 房山区地方税务局局长：万国喜；副局长：晋国常、谭巨科、王冠凯、邵明东；纪检组长：安永刚。

（张丽莉）

昌平区地方税务局

【概况】昌平区位于北京市西北部，东临顺义区，南与朝阳区、海淀区毗邻，西与门头沟区和河北省怀来县接壤，北与延庆县、怀柔区相连，位于太行山脉与燕山山脉交汇处，素有“京师之枕”的美誉。昌平辖区总面积1343.5平方公里，其中，平原548.1平方公里，山区、半山区面积795.4平方公里，总耕地面积12143.3公顷。截至2009年年底，常住人口94.2万人，户籍人口51.2万人。区设15个镇政府，2个街道办事处，304个村民委员会，148个社区居委会。昌平交通畅通便利，城市铁路、京包铁路、八达岭、京承高速公路、立汤快速路纵贯南北；京通铁路、大秦铁路、六环路、顺沙公路横跨东西，形成了快速、便捷、经济的交通网络。区内自然条件优越，拥有绵延百里的山前暖带，土地肥沃，资源丰富，山清水秀，环境、空气质量好，明陵、居庸关闻名遐迩，是和谐宜人的北京郊区。2009年昌平区实现地方财政收入31.6亿元，同比增长25.3%。

昌平区地税局位于昌平区南环东路16号。截至2009年年底，昌平地税局共设置12个科，12个基层税务所，1个稽查局和1个机关后勤服务中心。全局人员总编制为318人，其中，共产党员240人，占全局总人数的76%；共青团员18人，占全局总人数的5.7%；全局平均年龄38.69岁。截至2009年年底，昌平地税局共有正常税源户5万户，比2009年初增加1万户，增长25%。

【税收收入完成情况】2009年昌平地税局全年累计组织完成各项收入53.6亿元，同比增收8.8亿元，增长19.6%；地方留成完成20亿元，同比增收4.6亿元，增长29.7%。

【深化税收征管工作】一是强化税收管理员的职责作用，摸清税源底数，在清查过程中解决纳税人的涉税问题。二是充分发挥税收管理员平台的作用，积极落实税收管理员责任制度，提高税收征管质量。三是积极做好清欠工作。四是加强税务登记管理工作，加强税源户的管理，提高税源管理层次，与国税、工商合作，拓宽获取第三方信息渠道，提高控管水平。五是加强日常征管，促进组织收入工作开展。配合各政府部门大力开展税源清查工作。六是及时发现和解决日常征管工作中的问题，建立健全问题反馈渠道，及时解决征管难题，优化征管流程。

【深入开展纳税评估工作】 做好日常纳税评估，加强对无税申报企业管理；加大专项纳税评估工作力度，对市区所三级重点税源户、A级企业、房地产业、高等教育等行业开展专项纳税评估工作；加强纳税信用等级评定管理工作，进一步规范企业纳税行为。2009年，共评估6290户，有问题4034户，有问题率为64%，评估补税1578户，补缴税款7511.48万元，加收滞纳金432.58万元，罚款8.12万元，共计7952.18万元，同比增长85%。

【推进税务稽查工作】 通过有效查处涉税违法举报案件，严密组织打击制售假发票和非法代开发票专项整治行动，深入开展行业专项检查，大力整顿和规范税收秩序，提出强化征管和堵塞漏洞的有效措施，建立“以查促查、以查促管”的长效机制，提升稽查办案的能力和水平。2009年全年，稽查局共立案稽查285户，组织自查62户，累计实现查补收入6238.49万元，同比增长177.7%；入库6920.88万元，同比增长196.4%；入库率110.94%，同比增长6.97个百分点。

【深化帮扶工作力度】 积极落实帮扶企业政策，帮助企业应对金融危机造成的负面影响。一是加强税收政策宣传工作，研究企业需求，搜集企业意见建议，提供企业切实需要的服务。二是注重涉税业务办理的优化，积极推行便捷式个性服务，落实包括房地产交易过户预约服务、纳税人个性需求定制服务、纳税人涉税信息查询服务等便利举措。三是搭建税、企、政府沟通桥梁，帮助解决企业经营难题。

【开展“四项教育活动”】 积极开展“深入学习实践科学发展观”活动、“加强领导干部作风建设，推进优化地税发展环境，确保税收增长年”活动、“当好公仆，用好公权”活动和“做国家利益的忠诚卫士”主题教育周活动。四项活动的开展与组织收入工作和日常管理工作紧密结合，通过活动促进组织收入工作开展，在组织收入工作中体现活动开展效果，切实解决纳税人、广大税务干部最关心、最直接、最现实的利益问题，把活动向深层次推进。同时，广泛开展各类文体活动，增强集体凝聚力和战斗力。

【注重干部队伍建设】 一是加强干部管理，做好考核、培训工作，加大学习型地税建设。以建设学习型组织为目标，广泛开展税收业务培训考核、知识更新培训教育。3月昌平地税局稽查局在国家税务总局组织的全国税务系统稽查人员业务考试中取得平均分全市第一、及格率100%的优异成绩。行之有效的学习机制使昌平地税队伍的整体素质和税收执法水平得到稳步提升。二是公平、公正、公开选拔，建立合理人才梯队。在抓好日常管理的同时，4月、11月先后组织开展两次科级后备干部竞争选拔工作，通过聘请北京市人才素质测评中心对选拔工作进行独立笔试、面试，最终选拔出24名正科级后备干部、43名副科级后备干部进入后备干部人才库，为干部管理科学化、民主化、规范化打下坚实基础。

【加强防腐倡廉工作】 坚持预防原则，依靠制度加监管筑牢反腐防线。全面落实党风廉政建设责任制落实工作，切实贯彻各级领导干部党风廉政建设责任制台账制度，以正确行使税收执法权为关键，以防止稽查检查、行政审批、行政处罚和减免缓退税等公共权力的滥用为核心，对昌平区地税局公共权力运行机制、工作流程和其他反腐倡廉制度规定进行梳理，有效防止权力失控、决策失误和行为失范。依靠加强廉政工作，促进各级领导干部严谨作风的养成，不断提高工作效率，防范不廉行为，杜绝腐败现象，为顺利完成税收任务打牢坚实基础。制定实施《昌平区地方税务局廉政风险防范管理工作方案》及其实施细则，查找风险点共24个，其中一级风险点5个，二级风险7点，三级风险点12个，并绘制出廉政风险流程图，进一步将廉政工作具体化、常态化。

【先进表彰】 2009年度，昌平区地方税务局继续保持全国精神文明工作建设先进单位荣誉；被首都精神文明建设委员会评为首都文明单位标兵；昌平税务所被北京市市政府评为北京市模范集体；昌平税务所、园区税务所继续保持全国巾帼文明岗荣誉；人事教育科被北京市公安局授予北京市单位内保工作集体嘉奖。

【领导班子成员】 昌平区地方税务局局长：姚敬国；副局长：曲建华、康水利、郭海福；纪检组长：谷秀敏（女）。

（张　伟）

大兴区地方税务局

【概况】 大兴区位于北京市南部，区政府所在地距市区南三环仅13公里，全区总面积1030平方公里，耕地面积63.3万亩，下辖黄村、西红门、旧宫、亦庄、瀛海、青云店、长子营、采育、礼贤、安定、榆垡、魏善庄、庞各庄、北臧村等14个镇和清源、兴丰、林校3个街道办事处。截至2009年年底区常住人口为115.9万人，同比增长5.7%。全年完成国内生产总值253.7亿元，同比增长10.1%。完成工业总产值424.9亿元，同比增长11%；农业总产值47.9亿元，同比增长0.9%。社会消费品零售额115.3亿元，同比增长15.1%。区内城镇居民人均家庭总收入25457元，同比增长9.8%，农村居民人均家庭纯收入11132元，增长10.2%。地方财政收入23.1亿元，同比增长13.8%。

大兴区地方税务局原名大兴县地方税务局，于2001年4月30日大兴撤县升区后正式更名。原位于大兴区兴政街42号，于2002年10月1日迁入清源路11－1号。机关设12个科室，下设12个税务所，1个稽查局（科级），1个事业单位。全局共有干部职工337人，其中党员238人，团员25人。具有大学本科及以上学历的260人，大学专科学历的54人，大专及以上学历人数占全局总人数的93%。截止到2009年年底，所辖内资企业34076户，涉外企业435户，个体工商户23157户，其他企业1239户。内资企业中国有企业320户，集体企业862户，股份合作企业1583户，联营企业17户，股份制企业2420户，私营企业28874户。涉外企业中港澳台商投资企业184户，外商投资企业240户，外国企业11户。

【税收完成情况】 大兴区地方税务局全年共组织各项税费收入36.4亿元，同比增收2.7亿元，增长8.15%，完成市局下达年度计划36亿元（总收口径）的101.1%；其中地方一般预算收入完成30.5亿元，同比增加4.2亿元，增长15.9%，完成市局年初下达计划28.56亿元的107%，完成市局调整后年度计划指标30.2亿元的101%；区级收入完成16.2亿元，同比增收3.4亿元，增长26.45%，完成年度计划14.1亿元的115%。年内全区地方税收增幅呈现先抑后扬态势。受金融危机影响前5个月出现连续减收，在各级政府采取强力经济刺激措施和区地税狠抓组织收入工作的共同作用下，6月税收收入首次实现单月正增长，其后税收企稳回升，到9月实现累计收入正增长，全年增幅达到8.15%。

【税政管理】 从掌握税源底数、加强税源结构分析等方面入手，以地方税税源监控平台系统为依托，进一步提升房产税、土地使用税的税源管理水平。利用平台系统对房产税、土地使用税的登记情况进行统计，核实登记与入库信息不匹配数据，掌握税源登记情况。其次通过比对分析，查询问题数据并进行数据信息的拾遗补缺，完成对房产税、土地使用税登记未复核数据的复核，并充分利用国土、建委、契税完税信息等第三方数据与房土税的税源信息及入库信息进行比对，通过数据的查询、统计、整理，改正错误数据2186条，查补收入约51万元。在企业所得税汇算清缴工作中，组织培训纳税人约5000人，完成4797户纳税企业的政策落实及组织收入情况的调查、统计、总结工作。加强与残联、财政及各税务所的协调配合，使残疾人就业保障金入库率达92%，共入库残保金4906万元，完成收入计划的123%。继续大力开展年所得12万元以上个人所得税的自行申报工作，年内有4652人进行申报，完成市局任务的136.82%，完成2008年度企业所得税汇算清缴工作。

【纳税评估】 在纳税评估工作中，累计完成日常评估6374户，其中有问题户数为4595户，有问题率达到72.1%，通过评估组织各项税款及滞纳收入3718万元，户均补税金额达到0.8万元。根据实际情况，开展以房地产业、建筑业、房地产中介行业、餐饮业等行业为主的专项评估，累计评估完成120户，其中有问题户91户，有问题率为75.8%，通过专项评估组织各项税款及滞纳收入2669.3万元。对所管辖的3341户零申报企业进行调查，经核实发现，零申报企业中有问题户数为128户，占3.8%，未发现问题户数2456户，占73.5%，经所属税务所查找无法联系到的企业有757户，占22.7%。在调查中发现存在问题的企业主要问题集中在房产税、土地使用税和印花税三个税种，经过评估使其补缴税款及滞纳金共计9.8万元。通过对零申报企业的纳税评估，掌握零申报企业的基本情况，并对如何加强对这类企业的管理提出合理化建议。

【征收管理】 进一步强化税务登记管理，登记率达到99.6%，申报率平均每月达到98.85%，入库率平均每月达到99.5%以上，欠税率达到-0.5629%。与17个流管办和2个房地产经纪公司签订委托代征协议，累计代征税款达到1335.86万元，其中各街道、镇流管办共代征税款700.86万元，房地产经纪公司代征税款635万元。

【纳税服务】 安排专人负责对网站的适时更新维护，积极回复纳税人的网上咨询。年内共更新网站信息3350余条，回复纳税人网上咨询17条，12366远程坐席共接听解答各类业务咨询电话4075个，涉及税收政策、业务咨询等多个方面。

【信息化管理】 进一步加强信息系统的安全检查及日常安全评估工作。通过对系统进行测评及风险评估，全面、完整地了解全局综合服务管理信息系统的安全状况，并根据日常检查，及时发现并处理网络中的病毒、木马、DDos攻击、入侵攻击等事件，进一步强化安全监控手段，不断提高安全监控能力，保障网络的良好运行状态，确保核心业务应用运作正常。为确保国庆期间系统的安全运行，成立国庆信息安全工作领导小组，完善各项管理制度，制发《北京市大兴区地方税务局信息系统平安国庆保障方案》《北京市大兴区地方税务局平安国庆信息安全保障应急值守工作计划》《北京市大兴区地方税务局信息系统突发事件应急预案》等文件，规定各部门的相关职责，对网络安全提出具体要求。在全局干部职工的大力支持和配合下，实现“国庆平安行动”的预期目标，保证税收业务的顺利开展。

【档案管理】在税务档案管理方面，年内完成扫描类档案共计1527包，其中补扫2007年登记类144包，2008年全部1078包，2009年即时归档305包。完成2008年度非扫描类档案共计3092卷，116箱72盒，结合本局实际以及税务档案影像系统操作和应用的特点，制定《大兴地税局税务档案归档工作规程（试行）》。

【党风廉政建设】紧紧围绕党风廉政建设和反腐败工作的重点，深入推进党风廉政建设责任制。从源头入手加大预防和治理腐败的工作力度，完善制度和机制133条，其中岗位职责风险101条，外部风险9条，制度风险9条，思想风险14条。为便于开展工作，于3月中旬制订下发《党风廉政建设和反腐败主要工作任务分解》，把党风廉政建设责任细化为10大项、15项具体工作。为将廉政风险减到最低，将关口前移，做到防范在先，在元旦、春节、五一、十一等敏感时间段前，利用主题教育、讲座、考试、征文、参观等多种形式进行重点教育，做到钟常敲、警长鸣，增强全体干部的廉政意识，培养每名干部遵守廉政规章制度的自觉性，结合检察机关在大兴区管辖区域内贪污与渎职案件查办工作中反映出的问题，有目的、有重点地开展一系列的风险监控工作。

【规范执法行为】进一步贯彻落实税收执法责任制，签订2009年《税收行政执法责任书》和《税收执法监督员责任书》，遵循“检查是责任、责任是服务、服务是义务”的理念，开展4次日常执法检查和1次专项执法检查。检查涉及32项税收执法行为，检查单位覆盖面达到100%。日常执法检查共检查案卷文书437份，制作底稿437份，检查率为26.8%。专项执法检查制作《税收执法检查报告》《税收执法检查审理报告》各49份，对发现的较为严重的问题制作《税收执法检查处理决定书》3份。通过努力规范执法行为，未发生重大执法过错。为更好地优化税收执法环境，服务税收中心工作，利用《网络普法》电子专刊连续10期刊登帮扶企业应对国际金融危机税收政策和征管措施，服务帮扶工作。举办防范税收执法风险知识讲座。深化法制职能，提供法律服务与支持，认真落实规范性文件合法性审核制度，规范税务抽象行政行为，落实《大兴区地税局对外合同合法性审核实施办法》，维护单位集体利益。强化风险意识和责任意识，依法办理1起行政复议案件，严把受理、审查、调解、审理四关，做到公平、公正。

【税收稽查检查】按照全市稽查工作的总体要求，始终不移地贯彻“法治公平、规范高效、文明和谐、勤政廉洁”16字方针，积极探索税务稽查发展规律，进一步完善“局级执法”工作机制，通过强化管理、健全机制、优化手段、严格执法、加大震慑、提高素质等项工作，充分发挥税务稽查职能作用。全年共检查立案222户，有问题户174户，有问题率为78.4%，查补收入13292.15万元，其中税款12441.4万元，滞纳金822.82万元，罚款27.92万元。入库收入13258.71万元，其中税款12412.2万元，滞纳金819.5万元，罚款27.02万元，入库率达到99.7%。

【推进作风环境保增长活动】为贯彻落实北京市地税局党组关于在全系统内开展“加强领导干部作风建设，推进优化地税发展环境，确保税收增长年”活动的会议精神，大兴区地税局党组制订四步走逐步推进的总体方针，成立区局活动领导小组办公室及8个专项工作组，由其负责全局活动的组织和领导工作。为充分调动全体干部参与活动的积极性，确保活动开展的实效性，组织召开领导小组任务协调会10余次，对各阶段工作的开展进行周密部署，编辑38期活动专刊，将活动的各项要求、活动成效等内容及时传达到全局每一名干部职工，增强全体人员开展好活动的积极性和自觉性，为工作的开展奠定扎实的思想基础。本次活动各专项组完成工作共计39大项任务，120项具体工作，分别完成计划33大项任务，101项具体工作的118%和119%。

【党建工作】为进一步统一基层党建工作思路，明确工作重点，制发《党组理论学习中心组计划》《全员政治理论学习计划》《基层党建计划》等文件，同时加大对基层党建工作的考核力度，先后对22个党支部开展党建工作进行调研，促进党建工作落实到末端。年内共表彰3个先进党支部，26名优秀党员，20名青年岗位标兵。围绕先进典型拍摄《光辉的旗帜 工作的典范》党员电教专题片，并在区委“党旗飘飘”栏目中进行播放，组织党员进行各类捐款共计12050元。

【文体活动】按照文化建设寓教于乐的要求，完善文化活动小组设置，规范制度，发挥文体活动凝心聚力的作用，结合当前国内税收形势，积极创造条件，组织各文艺组开展活动，先后组织青年团员围绕“青春与使命”主题进行文章撰写，组织摄影组围绕建局15周年进行摄影回顾展的前期采风工作，组织开展群众参与的体育健身活动，积极参加北京市地税局组织的各项比赛项目，先后取得乒乓球男子单打第一，团体第四的成绩。

【领导班子成员】大兴区地方税务局局长：冯守利（11月任）；副局长：王竺（女，10月任）、杨连波、赵百军、孔祥波、田凤霞（女）；纪检组长：孔军。

（张　伟）

密云县地方税务局

【概况】密云县位于北京市东北部，属燕山山地与华北平原交接地，是华北通往东北、内蒙古的重要门户，故有“京师锁钥”之称。全县东、北、西三面群山环绕、峰峦起伏，巍峨的古长城绵延在崇山峻岭之上；中部是碧波荡漾的密云水库，西南是洪积冲积平原，总地形为三面环山，中部低缓，西南开口的簸箕形。密云县西起东经116° 39′，东至117° 30′，东西长69公里；南起北纬40° 13′，北至北纬40° 47′，南北宽约64公里。东南至西北依次与本市的平谷、顺义、怀柔三区接壤，北部和东部分别与河北省的滦平、承德、兴隆三县毗邻。全县总面积2229.45平方公里，占全市面积的13%，是北京市土地面积最大的区县。全县山区面积1771.75平方公里，占79.5%；平原面积263.4平方公里，占11.8%；水面面积194.3平方公里，占8.7%。全县共辖17个镇1个民族乡，有66个居委会，339个村委会。2009年全县实现地区生产总值120亿元，同比增长10%。全年完成一般预算收入12.9亿元，同比增长22%。全年财政一般预算支出56.1亿元，同比增长57.2%。全年完成税收总额29.6亿元，同比下降10.9%。其中，国家税收完成13.8亿元，同比下降2.2%。全年城镇居民人均可支配收入21600元，同比增长7.3%；农村居民人均纯收入10682元，同比增长12.1%。全县累计实现社会消费品零售额56亿元，同比增长11%。

密云县地方税务局位于密云县鼓楼东大街七号。截至2009年12月31日，共设12个科室，1个后勤服务中心，1个稽查局(内设5个职能科室)，9个税务所；全局干部职工256人（党员135人，团员33人）。年末累计正常登记户17734户，其中，国有企业183户，集体企业324户，私营有限责任公司4894户，其他有限责任公司1563户，个人独资企业358户，个体工商8505 户，股份合作企业260户，股份有限公司53户，涉外企业213户，其他类型企业1381户。

【税收收入】2009年，密云地税局累计组织各项收入15.8亿元，同比减少3.3亿元，下降17.38%。完成北京市地税局年初下达的15.6亿元任务数的101.26%。完成县级收入6.4亿元，完成县政府收入指标8.1亿元的78.15%，同比减少7529万元，下降10.59%。

【协助管户】加强领导干部作风建设，优化地税发展环境，深化全员管户工作，密云县地税局局长和业务科全体干部，协助管理217家市、县、所三级重点税源户，全程参与日常征管过程，促进税收综合分析预测能力的进一步提高，建立起征管问题长效快速反应机制。局长和业务科共实地入户管理137户次，解决各类涉税问题45个。山西太原、内蒙古兴安盟、北京朝阳、西站、平谷等兄弟局先后进行学习、交流、研讨。

【分类管理】对全局纳税百万元以上企业，进行重点监控，建立收入跟踪制度。对一般纳税户，强化分析和管理，做到行业总体分析与纳税人个体分析相结合。对无税申报户，核实排查2491户。全局实际纳税企业7704户，同比增加769户，增长11%。

【综合治税】密切与相关部门的协作，积极主动开展工作，全面掌握税源信息，清理漏征漏管户。与国税局传递征管数据18.5万条，修改税务登记信息280户。从卫生局获取营利性医疗机构税源户68家。通过建委实地核查县内施工企业纳税情况60户。通过发改委掌握房地产企业241户。密切与鼓楼街道和果园街道的协作，推进个人出租房屋税收征管，组织税收251万元，同比增收110万元，增长128%。

【税费管理】开展2008年企业所得税年终汇算清缴和2009年度营业税普查。提前超额完成年所得12万元个人所得税申报工作。加强跨地区经营汇总纳税企业的所得税征收管理。利用全员全额明细申报数据，查找疑点信息，对已经脱离了代扣代缴单位的1200余人的6万余条申报数据进行核实，催缴900余人补缴税款101万元。积极推进房地产一体化管理，落实房地产交易环节税收政策。利用地方税源管理平台，加强房产税、土地使用税管理。强化措施，量化考核，做好残保金征收工作。

【纳税评估】完善评估指标体系，开展无税申报企业评估，推进重点行业、重点税源户专项评估。启用三项纳税评估预警指标，生成疑点290条；实施纳税评估3549户，入库税款2023万元。

【税务稽查】建立评估、稽查协作机制。围绕组织收入目标，开展重点行业专项检查，加大稽查税款执行力度，提高办案质量和效率。共立案检查111户，入库税款1277万元。受理举报案件65件，查补税款267万元。

【依法行政】落实《全面推进依法行政实施纲要》。加强文件审核，做好会签工作。按照“定重点、定内容、定目标”的原则，对21个税收执法项目进行日常检查，涉及各类执法文书及案卷2925卷，发现问题1255次，整改率为100%。

【帮扶工作】积极开展帮扶工作，局领导班子带头走访重点企业，了解企业经营发展情况；各科室所精心整理税收优惠政策，上门宣传辅导，减免税款2422万元。

【应急服务】年末，二手房税收政策调整，契税窗口出现办税高度集中的突发情况。局党组高度重视，及早部署，成立了应急领导小组，深入一线，解决问题，鼓舞士气。召开科所联席会议，增配业务骨干。启动纳税服务移动车，增加办税窗口。针对不同办税对象，分别实行批量办理、优先办理、会诊办理和预约办理。以上措施，成功解决了二手房办税拥堵问题，顺利渡过了政策调整期。

【税收宣传】为新办企业制作《纳税人手册》，组织5期纳税辅导会。巩固少年税校工作成果，完善少年税校教材，与国税局联合开展税法宣传活动，将第二小学确定为密云国地税青少年税收教育基地。

【学习实践科学发展观】全局16个党支部，156名党员，积极参与学习实践活动。党组成员历时7天进行封闭式学习。邀请中央党校党建教研部副主任教授宋福范，中国工商银行董事、原国家税务总局征管司司长王文彦、北京市委党校教授宋林太作专题讲座。与66352部队共同听党课，交流学习体会。组织全体党员到首云铁矿博物馆参观学习。与果园街道联合举办演讲会，交流学习成果。开展“基层日”调研活动，班子成员分别成立调研课题小组，完成6篇调研报告。认真组织民主生活会，深入剖析查找问题，制定12项整改措施。

【党风廉政建设】坚持开展“亲情助廉”活动，健全防范网络，提醒干部珍惜岗位，珍惜家庭，算好几笔账，不触“高压线”。开展警示教育，邀请市纪委常委、副研究员刘经宇，结合中共十七届四中全会精神，剖析腐败现象产生的成因和危害，介绍“反腐败斗争的形势和任务”。推进廉政风险防范，把握规范税收执法权和行政管理权两个关键环节，明确重要风险防范内容，制定并实施廉政风险防范方案和实施细则，完善防控措施。规范权力运行机制，深入开展执法检查，强化执法监察，加强对重点部门、重点岗位的监督力度。认真受理群众举报案件，加强政风行风建设，得到县综合评议小组的充分肯定和市局评议组的高度评价。

【主题教育周活动】明确“依法治税不枉，应收尽收不过，洁身自爱不染，团结协作不乱，恪尽职守不怠”的队伍建设总要求。利用休息时间召开全体干部职工大会，大处着眼，细节入手，层层动员，注重实效。通过上报原始记录、集体补课、人人发言等措施，真正做到学有所获、查有所得、谈之有物，人人受教育。

【干部管理】完善公务员动态管理机制，实施《工作人员违规违纪警示记录管理办法》，强化行政责任，严肃行政纪律。制定《公务员岗位轮换管理办法》，完善人力资源管理体系。加强后备干部队伍管理，圆满完成处级后备干部民主推荐和科级22名正职、38名副职后备干部的集中调整。组织全员更新知识培训，加强对教学、食宿、课余活动、考勤考核等各环节的管理，并对培训质量进行整体考核评估，效果良好。

【文体活动】团员青年积极参与“红歌英雄汇，唱响新密云”活动，进入全县10强，获最佳上镜奖；参加“五月鲜花歌咏比赛”获得二等奖。发挥工会桥梁作用，成立机关篮球队和乒乓球队，组织友谊赛；积极参与北京市地税局运动会，持续开展全民健身活动。关心干部职工健康，为全体干部职工做了健康体检。

【信息化管理】严抓安全制度的落实，完善系统授权管理制度。做好保障工作，深入一线解决各类问题93次，硬件维护141台次，日常维护275台次，更新计算机50台。试用3G网络新技术，优化纳税服务车办公系统，提高工作效率。

【内部管理】投入专项资金686万元，完成西配楼工程、警卫室工程和防雷设备工程。更新3台办公用车、50台计算机、3台复印机。对计算机房加装稳压设备和节电设备。建立洗衣房，修订《会议管理办法》。规范日常办公用品的领用管理，对全局固定资产配置情况进行调查。

【安全维稳】落实“国庆平安行动”工作任务，建立安全保障机制，强化安全防范措施，坚持值班检查和零报告制度。投入18万元资金，检修更新监控设备和灭火器。严密防控甲型H1N1流感，为全局干部职工接种疫苗。加强职工食堂安全卫生管理。做好交通安全教育，全年行车无事故，被评为密云县交通安全先进单位。

【先进表彰】密云县地方税务局被北京市爱国卫生运动委员会评为市级爱国卫生先进单位，被密云县体育局2009年度评为密云县群众体育工作先进单位，被密云县交通安全委员会评为交通安全先进单位；太师屯税务所被北京市人民政府首都绿化委员会评为首都绿化美化花园式单位；局团委被共青团密云县委员会评为五四红旗团委；第一税务所团支部被共青团密云县委员会评为“五四红旗团支部”荣誉称号；密云县行政服务中心地税局窗口被共青团密云县委员会评为密云县“青年文明号”；密云县地税局青年志愿者服务队被共青团密云县委、密云志愿者协会授予2009年度密云县“优秀志愿服务集体”荣誉称号；地税局团委“残疾人办税绿色服务通道”志愿服务项目被共青团密云县委密云志愿者协会授予2009年度密云县“优秀志愿服务项目”荣誉称号；刘高扬被评为首都“迎国庆、讲文明、树新风”先进个人；王丹被评为密云县“优秀团干部”；张曦被评为密云县“优秀共青团员”；韩旭被授予2009年度密云县“优秀志愿者”荣誉称号。

【领导班子成员】密云县地方税务局局长：赵增科；副局长：黄健、张林头、高士山、王劲松；纪检组长：李连武。

（王　迪）

延庆县地方税务局

【概况】延庆县位于北京市西北部，地处八达岭长城脚下，距市区73公里。东邻怀柔，南接昌平，西与河北省怀来县接壤，北与河北省赤城县相邻，辖域面积1992.5平方公里，人口27.8万。2009年，延庆县以“三个代表”重要思想为指导，认真贯彻党的十七大和十七届三中、四中全会精神，深入学习实践科学发展观，按照“调结构，上水平，保增长，保民生，保稳定”的要求，积极应对国际金融危机造成的复杂经济形势和严峻挑战，加快实施生态文明战略，有效遏制经济增长明显下滑态势，全县经济保持平稳较快发展。2009年，全县共实现地区生产总值61.6亿元，同比增长10%；完成财政一般预算收入6.35亿元，同比增长10.8%；全社会固定资产投资达到48.2亿元，同比增长47.2%；社会消费品零售额达到40.9亿元，同比增长13.2%；实现城镇居民人均可支配收入21573元，同比增长7.2%，实现农民人均纯收入10470元，同比增长11.6%。

延庆县地方税务局位于延庆县庆园街4号，负责辖区内宣传、贯彻、实施有关地方税收工作的法律、法规及规章，负责编制辖区内地方税收计划，并组织实施；负责依法实施征管范围内各种税、费的征收和管理工作，并对各种涉税违法、违规行为进行行政处罚，实施本辖区内税收政策咨询和纳税服务工作。2009年年末有干部职工218人（干部193人，职工25人）。其中副处级以上干部8人，科级干部61人，主任科员26人，副主任科员39人。全局干部职工中，有党员129人，团员28人；下设9个职能科室，12个税务所，1个稽查局，1个机关后勤服务中心。截至2009年12月31日，延庆县地税局正常税源户13054户，按经济性质划分，国有企业165户，集体企业279户，私营企业1322户，有限责任公司1097户，股份制企业199户，外资企业29户，个体工商户9354户，其他企业569户；按征管行业划分，农林渔牧业505户，制造业636户，建筑业254户，交通运输仓储和邮政业302户，批发和零售业6807户，住宿和餐饮业1647户，金融业32户，房地产业125户，租赁和商业服务业291户，居民服务和其他服务业1818户。

【税收任务完成情况】 2009年，延庆县地方税务局入库各项收入9.7亿元，同比减少2663万元，下降2.7%；一般预算收入完成7.5亿元，同比减少6520万元，下降8.0%；县级收入完成3.8亿元，同比减少1748万元，下降4.4%。主要税种完成情况：营业税完成4.3亿元，同比下降17.1%；企业所得税完成1.9亿元，同比增长80.5%；个人所得税完成1.6亿元，同比下降12.4%。

【多项措施保收入】 2009年，面对金融危机、区域经济结构和税源结构发展不均衡导致延庆县地税局组织收入工作面临前所未有的困难。制定21条组织收入措施，完善税源分析制度，健全《收入任务目标责任制》，建立经济部门联席会制度、区域经济联席会制度，增强横向联系，全年召开会议30余次。建立税收分析会制度，以集中汇报、分片汇报和专题汇报等多种形式，按月分析，汇报收入情况。分户预测164户重点户，增强工作的前瞻性。加强重点工程监控，把全县109个重点项目分解到各税务所进行税收监控。

【引资清欠见成效】 强化经济部门协调与配合，维护税源稳定，继续加强与两大开发区的合作力度，开展重点税源专项走访工作，了解收集税源信息，为招商引资工作提供政策支持。开展税政宣传，做好新办户辅导、涉税咨询及后续入库跟踪及预测工作，开通新企业办税绿色通道，简化审批手续，为延庆县招商引资作出贡献。成功引进北京创博通达科贸有限公司等企业，实现入库税款6803万元。多措并举增加税收1亿多元。成功清理历时9年、9户企业所形成的欠税和滞纳金共计8498万元，提高全年组织收入进度7.8个百分点，最大程度帮扶企业，实现纳税人、政府、地税部门的三方共赢。

【税收宣传突出区域特色】 全年以“税收 · 发展 · 民生”为主题，落实北京市地税局税法宣传“进农村、进社区、进企业，促和谐、促稳定”的指导思想，将“万人百场”宣传活动贯彻全年始终。成立北京首个“民俗餐饮旅游企业纳税人协会”，并在最美丽的乡村、京郊著名民俗村——柳沟村举办启动仪式，及时、主动地引导、督促、帮助纳税人了解和掌握国家税法及具体政策规定。针对民俗户需求，在《妫川说法》节目做了专题法制节目，讲解民俗户纳税过程。与延庆县国税局合作，共同举办发票使用宣传活动。结合延庆县“机关作风和能力建设年”活动，录制“一把手走进直播间”专题访谈节目等。各税务所通过不同形式、不同角度的宣传，提升社会各界对地税工作的认同感，提高纳税人税法遵从度。

【征管基础管理】 加大征收管理创新力度。制定《无税（费）申报核实管理实施方案》，提高申报质量。施行层级分类管理，建立“层级分类”管理模式、走访和汇报制度，最终确定局长层管户37户，所长层管户193户。充分应用税收管理员平台管控优势，分户11516户，分户率为99.7%，信息核定11191户，核定率为98.8%，税种核定10975户，核定率为96.8%。加强与国税局联系，及时调整因增值税税率变动引起的定额变动，共计调整5400户。搭建国税、地税、工商局横向协税护税网络和联动服务平台，加强协调、配合，定期交换数据信息。科学实行非个体户日常评估比对，共补交税款164.8万元。开展企业纳税情况自查工作，通过对收回的3322份企业自查报告表进行数据比对、评估，发现有问题企业60户，补缴税款、滞纳金156万元。自主开展印花税、房产税、土地使用税、土地增值税、外商投资企业土地使用税数据比对，累计补征房产税239.6万元，土地使用税140.7万元，印花税62.4万元，土地增值税33.3万元。

【税政管理】强化征期后申报、纳税信息的核实比对，提高申报入库准确率，取得明显效果。全年申报率均达到100%，入库率除4月和8月为99.9%外，其余月份均为100%。个人所得税数据应用和加大催报相辅相成，实现县局个人所得税全员全额申报率在全系统一直保持A级。超额完成年所得12万元以上个人所得税自行纳税申报工作，917人进行自行申报，完成北京市地税局任务的116.8%。畅通新政策解释渠道和问题请示答复途径，编辑《新政策专刊》和《业务期刊》共计24期，解答基层请示的业务问题65个。圆满完成2008年度个人所得税完税证明678户，28195份。建立两级税源管理台账，每月根据税源增减变化及时进行科所两级更新，保证税源户数的准确性。按时完成2008年企业所得税汇算清缴工作，实现汇算清缴申报率100%的目标。

【提升纳税服务水平】为新办税务登记证的纳税人提供优质高效服务，实行“6+1套餐”服务。与延庆县国税局联合每月定期组织新办税务登记证纳税人开展培训。修订纳税服务工作规范。统一全县办税服务场所的标识。充分发挥非紧急救助服务中心作用，共受理咨询1700余人次。有效落实“两个减负，推行网上申报，推广CA认证及个体户银行扣款，网上申报用户达到3547户，已完成办理CA认证企业3395户，定期定额个体工商户银行扣款成功率达到92%。利用Tax861网站为纳税人提供服务，及时更新网页，使其成为对外宣传的窗口，全年更新图片新闻120余条。在网站进行纳税人意见征询、税收政策培训需求、网站应用需求等调查问卷3期，发送电子邮件547份，充分利用手机短信、电子邮件等方式，以信息化建设提升纳税服务水平，网上地税局得以全面应用。

【有效规范执法行为】全面开展个体工商户管理、纳税信用等级评定及后续管理情况执法检查。针对税务检查案卷等21

个项目开展专项税收执法检查自查，成立执法检查工作小组，对涉及检查项目的稽查局、政策法规科、征收管理科、纳税评估科和11个税务所全部进行执法检查，共涉及文件卷宗2036卷（份），检查487卷（份），检查率为24%，其中有问题51卷（份）。制作《税收执法检查审批表》，对自查和检查中的问题提出处理意见，报主管局长审批后，制作《税务检查处理决定书》，针对存在的问题，及时进行整改，以此逐步提高执法水平；同时在执法风险讨论的基础上，出版执法风险论文集《未雨绸缪》，在有效规避执法风险的同时，推进全局的法制化进程。

【评估稽查】积极开展无税申报企业的评估和餐饮行业的专项评估，对国地税共管户的城市维护建设税、教育费附加情况进行系统评估。专项评估八达岭、龙庆峡两大景区企业和两大开发区企业，同时落实纳税信用等级企业升降级管理，联合延庆县国税局为102户企业颁发纳税信用A级证书及牌匾。全年入库税款880万元，移交稽查107户，提出纳税事项建议236户次。稽查突出“细化两个流程，落实四个制度，规范一个模板”等重点工作，加大稽查检查工作力度，创新稽查工作方式方法，实现早安排、早检查、早结案、早入库。2009年立案166户，结案149户，查补收入6034万元，入库率为100%。

【内部行政管理】系统地整合汇编各项制度，共分领导班子类、行政管理类、廉政管理类、法制管理类、党团工会管理类、税收业务类、信息化管理类和稽查局管理类8大部类，囊括各项制度155条，重新编写了《每周工作汇报制度》《请示汇报制度》《计划总结制度》，有效促进各项工作开展。稳步推进督察督办工作，针对年初制定的任务分解书，采取“重点督察与定期督察”相结合的方式来推进各项重点工作，确保年初制定的各项工作有效落实。

【开展主题活动】学习实践科学发展观活动取得实效。在延庆县委实践活动第八指导组的帮助下，按照第二批深入学习实践科学发展观活动的部署，县局于3月17日召开动员大会，全面部署学习调研、分析评议、整改落实3个阶段6个环节的工作，活动中举办各种学习辅导班5次，累计培训100小时，撰写调研报告35篇，制定16项具体整改措施，取得“党员干部受教育，科学发展上水平，人民群众得实惠”的效果。围绕“加强领导干部作风建设，推进优化地税发展环境，确保税收增长年”活动，认真收集查找影响发展环境的因素86条，制定整改措施101条，进一步提升人员素质，加强领导干部作风，促进整体工作的开展。有效组织“做国家利益的忠诚卫士”主题教育周活动，开展“三个一”活动，围绕“如何当好国家利益的忠诚卫士”“建设五型机关”等主题组织讨论座谈。开展庆祝建局十五周年活动，领导班子深入走访慰问基层干部，走进企业送去《致全县纳税人的一封公开信》，得到纳税人的肯定。开展征文、局庆艺术展等活动，以简约而隆重的形式庆祝地税局15岁的生日。

【廉政建设】 围绕廉洁型机关建设，着力打造好教育、自律、监督、惩处“四道防线”。研究修订《惩防体系2008—2012年工作规划主要任务分解表》和《2009年度党风廉政建设和反腐败工作主要任务及分工表》，将5年廉政建设规划分解为7大范围70项具体任务，明确2009年11项重点工作。逐级签订《党风廉政建设责任书》，制定《延庆县地方税务局执法监察工作办法》，规范廉政回访制度、税务所资金来源监督制度以及执行廉政章程情况上报制度。完善《延庆县地方税务局税风监督员工作办法》，邀请县局特约监察员，共同举办税风监督员聘任仪式和座谈会。全年共聘任34名税风监督员。与15个乡镇纪委建立联席工作机制，召开“携手共建监督机制，同创和谐发展环境”研讨会，筑牢基层廉政工作基础。实施廉政回访制度，回访满意率为100%。与县检察院联合召开预防渎职侵权，推进廉政风险防范管理工作研讨会。制定《廉政预警机制实施办法》，收集、整理税务行政管理和税收执法中各岗位存在的廉政风险和执法风险，形成重点防控风险点，按照可能造成的危害程度、产生的后果等因素，将其分为“红色预警、橙色预警、黄色预警”三类，实施“三色预警”管理机制。

【领导班子建设】 完善延庆县地税局党组和领导班子的议事规则，全年召开局党组会20次，局长办公会25次，集体研究重大事项；组织召开了专题民主生活会2次，拓宽意见征求渠道，以基层调研、支部讨论及网上征求为渠道，征求意见和建议共计150余条，结合意见和建议在党性党风、廉政勤政、自身能力建设等方面，开展批评与自我批评。不断完善后备干部人才库，认真做好处、科级后备干部集中调整工作，选拔确定处级副职后备干部人选6名，科级正职后备干部28名，科级副职后备干部41名。在干部队伍建设过程中，坚持以“君子不器”的核心价值观和建立“生态税园”的共同愿景，统一思想，弘扬正气，激发热情，践行使命，提高效率，使干部素质显著提高。

【全面落实帮扶走访工作】 认真贯彻、落实上级部门帮扶工作部署，归集整理帮扶政策和措施，将延庆县地税局归集的政策同北京市地税局帮扶税收政策结合，对征管措施和办税程序、缓缴税款制度和操作办法进行明确，执行到位。及时召开例会，开展各种形式的宣传辅导；采取多种形式公布帮扶政策，反馈情况，收集问题，制定帮扶措施，帮助困难企业解决问题；发放帮扶政策和措施宣传材料，利用报纸、电视台等媒体开展宣传，解决政策难点和征管程序问题。认真贯彻落实

《延庆地税局走访服务制度》，确立以局领导、科、所联合的三级走访服务模式，了解企业经营遇到的困难，帮扶企业应对金融危机。共走访企业635户，为102户企业解决困难。

【打造学习型组织】 充分发挥地税网院作用，不断充实网院资源，开展《行政许可法》网上远程培训，按季度开展全员网上考试工作，督促干部学习税收业务知识。落实季度法律培训工作，开展学法用法考试，邀请首都经济贸易大学教授讲解《行政复议法和行政诉讼法》，通过实例讲解法律知识，提高了干部依法行政水平；组织全员更新知识培训，邀请首都经济贸易大学资深财税专家负责课程教学；开展为期5天的稽查岗位业务脱产培训，采取了业务培训和模拟考试互动的模式，参考稽查干部取得了平均分99分、及格率100%的好成绩。

【精神文明建设】 坚持以人为本，加强地税文化建设。4月成功举办首届春季运动会，达到放松干部身心、凝聚队伍人心的效果。积极推动精神文明建设工作，整理统一了税务所各项行政管理制度、税务所标识，并在各税务所建立所史，组织青年文明号到兄弟单位参观学习文化建设成果。2009年，延庆县地税局共荣获市级青年文明称号3个，县级青年文明称号2个，新申报青年文明称号1个，全国巾帼文明岗、全国三八红旗集体各1个。2009年延庆县地税局又获得国家级“全国精神文明建设工作先进单位”的光荣称号。

【领导班子成员】 延庆县地方税务局局长：于欣杰；副局长：王仁丽（女）、王治国、吴永茂、张发伍；纪检组长：王乃君（女）。

（沈文涛）

北京市地方税务局燕山分局

【概况】 燕山地区位于北京市西南郊房山区境内，距离市中心52公里，辖区面积40平方公里，常住人口有10万多人，所辖星城、迎风、向阳、东风四个街道。2009年燕山地区实现地区生产总值165.15亿元，实现财政收入5.42亿元，同比增加113.7%。社会消费品零售额为10.57亿元，同比增长29.2%。

北京市地方税务局燕山分局是主管北京市燕山地区地方税收工作的行政机关，全局共设有13个科室所，1个机关后勤中心，1个稽查局，有干部职工86人，其中党员42人，研究生学历2人，本科学历61人，大专学历16人。2009年，燕山分局在北京市地税局及燕山工委、办事处的正确领导下，深入学习实践科学发展观，紧紧围绕北京市地税局提出的“加强领导干部作风建设，推进优化地税发展环境，确保税收增长”的主题，扎实有效地开展各项工作。坚持组织收入中心工作不动摇，结合地区经济发展形势，不断强化征管措施，提升服务水平，优化税收环境，圆满完成全年各项工作任务。截至2009年，燕山地区登记管辖户共计4115户，其中国有企业31户，集体企业59户，股份制企业128户，联营企业3户，有限责任公司224户，股份有限公司9户，合资经营企业3户，港、澳、台投资股份有限公司企业1户，个体工商户2809户，私营企业733户，其他112户。

【税收收入大幅增长】 2009年，受国际金融危机冲击和国内经济下行的影响，税收工作面临严峻考验。燕山分局全体干部顶住压力，迎难而上，锐意进取，加强组织领导，严格依法征收，坚持应收尽收，抓住成品油税费改革的有利契机，提前2个月完成全年税收任务。全年共完成各项税费收入11.46亿元，同比增收7.22亿元，增幅为170.62%，完成年度计划的124.52%。完成地方一般预算收入10.95亿元，同比增长7.17亿元，增幅为189.66%，完成区级收入7.72亿元，同比增长5.85亿元，增幅312.54%，税收规模首次过10亿元，实现建局以来的历史性突破。

【有序开展组织收入工作】 一是加强领导，有效落实。为保障全年任务的顺利完成，燕山分局坚持“一把手”负总责，一级抓一级的收入任务责任制，将全年计划指标层层分解，制定“收入任务分解表”，细化到各个税务所、各个税种和每个管理员，保证做到任务到所，责任到人。二是突出重点，措施有力。本着依法治税，“抓大、管中、不放小”的原则，实施分税种重点税源管理模式，牢牢把握重点税源税收变化情况；实行“双级组织收入工作会”制度，随时掌握组织收入进度，及时解决存在问题。三是有效实施“四个分析”。定期召开组织收入工作专题会，充分发挥各部门整体合力，通过研究税种、政策、管户分类的具体数据，实现对税收、税源、税政、税务的综合分析，保证分析预测的准确性。四是积极做好对石化新材料科技产业基地的税收支持工作。专门成立政策研究领导小组，针对产业基地发展的不同阶段进行税收政策研究，探讨产业基地筹备中的征管措施、服务手段、优惠政策等具体问题，做好基础准备工作。

【推进征管工作】 一是保证征管质量上水平。推进征管指标考核工作，严格按月通报，使登记率、申报率、入库率始终保持在100%，欠税率为0。深化个体税源户的“阳光定税”工作，逐步实现个体户自核自缴。二是加强信息横向交流。坚持与国税、工商等部门的横向交流，按月互通经济数据，实现税源信息的交换共享，建立起综合治税局面。全年交接资料48次，1025户次，处理问题户273户次，有效堵塞征管漏洞。与工商分局建立联席会议制度，共召开联席会议3次，互换信息15次，10498户次，确保税源登记信息的连续性和完整性。

【开展评估稽查】认真开展对发票、流转税等重要信息的比对和疑点核实工作。全年完成纳税评估697户，其中，有问题294户，有问题率为42.18%，查补税款、滞纳金和罚款共计268.24万元。严格稽查检查。突出稽查检查震慑作用，对重点行业加大检查力度，代表燕山办事处牵头开展地区打击发票违法犯罪活动。全年共查办案件57件，累计查补税款82万元，加收罚款、滞纳金52万元，收缴地税服务业假发票1000余份、国税商业零售票200余份。

【加强法制建设】深入开展执法检查工作，共对18项、297份案卷进行全面检查，检查有问题项目5项，有问题案卷50卷，占16.8%；全面清理规范性文件，制作分类目录，印制《税收工作常用文件手册》。提高税务干部依法行政意识，规范执法行为。

【信息化管理】发挥信息化保障作用。认真开展信息系统安全风险平复和等级保护工作，在两会及国庆期间，加强网络管理力度，提高应急处理能力，有效保障全年无事故。

【完善纳税服务体系】一是加强局长联系重点纳税人制度。结合地区税源特点，燕山分局6位局长分别负责联系46户重点企业，通过举办座谈会、深入企业走访、电话、电子邮件、短信等渠道，使企业的涉税建议直接反馈到领导班子，受到了联系企业的高度赞扬。全年累计联系企业60余户次。二是扎实开展走访服务制度。制定实施《走访服务制度管理办法》，解决企业实际问题。全年累计走访249户次，其中新办企业155户次，走访比例为80%，重点税源户和纳税信用A级企业24户次，走访比例为100%，有办税困难企业70户次，走访比例100%。三是有效落实“两个减负”。通过发放调查问卷、专题培训、上门辅导、发放培训资料等形式，为纳税人提供多层次、全方位的纳税辅导，减轻办税负担。全年共举办大型集中辅导5次，200余户，发放调查问卷2000余份。四是积极开展平台建设。利用电子邮箱发送税收政策、友情提醒信息34563户次。通过地税网站发布税收信息235条。提高12366人员答复质量，加强对答复准确率的检查。开展网上在线答疑活动，现场解答纳税人提问147个。

【建立健全税政管理机制】建立税政

跟踪、反馈机制。建立实施政策变化反馈机制，对政策变化带来的影响，深入开展调查研究，充分发挥税政综合指导作用。全年累计为一线解决税收政策问题62件。加大对困难企业扶持力度。积极组织对辖区内困难企业情况进行调查，及时掌握纳税人对税收政策的需求，用准、用足、用好各项税收优惠政策，最大限度地服务困难企业。全年有效解决企业涉税问题35个，受理各税种减免退税112户次，减免税1096万元。不断加强税费管理。充分发挥税政联席会职能作用，形成整体合力；圆满完成营业税普查、企业所得税普查和汇算清缴工作；个人所得税明细申报率和准确率每月考核均为A级水平；残保金代征工作取得大幅度提升。

【全面加强干部队伍建设】 一是以开展深入学习实践科学发展观活动为契机，工作水平有效提高。紧密围绕服务燕山地区经济社会发展和服务纳税人两条主线，以科学发展观为指导，加快五型机关建设，开创税收工作新局面。开展专家辅导讲座、支部专题研讨、编发学习简报等多项富有成效的活动。二是以“加强领导干部作风建设，推进优化地税发展环境，确保税收增长年活动”为载体，税收环境全面优化。燕山分局领导坚持从群众中来，到群众中去的工作方法，以在全局范围内征集合理化建议为重点，坚持全局干部100%参与的原则，全面查找工作中存在的问题，共收集整理意见120余条，全部进行整改和反馈，真正起到解决问题、优化环境的积极作用。三是以“做国家利益的忠诚卫士”主题教育周活动为动力，打造业务精、作风正的干部队伍。全局干部积极参与，严把“学习关”“职责关”和“思想观”。通过开展专家授课、专题讨论、向国旗宣誓等六项活动，弘扬了税务干部的荣誉感和使命感，进一步加强了领导干部的执政能力，提升广大党员的党性修养，为打造一支业务精、作风正的干部队伍提供保障。四是不断强化内部管理，营造和谐发展良好氛围。通过季度业务考试的形式，增强干部学习的主动性和积极性。减少不必要的会议和事务性工作，保障一线干部能够全身心地投入到组织收入工作当中。从建设先进的税务文化入手，突出文化的引领作用，通过组织群众喜闻乐见、形式多样的文化活动，丰富干部职工业余生活。

【不断推进党风廉政建设】 全面落实领导干部“一岗双责”和廉政风险防范，不断推进党风廉政建设。制定下发《2009年党风廉政建设和反腐败工作主要任务及分工》，分解任务，责任到人。按月编发《廉政简报》向全局干部发送，确保廉政知识常学常新。着力推进“一岗双责”和内外监督机制，共查找出97条廉政风险点，制定出具体防控措施和风险管理流程图，进一步增强燕山分局全体干部预防腐败的能力。从关心干部职工的生活入手，进行法律知识辅导，提高干部规避执法风险和自我保护的能力。

【领导班子成员】 北京市地方税务局燕山分局局长：王炜（10月任）；副局长：缴荫龙、田贵远、杜新立、邢小虎、安庆宪（10月任）；纪检组长：李广生（12月任）。

（吴　凡）

北京市地方税务局北京西站分局

【概况】 北京西站作为亚洲第一大站，一直以来担负着首都北京门户和交通大动脉枢纽的重要使命，每天过往的旅客平均达20万人次。北京西站的总体建设体现了时代精神、古都风貌和民族特色，总建筑面积达70万平方米。该工程于1993年1月开工，1995年年底基本建成，1996年1月21日开始运营。西站地区位于丰台区、海淀区、宣武区三区交界处，1996年成立之初处在边施工、边运营、边管理的“三边”状态，经过十几年的艰苦努力和大胆实践，在北京市委、市政府的正确领导下，边学、边干、边总结，逐渐形成了地区管委会综合协调，职能部门各司其职，企事业单位积极参与的共抓共建共创的管理模式。地区的治安、交通、市容、环境逐步规范，地区社会稳定，经济持续发展，取得了可喜的成就。西站地区近10年来税收累计达185645万元。

北京市地方税务局北京西站分局于1996年1月20日正式成立，为北京市地方税务局派出机构，是依法在北京西站地区实施国家税收征收管理的行政执法机关。截至2009年年末，北京市地方税务局北京西站分局共有干部职工62人，其中公务员59人，本科学历50人，占 81%，研究生学历6人，占10%。截至 2009年12月31日，西站分局辖区内正常户共有729户；其中，非独立核算非缴税的纳税人共有35户，由市场代征的个体工商户287户。2009年以来，共新办税务登记133户，无转入、转出户，共转非正常户37户，解除非正常户6户，注销33户。在新办登记的133户纳税人中，市场代征的个体工商户68户；其他新办登记的65户，包括私营/其他有限责任公司32户，市场外个体工商户8户，国有企业10户（其中9户为工行西站支行的下属储蓄所，为非独立核算非缴税分支机构），个人独资企业10户，股份合作企业2户，私营独资企业1户，集体企业1户，事业单位1户。在现有的729户正常户中，按企业类型划分：个体工商户有346户，占全部正常户的47.46%；私营有限责任公司206户，占全部正常户的28.26%；其他有限责任公司69户，国有企业50户，国家机关、事业单位和社会团体16户，股份合作企业11户，个人独资企业13户，集体企业6户，股份有限公司5户，涉外企业3户，私营独资企业3户，私营合伙企业1户。按行业类别划分：批发和零售贸易、餐饮业479户，占全部正常户的65.71%；社会服务业124户，占全部正常户的17.01%；科教文卫业41户，金融、保险业31户，交通运输、仓储及邮电通信业16户，房地产业16户，其他行业13户，建筑业9户。

【税收收入完成情况】 截至2009年12月31日，西站分局各项税费入库2.29亿元，同比减少 909 万元，下降 3.82%，完成调整后计划任务2.26亿元的101%。其中完成一般地方预算级收入1.95亿元，同比减少1410 万元，完成调整后计划任务1.91亿元的102%。

【深化税收征管工作】 从规范征管行为入手，努力实施科学化、精细化管理，不断提升“征、管、评、查”整体效能，夯实税收征管基础。在具体组织实施上，立足区域特点，在抓好申报管理、登记管理、个人年所得12万元申报以及所得税汇算等相关工作的基础上，扎实做好行政处罚自由裁量权执行标准、对外支付证明开具等相关工作。为保证收入进度和及时掌握税源的变动情况，年初开始，每月组织税收增减收因素的分析以及下月收入的预测工作，确保收入完成。

【提高税政工作水平】 落实12万元以上的纳税人网上申报工作。通过召开辖区内相关代扣代缴单位宣传辅导会，讲解个人所得税纳税人自行申报管理办法，演示代扣代缴单位纳税人自行申报软件操作，完成年收入在12万元以上的纳税人进行网上申报；扎实抓好企业所得税汇算清缴工作；搞好帮扶工作，实施分类走访。将被走访企业分为三类，共计走访10户企业。走访过程中，既宣传纳税服务理念及各项服务举措，同时也了解纳税人服务需求，请纳税人填写“调查问卷”和“走访服务工作记录单”，提出意见和建议。除上门走访外，还通过新办登记纳税人辅导会和“加强领导作风建设纳税人座谈会”收集纳税人的需求。

【加强税务检查管理】 以查处税收违法案件和组织专项检查为重点，有针对性地提出完善税收征管的措施，推进以查促查、以查促管。全年立案17 户，结案 19 户（含上年度2户），全年查补税款44.05万元，滞纳金 6.45 万元，罚款 1.79万元；查补税款入库23.58万元，滞纳金3.51万元，罚款 1.48万元；自查补税入库税款67.6万元。在整顿、规范税收秩序工作中，依据上级《关于进一步开展打击发票违法犯罪活动有关工作的意见》的文件精神，由地区管委挂帅，联合公安、工商、国税等职能单位组成“打击发票违法犯罪工作领导小组”，对西站地区倒卖发票的4个重点区域进行布控，共收缴北京市服务业专用发票、定额专用发票、商业企业发票达1000多张，抓获涉案人员5人次。

【提高纳税服务水平】 以纳税人需要作为工作落脚点和出发点，在改造办税服务大厅、完善分局外网和12366热线电话服务平台的基础上，不断创新服务手段，优化服务环境。在推行“即时受理、即时办结”后，延伸服务层面，推行“分类服务”。一是制定《西站分局分类服务工作方案》，明确具体的分类标准以及走访服务和辅导服务的具体时间，细化走访和辅导前的各项准备工作，明确各项工作的责任人。二是针对2008年以来新办税务登记企业和使用国标税控机的企业进行二期分类辅导培训，并通过免费邮箱将辅导培训的课件发送给企业。三是通过预约服务，为企业提供送票上门服务2次，利用申报控制向纳税人发送告知3次。年内通过跟踪服务共为两个市场提供完税证1550份，为3户印花税代售银行发放印花税票75300枚，通过宣传与辅导，2009年登记率一直保持100%，申报率也在99%以上。

【税收宣传】 立足西站地区，加强税法宣传，面对站区流动群体，注重宣传北京地税形象和税法的普及，在宣传月中，以“热情舞动旅客，行动优化环境”为主题内容的税宣活动，打造“三位一体”的宣传平台（发放税宣资料、播放宣传片、展示税宣图片），活动当日共发放宣传资料1000余份，解答群众咨询近百余次，《中国税务报》《中国财经报》等媒体对税法宣传现场进行跟踪报道。

【信息系统安全】 针对自查情况及风险评估，下发《西站分局2009年年度信息安全日历工作制度》和《西站分局关于加强应用系统用户及口令安全管理的落实意见》两项工作制度，同时重点落实好《西站分局计算机病毒防范管理办法（试行）》《西站分局网络安全监控系统管理办法》等14项工作制度。建立个人信息系统使用权限台账，按照“个人权限最小化”的原则对全局人员权限进行梳理，确保系统安全。

【队伍建设】 在科学发展观实践活动中，完成一系列“规定动作”和“自选动作”，对照分析检查报告中列出的整改事项，开展三个层面的谈心活动和“回头看”。在“强作风，优环境，保增长”活动中，确立专门机构，明确工作责任，建立学习园地，并把作风建设与组织收入工作、帮扶工作、“三进两促”、政风行风建设等多项工作紧密结合，建立定期汇报制度，推动活动的深入开展。在“做国家利益的忠诚卫士”主题教育周活动中，围绕如何落实好活动工作要求，如何确保活动取得成效展开讨论，由浅入深，分4个阶段（组织动员、学习领会、集中讨论、总结提高），确保教育周活动的取得明显效果；在文明创建活动中，按照“创建迈上新台阶，活动呈现新气象”的思路，积极参与“迎、讲、树”活动，在继承和发扬以往传统优势项目的基础上，2009年又拓宽新的创新领域。在国庆60周年庆典中，分局共选派9名同志参加游行。

【党风廉政建设】 深入开展廉政风险点研究，签订两级党风廉政建设责任书，启动廉政风险防范机制，开展廉政风险点查找，编制风险流程图和部门及个人识别防控表。开展形式多样的廉政教育，全年没有发生违纪违法问题，保持13年没有发生一票否决事件的好形势。

【先进表彰】 北京市地方税务局北京西站分局连续十年被评为首都文明单位标兵，西站分局被评为2008年度北京市交通安全先进单位，西站分局被评为首都“城乡携手迎奥运，共建文明京郊行”先进单位，西站分局被地区评为2009年度爱国卫生先进单位，陈三和同志被评为北京市“迎国庆讲文明树新风”活动先进个人，吴双、廖静同志被评为西站地区国庆60周年服务保障工作先进个人，哈德录同志被地区评为2009年度爱国卫生先进个人，张兴余同志被地区评为2009年度流动人口服务管理工作先进个人，刘义、刘建平、经萍、肖健同志被市局评为2008—2009年度优秀共产党员。

【领导班子成员】 北京市地方税务局北京西站分局局长：刘义；副局长：何建忠、张燕萍（女）、李志刚；纪检组长：王英杰（女）。

（闫志红）

北京市地方税务局开发区分局

【概况】 北京经济技术开发区位于中国北京东南亦庄地区，是北京市唯一同时享受国家级经济技术开发区和国家高新技术产业园区双重优惠政策的国家级经济技术开发区。北京经济技术开发区于1992年开始建设。1994年8月25日，被国务院批准为北京唯一的国家级经济技术开发区。1999年6月，经国务院批准，北京经济技术开发区范围内的7平方公里被确定为中关村科技园区亦庄科技园。2007年1月5

日，北京市人民政府批复《亦庄新城规划(2005—2020年)》，明确指出以北京经济技术开发区为核心功能区的亦庄新城是北京东部发展带的重要节点和重点发展的新城之一。

【税收收入完成情况】 2009年，开发区分局累计完成各项税费收入30.77亿元，同比增收5.15亿元，增长20.08%，完成年度计划的100.9%。完成地方一般预算收入22.84亿元，增长30.04%，完成年度计划的100.2%。

【组织收入工作】 一是统一思想，坚定信心。召开全局大会进行动员和部署，让广大干部充分认识组织收入工作所面临的严峻形势，引导大家以饱满的热情和高昂的斗志投入到组织收入工作之中，打牢思想基础，坚定广大干部完成组织收入工作的信心与决心；各部门团结协作，各司其职，各尽其责，通过建立税收分析、征收管理、纳税评估、稽查检查“四位一体”的组织收入联动机制，形成组织收入合力，确保组织收入工作的顺利开展。二是科学分解税收任务，及时通报组织收入进度。根据开发区经济发展的特点以及税收征管、税收政策、税源变化的情况，在定性分析的基础上，运用SPSS软件，对2009年的税收收入总量发展趋势作出分析、判断和推测，并结合开发区分局2008年税收收入总体情况、各主体税种和重点行业的收入完成情况，较为科学合理地完成税收收入任务指标的分解工作；每日监控收入进度情况，及时发布税收动态信息，每月形成收入分析报告，将收入完成情况在全局范围内进行通报。三是落实组织收入工作责任制。成立组织收入工作领导小组，加大对组织收入工作的管理力度，实行“一把手”负责制，层层签订责任书，责任到人，把任务敲实。四是抓重点，带一般。根据市、区、所三级重点税源99户企业占分局总收入的56%的特点，结合实际，把以前重点对纳税百万元以上企业的跟踪管理拓展到10万元以上企业。

【税收征管】 严抓征管基础工作。狠抓“四率”指标的落实，按月通报“四率”指标完成情况，对“四率”管理考核提出明确要求并设专人进行管理。全年，开发区分局“四率”考核全部达到北京市地税局标准，登记率始终保持在100%，全年无新增欠税。分季度对税收政策进行归纳整理，并分重点、热点、难点三方面进行对下指导，确保税收政策的有效执行；制定分局《企业所得税减免税备案管理办法》《新办企业所得税确认工作操作办法》《地方税税源监控平台使用管理办法》，推动税政基础作用的进一步发挥；狠抓政策的贯彻落实，开展问效反馈，密切关注政策执行中有可能发生的新问题、新情况，对发现的问题，第一时间予以解决。完成年收入12万元以上个人所得税的自行申报工作，完成北京市地税局下达任务（9000人）的122.5%；完成2009年残保金代征和企业所得税汇算清缴工作。充分利用车船税征收管理平台，做好信息查询和统计分析工作。做到日有查询、旬有统计、月有分析，及时掌握车船税征收工作中的各种变化情况，保险公司代收私车车船税及滞纳金共3.78亿元。加强税源管控，把握税源变化，增强税收分析和收入预测的工作水平。

【发票管理】 全力做好到期税控装置更换及国标税控机的推广工作，有效提高以票控税能力，全年共核定国标机打发票345户，国标1万元版25户，国标10万元版24户。联合组织发票知识业务培训，对涉及国税的15种发票，地税国标及非国标31种发票的名称、防伪措施等进行详细地讲解培训，为圆满完成打击制售假发票和非法代开发票工作奠定坚实基础。

【税务稽查】 有效开展日常、专项和专案检查，充分发挥税务稽查威慑力。2009年，共对区内25户企业进行税务检查，共组织检查收入317万元；积极开展企业自查工作，通过开展企业自查辅导以及实地核查等方式，把税收政策向企业宣传到位，赢得企业的理解与支持，有效促进纳税自查工作的开展。2009年，共组织52户参加自查工作，累计组织收入842万元，全年两项共组织收入1159万元；加强与国税稽查局的联系，交流稽查工作经验。

【纳税评估】 进一步完善分局《纳税评估管理办法》《纳税信用等级评定管理办法》等相关制度，建立评估报告规范样本，规范文书使用，加强评估复评工作，全面提高纳税评估工作质量；加强纳税信用等级后续管理，及时开展对纳税信用A级企业进行实地走访；认真开展日常评估和专项评估，2009年，开发区分局完成各类评估822户，有问题户388户，评估补税2085.41万元。

【依法行政】 加强规范性文件的管理，积极清理废止文件，提高干部对文件的把握适用能力；按照北京市地税局进一步加大执法检查力度，有问题率降低到20%的工作要求，对涉税保密信息查询管理情况、走访服务制度的执行情况、税务证明开具工作情况等21项内容进行全面自查和重点抽查，规范了分局执法行为，有效维护了组织收入工作秩序。

【纳税服务】 一是以落实“两个减负”为重点，优化纳税服务工作。重新明确代开发票需提供的资料清单，简化代开发票手续；国地税联合研究并规定了税务登记和变更登记需提交明细资料，对纳税人提交的相关资料进行统一；制作税务登记友情提示，在工商注册环节提前告知纳税人有关税务登记的事项；积极做好CA认证证书到期提示工作，保障纳税人权益。二是有效开展“事前—事中—事后”服务，把纳税服务向征管延伸。加大对新登记企业的辅导力度，按季召开培训会，有效开展事前服务；全面做好征期前的宣传辅导工作，对纳税人反馈的问题及时予以解决，有效进行事中服务；加大对重点税源企业的监控管理力度，反馈行业税负与企业税负情况，有效实施事后服务。三是加大监督考核力度。定期召开纳税服务专题座谈会，听取纳税人意见和建议，并及时进行汇总和反馈；将纳税服务满意度测评项目纳入对各部门的考核，监察、征管部门对意见簿、意见箱中纳税人反映的问题及建议，及时了解掌握并妥善处理；对分局咨询电话接听情况进行电话录音的基础上，定期进行抽查和回放，针对存在的不足与薄弱环节，责令相关部门及时进行整改，确保咨询服务质量。

【帮扶企业】 研究制定《开发区分局关于帮扶企业应对国际金融危机工作实施方案》，成立帮扶工作领导小组，内部开通开发区分局帮扶企业应对国际金融危机咨询热线，设立政策快速请示通道、快速减免缓退通道、快速受理通道，及时印制税收政策宣传手册，供纳税人领取。外部同开发区财政局、国税局、发改局、科技局、人劳局、产业促进局、财政结算中心等综合部门配合，及时掌握开发区管委会出台的产业扶持和专项资金鼓励政策，制订相关政策执行方案。从企业实际困难出发，积极解决企业在执行税收政策、申报缴纳税款等方面的困难。累计对7户重点企业进行了走访，纳税人所反映的问题都已得到解决，受到了纳税人的赞扬。

【税收宣传活动】 结合开发区实际情况，积极探索与之相适应的宣传方式，通过送税法进社区、进市场、进园区“税法三进”活动，扩展了税收宣传覆盖面，进一步优化开发区的宣传服务环境；国税、地税稽查局联合开展入园区稽查政策宣讲活动，进一步增强稽查威慑力，提高纳税人税法遵从度；充分利用信息化手段，强化外网及免费邮箱的使用，进一步扩大宣传效果；增设税收宣传信息机，及时将新政策、培训信息、纳税提醒等，通过短信的形式第一时间告知企业，进一步拓宽了税收宣传渠道。

【干部队伍建设】 一是加强处级领导班子建设。坚持中心组理论学习制度，加大对税收工作的研究力度，进一步提高驾驭复杂局面的能力；加强班子成员之间的协调与沟通，加大对重点问题、难点问题的研究力度，保障各项重点工作的有效开展。二是加强中层干部队伍建设。采取以会代训、工作实践等不同形式，重点强化对中层领导干部的执行能力、管理能力和业务能力的培养；邀请专业人员对中层干部开展担当责任的专题培训；出台并实施开发区分局《中层领导干部管理办法》，为提高中层领导干部的素质与能力提供了制度保障；开展中层正职“每人一课”专题讲授，提升做好本职工作的能力，推进学习型机关建设深入开展。通过竞争上岗的方式，有3名同志走上副科级领导岗位，充实了中层干部队伍；对开发区分局处科两级后备干部进行集中调整，为分局可持续发展提供人才保障。三是分层次开展教育培训。按照公务员全年脱产培训不少于12天的要求，2009年分期分批地组织干部参加北京市地税局和分局组织的集中培训和网院培训，培训率达96%；积极开展岗位大练兵活动，引导各部门及广大税务干部立足岗位，以满足工作需要、胜任本职岗位为目的，因地制宜开展培训，有效地提高干部的专业素质和综合素质。年内分局包括稽查干部在内的11名同志参加了全国稽查考试，通过率达100%，平均分高于全市平均水平。

【廉政建设】 严格落实党风廉政建设责任制，层层签定责任书；积极开展廉政风险防范管理工作，组织各部门认真查找廉政风险点，制定防范措施，完善相关制度；通过《警钟常鸣》、节前短信提醒，举办专题讲座，观看警示教育片，组织各部门“一把手”参加职务犯罪案件的庭审旁听活动等形式进行廉政教育，引导大家牢固树立廉洁自律意识和法纪观念，自觉抵制各种腐朽思想的侵蚀和诱惑；加强“两权”监督，召开两次税检联席会议和开发区分局特约监察员座谈会，举办部门廉政监督员培训会，落实廉政反馈单制度，内外部监督机制初步形成，有效推动分局反腐倡廉建设。结合开发区分局工作实际，研究制定《开发区分局落实2009年民主评议政风行风工作方案》，成立工作领导小组，负责全局民主评议政风行风工作；召开全局干部职工大会，传达北京市纠风办、北京市地税局有关文件精神，对分局2009年民主评议政风行风工作进行具体安排和部署；积极在4个科所层面开展自查自纠工作，对存在的问题进行认真整改，并按要求报送自查报告；通过实地检查、电话询查等方式，对4个基层科、所进行检查，对在检查中发现的问题，检查组及时向相关科所进行了反馈，并要求限期整改；实行“开门评风”，利用纳税人培训辅导会的时机，采取调查问卷的方式，广泛征求纳税人意见和建议；北京市地税局特约监察员一行三人以及市局政风行风工作检查组分别来开发区分局进行明察暗访，对分局的工作给予较高的评价。

【开展系列活动】 一是深入开展“加强领导干部作风建设，推进优化地税发展环境，确保税收增长年”活动。按照北京市地税局要求制定《开发区分局加强领导干部作风建设，推进优化地税发展环境，确保税收增长年活动实施方案》，成立领导小组，召开动员大会，明确方法步骤，对活动开展进行全面部署；结合分局实际，在市局8个专题小组的基础上，开发区分局确定以优化作风建设为主的9个专题落实小组，各小组密切联系工作实际，制定具体落实方案，明确工作内容、职责分工及完成的时限。各个专题工作小组按照落实方案的要求，扎实有效地开展工作，在作风建设、廉政建设、纳税服务、行政执法等方面都取得一定的成效，为优化分局治税环境发挥积极的作用。二是认真做好科学发展观“回头看”工作。召开专门会议对“回头看”工作如何开展进行深入学习和讨论，对全力做好“回头看”工作提出明确要求；召开全局动员部署大会，对市局相关精神进行传达，对分局“回头看”工作进行了安排部署，开发区分局党组和各责任部门严格按照北京市地税局、分局相关工作要求，认真对照分局学习实践活动制定的整改落实方案，紧密结合部门工作的实际，对照整改方案中班子建设、思想政治教育、纳税服务、干部队伍建设、基础建设、干部职工需求6个方面的问题逐项进行自查，有效促进整改措施的落实，确保分局科学发展实践活动取得实效。三是“做国家利益忠诚卫士”主题教育周活动深入开展。先后召开主题教育周务虚会、党组中心组理论学习会、党组扩大会等会议，采取集中学习、分批学习、录音学习、录像学习、自学等多种方式，深入学习文件精神，统一思想，深化认识；明确“一把手”负总责，其他党组成员分头抓，一级抓一级，层层抓落实的总体实施办法。通过活动的深入开展，广大干部的廉政意识、责任意识、服务意识、主动学习的积极性都得到进一步增强。

【党团工会工作】 分局结合建党88周年，组织开展了以“当先锋，做贡献，我是一面旗帜”为主题的系列党日活动，通过开展革命歌曲比赛、参观延安精神文化展、组织党员献爱心捐款，开展优秀党员座谈会等方式，使广大党员受到了教育；连续第十一年到河北阳原开展捐资助学活动，受到学校和当地政府的高度赞扬；积极倡导“快乐工作、健康生活”理念，举办“培养健康心态，打造和谐团队”论坛，调整干部心态，缓解干部压力；组织开展篮球、羽毛球、乒乓球、台球、健身等全民体育活动；加强精神文明建设，分局连续7年评为“首都文明单位”和“开发区文明单位”。

【领导班子成员】 开发区分局局长：王炯宁；副局长：史保华、徐京来。

（王　磊）

北京市地方税务局第一稽查局

【概况】 北京市地方税务局第一稽查局是北京市地方税务局的直属单位，负责对北京市行政区域内地方税务机关管辖的内资企事业单位和个人实施税务检查工作。办公地址位于北京市朝阳区裕民路12号院C3座。全局内设15个科室；2009年年底共有干部职工136人，其中，干部127人；本科以上学历117人，占干部总数的92%；中共党员102人，占干部职工总数的75%；共青团员8人，占干部职工总数的6%。

2009年，在北京市地税局党组的正确领导下，第一稽查局深入学习实践科学发展观，认真落实“加强领导干部作风建设，推进优化地税发展环境，确保税收增长年”活动的各项要求，从建设五型机关、树立“五种意识”入手，充分发挥税务稽查职能作用，积极服务组织收入大局，在全局同志的共同努力下，较好地完成了各项工作任务。

【稽查工作】 围绕北京市地税局提出的全面开展组织收入的工作要求，积极调整税务稽查工作方向，明确以组织收入为中心，以查办上级交办重大案件为重点，通过强化稽查，分级管理，完善机制，规范执法，严肃查处了涉税违法行为，逐步规范行业纳税行为。全年，共稽查案件197件，其中查补千万元以上案件2件，定性偷税案件1件；案件有问题率为67.27%；查补总额6784.5万元，入库总额10905.48万元，清理陈欠工作成效显著，入库率达160%。集中精力查办大要案，全年承办近50件上级交办案件，动用稽查人员50余人次，案件数量、查办要求、检查难度、执法风险等方面较往年有大幅增加，成为稽查工作中名副其实的重中之重。

【案件管理】 针对稽查案件的整体情况，通过充分发挥“三会”职能，改进案件汇报机制，建立双向协调机制，加强欠税清缴管理，强化执法风险意识，积极利用稽查案件管理信息系统等工作，及时把握全局业务工作状态，协调解决4环节中出现的问题，增强对全局性稽查工作的调控能力，保证全年稽查工作顺畅开展。

【税政法制工作】 紧紧围绕服务和规范稽查办案这一中心，税政部门着力加强对稽查一线税政工作的服务力度，积极探索税政问题联席机制，及时归集和宣传各类税政问题；法制工作在认真开展日常、专项执法检查的同时，深入开展案卷评查和审核工作，及时纠正稽查案卷问题，全年抽查、审核、归档、销毁各年度案卷累计400余卷。

【制度建设】 制度体系逐步完善。在检查工作中注意归集《局级执法管理规程》（以下简称《规程》）在执行中存在的问题，为下一步修订《规程》做好了基础性工作。制定《电子查账调账、还账工作流程》，修订《第一稽查局信息系统异常情况应急处理办法》《第一稽查局系统用户即密码管理办法》等信息化工作相关的制度规定，进一步完善信息、调研管理办法，保证相关工作的规范开展。

【安保工作】 国庆平安各项措施落到实处。高度重视安全保障工作，把维护国庆平安作为突出重要的工作来抓紧抓好。

开展国庆“安全月”活动，层层签订责任书，完善各项应急预案，开展安全隐患的排查，坚持值班、保卫制度，做好甲型流感的防控工作，建立起多层次的安全保障体系，保证各项安全工作未出问题。

【主题教育活动】 认真开展 “做国家利益的忠诚卫士”主题教育活动。坚持做到“四个结合”，即与税收中心工作相结合，与稽查办案工作实际相结合，与加强廉洁自律教育相结合，与广大干部的思想状况相结合。教育引导干部职工树立起爱岗敬业、忠于职守、廉洁奉公、顾全大局的思想意识，使全局干部提高认识，受到触动，明确责任，推动全局工作开展。干部综合素质得到提升。组织开展处级干部网上在线学习。

【干部管理】 按照《公务员法》和北京市地税局的统一要求，加强干部的思想建设、作风建设和政治建设。本着公平、公正、注重公论的原则，认真开展处、科级后备干部推选工作，共推选出6名副处级后备人选，确定15名科级和1名副科级后备干部，为稽查工作的可持续发展发掘人才。队伍的凝聚力得到增强。

【党风廉政建设】 认真落实北京市地税局对纪检监察工作的各项部署和安排，坚决贯彻市局《建立健全惩治和预防腐败体系2008—2012年工作规划》，扎实推进惩防体系建设。强化“一岗双责”，逐级签订《党风廉政责任书》，不断深化党风廉政建设责任制。继续按照《廉政风险防范管理工作实施细则》的规定，从岗位风险、部门风险、单位风险三个层次和思想道德、制度机制、岗位职责、业务流程、外部环境5个方面进一步排查了稽查工作流程和重点岗位的廉政风险点，进一步加强了廉政监察、效能监察和执法监察，确保权力规范行使。注重发挥党内、群众以及社会监督作用，推动了政风行风建设，促进廉洁自律，全年未发现干部的不廉洁行为。

【业务培训】 组织参加稽查业务、执法资格、电子政务考试。为适应新时期、新形势的需要，对全员进行为期10天的公务员知识更新脱产培训。本着“急用先学”的原则，有针对性的对新《企业所得税法》和营业税条例进行培训，强化大家对当前税收政策变化的理解，对稽查专业技能和案件查办的驾驭能力，强化职业操守和廉政教育，切实提升干部的综合水平。

【文体活动】 充分发挥党、团、工会的作用，组织参加系统第六届运动会，开展走访慰问活动。通过组织观看电影、登山健身、摄影比赛等活动，进一步激发大家的工作积极性，陶冶情操，增强团队的凝聚力。

【领导班子成员】 第一稽查局局长：孙长海（8月任）；副局长：汪沛、隋庆梅（女）、李怀成；纪检组长：张松岭。

（黄斌生）

北京市地方税务局第二稽查局

【概况】 北京市地方税务局第二稽查局负责北京区域范围内外商投资企业、外国企业和个人税务检查工作，以及本市涉税大要案及市地税局交办案件的查处工作，具有独立的执法主体资格。目前办公地理位置在朝阳区裕民路12号院C3座。内设办公室、人事政工科、监察科、案件管理科、业务科、审理科、执行科，第一至第四税务稽查科11个部门。全局共有干部职工130名，其中公务员121名，工勤人员7名，合同制工人2名；有硕士研究生6人，本科生106人，大专生9人，大学本科以上学历占全局总人数86%；党员93人（含预备党员3人），团员11人，群众23人，民主党派1人，党员占全局总人数72%。

【开展作风建设优化发展环境】 全面贯彻落实北京市地税局提出的“加强领导干部作风建设，推进优化地税发展环境，确保税收增长年”活动要求，按照年初制定的工作思路，深入学习实践科学发展观，强化五种意识，推进五型机关建设，优化地税发展环境，坚持依法办案，充分发挥稽查职能作用，圆满完成各项工作任务。为落实市局要求，第二稽查局党组高度重视，及时组织召开局领导班子和全体中层干部会议，认真学习市局会议精神，研究制定活动实施方案，成立活动领导小组和三个专项组，明确以稽查办案为中心，以领导班子和领导干部作风建设为基础，以全面完成稽查工作任务为目标的工作思路。通过开展各项专题研讨，认真梳理问题，征求群众意见等，推动活动深入开展，为圆满完成全年稽查工作任务奠定坚实基础。

【稽查办案】 发挥稽查职能作用，稽查办案成效显著。围绕组织收入工作，狠抓增收潜力，深入开展税务稽查工作。2009年共查办案件274件，结案146件，有问题案件121件，有问题率为85.82%。查补收入4.74亿元，同比增长1.6亿元，超额完成组织收入任务：其中查补税款3.46亿元，加收滞纳金5739万元，滞纳金加收率为16.59%，罚款7109万元，处罚率为20.56%，滞罚金额和滞罚率均有较大提高。入库金额3.86亿元，入库率为

81.45%，人均查补578.39万元。查办50万元以上重大案件43件，其中500万—1000万元案件5件，1000万元以上案件14件。

【重大案件查处】 查办上级交办的重大案件29件，全部纳入重点管理。第二稽查局抽调业务骨干，成立专案组，在人、财、物方面全力支持。专案组精心研究查案方法，多方搜集证据材料，全力以赴，成功查办了天枫房地产开发有限公司、北京国电中兴广告有限公司、易金卡网络技术有限公司、北京公盟咨询有限责任公司等中纪委、公安部、北京市政法委等上级机关交办的重大案件，有力打击涉税违法行为，对维护社会稳定，促进社会和谐发挥积极作用。

【专项检查】 先后开展建筑业、房地产业、股改限售股（“大小非”）等专项检查，查办案件169件。专项检查过程中，认真组织召开专项检查工作会议，成立专项课题组，做好前期研究准备，采取查前认真培训，查中汇报反馈，查后归纳总结，有效推动案件查办质量和效率的提高。通过依法严厉查处各行业涉税违法问题，规范行业纳税行为。

【举报案件管理】 做好举报案件全程跟踪管理，对第二稽查局受理的38件案件和北京市地税局转办的71件案件严格分类管理，其中立案检查54件，结案32件，查补收入合计1976万元，入库1393万元。查办过程中，注重维护举报人合法权益，答复全部具名举报人17人次，并积极进行有效沟通，努力化解矛盾，维护和谐稳定。

【发挥“三会”职能】 进一步规范“三会”工作内容，统一汇报形式，提高“三会”效率。共组织召开审议会23次，审议案件45件次；审定会35次，审定案件147件次；审理会35次，审理案件91件次。为规范执法行为，统一执法尺度，确保案件查办质量提供可靠保障。

【案件审理】 审理案件172件，制作审理文书735份，规范工作标准和流程，制作审理工作底稿，细化审理工作记录，设立《审理工作管理台账》《审理会工作台账》等台账，推进审理工作精细化标准化，不断提高案卷质量。

【清欠工作】 全年共执行案件146件，正常执行结案133件。加强对7户历史欠税企业及9户新增欠税企业的管理，制订三项清欠措施，清理欠税3358万元，保证国家税款及时足额入库。

【曝光违法行为】 共向北京市地税局报告重大案件38件，对7件重大涉税违法案件实施政务公开，定性偷税案件9件，2件案件移送司法机关，充分发挥了税务稽查震慑作用。

【政策宣传】 认真开展营业税、企业所得税等新政策的宣传讲解，整理编写建筑安装等行业专项检查政策辅导资料。全年共解决税收政策问题168件，向北京市地税局提请业务请示52件，为查办各类案件和上级决策提供有力的政策支持。

【规范化建设】 加强规范化建设，科学化、法制化管理水平不断提升。强化基础，规范化建设继续推进。随着稽查工作不断深入，稽查各环节工作不断细化，研究制定《第二稽查局税务稽查执法程序关键点控制标准管理办法》，修订完善《第二稽查局考核管理办法》，深入调研，着手建立《第二稽查局特约监察员工作办法》，重新修订《第二稽查局案件管理办法》。基础建设的不断加强，使稽查4环节运转更加顺畅，稽查效率显著提高。

【依法治税】 认真开展2009年日常执法检查，共抽取22件税务行政处罚案卷，检查结果显示，案卷质量较往年有所提高。做好复议听证案件的组织和答辩工作，进一步明确法律工作程序，制定复议、诉讼答辩书和听证案件规范范本。全年受理听证案件2件，复议案件2件，出色完成北京市法制办交办的公盟案件听证工作，发挥税务稽查的震慑作用，有效地化解社会矛盾，对于维护安定和谐的经济环境发挥重要作用。

【数字化稽查】 数字化稽查局建设稳步推进，信息化管理水平不断提高。积极推行电子账务稽查系统应用，通过查办16件案件，及时发现问题，完善模型设计和功能设置。应用科技手段对税务稽查执法程序关键点进行控制（SOP），于稽查各环节设置执法检查标准，在案件管理信息系统中增加日常执法检查提醒功能，变事后控制为事前控制，尽最大可能减少执法过错。经过半年多运行，案卷差错明显减少，案卷质量显著提高。数字化稽查局建设的日益完善，有效规范执法程序，提高办案效率，科学化、精细化管理水平得到提升。

【稽查服务】 增强与纳税人沟通互动，提供全方位稽查服务。为更好地开展稽查服务，充分保障纳税人权益，组织召开年度纳税人座谈会，现场问卷调查结果显示，纳税人对稽查二局在执法能力、纳税服务及廉洁自律等方面的满意度均为100%。同时，根据纳税人座谈会提出的相关问题，研究制定整改措施，对局外网进行改版，加强与纳税人的网上交流，与纳税人实现网上互动。本着方便纳税人的目的，为纳税人提供全方位服务，设立稽查宣传栏，发放《稽查服务指南》，开展廉政回访，兑现纳税服务承诺，实现信息公开，自觉接受纳税人的监督。

【领导班子建设】 坚持民主集中制原则，落实党组理论中心组学习制度，坚持理论联系实际，深入基层开展调查研究，每名副处级以上领导干部都完成了1—2项牵头调研课题，领导干部作风建设切实得以加强。狠抓整改落实，深入开展学习实践科学发展观活动。在学习调研、分析检查的基础上，查找出三大类8个问题，认真落实整改方案，在稽查体制建设、数字稽查局建设、干部队伍管理等方面，研究修改10余项工作制度，采取一系列有效措施，有力地推动了稽查工作的持续、协调、健康发展。

【思想政治教育】认真开展“做国家利益的忠诚卫士”活动。坚持“六结合”方针，即集中学习与自学相结合，将“党员示范岗”创建活动与党性教育相结合，交流座谈与撰写体会相结合，爱国主义教育与风险教育相结合，查找问题与研究整改相结合，宣传督导与总结反馈相结合，整个教育活动不走过场，干部职工的遵纪守法意识得到加强，机关工作作风明显改善。

【干部队伍建设】坚持以人为本，干部队伍素质不断提高。强化业务培训，全年共组织业务培训、更新知识培训、公务员修养培训10余次，内容涵盖营业税、企业所得税、公务员法律知识、电子政务、国学、美学、专项检查业务培训等，干部队伍业务能力和综合素质得到全面提高。积极探索科学有效的管理机制，加强考核管理，注重对考核结果的分析利用，促进工作质量和效率的全面提升。

【文化活动】建立健全第二稽查局文体活动有关管理制度，组建7支业余文体活动队，开展丰富多彩的文化活动，营造和谐向上的稽查文化氛围，促进全体干部职工身心健康发展。

【党风廉政建设】抓好党风廉政建设，为稽查工作提供政治保障。组织召开党风廉政建设工作会议，明确党风廉政建设和反腐败工作的思路和主要任务。完善惩防体系建设，严格落实党风廉政建设责任制，实行党风廉政建设与稽查中心工作同计划、同布置、同检查，坚持“一岗双责”。廉政风险点管理进一步加强，运用执法程序关键点控制方法（SOP），提高了案卷质量，有效降低了税收执法风险。加强政风行风建设和作风建设，成立纠风工作领导小组和纠风工作督查小组，制定《纠风工作实施方案》，认真自查，及时整改，同时研究建立《特约监察员工作办法》，加大社会监督力度，使办事公开进一步深化，稽查服务进一步优化，工作纪律进一步强化，得到北京市地税局政风行风督查组的充分肯定。

【行政管理】保障中心工作，行政综合管理效能不断提高。信息工作扎实稳健，全年各部门报送信息539篇，编发普刊186期，专报117期，被北京市地税局刊物采用46篇，市局领导批示1篇，创建稽查二局信息周刊，局领导批示39篇。调研取得丰硕成果，全年共完成调研25篇，编发调研刊物18期，被市局采用6篇，外部刊物采用2篇。对外宣传成效显著，先后在中国税网、北京电视台《税务周刊》、中央人民广播电台上刊登发表税收宣传稿件21篇。督查督办力度加大，加强对折子工程、局长办公会决议和信息周刊领导批示的督办，保证政令畅通。加强会议管理，组织召开局长办公会48次，党组会22次；收发公文493份，保证公文正常运转；报销财务单据2.7万张，为350人次报销医药费25万余元；车辆管理安全高效，安排业务用车1.2万次，安全行驶42万余公里。落实“国庆平安行动”，确保人、财、物安全和信息系统安全；积极防控甲型H1N1流感，为稽查办案中心工作顺利开展提供了有力保障。

【领导班子成员】北京市地方税务局第二稽查局局长：郭筑明；副局长：陈侠（女）、安增运、王宝军；纪检组长：秦德海。

（靳　辉）

社会团体

北京市国际税收研究会

【概况】 北京市国际税收研究会办公地点设在朝阳区安苑东里三区1号，主要负责北京市国际税收学术研究工作，是经北京市社会团体登记管理机关核准登记的民间、群众性学术团体。研究会现有理事176人，常务理事78人，团体会员98个，个人会员4个。研究会下设分支机构2个：办税人员分会和学术委员会；下设办公机构6个：秘书处、理论调研部、宣传培训部、咨询发展部、对外联络部、信息资料中心。2009年末驻会工作人员20人，其中在职人员8人（包括3名处级干部、1名科级干部和4名司机），税务系统离退休人员8人，外聘人员4人。2009年，面对国际金融危机的严峻挑战，研究会紧紧围绕北京市地税局党组“加强领导干部作风建设，推进优化地税发展环境，确保税收增长年”的总体要求，圆满地完成了中国国际税收研究会和北京市国际税收研究会的课题调研任务，开展国内外学术交流，积极推进税法宣传和培训工作，顺利召开第三届会员代表大会，完成换届工作，努力为现实税收工作服务，为领导决策服务，为广大纳税人服务，再次被中国国际税收研究会评为“全国先进研究会”。

【理论调研】 围绕中国税收应对国际金融危机应采取如何措施这个主题，参加中国国际税收研究会组织的全国性课题《加强减税政策管理，为扩大内需保增长服务》《企业跨境投资合作税收问题》《企业对外投资的税收抵免研究》调研，撰写论文分别在专业研讨会和年会上做发言交流。同时，结合北京市税收事业及发展情况，研究会组织完成5个群众性课题调研，收到交流文章188篇。理论调研取得成果：第一，为应对国际金融危机，开展《加强减税政策管理，为扩大内需保增长服务》的调研，突出减免税的后续管理，以《研究要报》的形式报送国家税务总局、中共中央政策研究室、国务院研究室等部门。第二，研究企业跨境投资合作税收问题，撰写《支持企业跨境投资发展》论文，提出防风险能力的建议。第三，与东城区地税局合作，撰写《完善企业对外投资税收抵免》论文，报送中国国际税收研究会。第四，开展5个群众性调研课题。组织以西城、海淀、燕山、怀柔等地税局为组长单位的4个课题组，在中央财经大学、中国人民大学、首都经贸大学等专业学术力量配合下，就促进高新技术产业与中小企业发展、支持民间投资、有效刺激社会消费需求增长等专题，深入开展税收政策国际借鉴研究。组织会员单位，深入研究新企业所得税汇算清缴规定中存在的问题。在中国国际税收研究会第六次国际税收优秀科研成果评选中，北京研究会有5篇论文获奖，其中特别奖2篇：孙振刚、张富珍、顾方周撰写的《对税收负担问题的分析和建议》和张富珍撰写的《改革统一社保税收缴环节》；集体奖1篇：课题组撰写的《规范鼓励对外投资企业的发展》；个人一等奖2篇：首都经济贸易大学郝如玉等撰写的《中国企业走向世界的税收问题研究》；中国人民大学安体富撰写的《关于促进节能减排税收政策的研究》。

【办好《国际税收参考》】 编辑出版《国际税收参考》。2009年，研究会组织翻译力量，对世界各国税收动态、税制变化、征管信息进行收集、翻译、编审，出版《国际税收参考》12期，翻译各类税讯445篇，约22万字。《国际税收参考》发表的译文有10篇被《中国税务报》刊登采用，为课题研究人员提供了世界各国采取减免税应对金融危机的情况，供其参考。

【国内外学术交流】 米建国副会长参加首都经贸大学访台团赴台湾政治大学出席两岸经贸与教育合作论坛暨第七届WTO学术年会，并做“限制垄断，促进竞争，加强合作，推进建立国际评级业新秩序”的发言，受到与会人员的重视。2009年，北京研究会与各省市国际税收研究会和国外纳税人组织间互相往来的交流邮件达210余件；接待来自黑龙江、新疆国际税收研究会和浙江省、河南省、宁波市、大连市、福建省福州市等各级纳税人组织、人员的交流互访；参加江苏省镇江市“纳税人权益保护理论与实践理论论坛”；参加在新加坡由美国纳税人协会组织的“泛太平洋地区税收政策改革研讨会”暨“亚太地区纳税人协会年会”活动；和韩国纳税者联盟达成合作意向，共同筹备对韩国在京投资企业税收政策辅导班的前期工作。

【税法宣传、培训】 本着“对维护国家税法有利、对税务机关开展工作有利、对广大纳税人有利”的“三有利”原则，坚持不懈地开展对广大纳税人、办税人员的税法宣传和培训工作。为加强培训的普及性和时效性，研究会在教材编写中增加企业办税人员的实用性和可操作性内容；在组织培训形式上，采取更为灵活的方式；加大对在校财会税务专业学生的培训工作；加强网上培训的宣传和组织工作。全年共组织37个班次，共培训各类纳税人、办税人员4000余人，为提高企事业办税人员的素质和办税能力发挥积极作用。通过对参加培训人员的调查了解，普遍对全年培训的组织及效果表示满意。为加强行政机关公务员队伍建设，研究会受14个区县地税局委托，在北京市地税局有关部门的指导与协助下，举办30期2993名科级及以下公务员参加的在职培训，为提高北京市地税干部的依法行政水平和工作能力发挥了积极作用，为税收事业的发展作出了积极的贡献。

【组织会员界别组开展的业务培训活动】 针对中介和企业会员在现实税收工作中的迫切需求，开展多次业务培训活动。一是组织两个会员界别组与税务机关分别就“新企业所得税汇算清缴”“新营业税条例及细则”的热点、难点问题进行了交流；二是请德勤华永会计师事务所并邀请国家税务总局有关专家与会员共同解读并互动解答企业并购重组税收有关问题。此项活动被《中国税务报》于11月30日以《企业重组问题多，操作办法将出台》整版报道；三是请国务院发展研究中心信息中心主任米建国博士就“后危机时代我国经济社会发展形势”作了专题讲座。每次活动都有100余名会员代表参加，均反映良好。

【党建工作和队伍建设】 认真学习贯彻党的十七届四中全会精神，大力开展各项主题活动。研究会领导按照北京市地税局党组和市局机关党委的要求，组织党员和全体驻会工作人员积极开展各项主题活动。认真组织学习党的十七届四中全会文件精神，组织收看《世界金融危机发展趋势及对中国经济的挑战与机遇》，认真学习北京市委书记刘淇对北京地税工作的批示和北京市地税局局长王晓明在半年工作会议上的讲话，组织开展“做国家利益的忠诚卫士”等项活动。通过学习，及时了解北京市地税局工作大局，按照市局党组的要求做好本职工作。

【换届选举工作】 第三届会员代表大会于7月24日顺利召开。中国国际税收研究会郝昭成会长和北京市地方税务局党组书记、局长王晓明同志亲自到会，并作了重要讲话。大会回顾总结了第二届理事会的工作，讨论通过了重新修订的《北京市国际税收研究会章程》，听取了财务收支报告。经大会选举，第三届理事会由176名理事组成，并选出78名常务理事组成常务理事会，选举产生了新一届领导班子。

【领导班子成员】 北京市国际税收研究会会长：孙振刚；副会长：金兴、郝如玉、米建国、安体富、刘桓、雷振刚、徐华；监事长：左金玲（女）；秘书长：金宝福。

（唐乃清）

北京市地方税务学会

【概况】 北京市地方税务学会（Beijing Local Taxation Institute，BLTI，以下简称学会），是由北京市地方税务局、企事业单位和财税工作者自愿联合发起成立，经北京市民政局核准登记的非营利性社会团体法人。学会现有理事124人，常务理事47人，团体会员52名，个人会员75名。学会下设秘书处、调研部、业务部。2009年末驻会工作人员12人。办公地点设在朝阳区裕民路12号院C3座。学会的业务范围是：学习宣传党的路线、方针、政策和国家、北京市关于地方税收、财政的政策法规，为首都经济发展服务；指导区县地税局、分局设立的学会组织依法照章开展工作；组织和联系地方税务、财政、经济、教育和学术界开展有关地方税收政策、理论、制度和管理方式的研究和探讨；研究探索地方税收遇到的新情况、新问题，提出解决的意向意见和办法，及时向业务主管部门传递信息及推荐研究成果，凡属比较完善可行的调研报告、论文向相关媒体、刊物推荐，进行宣传交流；开展与税收工作相关的社会服务工作。接受业务主管部门以及纳税单位、个人委托，开展地方税收宣传、咨询、学术研究、人员培训、编辑专业书刊等业务活动；加强与国内和北京市各有关学会、协会的协作和交流，促进地方税收管理水平的提高；有组织、有计划地与国外税收研究机构建立联系，开展国际间和友好城市间的学术交流活动；总结交流地方税收管理的经验，组织评议北京市地方税收学术研究成果。学会最高权力机构是理事会，其主要职责是：制定和修改章程；选举和罢免常务理事、监事；审议常务理事会、监事会的工作报告和财务报告；决定重大变更和终止事宜；决定其他重大事宜。

【纳税服务网上咨询工作】 学会继续与北京市地税局纳税服务中心合作，按时完成税收新政策月综述工作。2009年学会在上年基础上保持新政策月综述栏目既有新政策介绍，又有历史连续性的特点，增强评述，使栏目更加通俗易懂，具有更强的吸引力，切实便捷广大纳税人对税收新政策的掌握和了解。年末，新政策月综述栏目已累计编辑51期，累计有27万余次访问。

【市内外学会（研究会）交流合作】 北京市地税系统已成立15个学会（研究会）组织，全国也有部分省市成立了地方税务学会（研究会），这些学术团体各具特色，在开展活动方面都非常活跃，为广大纳税人和地方税务系统做了大量工作，对于提高地税系统理论研究水平和宣传普及税收政策法规起到了很大的推动作用。学会2009年协助召开9省市地方税收研讨会，加强与外省学会的交流与合作，取长补短，共同推进学会（研究会）组织的建设水平。

【学会调研工作】 2009年一季度将各区县报来2008年度202篇调研报告，进行了评选。组织成立以中财院教授、北京市地税局研究室领导及学会领导和各部门成员参与的评审委员会。对上报调研报告进行评析，评出一等奖10名，二等奖20名，三等奖25名。会后学会将55篇获奖调研报告进行修改整理，编辑成册，以期发挥优秀调研成果的作用，进一步提高调研工作的质量。对2009年的调研工作进行了安排和部署，并提出了具体的工作要求，到年末各项调研工作如期完成。

【开展会员培训交流活动】 2009年学会根据税制改革、企业改制和会员单位的需要，举办一次税收新政策培训活动，为会员们的涉税工作提供了理论和实际操作帮助。

【“小金库”专项整治】 在国际金融危机仍在蔓延加深、外部经济环境依然严峻的形势下，深入开展“小金库”治理工作具有更加重要的现实意义。学会根据北京市地税局有关工作布署，认真开展自查自纠，并及时按照市局的要求进行了清理。

【行业税法知识辅导丛书及会刊】 编辑出版《房地产业地方税收政策汇编》一书。于2006年7月编辑出版第一期会刊，到2009年末共出版会刊14期。会刊为季刊，主要刊登北京市经济工作和地税系统的重大事件和信息，社会关注的热点，调研报告和会员单位介绍。

【学会的年检审查】 根据北京市社会团体管理办公室年检规定，学会于4月按照要求向北京市社团办提交各项年检报告、资料以及学会依法开展各项活动的情况，顺利通过2008年年度审验。

【领导班子成员】 北京市地方税务学会会长：徐志宏；副会长：范云军、罗春风、刘毅、王天麟、刘桓、路俊霞（女）；秘书长：徐滨；监事长：杨玉杰。

（侯燕玲）

大事记

北京市地方税务局大事记（2009年）

1月

1月1日 年所得12万元以上纳税人办理2008年度个人所得税自行纳税申报工作正式启动。

1月8日 北京市地方税务局党组书记、局长王晓明主持召开党组扩大会议，审议并原则通过《2009年北京市地方税务工作会报告》《2009年税收计划安排》和《2008年公务员考核奖励工作安排》。会议强调，全系统要坚定信心，克服困难，完善组织收入工作机制，强化分析预测，抓好科学化、精细化管理，确保2009年税收收入任务圆满完成。

1月8日 在市纠风办、市信息办和首都之窗运维管理中心组织召开的2008年度北京市政务网站考评工作总结大会上，北京地税网站被评为优秀政府网站。

1月12日 北京市地方税务局党组书记、局长王晓明主持召开党组扩大会议，研究讨论《北京市地方税务局深入学习实践科学发展观活动整改落实方案》。

1月12日 北京市地方税务局局领导王晓明、郝硕博、王京华、任军、卜祥来参加北京市“两会”咨询活动。

1月12日 北京市地方税务局召开北京市地方税务局第三届特约监察员聘任大会，陆地等12名同志被聘为北京市地方税务局第三届特约监察员。

1月13日—22日 北京市地方税务局领导分别带队到基层税务所慰问干部职工。

1月16日 北京市政府召开2009年北京市地方税务工作会议。北京市委常委、常务副市长吉林出席会议并做重要指示。北京市地方税务局党组书记、局长王晓明作题为《优化环境　科学发展　推进北京地税事业再上新台阶》的工作报告。会议确定了2009年工作总体思路为，以组织收入为中心，以优化地税发展环境为主题，以服务首都经济社会发展大局和服务纳税人为主线，以干部队伍的理想信念和机关建设为保障，建设学习型、服务型、效能型、法治型和廉洁型机关，牢固树立大局意识、发展意识、忧患意识、服务意识和创新意识，以最好的精神状态，最高的工作标准，努力做到让上级机关满意、纳税人满意、税务工作者满意。部分委办局领导，各区县（管委会、办事处）主管税务工作领导，部分大型企业主管财务工作领导，北京市地方税务局局领导、原局领导参加会议。

1月16日 举办北京市地税系统第七届文艺汇演优秀节目汇报演出。北京市委、市政府有关委办局领导，国家税务总局有关司局领导，北京市地方税务局局领导、原局领导出席活动。

1月19日 北京市地方税务局召开2009年税收计划分配会议。党组书记、局长王晓明指出，2009年工作会确定的目标、任务、措施和要求，集中了全系统的智慧和力量，坚持了从实际出发，从群众中来、到群众中去。下一步，关键是把2009年工作会提出的各项目标、任务、措施和要求研究好、贯彻好、落实好。

1月19日 北京市地方税务局与北京市国税局举办联谊活动。市国税局、市地税局局领导，各处室、直属单位主要负责人参加活动。

1月20日 北京市地方税务局机关举办春节联欢会。北京市地税局局领导、机关全体工会会员参加活动。

1月21日 北京市地方税务局召开春节期间安全工作电视电话会议。

1月24日 北京市地方税务局局领导王晓明、任军、王勇生到马甸办公楼纳税服务中心慰问坚守岗位的12366热线干部。

1月30日—5月20日 北京市地方税务局总经济师卜祥来参加北京市委组织部组织的美国德克萨斯大学圣安东尼奥EMBA课程培训。

1月31日 2008版企业所得税明细申报系统成功上线，为企业所得税的征收管理提供了技术支持。

2月

2月1日 北京市地方税务局党组书记、局长王晓明主持召开党组会议，研究局党组“深入学习实践科学发展观”活动整改落实方案等事项。

2月1日 北京市地方税务局局长王晓明主持召开第1次局长办公会议，研究总经济师卜祥来出国期间局领导分工问题，原则通过个人出租非住房税收政策调整方案。

2月1日 北京市地方税务局召开全系统春节期间情况汇报会。

2月1日 北京市地方税务局党组书记、局长王晓明带领局领导班子成员到机关各处室对广大干部职工致以新春问候，并与学习实践科学发展观第七指导检查组同志座谈、互致节日问候。

2月2日 北京市地方税务局党组书记、局长王晓明带领局领导班子成员到北京市国际税收研究会、北京市地税学会、朝阳区地税局和马甸办公区进行慰问。

2月5日 北京市地方税务局召开北京

地税系统节能减排经验交流会议。副巡视员刘宝忠到会并讲话。

2月6日 北京市地方税务局在北京电视台举办“优化环境、服务发展、共建和谐税收”——北京地税答谢纳税人联谊会。北京市地税局党组书记、局长王晓明致辞。北京市政府、国家税务总局及北京市有关委办局领导，北京市委第七指导检查组领导出席活动。

2月9日 北京市地方税务局党组书记、局长王晓明主持召开党组扩大会议，研究筹备2009年度北京地税系统党风廉政建设工作会等事项，审议并原则通过《北京地税系统廉政风险防范管理工作推进方案》。

2月9日 北京市地方税务局局长王晓明主持召开第2次局长办公会议，研究信息化等工作。会议强调，信息化工作要遵循统一领导、归口管理、统筹规划、资源整合的原则，把信息安全工作摆在突出重要的位置。

2月10日 北京市地方税务局印发《北京市地方税务局关于2008年度纳税人满意度调查暨征询纳税人意见情况的通报》（京地税纳〔2009〕61号），要求有效利用满意度调查的结果，对纳税人反映的问题进行整改，全面提高纳税人满意度。

2月12日 北京市地方税务局党组书记、局长王晓明参加国家税务总局2009年党风廉政建设工作会议。北京市地税局组织收看视频会议。

2月12日 北京市地方税务局召开“加强安全检查 预防火灾事故”电视电话会议。通报央视新址配楼因违法燃放烟花造成重大火灾事故有关情况，传达北京市委、市政府安全工作紧急会议精神，并对全系统安全工作提出要求。

2月16日 北京市地方税务局党组书记、局长王晓明主持召开党组会议，研究学习实践科学发展观活动测评和总结等事项。

2月16日 北京市地方税务局获得国家税务总局、全国妇联“争创巾帼文明岗优质服务迎奥运”活动优秀组织奖。基层工作处高姝东被评为全国巾帼建功活动先进工作者。

2月16日 北京市地方税务局印发《北京市地方税务局关于个人非住房出租税收管理工作的通知》（京地税征〔2009〕37号）。

2月16日—17日 北京市地方税务局召开2009年纳税评估工作会议。副局长郝硕博到会并讲话。

2月17日 北京市地方税务局党组书记、局长王晓明主持召开党组扩大会议，研究讨论党风廉政建设工作会议材料、开具个人所得税完税证明等事项。

2月18日 北京市地方税务局召开学习实践科学发展观活动群众满意度测评大会。党组书记、局长王晓明就相关情况作了介绍。国家税务总局有关部门领导、北京市委第七指导检查组领导、首都文明行业考评组有关领导出席会议。

2月18日 北京市地方税务局组织系统内干部参观国家税务总局廉政文化建设成果展。

2月19日 北京市地方税务局召开2009年党风廉政建设工作会议。北京市纪委常委李振奇，北京市地税局党组书记、局长王晓明分别作重要讲话。王晓明与其他班子成员签订《党风廉政建设责任书》。北京市纪委、北京市监察局领导，国家税务总局监察局领导，北京市地税局局领导出席会议。

2月20日 北京市地方税务局召开个人出租房屋税收政策新闻发布会。副局长王京华到会并讲话。

2月23日 北京市地方税务局党组书记、局长王晓明主持召开党组扩大会议，研究贯彻落实全市领导干部作风建设年活动动员大会精神等事项，审议并原则通过深入学习实践科学发展观活动总结报告。按照北京市委部署，结合北京市地方税务局实际，局党组决定在全系统开展“加强领导干部作风建设，推进优化地税发展环境，确保税收增长年”活动。

2月23日—24日 北京市地方税务局召开2009年税务稽查工作会议。副局长郝硕博到会并讲话。

2月24日 北京市地方税务局召开学习实践科学发展观总结大会。党组书记、局长王晓明作总结讲话，北京市委第七指导检查组组长孙长泰对北京市地税局开展学习实践科学发展观活动的各项工作给予充分肯定。

2月24日 北京市地方税务局印发《北京市地方税务局关于印发〈企业所得税减免税管理规定（试行）〉的通知》（京地税企〔2009〕50号）。

2月25日—26日 北京市地方税务局召开2009年征管系统工作会议。北京市地税局副局长任军到会并讲话。

2月27日 北京市地方税务局召开2008年度局级领导班子、领导干部述职测评工作会议。党组书记、局长王晓明代表北京市地税局领导班子对2008年度班子建设情况、主要工作完成情况进行述职。

2月27日 北京市地方税务局召开2009年信息化工作会议。副局长郝硕博到会并讲话。

3月

3月2日 北京市地方税务局党组书记、局长王晓明主持召开党组会议，审议并原则通过“加强领导干部作风建设，推进优化地税发展环境，确保税收增长年”活动实施方案和局长王晓明在动员大会上的讲话，研究设立顺义区地税局机场分局、纳税服务处等事项。

3月2日 北京市地方税务局合唱团参加“我的祖国”首都各界妇女“庆三八 迎国庆”文化活动演出。

3月2日—5月26日 北京市地方税务局对全系统所有PC机和服务器进行防病毒软件的升级工作，部署升级计算机及服务器共计6706台。

3月3日 北京市地方税务局组织全系统副处级以上女干部开展庆“三八”妇女节活动。

3月4日 北京市地方税务局印发《北京市地方税务局关于发布第三批已失效或废止的税收规范性文件目录的通知》（京地税法〔2009〕65号），公布102件废止和失效的北京市地方税务局税收规范性文件目录。

3月4日 北京市国家税务局、北京市地方税务局有关领导到丰台地税局调研国税局、地税局税务登记联合办理工作。

3月5日 北京市地方税务局机关团委组织召开“弘扬雷锋精神，推进志愿服务”座谈会。副巡视员王勇生到会并讲话。

3月6日 北京市地方税务局召开“加强领导干部作风建设，推进优化地税发展环境，确保税收增长年活动”动员大会。北京市委常委、常务副市长吉林出席会议并讲话。北京市地税局党组书记、局长王晓明作报告。会议从切实加强领导干部作风建设、确保税收收入持续稳定增长、优化地税执法环境、优化地税服务环境、优化地税政策环境、优化地税科技环境、优化行政管理环境和优化地税廉政环境八个方面进行了部署。

3月9日 北京市地方税务局印发《北京市地方税务局转发国家税务总局关于印发〈纳税人涉税保密信息管理暂行办法〉的通知》（京地税纳〔2009〕82号）。该办法自2009年1月1日起执行。

3月9日 北京市地方税务局召开纪念“三八”国际劳动妇女节座谈会。党组书记、局长王晓明向女干部提出常怀自豪之感、力行建业之举、多添魅力之质三点希望。

3月10日 北京市地方税务局党组书记、局长王晓明主持召开党组会议，研究起草北京市地税局机关“三定”草案等事项。

3月10日 北京市地方税务局印发《北京市地方税务局关于建立走访服务制度的通知》（京地税纳〔2009〕93号）。该制度自2009年4月1日起推行。

3月10日—11日 北京市地方税务局召开2009年所得税系统工作会议。副局长王京华到会并讲话。

3月12日 北京市地方税务局党组书记、局长王晓明到东城区地税局调研，对东城局工作开展情况给予肯定，并强调：地税系统队伍大、任务重，关键是要有一个坚强的领导班子，讲大局、讲团结，带出一支好的队伍，这是做好工作的根本；要有好的精神状态，切实转变工作作风，扎实推进五型机关建设；领导干部要到基层，税务干部要到企业，层层建立责任制，最大限度地完成各项任务。

3月12日 北京市地方税务局召开

2009年营业税业务工作暨业务培训会。国家税务总局货物和劳务税司副司长龙岳辉出席会议并就营业税条例、细则修订等情况作了介绍。刘宝忠副巡视员到会并讲话。

3月18日 北京市地方税务局党组书记、局长王晓明主持召开党组会议，研究票证中心申报参照公务员法管理等事项，审议并原则通过《北京市地方税务局主要职责、内设机构和人员编制规定（草案）》《北京市地方税务局关于落实党风廉政建设责任制的整改措施》。

3月19日 北京市地方税务局党组书记、局长王晓明到朝阳区地税局酒仙桥税务所、小关税务所和第三税务所调研，对3个税务所的工作给予肯定，并强调：当前地税系统面临的困难很多，但在众多矛盾中组织收入仍是第一位的，基层税务机关要主动担当起区域经济发展的重任，为区委、区政府当好参谋；要坚持“抓大、管中、不放小”，整合利用好各种资源，使征管评查形成合力；要坚持从实际出发，落实好“两个减负”，进一步优化地税发展环境。

3月22日 北京市地方税务局自行编印《帮扶企业税收政策和征管措施汇编》10余万册，并陆续免费向纳税人发送。

3月23日 北京市地方税务局局长王晓明主持召开第4次局长办公会议，研究贯彻落实《国家税务总局关于进一步做好税收征管工作的通知》精神、使用数字证书办理纳税申报的纳税人试行取消纸质申报资料等事项，审议并原则通过《北京市地方税务局帮扶企业应对国际金融危机工作实施方案》《2009年税收宣传月活动安排》。会议强调，要按照北京市委、市政府关于帮扶企业应对金融危机的统一部署，结合开展“加强领导干部作风建设，推进优化地税发展环境，确保税收增长年”活动，切实采取措施，解决企业在执行税收政策、申报缴纳税款等方面面临的困难，确保把帮扶企业解困工作抓紧、抓实、抓出成效。

3月24日 北京市地方税务局印发《中共北京市地方税务局党组关于印发〈北京市地方税务局开展“加强领导干部作风建设，推进优化地税发展环境，确保税收增长年”活动领导小组办公室内部机构及工作职责〉的通知》（京地税党〔2009〕5号）。领导小组办公室下设作风建设组、组织收入组、优化执法环境组、优化服务环境组、优化政策环境组、优化科技环境组、优化行政管理环境组、优化廉政环境组8个专项工作组。

3月25日 北京市地方税务局召开贯彻北京市委、市政府帮扶企业应对国际金融危机工作措施动员会。副局长王京华到会并讲话。

3月25日 北京市地方税务局印发《北京市地方税务局关于印发北京市地方税务局2009年重要实事和折子工程的通知》（京地税办〔2009〕84号）。2009年重要实事项目25项，折子工程项目43项。

3月25日 北京市地方税务局印发《北京市地方税务局转发国家税务总局关于进一步加强普通发票管理工作的通知》（京地税票〔2009〕90号），在《北京市服务业、娱乐业、文化体育业专用发票》和《北京市交通运输业、建筑业、销售不动产和转让无形资产专用发票》中，增设16种最高开票限额分别为壹万元和壹拾万元版的发票，以遏制通过套购发票用于倒卖或虚开发票的违法行为。

3月26日 北京市地方税务局召开2009年办公室工作会议。

3月26日 北京市地方税务局召开车船税征收管理工作会议。副局长王京华到会并讲话。

3月26日 北京市地方税务局党组书记、局长王晓明到海淀区地税局调研，对海淀局的工作给予肯定，并强调：要全力抓好组织收入工作，落实三级责任制；要落实好税收政策，做到纵向到底，横向到边，开展好帮扶企业应对国际金融危机工作；要把当前的困难转化为锻炼干部的机会，明确责任压担子，在实践中培养、考察干部；要真正关心干部的工作、学习和生活，同时要严格管理，用身边的反面典型警示干部；要建立健全各项制度规定，用好的制度管权、管人、管事、管资产。

3月27日 北京市地方税务局召开安全保卫工作会议。

3月27日 北京市地方税务局印发《北京市地方税务局关于印发〈北京市地方税务局帮扶企业应对国际金融危机工作实施方案〉的通知》（京地税企〔2009〕85号）。

3月28日 北京市地方税务局组织全市地税系统967名稽查干部参加全国税务系统稽查人员业务考试。

3月30日 北京市地方税务局党组书记、局长王晓明主持召开党组会议，研究推进廉政风险防范管理、2009年外事工作计划、2009年巡视工作计划等事项。会议强调，要坚决贯彻落实中央及本市有关文件会议精神，认真落实出访路线、在外停留和公务活动时间、中介机构使用等各方面的要求，严格执行费用开支标准，禁止以任何形式摊派和转嫁费用，因公出国（境）要有明确的公务目的和较强的针对性，符合实际工作需要。

3月30日 北京市地方税务局局长王晓明主持召开第5次局长办公会议，审议并原则通过《北京市地方税务局关于当前加强综合税收分析和强化组织收入措施的意见》。

3月31日 北京市地方税务局召开2009年调研工作会议。副局长任军到会并讲话。

4 月

4月1日 北京市地方税务局在宣武区天桥剧场前广场举办第十八个全国税收宣传月暨北京地税“万人百场”税法宣讲活动启动仪式。党组书记、局长王晓明出席活动并讲话。

4月1日 北京市地方税务局党组书记、局长王晓明到宣武区地税局牛街税务所调研，对牛街税务所工作给予肯定，并提出四点要求：一是坚定信心，勇于担当各级政府的参谋，为实现区域经济平稳较快发展作出应有的贡献；二是突出重点，坚持“抓大、管中、不放小”，坚持走访制度，实现税款应收尽收；三是落实责任，确保任务到所、责任到人，减轻税收管理员和纳税人的负担；四是强化作风建设，充分展现昂扬的精神面貌和优良的工作作风，力戒形式主义，把市局党组的精神和要求真正落到实处。

4月1日 北京市启用新版防伪发票。新版防伪发票在普通发票原防伪措施的基础上，首次采用微缩文字、红外线温变和荧光油墨等印制技术。

4月7日 北京市国税局、北京市地方税务局联合举办纳税信用A级企业授牌活动，2734家企业获此荣誉称号。国家税务总局，北京市国税局、北京市地方税务局，朝阳区委、区政府相关领导出席活动。

4月8日—9日 北京市地方税务局组织收看国家税务总局召开的全国国际税收工作视频会议。副局长任军出席会议。

4月9日 北京市地方税务局举办北京市地方税务局党组理论中心组扩大学习暨第37期北京地税论坛。中国人民大学财政系主任朱青教授应邀作“当前经济形势与财税对策”专题报告。

4月10日 北京市地方税务局设立北京市地方税务局税务行政复议接待室，集中受理纳税人向北京市地税局提出的行政复议申请。

4月10日 北京市地方税务局印发《北京市地方税务局关于当前加强综合税收分析和强化组织收入措施的意见》（京地税计〔2009〕104号）。

4月12日 北京市地方税务局被评为2008年全国税收调查工作先进单位。

4月14日 北京市地方税务局召开西安市地税局干部到北京市地税局挂职锻炼欢迎会。党组书记、局长王晓明到会并讲话。

4月15日 北京市地方税务局召开各区县局、各处室、直属单位主要领导干部会议，通报北京市纪委对苏文权实行“两规”有关情况。鉴于苏文权在通州区工作期间存在重大经济违纪事实，经报北京市委、市政府主要领导批准，北京市纪委决定对苏文权采取“两规”措施。党组书记、局长王晓明在讲话中强调：一要统一思想，毫不松懈抓好各项工作；二要严格管理，带好队伍；三要筑牢思想道德防线，严格自律。

4月17日 北京市地方税务局党组书记、局长王晓明主持召开党组会议，研究2008年年度先进集体评选及公务员年度考核奖励、北京市国际税收研究会换届、北京市地方税务局“三定”方案修订、票证中心申报参照公务员法管理等事项。

4月17日 北京市地方税务局局长王晓明主持召开第6次局长办公会议，研究重大案件审理、妥善解决2009年区县间税源争议问题等事项，审议并原则通过《北京市国家税务局、北京市地方税务局税收工作协作制度》。

4月18日 北京市地方税务局副局长王京华出席北京奥运经济研究会主办的《2008年奥运经济报告》首发式暨报告会。

4月21日—7月22日 北京市地方税务局有关职能部门组织对各区县、直属分局信息安全工作进行安全巡检。

4月22日 北京市委印发《中共北京市委关于沈汝冰同志任职的通知》（京委〔2009〕139号），市委决定，沈汝冰同志任中共北京市地方税务局党组副书记。

4月23日 北京市地方税务局召开"加强领导干部作风建设，推进优化地税发展环境，确保税收增长年"活动领导小组专题会议，重点研究8个专项组开展活动的落实方案。

4月28日 北京市地方税务局举行北京奥运税务文物捐赠仪式，全系统收集涉奥涉税实物362件。

4月28日 北京市公安局、北京市国家税务局、北京市地方税务局以及其他10余个成员单位联合组织召开北京市打击发票违法犯罪活动新闻发布会。北京市国税局新任副局长饶立、北京市地税局副局长郝硕博、北京市公安局经济犯罪侦查处以及各单位相关部门负责人参加会议，新华社、北京电视台、北京日报、中国税务报等22家媒体进行报道。

4月28日 北京市地方税务局副局长王京华参加市纠风办组织的"政风行风热线——走进直播间"活动，在线介绍北京市地方税务局、重点工作并回答网友关心的涉税问题。

4月28日 北京市地方税务局与市住房和城乡建设委员会联合印发《北京市地方税务局、北京市住房和城乡建设委员会关于加强房屋交易税收管理工作的通知》（京地税地〔2009〕120号）。

4月29日 北京市地方税务局在全市开展打击假发票宣传活动。

4月29日 北京市地方税务局机关团委开展"坚定理想信念，肩负青春使命"纪念五四运动90周年主题教育活动。副巡视员王勇生参加。

4月29日 北京市政府印发《北京市人民政府关于沈汝冰同志任职的通知》（京政任〔2009〕89号），市政府2009年4月29日第35次常务会议决定，沈汝冰任北京市地方税务局副局长。

4月30日 北京市地方税务局召开"甲型H1N1流感"防控部署会议。副巡视员王勇生到会并讲话。

4月30日 北京市地方税务局为个人所得税纳税人批量开具2008年度完税证明累计达350万份，同时继续推广完税证明全城通开和个人纳税信息网上查询。

5月

5月4日 北京市地方税务局党组书记、局长王晓明主持召开党组会议，研究预算执行情况分析和内部预算安排、廉政风险防范管理工作实施方案等事项，通报北京市委十届六次全会、“小金库”治理工作会议精神。会议强调，在预算资金分配、使用和管理过程中，要严格执行《预算法》《会计法》和《政府采购法》有关规定，与北京市财政局批复的口径一一对应。建立健全各项财务管理制度，加强对资金使用的监督和问效考核。

5月6日 北京市地方税务局党组书记、局长王晓明主持召开党组会议，研究局领导工作分工等事项。

5月7日 北京市地方税务局召开北京市地税系统1—4月工作会议。党组书记、局长王晓明作重要讲话，对1—4月全系统工作情况进行小结，并对贯彻落实市委全会和刘淇书记、郭金龙市长讲话精神，做好下一阶段工作进行了部署。会议强调，在短期经济形势还不很明朗的情况下，全系统广大干部职工要坚决贯彻落实北京市委十届六次全会精神，按照北京市地方税务局党组在年初工作会和“加强领导干部作风建设，推进优化地税发展环境，确保税收增长年”活动中作出的部署，坚定信心，克服困难，大干、苦干8个月，全力确保全年各项工作任务的完成。

5月8日 北京市地方税务局召开2009年财务工作会议。

5月8日 北京市地方税务局接待香港税务学会一行14人来访，双方就北京地税2008年和2009年一季度的收入状况、营业税、个人所得税的政策变化以及目前金融危机对经济和税收的影响等问题进行深入交流和探讨。副局长沈汝冰到会并讲话。

5月8日 北京市地方税务局印发《北京市地方税务局转发国家税务总局关于进一步做好税收征管工作的通知》（京地税征〔2009〕122号）。

5月12日 北京市地方税务局党组书记、局长王晓明主持召开党组会议，研究讨论《北京市地方税务局2009年党风廉政建设和反腐败工作主要任务及分工》《北京市地方税务局贯彻落实〈建立健全惩治和预防腐败体系2008—2012年工作规划〉实施方案》。

5月12日 北京市地方税务局局长王晓明主持召开第7次局长办公会议，研究讨论1—4月税收收入完成情况和上半年收入预测及分区县任务安排、迎接市纠风办对基层税务所民主评议工作方案等事项，审议并原则通过《北京市地方税务局中国人民银行营业管理部关于建立信息共享机制的框架协议》。会议强调，全系统要认真贯彻落实北京市委十届六次全会精神和北京市地方税务局部署，结合1—4月税收完成情况和历史经验数据，进一步深入分析上半年收入的积极因素和面临的困难，并按照上半年完成50%收入进度的指标进行安排和考核。

5月18日 北京市地方税务局党组书记、局长王晓明主持召开党组会议，研究传达贯彻《中共北京市委组织部关于转发中央组织部〈关于在党政领导班子后备干部集中调整中加强监督认真治理拉票行为的通知〉的通知》精神、2009年上半年招录公务员等事项，审议并原则通过《北京市地方税务局“加强领导干部作风建设，推进优化地税发展环境，确保税收增长年”活动任务项目分解落实表》《北京市地方税务局关于对涉嫌违犯党纪政纪有关案件线索统一管理的办法（试行）》。会议强调，加强领导干部作风建设是关键，推进优化地税发展环境是手段，确保税收增长是核心。要突出重点，切实抓好看得见、摸得着、见实效的工作，力争通过7个多月时间的努力，领导干部作风转变方面有新变化，优化地税发展环境方面有新突破，保税收增长方面竭尽全力、措施到位。

5月18日 北京市地方税务局局长王晓明主持召开第8次局长办公会议，审议并原则通过预算执行审批单、政府采购合同管理办法、公务接待管理办法和北京市地方税务局机关普通印刷品印务工作管理办法。

5月20日 北京市地方税务局印发《北京市地方税务局关于印发〈北京市地方税务局税务行政复议和解调解办法(试行)〉的通知》（京地税法〔2009〕121号）。

5月20日 北京市地方税务局印发《北京市地方税务局关于使用数字证书办理纳税申报的纳税人试行取消纸质申报资料有关问题的通知》（京地税征〔2009〕135号）。使用数字证书通过网上电子申报方式办理纳税申报的纳税人，自2009年7月1日起试行取消纸质申报资料。

5月21日 北京市地方税务局召开传达贯彻中组部有关通知精神和部署北京市地方税务局民主评议政风行风工作会议。

5月21日 北京市地方税务局党组书记、局长王晓明到顺义区地税局调研，实地察看纳税服务大厅和税源管理所的情况，提出四点要求：一是围绕“保增长”，坚定信心，全力以赴，强化目标责任制，收入任务要分解到所、到人；二是有效落实好税收政策，横到边，纵到底；三是加强征收管理，做到依法征收、应收尽收；四是建立团结、有凝聚力、有战斗力的领导班子，带出作风正、能力强、会干工作、善打硬仗的干部队伍，创造一流的工作业绩。

5月22日 北京市地方税务局印发《中共北京市地方税务局党组关于印发〈北京市地方税务局贯彻落实建立健全惩治和预防腐败体系2008—2012年工作规划实施方案〉的通知》（京地税党〔2009〕18号）。

5月22日 北京市地方税务局印发

《中共北京市地方税务局党组关于印发〈北京市地方税务系统深入推进廉政风险防范管理工作实施方案〉和〈北京市地方税务系统廉政风险防范管理工作实施细则(试行)〉的通知》（京地税党〔2009〕19号）。推进廉政风险防范管理工作分为动员部署、排查廉政风险、制定防控措施、执行落实、考核评估和总结完善五个阶段实施。

5月26日 北京市地方税务局党组书记、局长王晓明主持召开党组会议，研究确保税收增长有关工作、2008年度局级干部年度考核奖励、推进廉政风险防范管理等事项。会议强调，各单位要把思想和行动真正统一到北京市委、市政府的决策部署上来，进一步坚定信心，振奋精神，突出重点，狠抓落实，为确保财政收入增长10%作出积极贡献。

5月27日 北京市地方税务局召开廉政风险防范管理工作动员部署会议。

5月27日 北京市地方税务局印发《北京市地方税务局贯彻落实关于党政机关厉行节约若干问题的通知》（京地税财〔2009〕159号）。

5月31日 北京市地方税务局印发《中共北京市地方税务局党组关于印发〈北京市地方税务局涉嫌违犯党纪政纪有关案件线索统一管理办法（试行）〉的通知》（京地税党〔2009〕22号）。

5月31日 北京市民主评议政风行风工作进入调查测评阶段，由北京市地税系统特邀监察员组成的检查组到崇文区地税局进行检查走访。

6月

6月1日 北京市地方税务局局长王晓明主持召开第9次局长办公会议，听取关于确保税收收入增长有关措施、问题及建议的汇报。会议强调，各单位要再接再厉，继续发扬优良作风，积极采取有力措施，努力实现时间过半、税收任务过半的目标。

6月2日 北京市地方税务局召开加强个人机动车车船税征收管理工作会议。副局长郝硕博、副局长王京华到会并讲话。

6月2日—10日 北京市地方税务局领导分别到各区县局、分局检查指导组织收入工作。

6月4日 北京市地方税务局印发《北京市地方税务局关于采取更为有力措施，确保2009年财政收入增长10%的通知》（京地税计〔2009〕163号）。

6月5日 北京市地方税务局奥运税务办公室向档案处移交2003—2009年奥运税务档案九类共282卷。

6月8日 北京市地方税务局党组书记、局长王晓明主持召开党组会议，研究深入学习实践科学发展观活动整改落实“回头看”等事项。

6月8日 北京市地方税务局局长王晓明主持召开第10次局长办公会议，研究开展“小金库”专项治理等事项，听取了关于6月2日—5日税务所座谈会有关情况的汇报。会议强调，要严格落实政策规定，确保北京市地方税务局“小金库”治理方案与中央及北京市各项要求一一对应。

6月9日 北京市地方税务局召开全系统“小金库”专项治理动员部署会议。副局长沈汝冰到会并讲话。

6月9日 北京市地方税务局召开“深入学习实践科学发展观”活动整改落实“回头看”工作动员会议。副局长沈汝冰到会并讲话。

6月9日 北京市地方税务局党组书记、局长王晓明到崇文区地税局调研，实地参观纳税服务大厅和税源管理所，亲切慰问一线干部，并强调：要将深入学习实践科学发展观活动和地税工作有机结合，把科学发展观实践活动的各项措施落到实处，让广大干部职工看得见，充分发挥领导班子的整体力量；要突出以组织收入工作为中心，将确保税收增长的各项措施落到实处，领导干部要作表率，深入一线，了解情况，及时解决问题，创造条件为一线服务；要在实践中锻炼干部，考察干部，培养干部，使用干部。

6月10日 北京市地方税务局党组书记、局长王晓明到石景山区地税局调研，慰问窗口一线干部，并强调，要坚定信心，认真贯彻落实北京市委、市政府关于“保增长、保民生、保稳定”的一系列部署；要立足当前，着眼长远，在政策允许的范围内，研究落实“两个减负”；要按照区委统一部署，把第二批学习实践科学发展观活动落到实处，重在取得实效，认真研究群众反映的问题，实实在在抓好整改落实。

6月11日 团中央办公厅副主任景临一行到海淀学院路税务所就基层共青团工作进行调研。

6月12日 北京市地方税务局党组书记、局长王晓明到门头沟区地税局调研，慰问一线税务干部，听取基层税务所长工作汇报，并强调：要发挥好局、所两级领导班子的作用，增强凝聚力和号召力，事往一处想，力往一处使，在困难中担负起责任；要认真落实组织收入各项措施，强化责任制，任务到所，责任到人。

6月12日 北京市地方税务局召开使用数字证书办理地税纳税申报的纳税人试行取消纸质申报材料新闻发布会。副局长郝硕博出席会议。

6月12日—30日 北京市地方税务局组成5个督查组，以明查暗访相结合的形式，对18个区县局、5个直属分局及122个税务所政风行风和廉政环境建设情况进行督查。

6月15日 北京市地方税务局印发《中共北京市地方税务局党组关于加强领导干部作风建设进一步做好调查研究工作的意见》（京地税党〔2009〕25号）。

6月15日 北京市地方税务局副局长沈汝冰接待加拿大UBC大学常务副院长一

行来局访问。

6月16日 北京市地方税务局党组书记、局长王晓明主持召开党组会议，研究推荐全国税务系统先进集体和先进工作者、纪念建党88周年等事项，审议并原则通过《2009年局、处级后备干部集中调整工作安排》《北京市地税系统处级非领导职务晋升暂行办法》《北京市地方税务局机关科级非领导职务晋升暂行办法》《北京市地方税务局北京市地方税务局机关劳动合同制工作人员工资、福利、保险管理暂行办法》，通报了2008年度全系统二等功报批结果、票证中心人员参照公务员法管理登记有关情况。

6月16日 北京市地方税务局局长王晓明主持召开第11次局长办公会议，根据甲型H1N1流感疫情和中央关于压缩出国经费的要求，决定取消2009年赴加拿大和澳大利亚境外培训项目，向市外国专家局提出申请。

6月18日 北京市地方税务局印发《北京市地方税务局关于更换代扣代收税款凭证印制纸张及相关事项的通知》（京地税计〔2009〕177号）。自2009年7月1日起，将原使用的印制纸张由打字纸更换为无碳复写纸，其《代扣代收税款凭证》字号为（20091）京地代。

6月19日 北京市地方税务局召开北京地税系统副处级以上干部大会，传达中央和市委关于后备干部集中调整工作部署要求，协助北京市委组织部做好副局级后备干部民主推荐工作，并组织开展北京市地方税务局人事处处长、丰台区地税局局长、第一稽查局局长3个正处级领导空缺职位的民主推荐工作。党组书记、局长王晓明出席会议并在讲话中强调，要树立全局观念，切实认真落实北京市委会议精神和文件要求，做到思想认识到位、学习领会到位、执行标准到位；要着眼长远发展，努力形成良好的选人用人导向，注重干部的政治素质，注重干部的作风建设，注重干部的实绩表现，注重干部的群众公认；要突出岗位职责，突出机制创新，突出任用条件，做好正处级领导空缺职位推荐工作。

6月19日 在国家税务总局组织的2009年省级税务机关互联网站评估中，北京市地方税务局网站在地税系统中排名第一。

6月20日 北京市地方税务局防火墙单点改造项目开始实施，成功上线5台防火墙，完成了Internet内、外网防火墙的版本升级工作。

6月23日 北京市地方税务局党组书记、局长王晓明主持召开党组会议，研究安置公路养路费征稽管理人员、廉政风险防范项目化管理有关材料、“小金库”专项治理、副局级后备干部推荐等事项，审议并原则通过《北京市地方税务局党组关于落实“三重一大”决策制度的实施办法（试行）》《中共北京市地方税务局党组工作规则》《北京市地方税务局深入学习实践科学发展观活动整改落实“回头看”情况报告》。

6月23日 北京市地方税务局印发《北京市地方税务局转发国家税务总局关于发行2009年印花税票的通知》（京地税计〔2009〕180号）。根据通知，2009年国家税务总局《中国古代圣贤故事》和《牡丹呈祥》两套中国印花税票已印制完成并开始发行，各地收到2009年版印花税票后即可启用。

6月24日 国家税务总局科研所副局级研究员石坚一行到西城区地税局与有关企业财务主管进行个人所得税研讨。

6月25日 北京市地方税务局召开纪念建党88周年暨“七一”表彰大会。会上宣读了机关先进党支部和优秀共产党员、全系统先进集体和先进个人表彰决定并颁奖。党组书记、局长王晓明讲党课，并强调：党员领导干部要真正成为广大干部群众的带头人，带头服务大局，带头研究税收业务工作，带头加强理论武装，带头奉献，带头廉洁自律；要发挥好基层党组织战斗堡垒作用和党员先锋模范作用；要把“讲党性、重品行、作表率”落实到认清形势、明确任务、确保税收增长上，落实到推进“加强领导干部作风建设，推进优化地税发展环境，确保税收增长年”活动之中，落实到帮扶企业工作上，落实到转变税务机关职能、提高纳税服务质量上，落实到加强党的建设上。

6月26日 北京市地方税务局印发《北京市地方税务局关于征收车船税使用〈中华人民共和国税收通用完税证〉的通知》（京地税计〔2009〕183号）。自2009年7月1日起，各局车船税征收窗口征收车船税现金税款时停止使用《北京市地方税务局车船使用（牌照）税完税证》，统一使用《中华人民共和国税收通用完税证》。

6月26日 北京市残联举行北京市2009年残疾人就业保障金征缴工作启动仪式。中国残联教育就业部主任钱鹏江、北京市政府副秘书长侯玉兰到会并讲话，副局长王京华作工作总结。地税系统96个单位、488名个人分别被授予“先进集体”和“先进个人”荣誉称号。

6月26日 经中国人民银行营业部批准，大连银行加入财税库行联网系统运行，使全市财税库行联网系统上线银行达到19家。

6月26日 北京市地方税务局召开人事专项工作会议，副局长沈汝冰到会并讲话。

6月29日 北京市地方税务局局长王晓明主持召开第12次局长办公会议，研究落实《不动产、建筑业营业税项目管理及发票使用管理暂行办法》等事项。

6月29日 北京市地方税务局召开加强甲型H1N1流感预防控制工作电视电话会议。

6月30日 北京市地方税务局与中国人民银行营业管理部签署信息共享框架协议。

6月30日 北京市地税系统完成各项税费收入877亿元，同比增收14.9亿元，增长1.7%，完成全年计划1735亿元的50.5%；其中完成地方一般预算收入680.7亿元，同比增收28.3亿元，增长4.3%，完成全年计划的51.2%，实现“时间过半、任务过半”。

7 月

7月1日　北京市地方税务局开展“共产党员献爱心”捐款活动，纪念中国共产党建党88周年。机关各党支部和全体党员共捐款5万多元。

7月1日　北京市地方税务局领导王晓明、沈汝冰走访慰问北京市地税局机关离退休老党员。

7月1日　北京市地方税务局领导王晓明、沈汝冰到房山地税局慰问。先后走访了房山地税局开发区税务所、阎村税务所和房山税务所，听取房山地税局上半年工作汇报。局长王晓明对房山地税局工作提出具体要求。

7月1日　北京市地方税务局领导王晓明、沈汝冰到燕山分局慰问。先后走访了第一税务所等3个税务所，慰问工作在一线的税务干部，并与分局班子成员和全体中层干部座谈。局长王晓明对工作提出具体要求，勉励分局全体干部再接再厉，为北京地税发展作出新的贡献。

7月1日　北京市地方税务局印发《北京市地方税务局关于印发〈北京市地方税务局税收征管电子档案管理办法（试行）〉的通知》（京地税档〔2009〕191号）。

7月1日—2日　北京市地方税务局召开贯彻落实营业税文件清理和政策培训工作会议。副局长王京华到会并讲话。

7月2日—3日　北京市地方税务局召开2009年度残保金代征工作会议。副局长王京华到会讲话。

7月2日　北京市地方税务局组织任职试用期满干部正式任职谈话会。党组书记、局长王晓明与范力军等7名任职试用期满干部进行了谈话。党组副书记、副局长沈汝冰主持会议并宣读任职通知。

7月5日　北京市地方税务局成立参加国庆60周年群众游行活动“依法治国”方阵的20人中队，并开始投入为期3个月的国庆游行训练。副巡视员王勇生担任中队领队。

7月6日　北京市地方税务局党组书记、局长王晓明主持召开党组会议，传达贯彻刘淇书记重要批示和全市安全生产电视电话会议精神，研究全系统安全工作。会议强调，安全工作关键是抓落实，当前要扎实开展安全隐患排查工作，严格落实安全责任制，建立健全长效机制，并进一步加强宣传教育。

7月6日　北京市地方税务局召开贯彻落实北京市生产安全紧急会议精神和部署“国庆平安行动”有关工作电视电话会议。党组书记、局长王晓明讲话。党组副书记、副局长沈汝冰主持会议，副巡视员王勇生提出地税系统进一步加强安全工作的意见。

7月6日 北京市地方税务局领导王晓明、任军、王勇生对北京税务博物馆进行全面安全检查。

7月7日 北京市地方税务局局长王晓明主持召开第13次局长办公会议，研究纳税人个性化信息服务平台规划、税务博物馆消防安全等事项。会议决定自次日即7月8日起，税务博物馆暂停对外开放，并将税务博物馆迁至门头沟办公区。

7月7日 北京市地方税务局印发《中共北京市地方税务局党组关于印发〈中共北京市地方税务局党组工作规则〉的通知》（京地税党〔2009〕31号），明确了市地税局党组的主要职责、组织原则、议事和决策程序、思想作风建设等内容。

7月7日 北京市地方税务局印发《中共北京市地方税务局党组关于印发〈北京市地方税务局党组落实“三重一大”决策制度实施办法（试行）〉的通知》（京地税党〔2009〕32号），明确了重大决策、重要干部任免、重大项目安排和大额度资金使用的决策原则、决策范围、决策形式、决策程序及规则、决策执行与监督。

7月7日 北京市地方税务局印发《北京市地方税务局关于印发〈北京市地方税务局税务行政处罚案卷评查办法（试行）〉的通知》（京地税法〔2009〕193号）。

7月9日 北京市纪委印发《中共北京市纪委关于给予解煜党内严重警告处分的决定》（京纪〔2009〕27号），经中共北京市纪委常委会议研究，决定给予解煜党内严重警告处分。

7月9日—10日 北京市地方税务局党组书记、局长王晓明参加2009年全国税务系统纳税服务工作会议，并参观浙江省江干地税局办税服务厅和杭州财税12366服务呼叫中心。

7月14日 北京市地方税务局党组书记、局长王晓明主持召开党组会议，研究贯彻落实全国税务系统纳税服务工作会议精神、李维莉等4名同志任职等事项。

7月15日 北京市政风行风评议员到北京市地方税务局检查工作。局领导沈汝冰、任军、吴鼎、王勇生出席会议。

7月15日 北京市地方税务局召开“国庆平安行动”动员部署会议。副巡视员王勇生作动员讲话。

7月15日—17日 北京市地方税务局召开2009年税收形势分析会议。

7月16日 北京市地方税务局印发《北京市地方税务局关于认真贯彻落实2009年全国税务系统纳税服务工作会议精神的通知》（京地税纳〔2009〕205号）。

7月17日 北京市地方税务局印发《中共北京市地方税务局党组关于印发〈北京市地方税务局机关科级非领导职务晋升暂行办法〉的通知》（京地税党〔2009〕35号）。

7月17日 北京市委印发《中共北京市委关于吴鼎、解煜同志职务变动的通知》（京委〔2009〕201号）：市委决定，吴鼎同志任中共北京市地方税务局党组成员、中共北京市纪委驻北京市地方税务局纪检组长；免去解煜同志的中共北京市地方税务局党组成员、中共北京市纪委驻北京市地方税务局纪检组长职务，保留副局级。

7月20日 北京市地方税务局印发《北京市地方税务局关于印发〈北京地税系统国庆平安行动工作方案〉的通知》（京地税保〔2009〕206号）。

7月22日 北京市地方税务局召开组织收入工作会议，分析上半年收入形势和下半年趋势，讨论税收管理员平台相关问题。副局长沈汝冰到会并讲话。

7月23日 北京市地方税务局组织收看国家税务总局召开的全国税务稽查工作视频会议。

7月24日 北京市国际税收研究会召开第三届会员代表大会，通过关于成立北京市国际税收研究会学术委员会的决议，选举产生第三届理事会。大会选举孙振刚为会长，张富珍任学术委员会主任委员。中国国际税收研究会会长郝昭成、北京市地方税务局党组书记、局长王晓明到会并讲话。

7月27日 北京市地方税务局党组书记、局长王晓明主持召开党组会议，传达上半年北京市经济形势分析会议精神，研究半年工作会筹备等事项。会议强调，要认真学习北京市委书记刘淇、市长郭金龙讲话精神，狠抓政策落实、任务落实、责任落实，确保完成全年各项工作任务。要从讲政治的高度抓好队伍建设，把安全稳定作为各项工作的重中之重。

7月29日 北京市地方税务局召开市地税系统二手房交易预约服务试点单位座谈会。副局长王京华到会并讲话。

7月29日—8月26日 举行市地税系统第六届运动会。全系统25个单位近千人次的干部职工参加了比赛。

7月30日 北京市地方税务局召开北京市地税系统庆祝建军82周年座谈会。党组书记、局长王晓明对复转军人提出四点希望：一要发扬优良传统，在地税干部队伍建设中树立新形象；二要切实履行职责，在税收征管、纳税服务、税务稽查等各项工作中作出新成绩；三要努力学习实践，不断提升自身素质；四要利用人才优势，为广大复转军人提供发展进步的新环境。

7月31日 北京市地方税务局召开2009年上半年工作会议。党组书记、局长王晓明作题为《再接再厉，真抓实干，全力完成全年各项工作任务》的讲话。副局长沈汝冰通报了2009年上半年税收完成情况及全年税收收入形势预测。会议宣读了北京市委关于吴鼎、解煜同志职务变动的通知，传达了北京市委、市政府领导在2009年上半年经济形势分析会上的讲话精神，北京市纪委、市委组织部有关领导在调整北京市地方税务局领导班子宣布会上的讲话精神，以及全国税务系统纳税服务工作会议精神。会议指出，上半年经济税收遇到的困难前所未有，全系统广大干部付出的努力前所未有，内外部配合的紧密程度前所未有。后5个月要聚精会神，再接再厉，真抓实干，大干153天，以高度的责任意识和紧迫感，以最好的精神状态、最大的努力程度、最高的工作标准，确保税收收入稳定增长，确保干部队伍稳定，抓领导干部、抓领导机关、抓基础工作、抓制度建设、抓基层税务所，全力完成全年各项工作任务。

8 月

8月3日 北京市地方税务局党组书记、局长王晓明主持召开党组会议，研究落实全系统2009年下半年工作会工作部署。会议强调，北京市地方税务局党组要下大力气抓好三件大事：一是确保税收收入稳定增长，这是各项工作的重中之重；二是确保干部队伍稳定，这是完成税收任务的根本保障；三是抓领导干部、抓领导机关、抓基础工作、抓制度建设、抓基层税务所，这是完成税收任务和稳定队伍的关键。

8月4日—12日 北京市地方税务局领导深入分管处室、联系区县局、分局听取各单位贯彻落实地税系统上半年工作会情况汇报，并提出下半年工作要求。

8月8日 北京市人民政府办公厅下发《北京市人民政府办公厅关于印发北京市地方税务局主要职责内设机构和人员编制规定的通知》（京政办发〔2009〕67号），同意市地税局设19个内设机构，其中含纳税服务处。

8月10日 北京市地方税务局党组书记、局长王晓明主持召开党组会议，研究安置军转干部、筹备审计处等事项。

8月10日 北京市地方税务局局长王晓明主持召开第14次局长办公会议，研究庆祝建局15周年等事项。为推进领导干部深入基层，切实转变工作作风，会议决定，全系统处级以上领导干部于8月14日分赴全市205个税务所进行慰问，把北京市地方税务局党组的亲切关怀传递给每一名干部职工，听取其意见和建议，进一步凝聚人心、鼓舞干劲，以实际行动庆祝建局15周年，全力完成全年各项工作任务。

8月11日 北京市委书记刘淇在北京市地税系统上半年工作会议情况报告上作出重要批示："晓明同志：上半年地税工作积极主动，收效明显。望再接再厉，努力确保全年任务完成。"市委书记刘淇对北京市地方税务局成立15周年表示祝贺，对地税战线全体干部职工表示亲切问候。

8月13日 北京市地方税务局印发《北京市地方税务局关于个人所得税完税证明用章问题的通知》（京地税个〔2009〕228号）。该规定自2009年9月1

日起执行。

8月14日 北京市地方税务局党组书记、局长王晓明到密云县地税局水库税务所慰问税务干部，代表北京市地税局党组感谢干部职工及家属，送给税收管理员八个字："手勤、脑勤、嘴勤、腿勤"，希望广大干部职工再接再厉、克服困难，把市委书记刘淇对地税部门的殷切希望落到实处。局长王晓明指出，从1994年成立以来，地税事业不断发展，任务不断增加，队伍不断扩大，凝聚了几届党组和不同时期税务干部的心血。评价一个部门或地区工作好坏有三个标准，即是否有一个好的领导班子，是否有一支好的干部队伍，是否有一流的工作水平。要加强制度建设，用好的制度管人、管事、管资产和经费，增强工作透明度，坚持民主集中制，做到公开、公平、公正。要严格管理干部，真心爱护干部，真正帮助干部解决实际问题。要下大力气抓领导干部、抓领导机关、抓基础工作、抓制度建设、抓基层税务所，扎实推进五型机关建设。

8月15日 北京市地方税务局党组书记、局长王晓明代表北京市地税局党组发表"致北京地税系统离退休老干部慰问信"和"致全体干部职工慰问信"。

8月15日—17日 北京市地方税务局领导深入区县局、分局基层税务所慰问工作在一线的税务干部职工。

8月17日 北京市地方税务局党组书记、局长王晓明主持召开党组会议，研究建局15周年慰问税务所和离退休老干部、丰台区地税局和第一稽查局局长职位人选等事项。会议要求，对慰问过程中205个税务所反映的问题和建议进行归纳整理，限期研究解决。

8月17日 北京市地方税务局局长王晓明主持召开第十五次局长办公会议，传达学习市委书记刘淇重要批示，研究加强组织收入工作，审议并原则通过《关于清理往年陈欠的内部操作要求》。会议强调，各单位要组织广大干部职工认真学习贯彻市委书记刘淇重要批示精神，把这一重要批示作为我们做好一切工作的强大动力，结合贯彻落实全系统上半年工作会议精神，全力以赴做好下半年各项工作，绝不辜负市委、市政府的重托。要严格落实组织收入三级目标责任制，确保任务到所、责任到人，各项政策措施横向到边、纵向到底，确保完成全年税收任务。

8月18日 北京市地方税务局党组书记、局长王晓明主持召开党组会议，研究"三定"草案编制、丰台区地税局和第一稽查局局长职位人选等事项，审议并原则通过第二批满10年以上税务所维修改造方案、向财政申请追加和调整2009年度经费预算方案。

8月19日 北京市地方税务局印发《中共北京市地方税务局党组关于学习贯彻刘淇书记重要批示的通知》（京地税党〔2009〕46号）。

8月19日 北京市地方税务局印发

《北京市地方税务局转发国家税务总局关于加强税种征管促进堵漏增收的若干意见的通知》（京地税征〔2009〕221号），对加强货物劳务税征管、所得税征管、财产行为税征管、国际税收征管方面作出进一步明确和规范。

8月19日 北京市地方税务局举办全国青年文明号负责人培训班。副巡视员王勇生到会并讲话。

8月20日 北京市地方税务局印发《北京市地方税务局转发国家税务总局关于印发〈进一步加强税收征管若干具体措施〉的通知》（京地税征〔2009〕223号）。

8月21日 北京市地方税务局党组书记、局长王晓明主持召开党组会议，研究推荐副局长职位人选有关问题。

8月21日 北京市地方税务局召开北京地方税务综合服务管理信息系统国庆平安行动信息安全保障工作方案部署动员会议。副局长郝硕博到会并讲话。

8月21日 北京市地方税务局领导王晓明、郝硕博、任军、吴鼎慰问北京地税系统离退休老干部。

8月21日 北京市地方税务局召开国庆平安行动信息系统安全保障工作部署会议。郝硕博副局长到会并讲话。

8月24日 北京市地方税务局党组书记、局长王晓明主持召开党组会议，研究北京市地方税务局新"三定"方案部分工作实施和拟订区县局、直属分局"三定"方案，明确基层处和企业所得税处主持工作同志等事项。

8月24日 北京市地方税务局局长王晓明主持召开第16次局长办公会议，研究老干部工作等事项。会议强调，各单位要研究建立长效机制，继续深入实际，改进工作作风，切实关心基层和老干部，带出一支作风正、业务精的队伍，推动地税事业不断前进。

8月24日 北京市地方税务局印发《北京市地方税务局转发国家税务总局关于实施创业投资企业所得税优惠问题的通知》（京地税企〔2009〕220号）。

8月27日 北京市地方税务局领导王晓明、沈汝冰、王京华、任军、吴鼎、卜祥来、王勇生出席市地税系统第六届运动会闭幕式，并为运动会乒乓球、保龄球、羽毛球比赛获奖单位和个人代表颁奖。

8月27日 北京市地方税务局印发《北京市地方税务局关于发布第四批已失效或废止的税收规范性文件目录的通知》（京地税法〔2009〕217号），公布了127件废止和失效的北京市地方税务局税收规范性文件目录。

8月28日 北京市地方税务局召开2009年组织收入工作经验交流会暨落实"两个减负"措施工作会议。副局长沈汝冰到会并讲话。

8月31日 北京市地方税务局党组书记、局长王晓明主持召开党组会议，研究开展"做国家利益的忠诚卫士"主题教育周活动、区县局和直属局"三定"规定草案等事项。针对系统累积性违法违纪案件高发态势和“保增长、保民生、保稳定”的形势，北京市地方税务局党组决定在全系统集中开展“做国家利益的忠诚卫士”主题教育周活动，全体干部特别是各级党员领导干部要深刻反思自身在履行岗位职责方面存在的差距和不足，进一步找准和解决党风廉政建设方面的问题，提高政治思想素质和专业知识技能，完善征管制度，加强信息系统安全管理，确保完成全年收入任务。会议强调，主题教育周活动以正面引导为主，反面警示为辅，不搞形式主义，不搞人人过关。

8月31日　北京市地方税务局局长王晓明主持召开第17次局长办公会议，研究个人所得税荣誉纳税人、代扣代缴先进单位表彰有关问题。会议强调，各单位要认真贯彻落实中央有关要求，减少各类评比表彰活动，减轻基层和纳税人负担，推动职能转变，改进工作作风。

9 月

9月1日　北京市地方税务局印发《中共北京市地方税务局党组关于在全系统开展“做国家利益的忠诚卫士”主题教育周活动的通知》（京地税党〔2009〕50号）。通知要求，为汲取苏文权等人违纪违法案件的教训，防患于未然，紧密结合干部队伍实际情况，北京市地方税务局党组决定，在全系统集中开展“做国家利益的忠诚卫士”主题教育周活动，作为“加强领导干部作风建设，推进优化地税发展环境，确保税收增长年”活动的一项重要内容，提出引导、教育广大干部争做“爱岗敬业、忠于职守、廉洁奉公、顾全大局”的国家利益忠诚卫士。

9月1日　北京市地方税务局印发《北京市地方税务局关于进一步规范个人所得税完税证明管理工作的通知》（京地税个〔2009〕229号），规范完税证明的领、存、发、用工作流程，设计了开具个人所得税完税证明申请表。

9月1日　北京市地方税务局举行2009年新录用公务员岗前教育暨初任培训开班典礼。副局长沈汝冰作动员，北京市人力资源和社会保障局教育培训处负责人到会并讲话。

9月1日—3日　北京市地方税务局领导分别组织召开分管单位开展“做国家利益的忠诚卫士”主题教育周活动动员会，并就活动的开展提出具体意见和要求。

9月3日　北京市地方税务局召开2009年后奥运税务服务专题税政联席会议。副局长王京华到会并讲话。

9月3日　国家税务总局财产与行为税司副司长杨遂周一行到丰台区地税局就土地增值税、耕地占用税相关政策落实情况进行调研。北京市地税局副局长王京华陪同。

9月4日　北京市地方税务局召开全系统领导干部会议，推荐北京市地税局副局长人选。北京市地方税务局党组书记、局长王晓明主持会议，北京市委组织部经济干部处处长赵磊到会并提出要求。

9月7日 北京市地方税务局党组书记、局长王晓明主持召开党组会议，研究安全维稳、计会处等处室更名、北京市委组织部来市地税局考察局级后备干部人选等事项。会议强调，全系统各单位要牢固树立稳定压倒一切、首都安全责任重于泰山的思想，把迎国庆、保安全作为当前的头等大事，“一把手”负总责、亲自抓，各级领导干部要认真落实责任制，不折不扣地落实好“国庆平安行动”各项措施。

9月7日 北京市地方税务局局长王晓明主持召开第18次局长办公会议，研究北京市地方税务局2009年主要职责任务绩效计划申报表和重点工作任务绩效计划申报表。会议强调，要切实提高认识，建立健全工作机制，有序、有效开展绩效管理工作，进一步转变工作作风，切实履行职责，提高行政效率。

9月7日 北京市地方税务局召开传达贯彻市网络与信息安全协调小组安全保障专题工作会议精神的会议。副局长郝硕博到会并讲话。

9月7日 北京市地方税务局召开贯彻落实北京市地税局半年工作会精神，迎接建国60周年交通安全动员大会。副巡视员王勇生到会并讲话。

9月9日 北京市地方税务局召开迎国庆保安全电视电话会议。会议传达了中共中央、国务院和北京市委、市政府有关做好国庆期间安保工作的文件精神，部署了全系统开展“安全月”活动工作方案。副巡视员王勇生对系统开展“安全月”活动提出了五项要求，党组书记、局长王晓明到会并讲话。

9月9日 北京市地方税务局机关党委组织车公庄办公区全体党员观看反对邪教警钟长鸣——北京反邪教10年斗争警示录专题片。

9月10日 北京市地方税务局印发《北京市地方税务局关于印发〈北京地税系统“安全月”活动方案〉的通知》（京地税保〔2009〕235号），全面落实“国庆平安行动”的总体部署，切实做好全系统的安全稳定工作。

9月10日 北京市地方税务局召开北京市地税系统局级后备干部民主测评大会，对局级后备干部人选进行民主测评。局长王晓明到会并讲话。

9月11日 北京市纪委印发《中共北京市纪委关于给予苏文权开除党籍处分的决定》（京纪〔2009〕34号），经中共北京市纪委常委会议讨论并报市委批准，决定给予苏文权开除党籍处分。

9月11日 北京市监察局印发《北京市监察局关于给予苏文权行政开除处分的决定》（〔2009〕京监决字第9号），经北京市监察局局长办公会议讨论并报市政府批准，决定给予苏文权行政开除处分。

9月11日 北京市地方税务局印发

《北京市地方税务局关于印发〈北京市地方税务局公务接待管理办法〉的通知》（京地税办〔2009〕234号）。

9月11日 北京市地方税务局印发《北京市地方税务局转发国家税务总局关于股权激励有关个人所得税问题的通知》（京地税个〔2009〕236号）和《北京市地方税务局转发国家税务总局关于加强股权转让所得征收个人所得税管理的通知》（京地税个〔2009〕238号），就加强自然人股东股权转让所得个人所得税的征收管理，提高征管质量和效率，堵塞征管漏洞明确了有关要求。

9月14日 北京市地方税务局召开2009年度特约监察员工作会议。纪检组长吴鼎出席会议。

9月14日 北京市地方税务局党组书记、局长王晓明主持召开党组会议，研究处科级后备干部集中调整、韦临等3名同志任职等事项。会议强调，处科级后备干部集中调整要严格落实北京市委有关部署、要求、标准和程序，周密制订方案，注重细化环节，精心组织实施。坚持德才兼备、以德为先，坚持公开、公正、平等、竞争、择优的原则，加强跟踪培养，实行动态管理。

9月15日 北京市地方税务局印发《北京市地方税务局关于做好2009年度单位车辆船舶车船税征收工作的通知》（京地税地〔2009〕244号）。

9月16日 北京市公安局、北京市国家税务局、北京市地方税务局以及其他成员单位举行北京市打击发票违法犯罪活动及阶段性成果新闻发布会。

9月17日 北京市地方税务局印发《中共北京市地方税务局党组关于印发〈北京市地方税务系统2009年处、科级后备干部集中调整工作方案〉的通知》（京地税党〔2009〕56号）。

9月17日 北京市地方税务局召开北京市地税系统处、科级后备干部集中调整工作动员会。王晓明局长讲话，沈汝冰副局长作部署说明，吴鼎纪检组长宣读北京市纪委、市监察局给予苏文权开除党籍处分、行政开除处分的决定，及北京市纪委给予解煜党内严重警告处分的决定。会议强调，要认真落实北京市委、市纪委决定和市纪委副书记王海平讲话要求，认真查找漏洞，分析解剖问题，有针对性地研究措施，进一步抓好党风廉政建设。要坚持公开、公平、公正、透明，使权力在阳光下运行。全系统广大干部特别是各级领导干部要自觉经得起各种诱惑的考验，算清经济账、家庭账和名誉账。要把思想统一到北京市地方税务局党组的工作部署上来，组织好、宣传好、动员好处、科级后备干部集中调整工作。

9月18日 北京市地方税务局举办国庆60周年志愿者活动培训会。机关党委书记王勇生作动员讲话。

9月18日—25日 北京市地方税务局与中国人民银行两次召开联席会议，推动信息共享工作。确定昌平国、地税局作为试点单位，承担昌平区纳税人的“地税——银行”双方报表的比对工作。

9月21日 北京市地方税务局党组书记、局长王晓明主持召开党组会议，研究录用养路费征稽人员、齐志强调任等事项。

9月21日 北京市地方税务局局长王晓明主持召开第19次局长办公会议，研究优化业务流程和精简涉税资料、优化税收业务类考核等事项，听取关于2009年度全国大企业税收管理工作会议情况的汇报，审议并原则通过《北京市二手房交易计税价格修订工作方案》。

9月23日 北京市地方税务局党组书记、局长王晓明主持召开党组会议，研究学习贯彻党的十七届四中全会精神、处级后备干部选拔调整等事项。会议强调，当前和今后一个时期，首要的政治任务就是要认真学习好、宣传好、贯彻落实好四中全会精神，下大力气加强思想理论建设、制度建设、组织建设、党风廉政建设，确保完成全年税收任务，确保干部队伍稳定。

9月23日 北京市委印发《中共北京市委关于吕兴渭同志任职的通知》（京委〔2009〕387号），北京市委决定，吕兴渭同志任中共北京市地方税务局党组成员。

9月24日 北京市地方税务局召开北京市地税系统正处级领导干部大会，进行处级正职后备干部推荐人选民主测评。党组书记、局长王晓明代表北京市地方税务局党组作重要讲话，充分肯定全系统前9个月的工作成绩，强调全系统要坚决将思想高度统一到刚刚召开的十七届四中全会作出的各项决策部署，统一到市委常委扩大会的决定上来。

9月24日 北京市地方税务局通过电视电话会议系统举办信息安全态势与防控技术讲座。国内信息安全专家云晓春应邀授课。副局长郝硕博出席会议。

9月25日 北京市地方税务局领导到北京展览馆参观“辉煌60年——中华人民共和国成立60周年”成就展。

9月25日 驻北京市地方税务局纪检组监察处组队参加北京市纪委监察局“迎国庆60周年”歌咏汇报演出。

9月26日 北京市地方税务局组织对全系统正处级后备干部推荐人选的面试工作，共有77名干部参加了面试。面试考官由北京市地方税务局领导、有关处室处长、区县局局长和中介考试机构的有关领导担任。

9月27日 北京市地方税务局举办“迎国庆、颂祖国”庆祝新中国成立60周年联欢会。

9月28日 北京市地方税务局党组书记、局长王晓明主持召开党组会议，研究局领导分工调整问题。

9月28日 北京市地方税务局印发《北京市地方税务局关于印发〈北京市地方税务局税务行政执法争议协调暂行

规定〉的通知》（京地税法〔2009〕251号）。此规定自2009年10月1日起执行。

9月29日　北京市地方税务局印发《北京市地方税务局关于计划会计处、税务检查处、老干部处更名的通知》（京地税人〔2009〕253号）。根据北京市政府办公厅关于北京市地方税务局主要职责内设机构和人员编制的规定，计划会计处更名为收入规划核算处，税务检查处更名为稽查处，老干部处更名为离退休干部处。以上更名机构从2009年10月9日起对内、对外开展工作，并启用新的印章。

9月29日　北京市地方税务局与东城区政府正式签署提前解除《普渡寺使用协议》文件，当日发生法律效力，普渡寺的安全和管理工作正式归还东城区政府。

9月29日　北京市地方税务局组织全系统234名处级副职后备干部推荐人选，在北京市委党校大礼堂参加了由中介机构组织的笔试和工作价值观、综合心理测试。笔试期间，北京市地税局党组书记、局长王晓明，党组副书记、副局长沈汝冰到考场巡视。

9月30日　北京市地方税务局召开北京市地方税务局参加国庆60周年庆典活动动员会。局长王晓明为参加国庆游行和疏导工作的人员作动员讲话。

9月30日　北京市地方税务局印发《北京市地方税务局关于加强信息化项目统一建设和维护的通知》（京地税科〔2009〕256号），要求按照“统一规划、统一规范、统一设计、统一实施”的原则进行信息化建设项目管理。

10月

10月1日　北京市地税系统20名群众游行队员、20名疏导工作志愿者、20名信息安保人员、32名周边安保志愿者参加国庆60周年庆典。

10月9日　北京市地方税务局党组书记、局长王晓明主持召开党组会议，研究全系统处级干部集中调整等事项。会议指出，延续北京市地税系统近年来的做法，也是许多委办局、区县的工作方式，北京市局机关和系统一些女领导干部年满53岁以上、男领导干部年满57岁以上的同志需退出领导岗位，按照《中国共产党巡视工作条例》规定和北京市地方税务局新“三定”方案要求，需理顺、规范、新建一些处室机构，市局机关需补充一批处级领导干部；市局机关现有处级干部在年龄、学历、岗位经历、任职经历等方面需要优化，在管理层次、工作层次、能力层次等方面有待提高；结合后备干部人选推荐选拔工作，要坚持树立选人用人的正确导向，把民主推荐、民主测评中德才兼备、表现好、有培养潜力的干部用在更加适合其特点的岗位，加大处级干部轮岗交流力度，表现突出、符合晋升条件的提拔使用。综合考虑上述因素，北京市地方税务局党组决定进行干部集中调整工作。会议强调，这次干部集中调整要充分运用后备干部人选选拔的工作基础，严格工作程序，坚持干部“四化”方针，坚持德才兼备、以德为先的用人标准，坚持五湖四海、广纳群贤，坚持扩大民主，坚持公开透明，坚持党组充分酝酿、集体研究决定。要着重于加强北京市地方税务局机关处级干部队伍结构的调整和改善，在保证组织收入工作和保持大多数区县局班子、主要领导稳定的条件下，加大从区县局选拔干部到市局机关工作的力度，同时继续推进局级后备干部轮岗交流，加强表现好、反映好、年富力强的机关内部处级干部交流，为处级干部成长创造条件。

10月9日 北京市政府印发《北京市人民政府关于吕兴渭同志任职的通知》（京政任〔2009〕179号），北京市政府2009年10月9日第50次常务会议决定，吕兴渭任北京市地方税务局副局长（试用期一年）。

10月10日 北京市地方税务局党组书记、局长王晓明主持召开党组会议，研究全系统33名处级干部集中调整事项。

10月10日 北京市地方税务局印发《北京市地方税务局关于优化税收业务考核工作的通知》（京地税办〔2009〕258号），进一步优化税收业务考核，减轻基层负担。

10月11日 北京市地方税务局党组召开全市地税系统处级干部交流集体谈话会和正处级领导干部会议，宣布处级干部集中调整事项。北京市地税局党组书记、局长王晓明强调，这次干部交流工作有利于全市地税系统深入贯彻落实党的十七届四中全会精神，进一步提高选人用人的公信度；有利于促进领导机关更加适应新形势、新任务的需要，进一步加强和改进领导机关自身建设；有利于全市地税系统按照“四化”标准，逐步实现处级领导班子干部结构的科学化、合理化；有利于在全系统真正形成“民主、公开、竞争、择优”的选人用人机制，树立正确的用人导向；有利于实现处级领导干部的新老交替和平稳过渡，保持干部队伍的生机与活力；有利于全系统更好地完成各项税收中心工作，充分发挥税收职能作用；有利于按照中央、北京市委的要求，把忠于党、忠于国家、忠于人民的干部，凝聚在党的周围，在实践中培养干部，锻炼干部，识别干部，考验干部，提拔干部，努力开创优秀人才脱颖而出的良好局面。北京市地税局党组副书记、副局长沈汝冰代表北京市地税局党组宣布了干部调整的任免决定，并对这次集中调整工作的指导思想、过程、原则、方法、步骤，进行了全面的说明。北京市地税局党组成员、纪检组长吴鼎对即将走上新的领导岗位的各位同志提出了要求。

10月12日—25日 北京市地方税务局党组书记、局长王晓明参加中央组织部组织的第十一期正厅局长“加强党性修养　坚定理想信念　保持优良作风”专题培训班。

10月15日 北京市地方税务局保卫处被北京市“国庆平安行动”指挥协调小组授予“北京市国庆安保工作先进集体”称号；北京市地方税务局机关后勤服务中心矫卫建、信息中心刘成和北京西站分局刘建平3名同志被授予“北京市国庆安保工作先进个人”称号。

10月15日—16日 北京市地方税务局召开2009年重点税源培训暨数据质量检查工作会议。

10月16日—11月12日 北京市地方税务局领导分别带领考察组到区县局、分局考察干部。

10月20日 国家税务总局总经济师张志勇一行到北京市地方税务局就1—9月组织收入工作情况进行考察。局领导沈汝冰、王京华、任军、卜祥来、王勇生、刘宝忠出席会议，沈汝冰副局长作情况汇报。

10月22日 北京市地方税务局召开党组扩大会议，学习传达“北京市推进廉政风险防范管理工作经验交流会”会议精神及北京市委书记刘淇和中纪委副书记、监察部部长马馼在会议上的讲话精神。党组副书记、副局长沈汝冰作总结讲话。

10月27日—28日 北京市地方税务学会组织召开税收政策培训会。首都经贸大学财政税务学院税务系主任刘颖应邀授课。

10月30日 在北京市非紧急救助服务中心、市政府便民电话中心召开的市非紧急救助服务系统国庆服务保障工作总结表彰会上，北京市地方税务局因12366热线工作突出被评为国庆60周年服务保障优秀单位，薛青、李思峰2名热线工作人员被评为国庆60周年服务保障先进个人。

10月30日 北京市地方税务局档案馆提前完成全年接收任务，共接收整理2005年非登记类税务档案5923箱（盒）83893卷。档案馆馆藏量达到744609箱（盒）2785161卷，库藏档案库房占用率达到83%。

11月

11月3日 在北京市直机关工委召开的市直机关国庆工作总结表彰大会上，北京市地方税务局荣获首都国庆60周年群众游行优秀组织奖。

11月4日 北京市地方税务局党组书记、局长王晓明主持召开党组会议，研究周上序等19名同志考察情况、33名区县局和分局推荐人选考察方案、胡建荣任职、2009年度军转干部接收面试工作、2010年地税系统考试录用公务员计划、9名退居二线老同志工作安排、对北京市地税局机关借调人员进行副处级后备干部民主推荐等事项。

11月6日—12日 北京市地方税务局领导分别带领考察组到区县局、分局考核领导班子、考察正处级后备干部。

11月7日 北京市地方税务局获首都

精神文明建设委员会颁发的“迎国庆 讲文明 树新风”活动组织奖。

11月9日 北京市地方税务局党组书记、局长王晓明主持召开党组会议，研究开展落实党风廉政建设责任制、推进惩防体系任务完成情况专项检查和进一步做好甲型H1N1流感防控工作。

11月9日 北京市地方税务局局长王晓明主持召开第20次局长办公会议，研究讨论《北京市地方税务局纳税人诉求管理暂行办法》，审议并原则通过2010年信息化项目申报和预算安排。会议强调，信息化建设要贯穿税收征管全过程，信息系统安全工作要贯穿信息化建设、开发和运营全过程。

11月9日 北京市地方税务局印发《北京市地方税务局关于启用〈北京市出租汽车燃油附加费专用发票〉有关问题的通知》（京地税票〔2009〕276号），决定启用《北京市出租汽车燃油附加费专用发票》。

11月9日 北京市地方税务局印发《北京市地方税务局转发国家税务总局办公厅关于印发〈国家税务总局互联网站管理办法（试行）〉的通知》（京地税纳〔2009〕275号），进一步规范和完善北京地税网站的建设工作。

11月9日 北京市地方税务局举办第38期北京地税论坛。中央党校党建部副主任戴焰军教授应邀作“加强和改进新形势下党的建设”专题报告。

11月9日—13日 北京市地方税务局机关、直属分局近200名公务员分五批进行网络环境下信息能力的培训与考核。

11月10日 北京市机构编制委员会办公室下发《关于调整市地税局内设机构有关事项的函》（京编办行〔2009〕198号），同意北京市地方税务局单独设立审计处，基层工作处不再加挂“审计处”牌子。

11月11日 北京市地方税务局印发《中共北京市地方税务局党组关于设立纳税服务处和机关党委办公室的通知》（京地税党〔2009〕81号）。经北京市地方税务局党组2009年10月10日第39次会议研究决定，设立纳税服务处和机关党委办公室。

11月13日 北京市地方税务局印发《中共北京市地方税务局党组关于转发有关开展向陈柱平、钟伟良、毛文国同志学习活动等文件的通知》（京地税党〔2009〕89号），要求结合“加强领导干部作风建设，推进优化地税发展环境，确保税收增长年”活动切实组织开展好学习活动。

11月16日 北京市地方税务局党组书记、局长王晓明主持召开党组会议，研究从北京市地方税务局机关借调人员中推荐副处级后备干部、董雪涛任职等事项。

11月16日 北京市地方税务局局长王晓明主持召开第21次局长办公会议，听取关于北京市地税局2009年1—3季度预算执行情况及第四季度资金安排的汇报，研究并原则通过关于清理简化税收业务类评比表彰项目的意见。

11月17日 北京市地方税务局印发《中共北京市地方税务局党组关于设立审计处的通知》（京地税党〔2009〕91号）。

11月17日 北京市地方税务局印发《中共北京市地方税务局党组关于信息中心和信息系统安全保障中心分别设立的通知》（京地税党〔2009〕92号）。

11月17日 北京市委印发《中共北京市委关于解煜同志退休的通知》（京委〔2009〕428号），市委决定，解煜同志办理退休手续。

11月17日 北京市地方税务局印发《北京市地方税务局转发北京市发展和改革委员会、北京市财政局关于北京市出租汽车燃油附加费专用发票工本费标准的函的通知》（京地税票〔2009〕286号），同时完成首批7000万份《北京市出租汽车燃油附加费专用发票》的印制和调拨工作，向全市出租汽车企业正式供应此发票。

11月18日 国家税务总局副局长王力、所得税司司长马林、副司长刘丽坚等一行到北京市地方税务局检查指导个人所得税工作。北京市地方税务局副局长任军陪同。

11月18日 北京市地方税务局召开推进廉政风险防范管理工作信息化项目组工作会议。纪检组长吴鼎到会并讲话。

11月19日—25日 按照北京市纪委的统一要求，北京市地方税务局全系统认真开展贯彻党风廉政建设责任制、推进“惩防”体系任务完成情况专项检查自查工作。局领导分别带队，对联系单位进行全面检查。

11月23日 北京市纪委副书记、监察局长张厚崑，北京市纪委常委边学愚，北京市监察局副局长刘东波等一行到北京市地方税务局调研行政监察现代化工程进展情况。北京市地方税务局局长王晓明、纪检组长吴鼎作情况介绍，局领导沈汝冰、郝硕博、吕兴渭、卜祥来陪同。

11月23日 北京市地方税务局副局长任军到北京市司法局、北京市律师协会，共同研究落实国家税务总局关于个人独资合伙企业税收政策问题。

11月20日 北京市地方税务局召开2010年信息化项目编报部署和加强信息化工作统一管理工作会议。副局长郝硕博到会并讲话。

11月24日 北京市地方税务局党组书记、局长王晓明主持召开党组会议，研究2010年工作务虚会筹备、对北京市地方税务局机关和规范事业单位符合晋升科级非领导资格的干部进行考察等事项。会议指出，在即将过去的一年里，全系统广大干部职工在市局党组的坚强领导下，牢固树立和落实科学发展观，认真落实北京市委、市政府和国家税务总局的各项要求，着力加强领导干部作风建设，积极推进优化地税发展环境，团结一致，努力拼搏，克服了前所未有的困难，确保了税收收入持续稳定增长。当前，各单位要坚持一切从实际出发，坚持从群众来，到群众去的工作方法，沉下身子、静下心来、开动脑筋，统筹安排好年底收尾工作，总结提炼2009年工作中好的经验，谋划好2010年工作思路。

11月24日 北京市地方税务局印发《北京市地方税务局关于清理简化税收业务类评比表彰项目工作情况的通报》（京地税征〔2009〕290号），将原有5个项目保留一项，简化两项，取消两项。

11月24日 在中国国际税收研究会第四届二次常务理事会议上，北京市国际税收研究会被评为全国先进研究会。

11月25日 北京市地方税务局组织收看国家税务总局召开的全国税务系统所得税工作视频会议。局领导王京华、任军出席会议。

11月25日 北京市地方税务局印发《北京市地方税务局关于清理北京市地方税务局成立的各类领导小组的通知》（京地税办〔2009〕292号），原领导小组保留11个，予以撤销职能转入处室或工作由处室负责协调的7个，自行撤销2个。

11月25日—12月3日 通过北京地税网上管理学院开展《突发事件应对法》在线学习、考试。全系统应参考6876人，实际参考6772人，考试通过率为100%。

11月27日 北京市地税系统354名公务员参加国家税务总局组织的全国税务人员执法资格统一考试。

11月30日 北京市地方税务局党组书记、局长王晓明主持召开党组会议，研究高源等24名同志晋升科级非领导职务、区县局和分局军转干部定职、加强机关党的建设、领导班子民主生活会筹备等事项。会议强调，要把机关党的建设摆在重要的位置来抓，结合地税系统实际，教育和引导广大干部做“爱岗敬业，忠于职守，廉洁奉公，顾全大局”的国家利益忠诚卫士，充分发挥基层党组织战斗堡垒作用和党员先锋模范作用，努力提高机关党建的科学化水平，使机关党建工作走在北京市地税系统前列。

11月30日 各区县局按照北京市地方税务局统一部署完成了本局保存的已达到或超过保管期限的税务档案鉴定、销毁工作，全系统共鉴定税务档案12361卷，销毁5715卷。

12 月

12月3日 北京市地方税务局党组书记、局长王晓明主持召开党组会议，听取2010年工作务虚会各分组讨论情况汇报。

12月3日—4日 北京市地方税务局召开2010年工作务虚会。会议进行了工作经验交流，传达贯彻了中央政治局会议精神，并围绕专题进行了分组讨论。党组书记、局长王晓明作总结讲话，回顾前11

个月的工作，初步提出2010年工作总体思路为：以党的十七大、十七届三中、四中全会精神为指引，在市委、市政府和国家税务总局的领导下，深入贯彻落实科学发展观，以依法治税、组织收入为中心，以强化征管、优化服务为重点，在继续树立五种意识、推进五型机关建设的基础上，以夯实地税基础工作为抓手，努力实现“让上级机关满意、纳税人满意、税务工作者满意”的工作目标，完成全年收入任务，为建设“人文北京、科技北京、绿色北京”贡献力量。

12月4日 北京市编制委员会办公室下发《关于调整市地税局内设机构有关事项的函》（京编办行〔2009〕198号），同意北京市地方税务局农税分局更名为第一直属分局，同意北京市地方税务局涉外税务分局更名为第二直属分局。

12月7日 北京市地方税务局党组书记、局长王晓明主持召开党组会议，听取2010年工作务虚会各分组讨论及所提意见建议分解汇总情况的汇报。会议指出，这次务虚会初步总结了2009年工作，归纳了经验体会，思考了2010年工作，从形式到内容都与过去有了大改变。回顾前11个月，全市地税系统取得了来之不易的成绩，归结起来有三条经验体会：一是有坚强的领导班子和过硬的干部队伍，这是决定地税事业兴衰成败的关键；二是北京市地方税务局党组经过调查研究，提出和坚持了符合地税事业科学发展的工作思路和措施；三是坚持以人为本，推进地税事业全面、协调、可持续发展。夯实基础工作是提高全系统整体工作水平，推动地税事业科学发展的必然要求，2010年各单位要认真分析本单位思想政治、制度建设、队伍建设、征管基础、基层服务、信息化等方面的问题和薄弱环节，周密制定整改措施和实施方案。

12月8日 北京市地方税务局举办纳税评估业务培训会。全市地税系统150名评估业务骨干参加培训。

12月9日 北京市地方税务局组织开展IT服务管理最佳实践研究培训和“加强运维外包服务管理，构建高效的运维服务体系，确保系统平稳运行”研讨会。

12月10日 北京市地方税务局与中国人民银行召开信息共享工作座谈会。局领导任军、吕兴渭出席会议。

12月10日 北京市地方税务局印发《北京市地方税务局转发国家税务总局关于印发〈办税服务厅管理办法（试行）〉的通知》（京地税纳〔2009〕306号），对全市办税服务场所进行分类管理。

12月11日 北京市地方税务局召开2009年税政管理部门专题会议。局领导王京华、任军到会并讲话。

12月14日 北京市地方税务局党组书记、局长王晓明主持召开党组会议，研究启动北京市地方税务局机关“三定”工作、对处级副职后备干部推荐人选进行民主测评和民主推荐、朱剪云改任领导职务等事项。

12月14日 北京市地方税务局局长王晓明主持召开第22次局长办公会议，研究进一步做好优化税收业务流程等事项，听取收入规划核算处关于国家税务总局税收收入形势分析座谈会情况的汇报。会议强调，全系统要坚决落实北京市委、市政府的部署要求，振奋精神、顾全大局，团结一致、勇挑重担，确保完成北京市政府要求再组织超收58亿元的收入目标，为北京市财政收入任务增长10%再作贡献。

12月16日 北京市地方税务局局领导王晓明、吕兴渭到海淀地税局第二税务所，视察并指导二手房办税工作。

12月17日 国家税务总局下发《国家税务总局关于表彰2009年度营业税工作先进单位和先进个人的函》（货便函〔2009〕200号），北京市地方税务局营业税处被评为全国营业税工作先进单位，王京被评为先进个人。

12月18日 北京市地方税务局办公室和法制处联合举办2009年政府信息公开工作培训会。北京市政府法制办复议案件办理处有关领导应邀授课。

12月19日 北京市地方税务局副局长郝硕博参加国家税务总局办公厅和中央电视台联合组织的《动漫说法——元旦税收特别节目》录制。

12月22日 北京市地方税务局党组书记、局长王晓明主持召开党组会议，研究朱剪云等6名同志考察情况等事项。

12月22日 北京市地方税务局局长王晓明主持召开第23次局长办公会议，研究开展慰问基层税务所活动等事项，审议并原则通过《北京市地方税务局贯彻落实〈全国税务系统2010—2012年纳税服务工作规划〉实施方案》。截至12月8日，累计完成地方一般预算收入1336.4亿元，同比增长16.1%，提前22天完成全年1330亿元任务；截至17日，完成国家税务总局口径收入1592.5亿元，同比增长12.5%，提前13天完成国家税务总局任务；截至18日，累计完成地方一般预算收入1388.5亿元，同比增长16.6%，又提前12天完成北京市政府追加的58亿元新任务。会议决定，12月23日—25日,由北京市地方税务局局领导和各处室负责同志分赴1-2个基层税务所进行慰问，各区县局、分局党组负责年底前完成对其余税务所的慰问活动。

12月22日 北京市地方税务局党组书记、局长王晓明代表市局党组向北京地税系统发出“致地税干部慰问信”。

12月22日—24日 北京市地方税务局召开2009年度企业所得税汇算清缴工作布置会议。副局长王京华到会并讲话。

12月23日 北京市地方税务局印发《北京市地方税务局关于成立优化业务流程精简涉税资料工作领导小组的通知》（京地税征〔2009〕294号），明确优化业务流程精简涉税资料工作领导小组组织机构及职责。

12月23日—24日 北京市国家税务

局、北京市地方税务局召开专题联席会议，形成《北京市国、地税局联合税务登记暂行管理办法》，为深化国、地税合作，加强信息共享建设奠定基础。

12月23日—24日 北京市地方税务局举办网络与信息安全更新知识培训会。

12月23日—25日 北京市地方税务局开展慰问基层税务所活动，北京市地税局局领导带队，深入基层税务所看望一线干部职工，转达北京市委、市政府对基层一线干部职工的亲切问候，代表北京市地方税务局党组对大家一年来的辛勤工作和为北京地税事业作出的巨大贡献表示感谢。

12月25日 北京市地方税务局党组书记、局长王晓明参加全国税务工作会议，并在座谈会上发言。

12月25日 北京市地方税务局党组书记、局长王晓明到丰台区地税局南苑税务所、铁营税务所、花乡税务所慰问税务干部，转达中共中央政治局常委、国务院副总理李克强及北京市委、市政府领导对税务干部的慰问，并对丰台区地税局工作提出具体要求。

12月25日 在人力资源和社会保障部、国家税务总局联合召开的全国税务系统先进集体和先进工作者表彰大会上，西城区地税局金融街税务所被评为全国税务系统先进集体，第一稽查局稽查三科科长葛海清被评为全国税务系统先进工作者。

12月28日 北京市地方税务局党组书记、局长王晓明主持召开党组会议，研究印发区县局及直属分局“三定”规定、顺义区地方税务局机场分局机构组建和局长人选、部分处室人员配备和调整、2009年接收安置军转干部分配等事项。

12月28日 北京市地方税务局局长王晓明主持召开第24次局长办公会议，传达全国税务工作会议和市委十届七次全会精神，研究筹备2010年北京市地方税务工作会议等事项，审议并原则通过个人独资企业和合伙企业投资者核定征收个人所得税政策调整工作方案。会议强调，2010年，北京市地税系统要突出抓源头、抓根本、抓基础、促转变、保增长，努力为首都经济又好又快发展作出新贡献。

12月29日 北京市地方税务局对35户欠税人、70097万元欠税在《北京日报》进行公告。《北京日报》《北京晚报》《北京商报》《法制晚报》等报纸媒体和各大网络媒体对此进行了报道和评论。

12月29日 北京市地方税务局印发《北京市地方税务局关于征收2010年度个人机动车车船税的通告》（京地税地〔2009〕321号）。

12月30日 北京市地方税务局印发《北京市地方税务局关于顺义区地方税务局机场分局主要职责内设机构和人员编制有关问题的通知》（京地税函〔2009〕92号），设置北京市顺义区地方税务局机场分局，机场分局是顺义区地税局所属副处级行政机构。

12月30日 圆满完成50名军转干部安置任务，接收41名大学生充实到区县地税局征管一线。

12月30日 国家税务总局货物和劳务税司有关领导到朝阳区地税局第二税务所就二手房征收情况进行调研，并现场指导基层税务机关解决二手房办理过程中的相关事宜。副巡视员刘宝忠陪同调研。

12月30日 国家税务总局货物和劳务税司张维华处长、王崴到朝阳地税局第二税务所调研。副巡视员刘宝忠陪同调研。

12月31日 北京市地方税务局党组书记、局长王晓明参加北京市政府电视电话会议，汇报了北京市地方税务局2009年工作完成情况和2010年工作设想。北京市委副书记、市长郭金龙，市委常委、常务副市长吉林出席会议，充分肯定了北京市财税系统一年来的工作，对财税系统广大干部职工致以亲切问候。

12月31日 北京市财政局、北京市国税局及北京银行领导班子到北京市地方税务局慰问。党组书记、局长王晓明代表北京市地方税务局党组通报地税工作情况。

12月31日 北京市地税系统2009年完成各项税费收入1771.9亿元，同比增收193.9亿元，增长12.3%。其中完成地方一般预算收入1394.7亿元，同比增收187.9亿元，增长15.6%，完成年初计划任务的104.9%，对北京市财政收入贡献率达68.8%，为地方经济和社会发展提供了强大的财力支撑。

统计资料

北京市地方税务局各项税费收入完成情况表（2009年）

单位：万元

项目	年度计划	本月	同月	比上年		本期	同期	占年度计划（%）	比上年	
				增减额	增减（%）				增减额	增减(%)
各项税费收入合计	17350000	1172931	1161320	11611	1.0	17718714	15780184	102.1	1938530	12.3
地方一般预算收入	13300000	985556	883852	101704	11.5	13947494	12068834	104.9	1878660	15.6
国家税务总局口径税收	15920000	987462	1016649	-29187	-2.9	15917446	14347436	99.9	1570010	10.9
1. 营业税	7400000	593307	458280	135027	29.5	7499048	6517768	101.3	981280	15.1
2. 企业所得税	1500000	-25014	112024	-137038	-122.3	1422419	1610560	94.8	-188141	-11.7
其中：中央级		-26759	66414	-93173	-140.3	864563	970470		-105906	-10.9
3. 个人所得税	4750000	337064	290882	46182	15.9	4364904	4096178	91.9	268726	6.6
其中：中央级		202239	174529	27709	15.9	2618942	2457707		161236	6.6
4. 资源税	5000	274	682	-408	-59.8	4171	3624	83.4	546	15.1
5. 固定资产投资方向调节税							253		-253	-100.0
6. 城市维护建设税	740000	68079	53774	14305	26.6	755711	639470	102.1	116241	18.2
7. 房产税	700000	4234	14651	-10417	-71.1	739811	638422	105.7	101388	15.9
8. 印花税	275000	26008	37681	-11673	-31.0	322307	237773	117.2	84534	35.6
9. 土地使用税	165000	412	1889	-1477	-78.2	157530	154399	95.5	3130	2.0
10. 土地增值税	300000	-21129	40517	-61646	-152.2	541640	346672	180.5	194968	56.2
11. 车船税	85000	4228	6268	-2040	-32.5	109906	102317	129.3	7590	7.4
12. 耕地占用税	26000	9269	2683	6586	245.5	114108	13541	438.9	100567	742.7
13. 契税	750000	132932	80658	52274	64.8	1031550	829678	137.5	201872	24.3
14. 教育费附加	340000	31118	24487	6631	27.1	353625	293762	104.0	59863	20.4
15. 文化事业建设费	175000	9659	12878	-3219	-25.0	149364	156291	85.4	-6927	-4.4
其中：中央级		3074	6370	-3296	-51.7	70764	76316		-5551	-7.3
16. 税务部门其他罚没收入		167	211	-44	-20.7	1629	1454		176	12.1
17. 外商投资企业土地使用费	14000	87	109	-22	-20.1	12642	13478	90.3	-836	-6.2
其中：中央级		0	1	-1	-100.0		2337		-2337	-100.0
18. 残疾人就业保障金	125000	2237	23645	-21408	-90.5	138351	124545	110.7	13806	11.1

北京市地方税务局税费收入分单位完成情况表（2009年）

单位：万元

项目	各项税费收入总计						
	年度计划	本期	同期	增减额	增减（%）	比重	完成计划（%）
合计	17350000	17718714	15780184	1938530	12.3	100.0	102.1
东城	1680000	1690981	1563913	127068	8.1	9.5	100.7
西城	2450000	2551796	2201623	350173	15.9	14.4	104.2
崇文	336000	380101	309996	70105	22.6	2.2	113.1
宣武	762000	777678	704040	73638	10.5	4.4	102.1
朝阳	3738000	3878702	3362461	516241	15.4	21.9	103.8
海淀	3355000	3380219	3019220	360999	12.0	19.1	100.8
丰台	700000	722296	643228	79068	12.3	4.1	103.2
石景山	322000	322453	435555	-113102	-26.0	1.8	100.1
门头沟	158000	160124	145248	14876	10.2	0.9	101.3
燕山	92000	114555	42331	72224	170.6	0.7	124.5
昌平	486000	535598	447674	87924	19.6	3.0	110.2
通州	380000	413112	349072	64040	18.3	2.3	108.7
顺义	728000	751686	668933	82753	12.4	4.2	103.3
大兴	361500	363873	336467	27406	8.1	2.1	100.7
房山	262000	301121	241032	60089	24.9	1.7	114.9
怀柔	270000	287260	248390	38870	15.6	1.6	106.4
密云	156000	157960	191190	-33230	-17.4	0.9	101.3
平谷	190000	209884	174981	34903	19.9	1.2	110.5
延庆	95000	96896	99559	-2663	-2.7	0.6	102.0
开发区	305000	307727	256265	51462	20.1	1.7	100.9
西站	22600	22915	23824	-909	-3.8	0.1	101.4
涉外	291000	291777	315182	-23405	-7.4	1.6	100.3
首都功能核心区		5400556	4779572	620984	13.0	30.5	
城市功能拓展区		8303670	7460464	843206	11.3	46.9	
城市发展新区		2787672	2341774	445898	19.0	15.7	
生态涵养区		912124	859368	52756	6.1	5.1	

北京市地方税务局税务登记户数（2009年）

（一）税务登记户各区县及地域分布情况（2012）

户数排名	区县局	税务登记户数（户）	占全市总户数比重（%）
1	海淀	154629	18.07
2	朝阳	146942	17.17
3	丰台	73423	8.58
4	大兴	58903	6.88
5	昌平	52555	6.14
6	通州	52428	6.13
7	西城	44135	5.16
8	房山	34408	4.02
9	东城	33160	3.87
10	顺义	30924	3.61
11	石景山	25693	3.00
12	怀柔	25162	2.94
13	宣武	24846	2.90
14	崇文	20106	2.35
15	密云	18363	2.15
16	门头沟	17591	2.06
17	平谷	14013	1.64
18	延庆	13052	1.53
19	涉外	7054	0.82
20	燕山	4115	0.48
21	开发区	3568	0.42
22	西站	746	0.09
合计		855816	100.00

（二）税务登记户的产业、行业结构情况

产业结构	征管行业	户数（户）	比重（%）
第一产业	农林渔牧业	19029	2.22
第二产业	采掘业	522	0.06
	制造业	47468	5.55
	电力、煤气及水的生产和供应业	929	0.11
	建筑业	22879	2.67
第二产业合计		71798	8.39
第三产业	交通运输、仓储及邮电通信业	18097	2.11
	信息传输计算机服务和软件业	14569	1.70
	批发和零售业	335490	39.20
	住宿和餐饮业	42998	5.02
	金融业	4959	0.58
	房地产业	17534	2.05
	租赁和商业服务业	111947	13.08
	科学研究技术服务和地质勘查业	66743	7.80
	水利环境和公共设施管理业	1487	0.17
	居民服务和其他服务业	106406	12.43
	教育	6411	0.75
	卫生社会保障和社会福利业	3770	0.44
	文化体育和娱乐业	27480	3.21
	公共管理和社会组织	7072	0.83
	国际组织	26	0.00
第三产业合计		764989	89.39
总 计		855816	100.00

（三）税务登记户的经济类型情况

户数 经济类型	户数（户）	比重（%）
私营企业	344910	40.30
个体工商户	279928	32.71
有限责任公司	116537	13.62
股份合作企业	26930	3.15
外资企业	29396	3.43
其他经济	24654	2.88
集体企业	15682	1.83
国有企业	13030	1.52
股份有限公司	4291	0.50
联营企业	458	0.05
合计	855816	100.00

北京市地方税务局局领导名单

党组书记、局长	王晓明
党组副书记、副局长	苏文权[①]
党组副书记、副局长	沈汝冰（女，4月任）
党组成员、副局长	郝硕博
党组成员、副局长	王京华（女）
党组成员、副局长	任　军
党组成员、纪检组长	解　煜[②]（7月免）
党组成员、纪检组长	吴　鼎（7月任）
党组成员、副局长	吕兴渭（9月任）（10月任）
总经济师	卜祥来
党组成员、副巡视员	王勇生
副巡视员	任依娜（女）
副巡视员	刘宝忠

①苏文权，2009年7月1日，经中共北京市纪委常委会议讨论并报市委批准，决定给予苏文权开除党籍处分。2009年9月11日，经北京市监察局局长办公会议研究并报市政府批准，决定给予苏文权行政开除处分。

②解煜，2009年7月6日，经中共北京市纪委常委会议研究，决定给予解煜党内严重警告处分。

北京市地方税务局各处室、直属事业单位、区县局、分局、社会团体、群众团体主要负责人名单

市局各处室

办公室主任	杨文俊
法制处处长	周上序（11月任）
研究室主任	高学江
营业税管理处处长	范力军
企业所得税管理处处长	张　翅（11月任）
个人所得税管理处处长	刘安乐
地方税管理处处长	杨晓东（11月任）
残保金管理处处长	李海燕
征收管理处处长	陆　坤（11月任）
收入规划核算处处长	张亚平（11月任）
税务稽查处（税务违法案件举报中心）处长	朱兴有
纳税评估处处长	姜松霞（女）
纳税服务处处长	施　宏
档案处处长	张　康（11月兼）
科技信息处处长	杨　涛
计划财务处处长	杨玉杰
宣传教育处处长	王宝明（11月任）
基层工作处处长	沈永奇（10月任）
人事处处长	董雪涛（11月任）
保卫处处长	李建十
审计处处长	钱剑兰（女，10月任）
机关党委办公室主任	李宗定
离退休干部处处长	刘传玲

中共北京市纪委驻北京市地税局纪检组副组长	吕新利
北京市监察局驻北京市地税局监察处处长	吕新利
奥运税务办公室主任	钱剑兰（女，10月免）
北京税务博物馆筹备处处长	张　康
北京地方税务局巡视一组组长	商　尚（10月免）
北京地方税务局巡视二组组长	苏建英（女，10月免）

直属事业单位

票证管理中心主任	刁维列
纳税服务中心主任	肖慧宗
信息中心（信息系统运营维护中心）副主任	孙雪英（女，10月主持工作）
信息系统安全保障中心	李龙江（11月任）
《北京地方税务公报》编辑部主任	宋榜捷
机关后勤服务中心主任	矫卫建
老干部活动中心主任	王立水（11月任）
干部培训中心主任	苏茂华

各区县局、分局

东城区地方税务局局长	秦龙生
西城区地方税务局局长	李玉庆
崇文区地方税务局局长	刘春林
宣武区地方税务局局长	邢　军
朝阳区地方税务局局长	陈合庄
海淀区地方税务局局长	杜军利
丰台区地方税务局局长	金志雄（8月任）
石景山区地方税务局局长	张兴明
门头沟区地方税务局局长	吴鲁平
通州区地方税务局局长	牛明奇
顺义区地方税务局局长	张天生
怀柔区地方税务局局长	韩　松
平谷区地方税务局党组书记	张忠良

平谷区地方税务局局长	张秀娟（女，11月任）
房山区地方税务局局长	万国喜
昌平区地方税务局局长	姚敬国
大兴区地方税务局局长	冯守利（11月任）
密云县地方税务局局长	赵增科
延庆县地方税务局局长	于欣杰
北京市地方税务局燕山分局局长	王　炜（10月任）
北京市地方税务局北京西站分局局长	刘　义
北京市地方税务局开发区分局局长	王炯宁
北京市地方税务局第一稽查局局长	孙长海（8月任）
北京市地方税务局第二稽查局局长	郭筑明

社会团体

北京市国际税收研究会会长	孙振刚
北京市地方税收学会会长	徐志宏

群众团体

北京市地方税务局直属机关工会主席	王勇生
北京市地方税务局直属机关工会副主席（专职）	朱剪云（女，12月任）

北京市地方税务局机构、人员统计情况

北京市地方税务系统机构统计表
（2009 年）

单位：个

类别 项目	合计	市局机关处室	区、县局	直属分局	事业单位	税务所	稽查局
机构	310	28	18	7	10	226	21
说明	1. 本表各项统计数截止到 2009 年 12 月 31 日。 2. 直属分局包括：第一稽查局、第二稽查局、开发区分局、西站分局、燕山分局、第一直属分局、第二直属分局（2009 年 12 月 4 日，根据《关于调整市地税局内设机构有关事项的函》（京编办行〔2009〕211 号），农税分局更名为第一直属分局，涉外税务分局更名为第二直属分局）。 3. 事业单位包括：信息中心、信息系统安全保障中心、信息系统运营维护中心、票证管理中心、纳税服务中心、机关后勤服务中心、《北京地方税务公报》编辑部、干部培训中心、老干部活动中心、税务档案资料管理中心。 4. 北京市地方税务局机关处室变更情况：2009 年 8 月 8 日，北京市政府办下发《北京市人民政府办公厅关于印发北京市地方税务局主要职责内设机构和人员编制规定的通知》（京政办发〔2009〕67 号），其中含纳税服务处；2009 年 10 月 10 日，经北京市地税局党组会议研究决定，设立机关党委办公室，撤销奥运税务办公室、巡视一组、巡视二组；2009 年 11 月 10 日，根据《关于调整市地税局内设机构有关事项的函》（京编办行〔2009〕198 号），设立审计处。						

北京市地方税务系统人员基本情况统计表
（2009 年）

单位：人

项目 类别	实有人数合计	性别		民族		文化程度						学位		政治面貌				年龄结构					
		男	女	汉	其他	研究生	大学	大专	中专	高中技校职高	初中以下	博士	硕士	共产党员	共青团员	民主党派	无党派或群众	30 岁以下	31—35 岁	36—45 岁	46—54 岁	55—59 岁	60 岁以上
合计	7353	4069	3284	6983	370	307	5041	1504	173	244	84	11	275	4608	576	37	2132	1314	1078	2851	1923	185	2
干部	6854	3619	3235	6503	351	307	4974	1354	139	74	6	11	275	4468	571	37	1778	1299	1049	2643	1709	152	2
工人	499	450	49	480	19		67	150	34	170	78			140	5	37	354	15	29	208	214	33	

北京市地方税务局税务（稽查）所分单位统计表
（2009 年）

单位：人

单 位	机关科室	税务所	稽查局	稽查局下设科	事业单位	小计
合 计	324	226	21	97	18	686
东城区地税局	14	14	1	5	1	35
西城区地税局	14	13	1	5	1	34
崇文区地税局	14	7	1	6	1	29
宣武区地税局	14	8	1	5	1	29
朝阳区地税局	14	15	1	6	1	37
海淀区地税局	15	18	1	5	1	40
丰台区地税局	14	13	1	5	1	34
石景山区地税局	14	10	1	4	1	30
门头沟区地税局	14	10	1	4	1	30
房山区地税局	15	12	1	5	1	34
通州区地税局	14	11	1	5	1	32
顺义区地税局	15	16	1	6	1	39
昌平区地税局	14	12	1	5	1	33
大兴区地税局	14	14	1	5	1	35
平谷区地税局	14	10	1	5	1	31
密云县地税局	14	9	1	5	1	30
怀柔区地税局	14	8	1	5	1	29
延庆县地税局	14	12	1	5	1	33
燕山分局	9	4	1	2		16
开发区分局	8	5	1	2		16
西站分局	6	2	1	2		11
第一稽查局	16					16
第二稽查局	16					16
第一直属分局	6					6
第二直属分局	8	3				11

注：2009 年共为 18 个区县局、分局批复成立基层税务所 6 个，增设科室 56 个。